Contracting nach deutschem und europäischem Auftragsrecht

Europäische Hochschulschriften
Publications Universitaires Européennes
European University Studies

Reihe II
Rechtswissenschaft

Série II Series II
Droit
Law

Bd./Vol. 4370

PETER LANG
Frankfurt am Main · Berlin · Bern · Bruxelles · New York · Oxford · Wien

Maximilian Kirchner

Contracting nach deutschem und europäischem Auftragsrecht

PETER LANG
Europäischer Verlag der Wissenschaften

Bibliografische Information Der Deutschen Bibliothek
Die Deutsche Bibliothek verzeichnet diese Publikation in der Deutschen Nationalbibliografie; detaillierte bibliografische Daten sind im Internet über <http://dnb.ddb.de> abrufbar.

Zugl.: Berlin, Humboldt-Univ., Diss., 2005

Satz:
Die Setzer, Berlin 2006.

11
ISSN 0531-7312
ISBN 3-631-54825-7

www.peterlang.de

Für Meine Eltern.

Vorwort

Die Arbeit wurde im Sommersemester 2004 von der juristischen Fakultät der Humboldt-Universität zu Berlin als Dissertation angenommen.

Besonders herzlich bedanken möchte ich mich bei meinem Doktorvater Herrn Prof. Dr. Hans-Peter Schwintowski für die Anregung zu diesem Thema, für die wertvolle wissenschaftliche Förderung und für seine fürsorgliche Leitung während meiner Tätigkeit als wissenschaftlicher Assistent am Institut für Energie- und Wettbewerbsrecht an der Humboldt-Universität zu Berlin. Herrn Prof. Gunnar Folke Schuppert danke ich für die zügige Erstellung des Zweitgutachtens.

Danken möchte ich meinen Freunden Dr. Mirka Senke und Dr. Caspar Ebrecht für ihre Hilfsbereitschaft bei der Erstellung dieser Arbeit. Sie haben es auf sich genommen, das Manuskript dieser Arbeit zu lesen.

Außerdem danke ich Dorothee von Prittwitz, ohne deren liebevolle Unterstützung ich die Arbeit nie abgeschlossen hätte.

Mehr als Dank schulde ich meinen Eltern für die unentwegte Unterstützung in jeglicher Hinsicht. Ihnen widme ich diese Arbeit.

New York, den 20. Februar 2005

Inhaltsverzeichnis

Abkürzungsverzeichnis

a.A.	anderer Ansicht
a.F.	alte Fassung
Abs.	Absatz
ABl.C	Amtsblatt der Europäischen Gemeinschaften, Mitteilungen und Bekanntmachungen
ABl.L.	Amtsblatt der Europäischen Gemeinschaften, Rechtsvorschriften
AG	Aktiengesellschaft
AktG	Aktiengesetz
Art.	Artikel
AVB	Allgemeine Versorgungsbedingungen
AVBEltV	Verordnung über die Allgemeinen Versorgungsbedingungen für Elektrizität
AVBGasV	Verordnung über die Allgemeinen Versorgunsgsbedingungen für Gas
BauR	Zeitschrift für das gesamte öffentliche und zivile Baurecht
BayVBl	Bayerische Verwaltungsblätter
Bd.	Band
BB	Betriebsberater
bez.	bezüglich
BGB	Bürgerliches Gesetzbuch
BGBl.	Bundesgesetzblatt
BGH	Bundesgerichtshof
BGHZ	Entscheidungssammlung des Bundesgerichtshofes
BKartA	Bundeskartellamt
BKR	Baukoordinierungsrichtlinie
BR-Drucks.	Bundesrats-Drucksache
BT-Drucks.	Bundestags-Drucksache
BTO-Elt	Bundestarifordnung Elektrizität
BVerfG	Bundesverfassungsgericht
BVerfGE	Entscheidungssammlung des Bundesverfassungsgerichtes
BVerwG	Bundesverwaltungsgericht
BVerwGE	Entscheidungssammlung des Bundesverwaltungsgerichtes
bzw.	beziehungsweise
CMLR	Common Market Law Review
DB	Der Betrieb
d.h.	das heißt
DKR	Diensleistungskoordinierungsrichtlinie
DÖV	Die öffentliche Verwaltung
DOK	Kommisionsdokument
DVBl.	Deutsches Verwaltungblatt
ECU	European Currency Unit
ECLR	European Competition Law Review
EEG	Erneuerbare-Energien-Gesetz
EG	Vertrag zur Gründung der Europäischen Gemeinschaft in der Amsterdamer Fassung

EGV	Vertrag zur Gründung der Europäischen Gemeinschaft in der Maastrichter Fassung
Einf.	Einführung
Einl.	Einleitung
ELR	European Law Review
EltBRl	Elektrizitätsbinnenmarktrichtlinie
endg.	endgültig
EnWG	Energiewirtschaftsgesetz
ET	Energiewirtschaftliche Tagesfragen
EU	Europäische Union
EuGH	Europäischer Gerichtshof
EuR	Europarecht
EuZW	Europäische Zeitschrift für Wirtschaftsrecht
e.V.	eingetragener Verein
EVU	Energieversorgungsunternehmen
EW	Elektrizitätswirtschaft
EWG	Europäische Wirtschaftsgemeinschaft
EWS	Europäisches Wirtschafts-und Steuerrecht
f.	folgende Seite
ff.	folgende Seiten
FAZ	Frankfurter Allgemeine Zeitung
Fn.	Fußnote
FS	Festschrift
GATT	General Agreement on Trade and Tariffs
gem.	gemäß
GemO	Gemeindeordnung
GG	Grundgesetz
GmbH	Gesellschaft mit beschränkter Haftung
GPA	Agreement on Government Procurement
GTE	Groeben/Thiesing/Ehlermann
GWB	Gesetz gegen Wettbewerbsbeschränkungen
HGB	Handelsgesetzbuch
HGrG	Haushaltsgrundsätzegesetz
h.M.	herrschende Meinung
Hrsg.	Herausgeber
i.S.	im Sinne
IWF	Internationaler Währungsfonds
JA	Juristische Arbeitsblätter
KAV	Konzessionsabgabenverordung
KG	Kommanditgesellschaft
KOM	Dokument der EG-Kommision
KWK	Kraft-Wärme-Kopplung
KWKG	Kraft-Wärme-Kopplungsgesetz
LG	Landgericht

LKR	Lieferkoordinierungsrichtlinie
Mio.	Millionen
Mrd.	Milliarden
n.F.	neue Fassung
NJW	Neue Juristische Wochenschrift
Nr.	Nr.
NVwZ	Neue Zeitschrift für Verwaltungsrecht
OHG	offene Handelsgesellschaft
OLG	Oberlandesgericht
PCLJ	Public Contract Law Review
PPLR	Public Procurement Law Review
RdE	Recht der Energiewirtschaft
Rdnr.	Randnummer
RIW	Recht der internationalen Wirtschaft
RL	Richtlinie
Rs.	Rechtssache
S.	Seite, Satz
Slg.	Amtliche Sammlung der Rechtsprechung der Europäischen Gerichte
SEK	Arbeitspapier der Europäischen Kommission
SKR	Sektorenrichtlinie
SKR-E	Entwurf einer Sektorenrichtlinie
sog.	sogenannte
StrEG	Stromeinsparungsgesetz
Überbl.	Überblick
UWG	Gesetz gegen den unlauteren Wettbewerb
VDEW	Vereinigung Deutscher Elektrizitätswerke
VEnergR	Veröffentlichung des Instituts für Energierecht an der Universität zu Köln
Verw	Die Verwaltung
VerwArch	Verwaltungs-Archiv
VG	Verwaltungsgericht
vgl.	vergleiche
VgV	Vergabeverordnung
VgV-alt	Vergabeverordnung in der Fassung vom 22.2. 1994
VKU	Verband kommunaler Unternehmen
VO	Verordnung
VOB	Verdingungsordnung für Bauleistungen
VOB/A	Verdingungsordnung für Bauleistungen, Teil A
VOF	Verdingungsordnung für freie Berufe
VOL	Verdingungsordnung für Leistungen – ausgenommen Bauleistungen
VOL/A	Verdingungsordnung für Leistungen – ausgenommen Bauleistungen,, Teil A
Vorbem.	Vorbemerkung
VÜA	Vergabeüberwachungsausschuß

WTO	World Trade Organisation
WuW	Wirtschaft und Wettbewerb
WuW/E	WuW-Entscheidungssammlung
WUW/E Verg	WuW-Entscheidunssammlung zum Vergaberecht
WUW/E Verg AL	WuW-Entscheidungssammlung, Vergabeüberwachungsausschüsse der Länder
WuV	Wirtschaft und Verwaltung
z.B.	zum Beispiel
ZfBR	Zeitschrift für deutsches und internationales Baurecht
ZfE	Zeitschrift für Energiewirtschaft
ZHR	Zeitschrift für das gesamte Handels- und Wirtschaftsrecht
ZIP	Zeitschrift für Wirtschaftsrecht
zit.	zitiert
ZNER	Zeitschrift für Neues Energierecht
ZörgU	Zeitschrift für öffentliche und gemeinwirtschaftliche Unternehmen

A. Einleitung

Europäische und nationale Klimaschutzmaßnahmen zwingen den deutschen Verbraucher verstärkt zur Energieeinsparung.[1] Die Einsparung im Gebäudebereich nimmt einen besonderen Stellenwert ein, da rund ein Drittel der in Deutschland anfallenden Co2-Emissionen durch die Erzeugung von Raumwärme und Warmwasser im Gebäudebereich verursacht werden.[2] Zur Umsetzung der internationalen Klimaschutzverpflichtungen ist in Deutschland daher auf der Grundlage des Energieeinspargesetzes die Einsparverordnung (EnEV)[3] ergangen. Danach besteht für Eigentümer von Liegenschaften die Verpflichtung, Einsparmaßnahmen zu ergreifen, um den Energiebedarf in Gebäuden um bis 30% zu senken.[4] Von dieser Energieeinsparverpflichtung ist die öffentliche Hand in besonderem Maße betroffen, da die eingesetzte Wärmeerzeugungstechnik und der energetische Standard in Einrichtungen des Staates oftmals veraltet ist.[5] So gehen die für das Energiemanagement zuständigen kommunalen Stellen davon aus, dass die Möglichkeiten der Energieeinsparung in öffentlichen Einrichtungen durch die Optimierung der Energieanlagen besonders groß sind.[6] Zugleich gehen die für das Energiemanagement zuständigen kommunalen Stellen von einem durchschnittlichen Gesamtkosten-Einsparpotenzial von 25% aus.[7] Für einzelne Bereiche, wie zum Beispiel die Kosten der Wärme- oder Stromversorgung, nennen sie sogar Einsparpotenziale von mehr als 50%.[8] Die angespannte finanzielle Situation der öffentlichen Haushalte sowie fehlendes Fachwissens in den Kommunen haben in der Vergangenheit jedoch dazu geführt, dass Energieanlagen in öffentlichen Einrichtungen nicht optimiert wurden.[9]

---

[1] Kommission, KOM (2000) 247 endg.

[2] Technomar, S. 12; vgl. Nationales Klimaschutzprogramm, Beschluss der Bundesregierung vom 18.10.2000, S. 253.

[3] Die EnEV ersetzt die bis dahin geltende Wärmeschutzverordnung und Heizanlagenverordnung; vgl. Traube, ZNER 2001, S. 43, 43; Rathert/Hegner, Energieeinsparverordnung-EnEV, passim. Die Vorgaben des EnEV machen den Einsatz bestimmter gebäudetechnischer Anlagen sowie eine entsprechende Wärmedämmung des Gebäudes erforderlich, vgl. Technomar, S. 12.

[4] Der Raumwärmeerzeugung in Haushalt, Kleinverbrauch und Industriegebäuden müssen ca. 30 % aller Co2 Emissionen zugerechnet werden, vgl. Traube, ZNER 2001, S. 43, 44; von Braunmühl, ET 1994, S. 354, 355.

[5] In der Raumwärmeerzeugung sind die Möglichkeiten der Energieeinsparung besonders groß, vgl. Nationales Klimaschutzprogramm, Beschluss der Bundesregierung vom 18.10. 2000, S. 148; vgl. Traube, ZNER 2001, S. 43, 43ff; Contracting Handbuch 2001, S.28.

[6] Vgl. Traube, ZNER 2001, S. 43, 44; von Braunmühl, ET 1994, S. 354, 355.

[7] Technomar, S. 80.

[8] Technomar, S. 80.

[9] Technomar, S. 80; von Braunmühl, ET 1994, S. 354, 356.

Die Energiewirtschaft hat daher in jüngster Zeit das Contracting-Modell entwickelt. Dieses soll es der öffentlichen Hand ermöglichen, energietechnische Anlagen durch Unternehmen zu optimieren sowie die Energiebereitstellung und den Betrieb der Energieanlagen durch die Unternehmen durchführen zu lassen.[10] Die Contracting Unternehmen verfügen über die notwendige Fachkompetenz sowie ausreichend finanzielle Mittel, um die Energiebewirtschaftung öffentlicher Gebäude schnell, effizient und kostengünstig zu erreichen. Die Ausgliederung der Energiebewirtschaftung öffentlicher Einrichtungen auf externe Unternehmen soll die öffentliche Hand entlasten, damit sie sich wieder auf ihre Kernaufgaben besinnen kann.[11] Als Einrichtungen bieten sich Büro- und Verwaltungsgebäude, Schulen, Krankenhäuser sowie kulturelle Einrichtungen an.[12] Marktstudien zeigen, dass in diesen Einrichtungen erfolgreiche Contracting-Maßnahmen zu einer umfangreichen Reduzierung von Schadstoffemissionen führen können.[13] Nach Untersuchungen des Umweltbundesamtes lassen sich in öffentlichen Gebäuden durch das Contracting Co2-Einsparungen von 10 bis 30% ohne zusätzliche Kostenbelastung der öffentlichen Haushalte erreichen.[14] Die öffentliche Hand sieht daher im Contracting einen entscheidenden Weg, ihre umweltrechtlichen Verpflichtungen zu erfüllen.[15]

---

[10] Contracting Handbuch 2000, S. 3; Sächsischer Leitfaden, Contracting, S. 16; Energieagentur NRW, Contracting, S. 8; vgl. allgemein zum Einsatz privater Unternehmen zur Erfüllung öffentlicher Aufgaben Schoch, DVBl 1994, S. 962, 968.

[11] Rehkugler, in Eichhorn, S. 133, 142; Contracting Handbuch 2000, S. 3.

[12] EVA, Einspar-Contracting, S. 10; Sächsischer Leitfaden, Contracting, S. 22.

[13] Contracting Handbuch 2000, S. 3.

[14] Umweltbundesamt, Energiespar-Contracting, S. 10; Schulen und Verwaltung können durch Information, Kommunikation und Training bis zu 15 % Energie- und Wasserkosten einsparen, vgl. Contracting Handbuch 2001, S. 35.

[15] Contracting Handbuch 2000, S. 3.

B. Problemstellung und Gang der Untersuchung

Das Contracting wurde erstmalig durch einen Perspektivenwechsel hinsichtlich der Aufgaben des Staates möglich.[16] Einigkeit besteht mittlerweile dahingehend, dass der Staat seine Einrichtungen nicht in Eigenregie unterhalten muss.[17] Vielmehr kann er sich zur Durchführung der Energiebewirtschaftung Privater bedienen.[18] Eine solche Übertragung von Energiebewirtschaftungsaufgaben auf Dritte ist nach mittlerweile ganz herrschender Meinung verfassungsrechtlich unbedenklich.[19] Der moderne Staat konzentriert sich daher heute auch zunehmend auf die Gewährleistung der nach wie vor als öffentlich angesehene Aufgabe und sucht seine eigentliche Rolle zu allererst in der Steuerung, nicht auch in der Erbringung dieser Aufgabe.[20] Es handelt sich um einen Rollenwechsel des Staates, der als Übergang vom Leistungsstaat zum Gewährleistungsstaat beschrieben werden kann.[21] Die Privatwirtschaft spielt bei der Erfüllung der öffentlichen Aufgabe eine entscheidende Rolle. Privates Kapital und technisches Know-how werden im Interesse einer effizienten Aufgabenerfüllung mobilisiert.[22] Dadurch tritt der Markt an die Stelle des Staates und sorgt für ein vielfältiges, ausdifferenziertes Produktangebot.[23] Die Übertragung der Energiebewirtschaftung öffentlicher Gebäude auf Private ist mithin weniger „Flucht in das Privatrecht", als „Zukauf gesellschaftlicher Handlungsrationalität".[24]

---

[16] Vgl. Schoch, DVBl 1994, S. 962, 962ff.

[17] In der Vergangenheit wurde die Diskussion zur Ausgliederung ehemals vom Staat durchgeführter Leistungen durch die Suche nach verfassungsrechtlichen Grenzen dominiert vgl. etwa in jüngster Zeit Burgi, Funktionale Privatisierung, S. 175ff.

[18] Der Staat ist weiterhin verpflichtet, staatlichen Einrichtungen zu unterhalten. Die Verschaffung und Sicherung der Lebensgüter der örtlichen Gemeinschaft wickelt sich nämlich vielfach in und über öffentliche Einrichtungen ab; vgl. Schmidt-Aßmann, Besonderes Verwalungsrecht, Rdnr. 104; Stober, Kommunalrecht, § 10 I; Schröder, in: Achterberg/Püttner, S. 1, 44.

[19] Vgl. Drügemöller, Vergaberecht, S. 175; vgl. auch Gruneberg, Der Gemeindehaushalt 1999, S. 179, 179ff.; Burgi, NVwZ 2001. S. 601, 602. Mittlerweile hat sich die Erkenntnis durchgesetzt, dass die kommunale Selbstverwaltungsgarantie nach Art. 28 Abs. 2 GG der Übertragung öffentlicher Funktionen auf Private in der Regel nicht entgegensteht. Allgemein zum Verhältnis der Selbstverwaltungsgarantie zur Wirtschaft vgl. Löwer, Energieversorgung zwischen Staat, Gemeinde und Wirtschaft, S. 217.

[20] Allgemein zu diesem Rollenwechsel Beherns, Den Staat neu lenken, passim.; Reinermann, Speyer Forschungsberichte 139, S. 26; Schuppert, Vom produzierenden zum gewährleistenden Staat, S. 539 ff.; ders., Zur Notwendigkeit der Neubestimmung der Staatsaufsicht, S. 299 ff.

[21] Schuppert, Vom produzierenden zum gewährleistenden Staat, S. 539 ff.

[22] Seifert/Metschkoll, DB 1991, S. 2449, 2449 ff.

[23] Schwintowski, ZNER 2000, S. 93, 94 ff.

[24] Burgi, Funktionale Privatisierung, S. 381; vgl. auch v. Arnim, Rechtsfragen der Privatisierung, S. 53.

Mit diesem Perspektivenwechsel haben sich auch die Problemschwerpunkte verlagert.[25] Bei der Beauftragung privater Unternehmen mit der Energiebewirtschaftung öffentlicher Einrichtungen rückt die Regulierung der staatlichen Beschaffungsmaßnahmen in den Mittelpunkt der Diskussion. Kauft die öffentliche Hand Contracting-Leistungen am Markt ein, stellt sich mithin die Frage nach der Anwendbarkeit des Vergaberechts, d.h. der Gesamtheit der Normen, die den Einkauf von Waren, Dienstleistungen und Bauten durch staatliche oder staatsnahe Rechtsträger regeln.[26] Die Anwendung des Vergaberechts auf das Contracting befindet sich angesichts der Neuartigkeit des Contracting-Modells immer noch in einer rechtlichen „Grauzone".[27] Häufig ist den Beteiligten – öffentliche Hand und Bieter gleichermaßen – nicht bewusst, ob die Ausgliederung der Energiebewirtschaftung auf Unternehmen, überhaupt dem Vergaberecht unterfällt bzw. welche Verfahrensgrundsätze bei der Vergabe der Contracting-Leistungen einzuhalten sind sowie welche Rechtsschutzmöglichkeiten gegen die Vergabeentscheidung der öffentlichen Hand bestehen.[28] Zur Unsicherheit über die vergaberechtliche Beurteilung des Contractings haben zudem jüngste Reformen des Vergaberechtsrahmens beigetragen. Die vorliegende Arbeit untersucht deshalb die Anwendbarkeit des Vergaberechts auf das Contracting.

Bei der Aufgabenverlagerung von staatlichen Institutionen hin zu Privatrechtssubjekten stellen sich in vergaberechtlicher Hinsicht zwei zentrale Grundprobleme. Zum einen stellt sich die Frage, ob der Staat bei der Aufgabenverlagerung den vergaberechtlichen Bindungen unterliegt. Zum anderen stellt sich die Frage, ob das Privatrechtssubjekt, das eine Tätigkeit ausübt, die zuvor Träger der öffentlichen Verwaltung wahrgenommen haben, seinerseits bei der Beauftragung von Subunternehmern das Vergaberecht beachten muss. Die Arbeit unterscheidet mithin zwischen der Vergabe auf „erster Stufe", d.h. dem eigentlichen Contracting zwischen der Kommune und dem Contractor sowie der Vergabe auf „zweiter Stufe", d.h. weiterer Subunternehmeraufträge seitens des Contractors an Dritte. Die vorliegende Untersuchung orientiert sich dabei an dem „klassischen" vergaberechtlichen Prüfungsschema. Zuerst geht sie der Frage der Auftraggebereigenschaft – also des persönlichen Anwendungsbereichs des Vergaberechts – nach und prüft dann die Frage nach dem Vorliegen eines öffentlichen Auftrages – dem sogenannten sachlichen Anwendungsbereich. In einem dritten Schritt untersucht die Arbeit, welches Verfahren für die Vergabe einschlägig ist und welche besonderen weiteren vergaberechtlichen Anforderungen die öffentliche Hand beim Einkauf der Leistung zu beachten hat.

Das erste Kapitel dieser Arbeit legt die rechtstatsächlichen Grundlagen für die folgende Untersuchung. Zuerst stellt es die Ursprünge des Contractings sowie die Ausprägungen des Contracting-Modells in der Praxis dar. Sodann wird das Contracting in

---

[25] Burgi, NVwZ 2001, S. 601, 601.

[26] Waldner, Bieterschutz im Vergaberecht, S.22; Jasper/Marx, VgR, S.X.

[27] Klemm, Contracting und Recht 2004, S. 5, 5; Schubert, WuW 2001, S. 254, 254.

[28] Klemm, Contracting und Recht 2004, S. 5, 5; Schubert, WuW 2001, S. 254, 257.

die allgemeine Privatisierungstypologie eingeordnet und zu dem Konzessionsvertrag, der Gegenstand mehrerer Entscheidung des Europäischen Gerichtshofs (EuGH) war, abgegrenzt. Im zweiten Kapitel wird der vergaberechtliche Rechtsrahmen, der in jüngster Zeit durch europäische Vorgaben einen grundlegenden Wandel erfahren hat, dargestellt.

Auf dieser Grundlage untersucht das dritte Kapitel, ob die Kommunen bei der Vergabe von Contracting-Aufträgen zur öffentlichen Ausschreibung verpflichtet sind. Hier soll zwischen den Anforderungen des „kartellrechtlichen" und des „haushaltsrechtlichen" Vergaberechts differenziert werden. Zuerst stellt sich die Frage, ob es sich bei der Vergabe von Contracting-Leistungen um einen vergaberechtlich relevanten Beschaffungsvorgang handelt. Dabei soll auch zu der in jüngster Zeit viel diskutierten Frage Stellung genommen werden, ob solche Verträge ausschreibungspflichtig sind, die von einer Kommune an ein kommunales Unternehmen vergeben werden oder ob es sich hierbei lediglich um eine interne Anweisung an einen Teil der öffentlichen Hand handelt, die nicht unter das Vergaberecht fällt (sog. In-House Problematik).

Sodann soll untersucht werden, in welchem Vergabeverfahren das Contracting auszuschreiben ist. Dabei ist zu berücksichtigen, dass aufgrund der Komplexität des Contractings die Spezifizierung der Leistung im Vorfeld eines Vertragsschlusses schwierig, wenn nicht gar unmöglich ist. Wie die Untersuchung zeigen wird, lassen sich die Contracting-Leistungen vielmehr erst in Gesprächen zwischen Contractor und öffentlicher Hand bestimmen. Eine Ausschreibung im öffentlichen Verfahren, welches die vollständige Spezifizierung der Leistungen erfordert und Verhandlungen ausschließt, erweist sich damit als ein erhebliches Hindernis bei der Realisierung von Contracting-Projekten. Viele öffentliche Auftraggeber versuchen daher, das förmliche Vergabeverfahren zu vermeiden und stattdessen in Verhandlungen mit den Contractoren die Leistungen zu bestimmen. Wie die Untersuchung zeigen wird, ist ein Verhandlungsverfahren jedoch nur in sehr eng begrenzten Ausnahmefällen zulässig. Der Konflikt zwischen einer effektiven Vergabe von Contracting-Leistungen und den strengen Anforderungen an die Wahl des einschlägigen Vergabeverfahrens soll insbesondere im Lichte des vergaberechtlichen Schutzzweckes untersucht werden. Die Untersuchung wird zeigen, dass die bisherige herrschende Auffassung zur Anwendung der Vergabevorschriften den Wettbewerb auf den Contracting-Markt behindert hat, anstatt diesen zu fördern.

Des Weiteren sollen in diesem Kapitel die Anforderungen dargestellt werden, die das Vergaberecht an den Zuschlag des Auftrags stellt. Im Mittelpunkt steht das Zuschlagskriterium der Wirtschaftlichkeit. Die Untersuchung soll zeigen, dass mit diesem Kriterium eine im Markt untypische Preisvorschrift eingeführt wird, die die öffentliche Hand in ihrer Preisgestaltungsfreiheit einschränkt.

An das Kriterium der Wirtschaftlichkeit anknüpfend, soll sodann zu dem in jüngster Zeit verstärkt in die Aufmerksamkeit gerückten Problem der sogenannten vergabefremden Kriterien Stellung genommen werden. Dabei soll anhand der einschlägigen

Rechtsprechung des EuGH sowie unter Berücksichtigung der Vorschriften des EG-Vertrages die Frage erörtert werden, ob bei der Vergabe des Contractings auch Kriterien, wie zum Beispiel der Umweltschutz, berücksichtigt werden können, obwohl diese nicht ausdrücklich in den Vergabevorschriften erwähnt werden.

Das anschließende Kapitel untersucht die Frage, ob der Contractor seinerseits bei der Beauftragung von Subunternehmern das Vergaberecht anwenden muss (sogenannte Vergabe auf zweiter Stufe). Ursprünglich hat die Europäische Kommission Subunternehmeraufträge kommunaler Unternehmen dem Vergaberechtsregime unterworfen, da sie durch die Ausgliederung von Aufgaben auf kommunale Unternehmen eine Umgehung vergaberechtlicher Vorschriften befürchte. Es stellt sich die Frage, ob diese Wertung angesichts der zunehmenden Liberalisierung der Märkte und dem damit einhergehenden gewandelten Rollenverständnis kommunaler Unternehmen noch zutreffend ist. In diesem Zusammenhang sind insbesondere die Verhältnisse auf dem Contracting-Markt sowie die Rolle kommunaler Contractoren auf diesem Markt zu berücksichtigen. Die Untersuchung wird zeigen, dass mit der Liberalisierung des Energiemarktes die kommunalen Unternehmen sowohl hinsichtlich des „klassischen" Energieeinkaufs als auch hinsichtlich der Beschaffung sonstiger Leistungen, die für das Contracting erforderlich sind, im Wettbewerb mit privaten Anbietern auftreten. Der Zweck des Vergaberechts ist hier erfüllt, so dass ein Vergabeverfahren überflüssig ist. Es soll daher untersucht werden, ob das Vergaberecht über ein Mechanismus verfügt, der es den kommunalen Unternehmen ermöglicht, frei von vergaberechtlichen Vorschriften, Leistungen im Wettbewerb einzukaufen.

Die bisherige Diskussion hat übersehen, dass sich die staatlichen Mittel, die für die Vergabe öffentlicher Aufträge verwendet werden, in einem europäischen System bewegen und die Regulierung des staatlichen Einkaufsverhaltens daher europarechtskonform ausgestaltet werden muss. Im letzten Teil dieser Arbeit werden daher die Gründe für die Anwendungsschwierigkeiten des Vergaberechts auf das Contracting anhand einer EG-rechtlichen Analyse ermittelt. Eine Untersuchung der Wettbewerbsvorschriften des EG-Vertrages wird zeigen, dass Kommunen, soweit sie am Wettbewerb teilnehmen, sich ihre Vertragspartner grundsätzlich frei aussuchen dürfen. Die Beschaffungstätigkeit der Kommunen darf nach EG-Recht dagegen nur dort eingeschränkt werden, wo der Markt versagt und wettbewerbswirtschaftliches Handeln nicht mehr möglich ist. Die Untersuchung wird zeigen, dass die Auferlegung des zeitintensiven und kostspieligen Vergabeverfahrens im Wettbewerb dazu führt, dass der Wettbewerb verzerrt wird und die Kommunen gezwungen werden, zu teuer am Markt einzukaufen. Damit verstößt das Vergaberecht gegen den europäischen Grundsatz des freien Wettbewerbs in einer freien Marktwirtschaft (Art. 4 Abs. 1 EG) sowie gegen das Prinzip des unverfälschten Wettbewerbs (Art. 3 Abs. 1 g EG). Auf der Grundlage einer europarechtskonformen Auslegung des Vergaberechts soll daher zum Schluss der Arbeit die Ausschreibungspflicht der Kommunen beim Einkauf von Contracting-Leistungen neu bewertet werden. Im Mittelpunkt dieser Bewertung steht die Frage, ob das EG-rechtskonforme Vergaberecht die Beschaffung wirtschaftlicher Contracting-Leistungen ermöglicht.

Kapitel 1 Rechtstatsachen: Contracting in der Energiewirtschaft

Der Begriff „Contracting“ leitet sich von dem englischen Wort „contract“ ab und bedeutet schlicht Vertrag bzw. Vertragsschluss. In dem Vertragswerk werden die Modalitäten, wie Art, Umfang und Zeitdauer sowie die zu erbringenden Leistung genau festgeschrieben.[29] Das Contracting lässt sich mithin als ein Vertrag oder ein Vertragswerk beschreiben, in dem eine oder mehrere bestimmte Leistungen zwischen einem Dienstleister, dem Contractor, und einem Kunden, dem Contracting-Nehmer, gebündelt und geregelt sind.[30] Vom Contracting im öffentlichen Sektor ist dann zu sprechen, wenn private und öffentliche Organisationen miteinander kooperieren, wobei der Contractor Leistungen für die öffentliche Organisation erbringt.[31] Auf die Energiebewirtschaftung öffentlicher Einrichtungen angewandt, ist Contracting die Einigung zwischen öffentlicher Hand und einem Unternehmen über bestimmte Fragen der Energiebewirtschaftung öffentlicher Liegenschaften. In den Worten der Energieagentur NRW handelt es sich beim Contracting um die „vertraglich fixierte Übertragung von Aufgaben der Energiebereitstellung und der Bewirtschaftung auf ein externes Dienstleitungsunternehmen.“[32] Angesichts der Weite der begrifflichen Definition soll im Folgenden zunächst die historische Entwicklung des Contractings in der Energiewirtschaft dargestellt werden. Anschließend sollen die verschiedenen Contracting-Modelle in der heutigen energiewirtschaftlichen Praxis analysiert werden.

A. Die Entwicklung des Contractings in der Energiewirtschaft

Der Ursprung des Contractings in der Energiewirtschaft liegt in den siebziger Jahren des 20. Jahrhunderts.[33] Ausgelöst durch die erste Ölkrise im Jahr 1972 und den damit verbundenen massiven Preiserhöhungen im Rohölbereich ergab sich erstmals die Notwendigkeit, verstärkt Energie im Gebäudebereich einzusparen. Da der energietechnische Standard in den Gebäuden oftmals veraltet war, konnten erhebliche Einsparungen durch die Installation neuer Technologien erreicht werden. Es fehlte jedoch oft an finanziellen Mitteln für diese Investitionen. Daher wurden in der Energiewirtschaft ökonomische Steuerungsinstrumente entwickelt, die auf eine Kostenoptimierung von Investitionsentscheidungen abzielten und unter dem Begriff des „Least-Cost-Planning (LCP)“ bekannt geworden sind.[34] Das LCP sollte eine Reduzierung des Elektrizitätsverbrauches durch Investitionen in energiesparende Technologien dadurch fördern, dass Energieverbraucher die Energiebewirtschaftung der Gebäude auf

[29] Contracting Handbuch 2000, S. 5.

[30] Contracting Handbuch 2000, S. 3.

[31] Energieagentur NRW, Contracting, S. 8.

[32] Energieagentur NRW, Contracting, S. 8.

[33] Contracting Handbuch 2000, S. 3.

[34] Grawe/Schulz, Zeitschrift für Energiewirtschaft, S. 202ff; Contracting Handbuch 2000, S. 4.

spezialisierte Unternehmen übertragen.[35] Dem externen Unternehmen fiel dabei – gegebenenfalls in Zusammenarbeit mit Handel, Geräteherstellern und Anlagenproduzenten – die zentrale Rolle zu, Energiesparmodelle zu entwickeln und energieeinsparende Techniken beim Nachfrager einzubauen.[36] Die spezialisierten Unternehmen übernahmen zudem Informations- und Beratungsprogramme zur Energieeinsparung sowie die Finanzierung der Anlagenoptimierung. Das innovative Element des LCP bestand darin, dass die Unternehmen an der durch die Optimierung der Energieanlagen erreichten Kosteneinsparungen beteiligt wurden. Da mithin alle Beteiligten von der Energieeinsparung profitierten, kann man beim LCP im ökonomischen Sinne von einer „Win-Win" Situation[37] sprechen. Da die Energiebewirtschaftung von Gebäuden durch externe Unternehmen einen hohen Ertrag versprach, entwickelten Unternehmen vielfältigste und sehr innovative Modelle zur Energieeinsparung. Das LCP-Modell führte mithin dazu, dass die Hemmnisse, die der Investition in neue Technologien bisher entgegenstanden, überwundenen wurden.[38] Aus diesem Ansatz heraus entwickelte sich dann zu Beginn der achtziger Jahre das Contracting.[39]

Der Vertragswert des Contractings für eine Liegenschaft kann ca. 2 Mio. Euro betragen, aber auch erheblich darüber liegen.[40] Das auf 20 Milliarden Euro geschätzte Marktvolumen für Contracting in Deutschland ist bisher lediglich zu etwa 8% ausgeschöpft.[41] Die hohe Nachfrage nach spezialisiertem Know-how machen diesen Markt zu einem Wachstumsmarkt, für den Wachstumsraten von durchschnittlich über 15% pro Jahr allein bis 2005 prognostiziert werden.[42] Der Contracting-Markt ist von einer Vielzahl öffentlicher und privater Anbieter geprägt.[43] Zu den Contractoren zählen unter anderem Stadtwerke, regionale Energieversorgungsunternehmen sowie Energiedienstleister.[44] Energieversorgungsunternehmen, die Contracting anbieten, arbeiten heute in

---

[35] Schmitt/Ellwanger, ET 93, S. 308, 309.

[36] Schmitt/Ellwanger, ET 93, S. 308, 309.

[37] Contracting Handbuch 2001, S. 37.

[38] Als Verfeinerung des LCP-Systems konnte sich in der Folgezeit im Energiebereich vor allem das Verfahren des „Integrated-Resource-Planning" durchsetzen. Dieses Verfahren, das in den U.S.A. entwickelt und dort erfolgreich angewendet wurde, erlaubte erstmals eine zweigeteilte Betrachtung von Energieprojekten, einerseits die Verfolgung eines Marketingansatzes mit dem Ziel, die oft vielgestaltigen Kundenwünsche bestmöglich befriedigen zu können und andererseits auch der Frage nach der Finanzierung nachzugehen und dabei die Möglichkeit der Drittfinanzierung auszunutzen, vgl. dazu Contracting Handbuch 2000, S. 4.

[39] Contracting Handbuch 2000, S. 6.

[40] Schülecke, EWeRK-Forum.

[41] Technomar, S. XI.

[42] Energie & Management, Contracting bleibt ein Wachstumsmarkt, S. 2.

[43] VDEW, Energieeinspar-Dienstleistungen im Wettbewerb, S. 3, so treten auf dem Contracting-Markt Finanzdienstleistungen, Ingenieurbüros, Berater, Energieagenturen, Energiedienstleistungen und kommunale Stadtwerke auf.

[44] Contracting Handbuch 2000, S.8f.

der Regel bundesweit.[45] Mittlerweile bieten rund 400 Unternehmen Contracting-Leistungen an.[46] Es ist zu erwarten, dass die Anzahl der Contractoren in Zukunft weiter zunehmen wird.[47]

B. Erscheinungsformen des Contractings in der heutigen energiewirtschaftlichen Praxis („Contracting-Modelle")

Art und Umfang der angebotenen Contracting – Leistungen können sich stark unterscheiden. Deshalb haben sich in der Praxis ein Vielzahl von Contracting-Modellen herausgebildet.[48] Derzeit lassen sich jedoch zwei große Kategorien von Contracting-Lösungen unterscheiden: das Energieeinspar-Contracting (auch Performance Contracting) und das Anlagen-Contracting.[49]

I. Energiesparcontracting

Im Rahmen des Energieeinsparcontractings verpflichtet sich der Contractor, Einsparmaßnahmen in dem Gebäude des Contracting-Nehmers durchzuführen.[50] Die Leistungen des Contractors umfassen die Planung und Durchführung der Einsparmaßnahmen. Die Einsparmaßnahmen können die Optimierung der vorhandenen Heizungs-, Lüftungs- und Klimaanlagen sowie die Erneuerung von Beleuchtungsanlagen umfassen.[51] Schlechte Wirkungsgrade bzw. zu hohe Bezugsbedingungen in den Gebäuden können beispielsweise mittels der Anpassung der tatsächlich notwendigen thermischen und elektrischen Bereitstellungsleistung vermieden werden.[52] Zur Vermeidung von falsch beheizten Räumen sowie zur Anpassung an den tatsächlichen Wärmebedarf kann auch eine dezentrale Regelungstechnik eingerichtet werden. Zu den weiteren Investitionsmaßnahmen im Rahmen des Contractings zählen Maßnahmen an der Gebäudehülle, beispielsweise durch Wärmedämmung, sowie die Optimierung der Betriebsführung der Energieanlagen.[53] Einsparcontracting zielt mithin auf die Optimierung von technischen Betriebsfunktionen in Gebäuden, wie zum Bei-

---

[45] Technomar, S. 241.

[46] Contracting Handbuch 2000, S.8f.

[47] Technomar, S. 5.

[48] Contracting Handbuch 2000, S. 6.

[49] Von Braunmühl, Handbuch Contracting, S. 9; EVA, Einspar-Contracting, S.9; Contracting Handbuch 2000, S. 5.

[50] Contracting Handbuch 2001, S. 49.

[51] Von Braunmühl, Handbuch Contracting, S. 10.

[52] Auch können mittels des Einsparcontractings die Strombezugsbedingungen optimiert werden, indem Lastenmanagementsysteme zur Vermeidung von überdimensionierten Leistungen bei Verteilaggregaten eingesetzt werden.

[53] EVA, Einspar-Contracting, S. 62.

spiel der Heizung, der Lüftung und der Beleuchtung, ab, um so Einsparungen beim Energieverbrauch zu erreichen.[54] Des Weiteren können im Rahmen des Energieeinsparcontractings moderne, effizientere Wärmeerzeugungstechnologien wie zum Beispiel Kraft-Wärme-Kopplungsanlagen[55] oder die Brennstoffzelle eingesetzt werden, um dadurch konventionelle Brennstoffe einzusparen und diese durch regenerative Energien zu ersetzen. Der Contractor übernimmt dabei eigenverantwortlich die Finanzierung, Errichtung und Betriebsoptimierung energietechnischer Anlagen.[56] Da schon mit relativ geringem Aufwand, etwa durch die Optimierung von Klima- oder Beleuchtungsanlagen, große Einsparungen beim Energieverbrauch erzielt werden können, fragen daher verstärkt kommunale Versorgungseinrichtungen das Einsparcontracting nach.[57]

Bei einem kompletten Energiecontracting übernimmt der Contractor den Einkauf von Strom und Brennstoffen für die öffentliche Hand. Hier setzt der Contractor seine Marktkenntnisse ein, um günstig Energie auf dem Markt einzukaufen.[58] Die Energie wandelt der Contractor dann zu Wärme oder Kälte um, um diese der öffentlichen Hand zur Verfügung zu stellen.[59] „Geliefert" wird mithin die Energieform, die der Verbraucher selbst erzeugt hätte, wie Prozessenergie, Raumwärme, Licht und Kälte.[60] Folglich findet die Energieversorgung durch das Contracting auf einer höheren Energieebene statt, nämlich statt auf der Endenergie- auf der Nutzenenergieebene.[61] Die Eigenversorgung mit Nutzenenergie im Rahmen von Contracting wird daher als Alternative zum Strombezug vom örtlichen Versorger gesehen.[62] Bei den in öffentlichen Einrichtungen realisierten Projekten gehört die Wärmeversorgung praktisch immer zum Leistungsangebot. Stark gefragt sind auch die Stromversorgung, Kälteversorgung bzw. Klimatisierung und Lichtversorgung.[63] Der Contractor optimiert die Ener-

---

[54] Von Braunmühl, ET 1994, S. 354, 355.

[55] Die Energieumwandlung mittels Kraft-Wärme-Kopplung (KWK) gehört zu den kapitalintensiven und hochproduktiven Energieerzeugungsanlagen. Zugleich erzeugt die Anlage Strom, Wärme und/oder Kälte. Gegenüber der dualen Versorgung ersetzt die KWK-Technik den Brennstoffverbrauch. Das Ergebnis ist eine Primärenergieeinsparung von bis zu 30 %; vgl. Contracting Handbuch 2001, S. 49.

[56] Sächsischer Leitfaden, Contracting, S.4.

[57] Technomar, S. 93.

[58] Die Vorteile sind das hohe Energie-Fachwissen des Contractors sowie die Flexibilität bezüglich der Energieabnahmemenge während der Vertragslaufzeit, vgl. Technomar, S. 41.

[59] Nach einer Studie sind für Kunden aus Einrichtungen der öffentlichen Hand der angebotene Preis für Strom und Wärme entscheidenden Gründe für die Entscheidung zur Inanspruchnahme von Contracting, vgl. Technomar, S. 50; von Braunmühl, ET 1994, S. 354, 355.

[60] Von Braunmühl, ET 1994, S. 354, 355.

[61] Von Braunmühl, ET 1994, S. 354, 355.

[62] Vgl. Technomar, S. 74.

[63] Bei den realisierten Projekten in öffentlichen Einrichtungen wird nach Angaben der Kunden Einpar-Contracting vor Betreiber- und Anlagen-Contracting am häufigsten eingesetzt, vgl. Technomar, S. IV, 84.

gieströme des Energieverbrauchs, betreibt die erforderlichen Technologien und stellt die Versorgung mit Nutzenenergie sicher. Durch Übernahme des Baus, der Inbetriebnahme, der Betriebsführung und des wirtschaftlichen Risikos der Versorgungsanlage bietet der Contractor eine umfassende Energiebewirtschaftung der öffentlichen Einrichtung an.[64]

Der innovative Aspekt des Einsparcontracting-Modells besteht darin, dass der Contractor für das Erreichen des Einspareffekts rechtlich einsteht, indem er eine Leistungsgarantie in der Form einer Einspargarantie abgibt.[65] Danach sichert er über einen vertraglich festgelegten Zeitraum zwischen 10 und 15 Jahren der öffentlichen Hand die Einsparung bestimmter Energiemengen zu. Die aufgrund des verringerten Energieverbrauchs eingesparten Energiekosten bilden die Grundlage der sogenannten Contracting-Rate bzw. Einsparrate, die der Contractor vom Objektnutzer als Nutzungsentgelt für die Energiedienstleistung erhält. Nach dieser Einspargarantie wird der Auftragnehmer erfolgsabhängig in Höhe eines bestimmten Prozentsatzes der eingesparten Energie bezahlt.[66] Die Grundidee beim Einspar-Contracting besteht mithin darin, dass der Auftragnehmer auf Basis der Einsparungen entlohnt wird, die von ihm herbeigeführt werden.[67] Über die Beteiligung an den eingesparten Energiekosten refinanziert der Contractor seine Investitionen in das Projekt.[68] Auf Seiten des Contractors besteht daher ein besonderer Anreiz, vorhandene Effizienzdefizite bei der Energieerzeugung aufzuspüren und zu beseitigen sowie Einsparungen an Energiekosten zu realisieren.[69]

---

64 Von Braunmühl, ET 1994, S. 354, 357; EVA, Einspar-Contracting, S.7; Sächsischer Leitfaden, Contracting, S. 13.

65 EVA, Einspar-Contracting, S.7; Sächsischer Leitfaden, Contracting, S. 13.

66 Sächsischer Leitfaden, Contracting, S. 13.

67 Der Contrator wird mithin über einen festzulegenden Zeitraum an den Kosteneinsparungen beteiligt, vgl. Sächsischer Leitfaden, Contracting, S. 13; Contracting Handbuch 2001, S. 51, EVA, Einspar-Contractig, S. 47.

68 Contracting Handbuch 2001, S. 49.

69 Gottschalk, RdE 1996, S. 125, 127; Leonhardt/Klopfleisch/Jochum, Kommunales Energiehandbuch, S. 27.

II. Anlagencontracting

Beim Anlagencontracting verpflichtet sich der Contractor zur Planung, Finanzierung, Bau und Betrieb der energietechnischen Anlage in Gebäuden.[70] Der Anlagencontractor erstellt dafür in der Regel ein Konzept für die Bereitstellung von Nutzenenergie und setzt dieses Konzept durch den Bau einer energietechnischen Anlage um.[71] Dabei ist der zu Vertragsbeginn für eine bestimmte Nutzung des Objektes fixierte Bedarf, zum Beispiel der Wärmeleistungen für Raumwärme, die Auslegungsbasis für die Planung des technischen Konzepts.[72]

Das Anlagencontracting kommt vor allem dann zum Einsatz, wenn Ersatz- oder Neuinvestitionen anstehen, bzw. alte Anlagen grundlegend modernisiert werden müssen.[73] Dies ist zum Beispiel häufig in Krankenhäusern der Fall, wenn dort eine Heizanlage erneuert bzw. eine Kraft-Wärme-Kopplungsanlage errichtet werden soll. Der Leistungsumfang des Anlagencontractors schließt in der Regel die Nutzenenergiebereitstellung mit ein.[74] Beim Anlagencontracting investiert die öffentliche Hand nicht in kostspielige Erzeugungstechnik, sondern kauft ausschließlich die von ihr benötigte Endenergie. Der externe Partner optimiert und betreibt zum Beispiel die Heizungsanlage im Gebäude des Auftraggebers und rechnet die zur Verfügung gestellte Nutzenenergie über einen im Vorfeld mit dem Contracting-Nehmer vereinbarten Wärmepreis ab.[75] Die öffentliche Hand wird von den Betriebs-, Wartungs- und Instandhaltungsarbeiten entlastet und das Betriebsrisiko wird auf den Contractor übertragen.[76]

Zwar garantiert der Anlagencontractor keinen bestimmten Einspar-Erfolg. Dennoch benötigt er diesen Erfolg, um sich aus dem Betrieb der Anlagen in geplanter Weise zu refinanzieren. Der Einsatz moderner Technologien soll daher dazu führen, dass die Energiebereitstellung auf längere Sicht kostengünstiger wird, so dass der Contractor seine Investitionen in die Anlagen über die Differenz zu dem mit der öffentlichen Hand im Vorfeld vereinbarten Nutzenenergiepreis refinanzieren kann. Folglich hat der Contractor ein starkes Interesse an einer möglichst effizienten und qualitativ hochwertigen Energieerzeugung, um seine Anlage über eine möglichst hohe Zahl an Jahresvollbenutzungsstunden betreiben zu können.[77] Das Anlagencontracting wird daher auch bevorzugt durch den Einsatz innovativer gebäudetechnischer Anlagen, wie zum

---

[70] Contracting Handbuch 2000, S. 5.

[71] Baur/Matthey, S. 15.

[72] Contracting Handbuch, 2001, S. 67.

[73] Technomar, S. 93.

[74] Von Braunmühl, Contracting Handbuch, S. 12.

[75] EVA, Einspar-Contracting, S. 9.

[76] Contracting Handbuch 2001, S. 8.

[77] Von Braunmühl, Handbuch Contracting, S. 12.

Beispiel solarer Systeme, elektrischer Heizsysteme, Lüftungssysteme und Brennstoffzellen-Technik sowie durch eine entsprechende Wärmedämmung des Gebäudes und den Bau von Kraft-Wärme-Kopplungsanlagen oder Gasturbinen realisiert.[78]

III. Zwischenergebnis

Trotz dieser Vielfalt im Detail zeichnen sich die Contracting-Modelle durch gemeinsame Merkmale aus.[79] Sowohl dem Energieeinspar- als auch dem Anlagencontracting liegt der Gedanke zugrunde, dass alle oder zumindest wesentliche Teile der zur Energieversorgung notwendigen Leistungen aus dem Aufgabenbereich der öffentlichen Hand herausgenommen und einem externen Dienstleister übertragen werden.[80] Der Anlagen- und Einsparcontractor plant, finanziert und betreibt auf eigenes Risiko für die öffentliche Hand die Nutzenenergiebereitstellung und leistet damit eine umfassende Betreuung in Energiefragen.[81] Das Contracting stellt mithin eine moderne Form des Energiemanagements von Gebäuden dar, das sich im Einzelfall durch die auf die jeweilige Einrichtung abgestimmten technischen Maßnahmen unterscheidet.[82] Welche Maßnahme von der öffentlichen Hand im Einzelfall gewählt wird, hängt dabei entscheidend von den jeweiligen Eigenschaften und technischen Möglichkeiten der Liegenschaft ab.[83] So werden Vertragsmodelle nachgefragt, die alle Elemente miteinander verbinden.[84] Bei den in öffentlichen Einrichtungen realisierten Projekten gehört jedenfalls die Wärmeversorgung praktisch immer zum Leistungsangebot. Stark gefragt sind auch die Stromversorgung, Kälteversorgung bzw. Klimatisierung und Lichtversorgung.[85] Eine bessere Wirtschaftlichkeit des ausgelagerten Betriebs ist deshalb möglich, weil das Contracting-Unternehmen als Optimierungs-Spezialist einen höheren Informationsstand aufweisen kann, als der Inhaber der Anlage.[86] Zudem haben Contractoren einen selbstverständlichen Anreiz zur Energieeinsparung durch die Installation von Effizienztechniken, da die beim Nutzer vermiedenen Energieverbrauchskosten ihre Erlöse darstellen.[87]

---

[78] Technomar, S. 12; Baur/Mattey, S. 16.

[79] Vgl. Contracting Handbuch 2000, S. 6.

[80] Contracting Handbuch 2000, S. 5.

[81] Von Braunmühl, ET 1994, S. 354, 360. Im Rahmen dieser Betreibermodelle erfolgt die Verlagerung von Investitions- und Betriebsrisiken auf Dritte; allgemein dazu Tomerius, Difu-Beiträge zur Stadtforschung, S. 164.

[82] Die Energiebewirtschaftung kann bei beiden Modellen durch die Erneuerung bzw. die Neuerrichtung einer energietechnischen Anlage erfolgen. Dazu treten i.d.R. bei beiden Modellen Betrieb und Wartung der energietechnischen Anlage.

[83] Technomar, S. 84.

[84] Grundsätzlich sind beide Varianten des Contracting, das Anlagen- wie das Einsparcontracting, sowie alle Mischformen denkbar, vgl. Contracting Handbuch 2001, S. 28.

[85] Technomar, S. 84.

[86] Von Braunmühl, ET 1994, S. 354, 357.

[87] Von Braunmühl, ET 1994, S. 354, 355.

Eine Vielzahl von Veröffentlichungen belegen, dass die Kosten für die Einspartechnik unter den Kosten des vermiedenen Brennstoffverbrauchs liegen, d.h. dass der Energieverbrauch profitabel reduziert werden kann.[88] Mit dem Contracting wird es mithin möglich, die im Gebäudebereich notwendigen Investitionen vollständig über die eingesparten Kosten des vermiedenen Verbrauchs zu finanzieren. Ökologische Maßnahmen werden daher durch das Contracting wettbewerbsfähig.[89] Zudem entfällt der heute noch in der Energiewirtschaft bestehender Gegensatz zwischen Erzeuger und Verbraucherinteresse bei der Energieversorgung, da mit dem Contracting die Bereitstellung von Nutzenenergie einhergeht mit der Optimierung aller zur Erzeugung verwendeten Techniken beim Nutzer.[90] Im Contracting wird daher auch der „Königsweg" für Investitionen in Effizienztechnik, Energierationalisierung und Klimaschutz gesehen.[91]

C. Einordnung des Contractings in die Privatisierungstypologie

Das Contracting in der Energiewirtschaft wird in der Literatur mit der Privatisierung öffentlicher Leistungen beschrieben.[92] Der Begriff der Privatisierung suggeriert jedoch lediglich eine sich verändernde Zugehörigkeit einer Leistung vom öffentlichen zum privaten Sektor und bleibt damit dem gedanklichen Gegensatz von Staat und Markt verhaftet.[93] Die Darstellung der Modelle hat jedoch gezeigt, dass es sich beim Contracting in der Energiewirtschaft um eine neue Form der arbeitsteiligen und kooperativen Aufgabenerledigung zwischen öffentlicher Hand und privatem Sektor handelt. Allein der Begriff „Privatisierung" ist mithin nicht in der Lage, die komplexe Wirklichkeit des Contractings zwischen öffentlicher Hand und Contractor hinreichend zu erfassen.[94] Da an verschiedene Formen der Privatisierung unterschiedliche vergaberechtliche Konsequenzen geknüpft werden, ist für diese Arbeit von Bedeutung, um welche Privatisierungsart es sich beim Contracting handelt.[95]

---

88 VDEW, Energieeinspar-Dienstleistungen im Wettbewerb, S. 3.; Umweltbundesamt, Energiespar-Contracting, S. 10; Contracting Handbuch 2001, S. 35.

89 VDEW, Energieeinspar-Dienstleistungen im Wettbewerb, S. 3.

90 Von Braunmühl, ET 1994, S. 354, 355.

91 Sächsischer Leitfaden, Contracting, S. 28.

92 Vgl. Baur/Matthey, S. 3.

93 Vgl. Schuppert, Verwaltungswissenschaften, S. 370; Monopolkommission, Neuntes Hauptgutachten 1990/1991, Rdnr. 29, 51; Osterloh, VVDStRL 54 (1995), S. 205, 209; Möschel, WuW 1997, S. 120, 120.

94 Kritisch zum Begriff der Privatisierung etwa Ewers, FIW (165) 1995, S. 113, 114.

95 Allgemein zum Verhältnis von Privatisierung und Vergaberecht vgl. Drügemöller, Vergaberecht, S. 173f.; zu den ordnungspolitischen Hintergründen von Privatisierungen vgl. König, Ordnungspolitische Probleme der Privatisierung, S. 183ff.

I. Contracting als Fall der Organisations-, Aufgaben- oder funktionalen Privatisierung

In der Privatisierungsliteratur wird zwischen der Organisations-, der Aufgaben- und der funktionalen Privatisierung unterschieden.[96] Bei der Organisationsprivatisierung[97] behält der Verwaltungsträger weiterhin die Alleinzuständigkeit für die Erledigung der betreffenden Aufgabe und bedient sich zu ihrer Wahrnehmung der Formen des Privatrechts, zum Beispiel durch eine von der Kommune gegründete oder unter ihrer Beteiligung geführte GmbH oder Aktiengesellschaft.[98] Da beim Contracting die Durchführung der Energiebewirtschaftung auf ein Unternehmen ausgegliedert wird, behält die öffentliche Hand nicht die Alleinzuständigkeit für die Erledigung der öffentlichen Aufgabe, so dass es sich nicht um eine Organisationsprivatisierung handelt.

Kennzeichnend für die Aufgabenprivatisierung ist der Rückzug des Staates aus der Aufgabenwahrnehmung durch vollständige oder teilweise Ausgliederung der öffentlichen Aufgabe und Übertragung der Aufgabe auf den privaten Sektor.[99] Um einen Fall der Aufgabenprivatisierung handelt es sich dann, wenn die kommunale Aufgabe als Ganzes auf einen Privaten übertragen wird.[100] Durch die Ausgliederung von staatlicher Eigenproduktion auf private Fremdproduzenten im Wege des Contracting zieht sich die öffentliche Hand jedoch nicht ganz aus diesem Aufgabenbereich zurück, vielmehr behält sie weiterhin die Aufgabenverantwortung.[101] Ausgegliedert wird lediglich die Durchführung der Energiebewirtschaftung, so dass das Contracting auch keine Aufgabenprivatisierung ist.

Bei der funktionalen Privatisierung wird ein Privater zur Wahrnehmung öffentlicher Aufgaben eingeschaltet. Die Aufgabe selbst bleibt in der Verantwortung des Verwaltungsträgers.[102] Lediglich die Leistungserstellung wird in diesem Modell auf ein Privatrechtssubjekt übertragen.[103] Der Contractor übernimmt als sog. Verwaltungshelfer

---

[96] Vgl. grundlegend dazu Schoch, DVBl 1994, S. 962, 963.

[97] Auch formelle Privatisierung, vgl Möschel, WuW 1997, S. 120, 121; Peine, DÖV 1997, S. 353, 354f.

[98] Bysen, VR 1996, S. 74ff; Osterloh, VVDStRL 54 (1995), S.205, 210; Schoch, DVBl 1994, S. 962, 962.

[99] Sterzel, Hanbuch Privatisierung, S. 137; Schuppert, DÖV 1995, S. 761, 767; Schoch, DVBl 1994, S. 962, 962; ders., DÖV 1993, 377, 378; vgl. auch Möschel, WuW 1997, S. 120, 121; Müller, Rechtsformwahl bei der Erfüllung öffentlicher Aufgaben, S. 111.

[100] Auch materielle Privatisierung, vgl. Möschel, Privatisierung als ordnungspolitische Aufgabe, S. 905ff; Monopolkommisssion, Neuntes Hauptgutachten 1990/1991, Rdnr. 43 ff.

[101] Möschel, WuW 1997, S. 120, 121, ders., Notwendigkeit und Potentiale der Aufgabenprivatisierung, S. 351, 351; so auch schon Pietzcker, der Staatsauftrag, S. 340.

[102] Schuppert, DÖV 1995, S. 761, 767; Schoch, DVBl 1994, S. 962, 963.

[103] Vgl. Schuppert, Verwaltungswissenschaft, S. 372; der Private wird als sogenannter Verwaltungshelfer tätig, vgl. Burgi, NVwZ 2001, S. 601, 603; ders., Funktionale Privatisierung, 1999, S. 145ff.; Osterloh, VVDStRL 54 (1995), S. 204, 223; Schoch, DVBl 1994, S. 962, 963.

die Durchführung einer Verwaltungsaufgabe.[104] Im Contracting-Vertrag sind Überwachungs- und Eingriffsmöglichkeiten verankert, die es der öffentlichen Hand gestatten, den ordnungsgemäßen Zustand und Betriebsablauf der Energiebewirtschaftung sicherzustellen.[105] Die Aufsichtsmöglichkeiten der öffentlichen Hand sichern die im Contracting-Vertrag regelmäßig vorgesehenen Auskunfts- und Akteneinsichtsrechte der öffentlichen Hand und Berichtspflichten des Contractors.[106] Zudem enthält der Vertrag ein Kündigungsrecht, welches es der öffentlichen Hand gestattet, bei ordnungswidriger Durchführung der Energiebewirtschaftung, den Vertrag zu kündigen und in die Aufgabendurchführung einzutreten.[107] Die Rolle der Verwaltung ist in diesem Fall die des Garanten der Aufgabenwahrnehmung, während die Durchführung und Finanzierung Privaten überlassen wird.[108] Das Tätigwerden des Verwaltungshelfers führt mithin nicht zur Verlagerung der Aufgabenverantwortung.[109] Damit bleibt die Verantwortung für das Contracting-Projekt, wie es für die funktionale Privatisierung typisch ist, letztendlich bei der öffentlichen Hand. Der aus dem Demokratie- und Rechtsstaatsprinzip folgende Einwirkungspflicht, die Aufgabenerledigung zu steuern, wird die öffentliche Hand dadurch gerecht, dass sie die ordnungsgemäße Durchführung der Energiebewirtschaftung überwacht und ggf. im Falle der Schlechtleistung die Aufgabe insgesamt wieder an sich zieht.[110] Da somit beim Contracting die Aufgabenverantwortung weiterhin bei der öffentlichen Hand verbleibt, die Aufgabendurchführung bzw. -erledigung aber mit Hilfe eines externen Privaten erfolgt, handelt es sich mithin um eine sogenannte funktionale Privatisierung.[111]

---

[104] Opitz, ZVgR 2000, S. 97, 101. Der Staat behält die Gewährleistungsverantwortung für die Infrastrukturaufgabe der Energiebewirtschaftung öffentlicher Einrichtungen.

[105] Für Gemeinden und sonstige öffentliche Körperschaften wird als oberstes Gebot für die inhaltliche Vertragsgestaltung auf die Erfüllung öffentlicher Aufgaben geachtet. Zu den Berichtspflichten des Auftragnehmers gegenüber dem Gemeinderat, vgl. Sächsischer Leitfaden, Contracting, S. 16f.

[106] Zur Vertragsgestaltung vgl. Sächsischer Leitfaden, Contracting, S. 16f.

[107] In der sogenannten Heimfallklausel wird im Contracting-Vertrag festgelegt, unter welchen Bedingungen die jeweilige Aufgabe auf die öffentliche Hand rückübertragen werden kann, vgl. Tomerius, Zwischen Pflichtaufgaben und wirtschaftlicher Betätigung, S. 178; zur Heimfallklausel vgl. auch Rehm, Modelle zur Finanzierung kommunaler Investitionen durch Private, S. 107.

[108] Schoch, DVBl. 1994, S. 962, 962 ff; Schuppert, Verwaltungswissenschaft, S. 373.

[109] Opitz, ZVgR 2000, S. 97, 101; aus organisationsrechtlicher Sicht behält der Staat die Gewährleistungsverantwortung für die Infrstrukturaufgabe Energiebewirtschaftung öffentlicher Einrichtungen.

[110] Vgl. zur Einwirkungspflicht Ehlers, Verwaltung in Privatrechtsform, S. 124ff.; Püttner, Die öffentlichen Unternehmen, S. 120.

[111] Sterzel, Handbuch der Privatisierung, S. 139; Schoch, DVBl 1994, S. 962, 962ff; Möschel, WuW 1997, S. 120, 121.

II. Contracting als Public-Private-Partnership

Das Contracting-Modell könnte dem in der verwaltungs- und rechtswissenschaftlichen Literatur in jüngster Zeit vielfach diskutierten Institut des Public Private Partnerships (PPP) zugeordnet werden.[112] Charakteristisch für das PPP ist eine sektorenverschränkende Kooperation zwischen öffentlichen und privatrechtlichen Aufgabenträgern zur Erledigung einer öffentlichen Aufgabe.[113] Beim Contracting schließen sich öffentliche Hand und Contractor zusammen und leisten gemeinsam Investitionen in die Energiebewirtschaftung öffentlicher Einrichtungen. Die für das PPP charakteristische sektorenverschränkende Kooperation zwischen öffentlichen und privatrechtlichen Aufgabenträgern ist mithin beim Contracting anzutreffen. Die öffentliche Hand will mit dem Contracting ihre Umweltschutzverpflichtungen erfüllen und Kosten einsparen. Der Contractor verspricht sich von der Energiebewirtschaftung öffentlicher Einrichtungen eine Beteiligung an den eingesparten Finanzmitteln. Gerade die dem PPP innewohnende Funktionslogik der Parallelschaltung von öffentlichen und privaten Interessen[114] ist daher auch beim Contracting anzutreffen. Letztlich ist damit der Siegeszug des Energie-Contracting ein Siegeszug des PPP-Modells. Vielfach üblich sind auch sogenannte Joint Ventures zwischen Öffentlicher Hand und privaten Partnern.[115] Bei diesen gemischtwirtschaftlichen Unternehmen handelt es sich in der Regel um kommunale Eigen- oder öffentlich beherrschte Beteiligungsgesellschaften, die in der Rechtsform einer GmbH oder AG betrieben werden.[116] Das Contracting wird heute typischerweise von privaten Verbundunternehmen und Stadtwerken, die in privatrechtlicher Form tätig werden, übernommen.[117]

---

[112] Schuppert, Grundzüge eines zu entwickelnden Verwaltungskooperationsrechts, S. 8; ders., Die öffentliche Verwaltung im Kooperationsspektrum staatlicher und privater Aufgabenerfüllung, S. 93ff.; Gottschalk, RdE 1996, S. 125, 127; EVA, Einspar-Contracting, S. 53; Contracting Handbuch 2001, S. 32. Allgemein zum PPP vgl. Roggencamp, Public Private Partnership – Entstehung und Funktionsweise kooperativer Arrangements zwischen öffentlichem Sektor und Privatwirtschaft, passim.; Budäus/Eichhorn, Public Private Partnership, passim.; Gottschalk, RdE 1996, S. 125, 125ff.; Burgi, Funktionale Privatisierung, S. 98f.; Schoch, Public Private Partnership, S. 101, 103.

[113] Wolff, Public Private Partnerships, S. 243, 244; Eichhorn, in Sozialpolitik und öffentliche Wirtschaft, S. 175.

[114] Budäus/Grüning, Public Private Partnership, S. 34.

[115] Dazu Schwintowski, Konkurrenz der öffentlichen Hand, S. 7

[116] Vgl. von Braunmühl, ET 1994, S. 354, 356; VDEW, Energieeinspar-Dienstleistungen im Wettbewerb, S. 68.

[117] In der Regel sind heute Stadtwerke, die Contracting-Leistungen anbieten, Gesellschaften in privater Rechtsform, vgl. von Braunmühl, ET 1994, S. 354, 356.

III. Abgrenzung des Contractings zur Dienstleistungskonzession

Abschließend soll das Contracting von der Dienstleistungskonzession abgegrenzt werden. Nach der Mitteilung der Europäischen Kommission zu „Auslegungsfragen im Bereich der Konzessionen im Gemeinschaftsrecht" sind Konzessionen staatliche Akte, durch die eine Behörde einem Dritten die vollständige oder teilweise Durchführung von Dienstleistungen überträgt, die grundsätzlich in die staatliche Zuständigkeit fallen und für die der Dritte das Hauptrisiko der Nutzung übernimmt.[118] Wesenbestimmend für eine Konzession ist mithin, dass der Konzessionsnehmer als Gegenleistung für seine Arbeiten ein Nutzungsrecht entweder an einem Bauwerk oder einer Dienstleistung erhält und zugleich das Betreiber- und Vermarktungsrisiko trägt, indem er das Entgelt für seine aufgrund der Konzession erbrachten Leistungen von den Benutzern der Leistung erhält.[119] Bei dem Konzessionssystem erbringt der private Betreiber eine Leistung für die Bürger und wird von diesen bezahlt.[120]

Auch beim Contracting wird die Durchführung von Aufgaben, die grundsätzlich in die staatliche Zuständigkeit fallen, einem Dritten übertragen. Zudem trägt der Contractor wie auch der Konzessionsnehmer das Betreiberrisiko der Anlagen. Das Contracting unterscheidet sich vom Konzessionsmodell jedoch in der Regel dadurch, dass zwischen dem Contractor und dem Bürger, der die öffentlichen Einrichtungen nutzt, keine Rechtsbeziehungen entstehen, da diese nicht unmittelbar Nutznießer der Contracting-Leistung sind.[121] Stattdessen tritt der Contractor ausschließlich in Rechtsbeziehung zu der öffentlichen Hand, erbringt ihr gegenüber unmittelbar die Leistung und wird dafür von ihr entgolten.[122] Bei dem Contracting handelt es sich daher grundsätzlich nicht um eine Dienstleistungskonzession.

Wenn jedoch beispielsweise eine kommunale Wohnngsbaugesellschaft über einen Contractor eine neue KWK-Anlage bauen lässt und dem Contractor die gegen den Mieter bestehenden Ansprüche auf Wärmenebenkosten abtritt, verhält der Contractor sich wie ein Forderungskäufer und trägt das Risiko der Wohnungsvermietung einerseits und das Insolvenzrisiko bei den Mietern andererseits. In diesen Fällen handelt es

---

118 Vgl. Abl. 1999 C 94/7; Prieß, Das öffentliche Auftragswesen, S. 53; Hailbronner, in: Byok/Jaeger, § 99 Rdnr. 339.

119 Vgl. Abl. 1999 C 94/5; Rodig, ET 1999, S. 774, 775; Hausmann, Energiewirtschaft im Lichte des Vergaberechts, S. 17.

120 Bei der Dienstleistungskonzession handelt es sich um einen Fall der kontraktiven materiellen Privatisierung, vgl. Opitz, ZVgR 2000, S. 97, 102. Zu den energiewirtschaftlichen Konzessionsverträgen, vgl. Rodig, ET 1999, S. 774, 775; Osterloh, VVDStRL 54 (1995), S. 204, 226; Wallerath, Öffentliche Bedarfsdeckung, S. 75; Sterzel, Handbuch Privatisierung, S. 139. Zu den Energiekonzessionsverträgen vgl. Ortlieb, in: Energiewirtschaft im Aufbruch, S. 379 ff, dazu noch ausführlich im 4. Kapitel.

121 Opitz, ZVgR 2000, S. 97, 101.

122 Opitz, ZVgR 2000, S. 97, 101.

sich um eine Form des Anlagencontractings, die auf der Grundlage einer Dienstleistungskonzession beruht. Auf diese Formen des Contractings könnte nach den Regeln des Dienstleistungskonzessionsrechts öffentliches Auftragsrecht ausgeschlossen sein. Das europäische Vergaberecht enthält keine Regeln über die Vergabe von Dienstleistungskonzessionen. Teilweise wird im Schrifttum die Auffassung vertreten, dass die Dienstleistungsrichtlinie den Begriff des Dienstleistungsauftrags als Auffangtatbestand konzipiert habe, der lediglich ausdrücklich ausgeschlossene Vertragstypen nicht erfasse.[123] Da Dienstleistungskonzessionen von Art. 1 lit. a) Dienstleistungsrichtlinie nicht ausdrücklich ausgeschlossen seien, könne von der Anwendbarkeit der Richtlinie auf Konzessionen auszugehen sein.[124] Nach einer Entscheidung des EuGH werden öffentliche Dienstleistungskonzessionen vom gemeinschaftlichen Vergaberecht nicht erfasst.[125] Dem ist zuzustimmen. Denn hätte der Gemeinschaftsgesetzgeber das gewollt, hätte die Vergabe der Dienstleistungs- wie die Baukonzessionen ausdrücklich geregelt werden müssen. Die öffentliche Hand befindet sich hier in der Position des Anbieters und der Konzessionsnehmer befindet sich in der Position des Nachfragers.[126] Da hier nicht der Staat, sondern Dritte Nutznießer der Leistungen des Konzessionärs sind, stellt sich die Konzessionsvergabe nicht als eine Form der Bedarfsdeckung der öffentlichen Hand dar.[127]Auch die europäische Kommission lehnt daher den Anwendungbereich ab. Sie weist dabei auch auf das systematische Argument hin,[128] demzufolge eine Unterstellung der Dienstleistungskonzessionen unter die allgemeinen Regelungen der Dienstleistungsrichtlinie zur Folge hätte, dass die nicht ausdrücklich geregelten Dienstleistungskonzessionen einem strengeren Vergaberegime unterstellt würden als die explizit geregelten Baukonzessionen. Diese Folge wäre aber mit der Regelungssystematik der Richtlinien nur schwer vereinbar.[129] Mit-

[123] Vgl. dazu Koenig, EuZW 2003, S. 289, 289.

[124] Vgl. zur Diskussion Koenig, EuZW 2003, S. 289, 289.

[125] EuGH Rs. C-324/98, Treleaustria und Telefonadress gegen Post & Telekom Austria, Urt. V. 7.12.2000

[126] Gröning, NZBau 2001, S. 123, 123.

[127] Platzer, Das Konzessionsmodell, S.5; Opitz, ZVgR 2000, S.97, 102. Vgl. die Mitteilung der Kommission zu Auslegungsfragen im Bereich Konzessionen im Gemeinschaftsrecht v. 12.4. 2000, abgedruckt in NVwZ, Beilage III 7/2000, hier insbes. S. 10; vgl. auch EuGH, EuZW 2001, 90 Rdnr. 62 – Teleaustria; Boesen, Vergaberecht, 2000, § 99 GWB Rdnr. 34f; Eschenbruch, in: Niebuhr/Kulartz/Kus/Portz, § 99 GWB Rdnr. 16, 18.

[128] Mitteilung der Kommission zu Auslegungsfragen im Bereich Konzessionen im Gemeinschaftsrecht, Abl. 2000 Nr. Nr. C 121/2, 4 Anm. 15; in diesem Sinne auch EuGH Rs. C-324/98, Teleaustria und Telefonadress gegen Post & Telekom Austria, Urt. v. 7.12.2000 und die Schlussanträge in Rs. C-324/98 vom 18.5.2000.

[129] Mitteilung der Kommission zu Auslegungsfragen im Bereich Konzessionen im Gemeinschaftsrecht, Abl. 2000 Nr. Nr. C 121/2, 4 Anm. 15; in diesem Sinne auch EuGH Rs. C-324/98, Teleaustria und Telefonadress gegen Post & Telekom Austria, Urt. V. 7.12.2000, und die Schlussanträge in Rs. C-324/98 vom 18.5.2000.

hin sind Dienstleistungskonzessionen nicht ausschreibungspflichtig.[130] Auf die Formen des Contractings, die auf der Grundlage einer Dienstleistungskonzession beruhen, findet öffentliches Auftragsrecht mithin keine Anwendung.

---

[130] Vgl. Mitteilung der Kommission zu Auslegungsfragen im Bereich Konzessionen im Gemeinschaftsrecht vom 12.4. 2000, abgedruckt in NVwZ, Beilage III 7/2000, S. 10V; vgl. EuGH, EuZW 2001, 90 – Teleaustria. Auf ihre Vergabe sind aber die zentralen Vergaberechtsgrundsätze der Transparenz und Nichtdiskriminierung sowie des effektiven Bieterrechtsschutzes weitest gehend anzuwenden, vgl. zuletzt zur Diskussion Koenig, EuZW 2003, S. 289, 289, vgl. allgemein zur Dienstleistungskonzession Wieland, Die Konzessionsabgaben, S. 89ff., 124ff., sowie Koenig, Die öffentlich-rechtliche Verteilungslenkung, S. 100ff.; Monopolkommission, Neuntes Hauptgutachten 1990/1991, Rdnr. 44; Schoch, DVBl 1994, S. 962, 974; Möschel, Notwendigkeit und Potentiale der Aufgabenprivatisierung, S. 351, 351; ders. WuW 1997, S. 120, 121.

Kapitel 2 Rechtsrahmen: Die Rechtsgrundlagen der öffentlichen Vergabe

A. Entwicklung des Vergaberechts und europarechtlicher Hintergrund

Innerhalb der Europäischen Gemeinschaft werden Schätzungen zufolge von der öffentlichen Hand jährlich Aufträge über Waren und Dienstleitung im Wert von ca. 1 Billion Euro vergeben, was etwa 14% des Bruttoinlandprodukts der 15 Mitgliedstaaten entspricht.[131] Allein Bund, Länder und Gemeinden der Bundesrepublik geben derzeit etwa 230 Milliarden Euro für Beschaffungen im Jahr aus, wobei sich das Auftragsvolumen relativ gleichmäßig auf die Bereiche Bauleistungen, Warenlieferungen und Dienstleistungen verteilt.[132]

I. Historischer Hintergrund

Der Staat erteilt Aufträge an Firmen aus der Privatwirtschaft, um sich die Mittel zu beschaffen, die er benötigt, um seinen staatlichen Aufgaben nachzukommen.[133] Die Funktion der öffentlichen Aufträge besteht mithin in der Bedarfsdeckung der öffentlichen Hand.[134] Seit den frühen Jahren der Europäischen Gemeinschaft setzte der Staat seine Aufträge oft auch als Mittel der Wirtschaftsförderung ein, indem die Auftragsvergabe vorrangig an lokale und regionale Unternehmen erfolgte.[135] Es war übliche Praxis der öffentlichen Hand, Unternehmen gleichmäßig zu bedienen, die im Gebiet der beauftragenden Stelle ansässig waren, bewährte Lieferbeziehungen zu bevorzugen oder durch ein Gebot „buy national" die einheimische Wirtschaft vor ausländischer Konkurrenz zu schützen.[136] Dieses sogenannte „Hoflieferantentum" hat in der Vergangenheit dazu geführt, dass Unternehmen aus anderen Mitgliedstaaten gegenüber ihren inländischen Konkurrenten bei der Vergabe öffentlicher Aufträge benachteiligt wurden.[137] Häufig wurden so ganze Märkte für ausländische Unternehmen verschlos-

---

[131] Vgl. zu den neuesten statistischen Angaben Dreher, in: Immenga/Mestmäcker, GWB, vor §§ 97ff Rdnr. 41ff.; vgl. auch Schwarze, in: Die Vergabe öffentlicher Aufträge im Lichte des europäischen Wirtschaftsrechts, S. 13, 13ff.; Kommission, KOM (96) 583 endg., Ziff. 1.1; vgl auch Cecchini, S. 39.

[132] Baron, Das neue Kartellgesetz, S. 49.

[133] Pietzcker, Der Staatsauftrag, S. 305, 315ff, 326ff; Wallerath, Öffentliche Bedarfsdeckung, S.73; Dreher, EuZW 1998, S. 197, 197.

[134] Pietzcker, Der Staatsauftrag, S. 305, 315ff, 326ff; Wallerath, Öffentliche Bedarfsdeckung, S.73; Dreher, EuZW 1998, S. 197, 197

[135] Dazu Neßler, DÖV 2000, S. 145, 148; Pietzcker, Der Staatsauftrag, S. 305, 315ff., 326ff.; Wallerath, Öffentliche Bedarfsdeckung, S.73; Dreher, EuZW 1998, S.197, 197.

[136] Vgl. Bunte, BB 2001, S. 2121, 2123; Seidel, in: Dauses Band I, S. 21ff; dazu Neßler, DÖV 2000, S.145, 147 ff.

[137] Noch, WuW 1998, S. 1059, 1060; Tyrell/Bedford, Public Procurement, S. X; ähnlich Erhardt, Öffentliches Auftragswesen, S. 732.

sen. Die erhebliche Nachfragemacht des Staates[138] auf diesen Märkten war daher in der Lage die Wettbewerbsordnung empfindlich zu stören.[139] Trotz der großen wirtschaftlichen Bedeutung der Vergabe öffentlicher Aufträge in der Europäischen Gemeinschaft hatte bis dahin keine effektive Öffnung der Beschaffungsmärkte stattgefunden.[140]

II. Die europäischen Vergaberichtlinien

In dem im Jahre 1985 erschienenen Weißbuch der Europäischen Kommission „Vollendung des Binnenmarktes"[141] hat die Kommission die europaweiten Harmonisierungsbemühungen auf dem Gebiet der öffentlichen Aufträge zu einer der vordringlichsten Aufgaben der Europäischen Gemeinschaft erklärt.[142] Nach Auffassung der Kommission setze der Europäische Binnenmarkt als Raum ohne Binnengrenzen, in dem Waren, Personen, Dienstleistungen und Kapital frei verkehren dürfen, voraus, dass alle Unternehmen die gleiche Chance haben, öffentliche Aufträge zu erhalten.[143] Die fortdauernde Aufsplittung in einzelstaatliche Vergabemärkte stelle daher eine der augenfälligsten Schranken auf dem Weg zur Vollendung eines echten Binnenmarktes und zur Schaffung eines einheitlichen Wirtschaftsraums dar.[144]

Zur Vollendung eines einheitlichen europäischen Binnenmarktes erließ die Europäische Gemeinschaft in den folgenden Jahren mehrere Vergaberichtlinien.[145] Dadurch hat sie das öffentliche Auftragswesen in den einzelnen Mitgliedstaaten einer weitreichenden Angleichung unterworfen.[146] Die ersten Versuche einer europarechtlichen Ausgestaltung des öffentlichen Auftragswesens in den Jahren 1969 und 1971 durch die Richtlinie zur Vergabe öffentlicher Bau- und Lieferaufträge brachten jedoch nicht den erstrebten Erfolg. Der Wettbewerb wurde weiterhin zugunsten regionaler bzw. nationaler Anbieter von Bau-, Liefer- und Dienstleistungsaufträge gemieden. Das staatliche Beschaffungswesen blieb damit weitgehend den „Hoflieferanten" vor-

---

138 Dazu schon Pietzcker, Der Staatsauftrag, S. 306ff.

139 Waldner, Bieterschutz im Vergaberecht, S.22.

140 Drügemöller, Vergaberecht, S.43.

141 Kommission, KOM (85) 310.

142 Kommission, KOM (85) 310.

143 Das betont die Gemeinschaft in den Erwägungsgründen der Vergaberichtlinien immer wieder. Siehe nur den zweiten und dritten Erwägungsgrund der Dienstleistungskoordinierungsrichtlinie RL 92/50/EWG, Abl.EG Nr. L 209/1.

144 Kommission, KOM (85) 310.

145 Vgl. Neßler, DÖV 2000, S. 145, 146.

146 Brenner, Staatsphilosophie und Rechtspolitik, S. 1431, 1433.

behalten.[147] In den Jahren 1992 und 1993 erließ der Europäische Rat deshalb die Baukoordinierungs-[148], Lieferkoordinierungs-[149], Sektoren-[150] und Dienstleistungsrichtlinie[151].

Um die Beachtung des neuen europäischen Vergaberechts in der Praxis zu sichern, sollte in allen Mitgliedstaaten ein effektiver Rechtsschutz bei Verstößen gegen Vergabevorschriften gewährleistet werden. Daher ergänzte der Europäische Rat in den folgenden Jahren die Koordinierungsrichtlinie durch die Rechtsmittelrichtlinie für Bau-, Liefer- und Dienstleistungsaufträge[152] sowie die Sektoren-Rechtsmittelrichtlinie für den Sektorenbereich.[153] Diese verpflichten die Mitgliedstaaten, ein Nachprüfungsverfahren zur Überprüfung und Korrektur des Vergabeverfahrens im Anwendungsbereich der EG-Richtlinien bereitzustellen.[154] Durch die Vergaberichtlinien wurde den Mitgliedstaaten zudem aufgegeben, solche Unternehmen, die sich um

---

[147] Drügemöller, Vergaberecht, S. 47; Waldner, Bieterschutz im Vergaberecht, S. 39.

[148] Richtlinie 93/37/EWG des Rates zur Koordinierung der Verfahren zur Vergabe öffentlicher Bauaufträge v. 14.6. 1993, ABl. EG 1993 L 199/54 geändert durch die Richtlinie 97/52/EG v. 13.10. 1997, ABl.EG Nr. L 328/1 – BKR.

[149] Richtlinie 93/36/EWG des Rates über die Koordinierung der Verfahren zur Vergabe öffentlicher Lieferaufträge v. 14.6. 1993, ABl. EG 1993 L 199/1 geändert durch die Richtlinie 97/52/EG v. 13.10. 1997, ABl.EG Nr.L 328/1 – LKR.

[150] Richtlinie 93/38/EWG des Rates zur Koordinierung der Auftragsvergabe im Bereich der Wasser-, Energie- und Verkehrsversorgung sowie im Telekommunikationssektor v. 14. 6. 1993, ABl. EG 1993 L 199/84 geändert durch die Richtlinie 98/4/EG, ABl.EG Nr. L 101/1 – SKR.

[151] Richtlinie 92/50/EWG des Rates über die Koordinierung der Verfahren zur Vergabe öffentlicher Dienstleistungen v. 18.6. 1992, ABl. EG 1992 L 209/1 geändert durch die Richtlinie 97/52/EG v. 13.10.1997, ABl.EG Nr.L 328/1 – DKR. Vgl. die Begründungserwägungen der genannten Richtlinien LKR RL 93/36/EWG; BKR RL 93/37/EWG; SKR RL 93/38/EWG; Drügemöller, Vergaberecht, S. 49.

[152] Richtlinie 89/665/EWG zur Koordinierung der Rechts- und Verwaltungsvorschriften für die Anwendung der Nachprüfungsverfahren im Rahmen der Vergabe öffentlicher Liefer- und Bauaufträge vom 21.12. 1989 (ABl.EG Nr. L 395 v. 30.12. 1989, S.33); geändert durch Richtlinie 92/50/-EWG v. 18.6. 1992 (ABl.EG Nr. L 209 v. 24.7. 1992, S. 1), sog. Rechtsmittel- bzw. Überwachungsrichtlinie (RMR); vgl. Prieß, Das öffentliche Auftragswesen in der Europäischen Union, S. 112ff.

[153] Vgl. Erwägungsgrund Nr. 3 zur RMR (89/665/EWG) und Erwägungsgründe Nr. 6 bis 9 zur SRMR (RL 92/13/EWG); vgl. Waldner, Bieterschutz im Vergaberecht, S. 43.

[154] Vgl. Art. 1, 2 RMR und SRMR. Die Europäische Kommission hat dem europäischen Rat Mitte Mai 2000 Vorschläge zur Änderung der EG-Vergaberichtlinien vorgelegt. Diese Vorschläge enthalten Regeln, die bei EU-weit auszuschreibenden Aufträgen für mehr Wettbewerb und Transparenz sowie für die Gleichbehandlung aller Bieter sorgen sollen. Zu den Schwerpunkten der Änderungsvorschläge vgl. Byok, NJW 2001, S. 2298, 2302.

öffentliche Aufträge bewerben, mit individuellen Rechten auszustatten, auf die sie sich gegenüber dem öffentlichen Auftraggeber vor den nationalen Nachprüfungsinstanzen berufen können.[155]

III. Ziele der Vergaberichtlinien

Wie sich den Erwägungsgründen der Richtlinien aus den Jahren 1992 und 1993 entnehmen lässt, geht es der Gemeinschaft darum, die weitgehend gegeneinander abgeschotteten Beschaffungsmärkte für einen freien Wettbewerb zu öffnen, um dadurch zur Vollendung des Europäischen Binnenmarktes beizutragen.[156] Zur Verwirklichung der Grundfreiheiten des EG-Vertrages, insbesondere der Warenverkehrsfreiheit (Art. 28 ff EG), der Dienstleistungsfreiheit (Art. 49ff EG), der Niederlassungsfreiheit (Art. 43 EG), der Arbeitnehmerfreizügigkeit (Art. 39ff EG) sowie dem allgemeinen Diskriminierungsverbot (Art. 12 EG), soll ein funktionsfähiger Wettbewerb auf den Beschaffungsmärkten durch das Vergaberecht errichtet werden.[157] Der Wettbewerb auf dem Beschaffungsmarkt soll einerseits den Anbietern zugute kommen, indem ihnen der gleiche Zugang zu den öffentlichen Beschaffungsmärkten gewährt wird. Andererseits soll er auch dem Auftraggeber nutzen, in dem dieser eine Vielzahl wirtschaftlicher Angebote erhält und damit kostengünstig einkaufen kann.[158] Nach der Konzeption der Vergaberichtlinien soll Wettbewerb auf diesen Märkten die wirtschaftliche und diskriminierungsfreie Beschaffung des Staates gewährleisten. Folglich wird mit den neuen europäischen Vergaberichtlinien der Wettbewerb zum prägenden Ordnungsprinzip des Auftragsrechts.[159] Da sich auf den Beschaffungsmärkten der öffentlichen Hand Wettbewerb erfahrungsgemäß nicht von selbst eingestellt hat, sollen nun die Vergabevorschriften den Wettbewerb organisieren und die beträchtliche Nachfragemacht der öffentlichen Hand auf den Beschaffungsmärkten bändigen.[160] Dahinter steht die Auffassung der Europäischen Kommission, dass die öffentlichen

---

[155] EuGH, Slg. 1995, I-2303 Rdnr. 19 – Kommission/Deutschland; Schwarze, EuZW 2000, S. 135, 135ff.

[156] Besonders deutlich sagt dies der erste Erwägungsgrund der Sektorenrichtlinie RL 93/38/EWG, Abl.EG Nr. L 199/84. Vgl. achon das Weißbuch der Kommssion zum Binnenmarkt vom 14. 6. 1985, KOM (85) 310 endg. Ziff. 81, wonach das Beschaffungswesen einen Schwerpunkt der Gemeinschaftspolitik bildet, vgl. auch Kommission, KOM (96) 583 endg., S.8f.; Rittner, NVwZ 1995, S. 312, 313ff.; Prieß, EuZW 1994, S. 487, 487ff.; ders., EuZW 1996, S. 357, 357ff.

[157] Stolz, Das öffentliche Auftragswesen in der EG, S. 6ff; Prieß, Das öffentliche Auftragswesen in der Europäischen Union, S. 5ff; Waldner, Bieterschutz im Vergaberecht, S. 73.

[158] Bauer, EuZW 2001, S. 748, 751.

[159] Dreher, in: Immenga/Mestmäcker, GWB, Vor §§ 97 ff Rdnr. 2; Waldner, Bieterschutz im Vergaberecht, S. 72.

[160] Mestmäcker, in: Immenga/Mestmäcker, GWB, Einl Rdnr. 33. Das Bundeskartellamt sieht in der „Nachfragemacht der öffentlichen Hand" einen besonderen „wettbewerbspolitischen Schwerpunkt", vgl. BKartA TB 1983/84, S. 26 ff.; TB 1985/86, S. 22f.

Auftraggeber aufgrund des fehlenden Wettbewerbsdrucks bei der Beschaffung allein durch Gesetz zu einem wirtschaftlichen Einkaufsverhalten gezwungen werden können.[161]

IV. Die Vergabegrundsätze nach den europäischen Vergaberichtlinien

Zur Gewährleistung von Wettbewerb auf den Beschaffungsmärkten verpflichten die Richtlinien den Staat, seine Beschaffungen im Wege eines formalisierten Vergabeverfahrens unter Einhaltung von Vorschriften zur Gleichbehandlung der Unternehmen und einer höchstmöglichen Transparenz vorzunehmen.[162] Den Schwerpunkt der Vergaberichtlinien bilden die Verfahrensvorschriften, die der öffentlichen Hand bei der Vergabe ein systematisiertes offenes Vergabeverfahren vorschreiben, um dadurch eine Diskriminierung ausländischer Unternehmen zu verhindern.[163] Neben Regelungen über den objektiven und subjektiven Anwendungsbereich der Vergabevorschriften[164] enthalten die Richtlinien Bekanntmachungspflichten[165], Verfahrensfristen[166], Vorschriften über die Prüfung der Eignung von Unternehmen[167] sowie die zu beachtenden Kriterien für die Erteilung des Zuschlags.[168] Gemeinschaftsweite rechtzeitige Information[169], das systematisierte Vergabeverfahren sowie einheitliche Teilnahmebestimmungen[170] sollen gewährleisten, dass die öffentlichen Aufträge in den verschiedenen Mitgliedstaaten für alle Unternehmer in der EG zugänglich sind und Diskriminierungen aufgrund der Nationalität verhindert werden, um einen gemeinschaftsweiten Wettbewerb im Bereich der Auftragsvergabe zu verwirklichen.[171]

---

[161] Vgl. Dreher, in: Immenga/Mestmäcker, GWB, § 97 Rdnr. 142.

[162] Mestmäcker, in: Immenga/Mestmäcker, GWB, Einl Rdnr. 33; Schwarze, in: Die Vergabe öffentlicher Aufträge im Lichte des europäischen Wirtschaftsrechts, S. 135.

[163] vgl. Art. 7 BKR; Waldner, Bieterschutz im Vergaberecht, S. 42.

[164] Vgl. Art. 1 lit. a) und Art. 6 BKR; Art. 1 lit. b) und Art. 2 BKR.

[165] Vgl. Art. 11 BKR.

[166] Vgl. Art. 12ff BKR.

[167] Vgl. Art. 24ff BKR.

[168] Vgl. Art. 30ff BKR.

[169] Vgl. Art. 11 BKR.

[170] Vgl. Art. 18ff BKR.

[171] Dieses Ziel ist den Vergabevorschriften durch Art. 2 EG verbindlich vorgegeben, dazu Neßler, DÖV 2000, S. 145, 145; EuGHE 1993, I- 3353, Rdnr. 23 – Storebaelt; Waldner, Bieterschutz im Vergaberecht, S. 43.

B. Das neue deutsche „kartellrechtliche" Vergaberecht
I. Entwicklung und Systematik des deutschen Vergaberechts

Das traditionell im Haushaltsrecht, insbesondere den Haushaltsordnungen des Bundes und der Länder, geregelte deutsche Vergaberecht diente vorrangig den Fiskalinteressen des Staates.[172] Der vorrangige Zweck der haushaltsrechtlich motivierten Vergaberegeln, die sparsame Verwendung von Haushaltsmitteln zu sichern, schloss die von den europäischen Richtlinien geforderte Gewährung gerichtlich geltend zu machender subjektiver Rechte der Bieter grundsätzlich aus.[173] Der erste Versuch zur Umsetzung der EG-Richtlinien in Deutschland durch die Ergänzung des Haushaltsgrundsätzegesetzes[174], diente nach Auffassung der Europäischen Kommission jedoch nicht dem Schutz der einzelnen Bewerber, sondern wiederum vorrangig der wirtschaftlichen Verwendung der Haushaltsmittel[175], woraufhin die EG-Kommission mehrere Vertragsverletzungsverfahren gegen die Bundesrepublik Deutschland einleitete.[176]

Mit der Reform des Vergaberechts hat der deutsche Gesetzgeber nach langen Kontroversen umfassend die einschlägigen EU-Vergaberichtlinien[177] in nationales Recht umgesetzt. Das Vergaberechtsänderungsgesetz vom 26. August 1998 hat das Recht der Vergabe öffentlicher Aufträge als vierten Teil in das Gesetz gegen Wettbewerbsbeschränkungen (GWB) integriert und ist am 1.1. 1999 in Kraft getreten.[178] Die Vorschriften der §§ 97 bis 101 GWB regeln den Anwendungsbereich der Vergaberegeln sowie das einzuhaltende Vergabeverfahren und der Rechtsschutz der am Vergabeverfahren Beteiligten.[179] Diese sogenannten „kartellrechtlichen" Vergabevorschriften des GWB finden dann Anwendung, wenn die europäischen Schwellenwerte bei der öffentlichen Auftragsvergabe betroffen sind.[180] Insoweit haben die Vergabevorschriften des GWB das Haushaltsgrundsätzegesetz abgelöst. Nach dem neu gefassten System kann sich eine Ausschreibungspflicht nach den §§ 97 ff. GWB ergeben, wenn der persönliche

---

[172] Prieß, Handbuch des europäischen Vergaberechts, S. 59; Niebuhr/Eschenbruch, Das neue Vergaberecht, S. 195, 197.

[173] Brenner, Staatsphilosophie und Rechtspolitik, S. 1431, 1436; Faber, DÖV 1995, S. 403, 405; Drügemöller,Vergaberecht, S. 147; Prieß, Handbuch des europäischen Vergaberechts, S. 59.

[174] §§ 57a-57c HGrG, eingefügt durch 2. Gesetz zur Änderung des HGrG v. 26.11. 1993, BGBl. I 1993, 1928, mit Wirkung zum 1.1.1999 aufgehoben durch Art. 3 Nr. 1 VgRÄG.

[175] Vgl. Waldner, Bieterschutz im Vergaberecht, S. 24.

[176] Vgl auch EuGH, Slg. 1995, I-2303 Rdnr. 19 – Kommission/Deutschland.

[177] Baukoordinierungsrichtlinie 93/37/EWG des Rates vom 14.6.1993 (ABl.EG Nr. L 199 S. 54 v. 9.8. 1993, berichtigt in ABl.EG Nr. L 111 S. 115 v. 30. 4. 1994; Lieferkoordinierungsrichtlinie 93/36/EWG des Rates v. 14.6. 1993 (ABl.EG Nr. L 109 S. 1 v. 19.8. 1993); Dienstleistungskoordinierungsrichtlinie 92/50/EWG des Rates v. 18.6. 1992 (ABl.EG Nr. L 109 S. 1 v. 24.7. 1992).

[178] Vergaberechtsänderungsgesetz, BGBl. I, Nr. 59 v. 2.9. 1998, S. 2512ff.

[179] Vgl. Jasper, DB 1998, S. 2152, 2155; Brenner, Staatsphilosophie und Rechtspolitik, S. 1431, 1447; Rittner, NVwZ 1995, S. 313, 314.

[180] Waldner, Bieterschutz im Vergaberecht, S. 25.

und sachliche Anwendungsbereich der GWB-Vorschriften betroffen ist. Eine Ausschreibungspflicht gemäß §§ 97 ff. GWB setzt voraus, dass es sich bei der Vergabestelle um einen öffentlichen Auftraggeber im Sinne des § 98 GWB handelt, der einen öffentlichen Auftrag gemäß § 99 GWB vergibt.[181]

II. Allgemeine Vergabegrundsätze für die kartellrechtliche öffentliche Vergabe

Beherrscht wird das Kartellvergaberecht gemäß § 97 GWB durch die materiellen Vergabegrundsätze des Wettbewerbs, der Transparenz, der Gleichbehandlung und des Zuschlags auf das wirtschaftlichste Angebot.[182]

1. Das Wettbewerbsprinzip

Durch die Eingliederung in das Gesetz gegen Wettbewerbsbeschränkungen (GWB) hat das öffentliche Auftragswesen eine grundlegende Neuorientierung dadurch erfahren, dass es nunmehr inhaltlich an dem Wettbewerbsgedanken des GWB ausgerichtet ist.[183] Diese Neuorientierung kommt in § 97 Abs. 1 GWB zum Ausdruck, wonach öffentliche Auftraggeber dazu verpflichtet sind, Waren, Bau- und Dienstleistungen „im Wettbewerb" zu beschaffen. Das Wettbewerbsprinzip ist daher zum Kernprinzip des deutschen Vergaberechts geworden.[184] Der Aufwertung und Stärkung des Wettbewerbsgrundsatzes durch das Vergaberechtsänderungsgesetz liegt die Auffassung des Gesetzgebers zugrunde, dass der Wettbewerb allen potentiellen Bewerbern einen freien Zugang zu den Beschaffungsmärkten der öffentlichen Hand ermöglicht und auch künftig erhalten wird.[185] Zugleich soll eine Beteiligung vieler Bieter an einem Vergabeverfahren den öffentlichen Auftraggebern ermöglichen, Verträge zu den besten Konditionen abzuschließen.[186] Durch die Ausrichtung des Vergabeverfahrens am

---

[181] Vgl. Jasper, DB 1998, S. 2152, 2155; Brenner, Staatsphilosophie und Rechtspolitik, S. 1431, 1447; Rittner, NVwZ 1995, S. 313, 314.

[182] Drügemöller, Vergaberecht, S. 147; Faber, DÖV 1995, S. 403, 408; Prieß, Handbuch des europäischen Vergaberechts, S. 59.

[183] Werber, VersR 2001, S. 1313, 1324; Waldner, Bieterschutz im Vergaberecht, S. 70; zum Wettbewerbsprinzip des GWB vgl. Dreher, WuW 1997, S. 949, 957.

[184] Vgl. Begr. RegE, BT-Drucks. 13/9340, 16; Jasper/Marx, VgR, S. XIV; Marx, Jestaedt/Kemper/-Marx/Prieß, S.7; Bunte, BB 2001, S. 2121, 2121; Niebuhr, in: Niebuhr/Kulartz/Kus/Portz, § 97 Rdnr. 1ff; Hailbronner, in: Byok/Jaeger, § 97 Rdnr. 131ff.

[185] Vgl. Boesen, Vergaberecht, § 97 Rdnr. 6; Niebuhr, in: Niebuhr/Kulartz/Kus/Portz, § 97 GWB, Rdnr. 8 und 9.

[186] Bunte, BB 2001, S. 2121, 2122; Reidt/Stickler, Vergaberecht, § 97 Rdnr. 5; vgl. auch Boesen, Vergaberecht, § 97 Rdnr. 6 und 7.

Wettbewerb sollen marktwirtschaftliche Grundsätze auf dem Gebiet des öffentlichen Auftragwesens durchgesetzt und die Wirtschaftlichkeit der Beschaffung durch Private gewährleistet werden.[187]

2. Das Transparenzprinzip

Nach § 97 Abs. 1 GWB haben öffentliche Auftraggeber Waren, Bau- und Dienstleistungen im Wege transparenter Vergabeverfahren auszuschreiben. Das hier zum Ausdruck kommende Transparenzprinzip soll in der Praxis grundsätzlich durch eine offene Ausschreibung der Aufträge verwirklicht werden.[188] Indem der Kreis der Bewerber im offenen Verfahren nicht von vornherein eingeengt wird, sollen der Wettbewerb unter den Bietern gesichert und verbotene Preisabsprachen zwischen den Bietern verhindert werden.[189] Die Transparenz der Vergabeverfahren soll zudem Kontrolle und Nachprüfbarkeit der Vergaben sichern und damit die wettbewerbliche Vergabe gewährleisten.[190]

3. Das Gleichbehandlungsgebot

Nach dem Grundsatz der Gleichbehandlung der Bieter gemäß § 97 Abs. 2 GWB müssen Angebote ausländischer Unternehmen vom öffentlichen Auftraggeber ebenso behandelt werden wie Angebote deutscher Bieter.[191] Die Auswahl der Bieter hat nach objektiven und diskriminierungsfreien Kriterien zu erfolgen.[192] Der Wettbewerb darf danach also nicht regional oder lokal beschränkt werden. Der Gleichbehandlungsgrundsatz soll mithin die Entstehung eines europaweiten Wettbewerbs um den öffentlichen Auftrag ermöglichen.[193]

---

[187] Dreher, in: Immenga/Mestmäcker, GWB, vor §§ 97ff Rdnr.2; Marx, in: Die Vergabe öffentlicher Aufträge im Lichte des europäischen Wirtschaftsrechts, S. 77, 81, vgl. Kokott, in: Byok/Jaeger, Einf. Rdnr. 1ff.; Pietzcker, ZHR 162 (1998), 427, 427ff.

[188] Vgl. dazu EuGH, Slg. 1996, I-2043 – Wallonische Busse.

[189] Jestaedt, in: Jestaedt/Kemper/Marx/Prieß, S.93.

[190] Waldner, Bieterschutz im Vergaberecht, S. 95.

[191] Waldner, Bieterschutz im Vergaberecht, S. 73.

[192] Dreher, WuW 1997, S. 949, 957.

[193] Zur Kritik an der Verortung des Vergaberechts im GWB, vgl. Dreher, WuW 1997, S. 949, 957.

III. Die Verfahrensvorschriften des kartellrechtlichen Vergaberechts

Auf der Grundlage des § 97 Abs. 6 GWB wurde die Vergabeverordnung erlassen[194], die auf die drei Verdingungsordnungen verweist und den Auftraggeber verpflichtet, diese bei der Ausschreibung anzuwenden (sogenanntes Kaskadenprinzip).[195] Die Verdingungsordnung für Bauleistungen (VOB)[196], die Verdingungsordnung für Leistungen (VOL)[197] und die Verdingungsordnung für freiberufliche Leistungen (VOF)[198] enthalten die konkreten Schwellenwerte, bei deren Überschreitung das „kartellrechtliche" Vergaberecht Anwendung findet. Darüberhinaus enthalten sie Bestimmungen über das bei der Vergabe einzuhaltende Verfahren. Des Weiteren enthalten die Verdingungsordnungen Vorschriften zur Anbahnung und Abschluss eines Auftrages sowie Vorschriften über die Publizität, über einzuhaltende Fristen, über Zulassung und Wertung von Angeboten und den Zuschlag.[199] Die Verdingungsordnungen werden ergänzt durch Vorschriften über die Preisbildung bei öffentlichen Aufträgen.[200] Die in den Verdingungsordnungen umgesetzten Teilnahme-, Publizitäts- und sonstigen Verfahrensvorschriften dienen dazu, auf den Beschaffungsmärkten einen funktionierenden Wettbewerb zu organisieren und wettbewerbsbeschränkende Verhaltensweisen der öffentlichen Hand zu unterbinden.[201] Die konkreten Verfahrensvorschriften des Vergaberechts zur Sicherstellung der Vergabeprinzipien befinden sich damit weiterhin im nachrangigen Recht.

---

194 Vergabeverordnung 2003, vom 11. Februar 2003 (Bundesgesetzblatt Jahrgang 2003 Teil I Nr. 6) löst die Verordnung über die Vergabe öffentlicher Aufträge vom 9.1.2001, BGBl. Nr.3 vom 18.1.2001, S. 110ff ab; vgl. Berrisch/Nehl, DB 2001, S. 184, 184ff; Höfler, NJW 2001, S. 950, 950f.

195 Kritisch hierzu Byok, NJW 1998, 2774, 2774ff.; Schneevogel/Horn, NVwZ 1998, S.1242, 1242 ff.; Jasper, DB 1998, 2151, 2151ff.; Pietzker, ZVgR 1999, S. 24, 24ff.

196 Veröffentlicht in BAnz Nr. 120a v. 30.6.2000; (BAnz Nr.223a, vom 27. November 1992).

197 Veröffentlicht in BAnz Nr.200a v. 24.10.2000; (BAnz. Nr.163a, vom 2. September 1997).

198 Veröffentlicht in BAnz Nr. 173a v. 13.9.2000; (BAnz Nr.164, vom 3. September 1997).

199 Drügemöller, Vergaberecht, S. 208.

200 Vgl. Verordnung PR Nr. 30/53 über die Preise bei öffentlichen Aufträgen vom 21. November 1953 (Banz. Nr. 244 vom 18. Dezember 1953), zuletzt geändert durch die Verordnung PR Nr.1/86 vom 15. April 1986 (BGBl. I S.435 und Banz. S. 5046) und Verodnung PR Nr. 1/89 vom 13. Juni 1989 (BGBl. I S. 1094 und Banz. S. 3042). Zur Entstehungsgeschichte dieser Vorschrift vgl. auch Zdzieblo, in: Daub/Eberstein, § 15 Rdnr. 1ff; Dreher, in: Immenga/Mestmäcker, GWB, Vor §§ 97 ff, Rdnr. 1ff.

201 Waldner, Bieterschutz im Vergaberecht, S.73.

IV. Der Rechtsschutz im kartellrechtlichen Vergabeverfahren

§ 97 Abs. 7 GWB garantiert dem Bewerber ein umfassendes, gerichtlich einklagbares subjektives Recht auf Einhaltung der Vergabebestimmungen durch den öffentlichen Auftraggeber.[202] Nach § 13 VgV hat der Auftraggeber die Bieter, deren Angebote nicht berücksichtigt werden sollen, vor dem Abschluss des Verfahrens zu informieren. Diese Information gibt den Unternehmen die Gelegenheit, ein Nachprüfungsverfahren vor den Vergabekammern einzuleiten. In einem vergaberechtlichen Nachprüfungsverfahren vor den Vergabeprüfstellen, den Vergabekammern und den Vergabesenaten der Oberlandesgerichte können Vergabefehler durch die Bieter beanstandet werden (vgl. §§ 102 bis 109 GWB). Gemäß § 115 Abs. 1 GWB darf der Auftraggeber nach Zustellung eines Antrags auf Nachprüfung den Zuschlag nicht vor einer Entscheidung der Vergabekammer erteilen.[203] Übergangene Bieter können den Vertragsschluss mithin verhindern. Erteilt der Auftraggeber trotz Zustellung des Antrags auf Nachprüfung den Zuschlag, ist dieser Vertrag gemäß § 134 BGB nichtig.[204] Beachtet der Auftraggeber die Vergaberegeln nicht, so kann dies mithin gravierende Folgen für den Bestand der Aufträge haben. Lediglich ein bereits vor der Zustellung des Antrags erteilter Zuschlag kann gemäß § 114 Abs. 2 GWB nicht aufgehoben werden. Dennoch können in diesem Fall Verstöße gegen das Vergaberecht Schadensersatzansprüche gemäß § 125 und § 126 GWB der an den Vergabeverfahren beteiligten Unternehmen auslösen.[205]

C. Die haushaltsrechtlichen Vergabevorschriften

Erreicht die Auftragsvergabe die „europäischen" Schwellenwerte nicht, so finden die §§ 97 f. GWB keine Anwendung.[206] Unterhalb der Schwellenwerte richtet sich die Auftragsvergabe nach den Vorschriften im Gesetz über die Grundsätze des Haushaltsrechts des Bundes und der Länder – das sog. Haushaltsgrundsätzegesetz (HGrG)[207] – und nach der Bundeshaushaltsordnung (BHO), den Landeshaushaltsordnungen (LHO) bzw. dem Gemeindehaushaltsrecht.[208] Die Schwellenwerte führen folglich zu einer Zweiteilung des Vergaberechts.[209]

---

202 Rittner, EuR 1996, S.1, 1; Bechtold, GWB, § 97 Rdnr. 40 ff.

203 Vgl. Waldner, Bieterschutz im Vergaberecht, S.73.

204 Keckemeti, NVwZ 1999, S. 1071, 1071f.

205 Dazu Baur/Matthey, S. 59 ff.

206 Prieß, EuZW 1999, S. 196, 198; Drügemöller, Vergaberecht, S. 151ff.

207 BT-Drs. 12/4636; BT-Drs. 12/5334.

208 Vgl. etwa nur §§ 107, 108 GO-NRW; dazu Stickler, in: Reidt/Stickler/Glahs, § 100 Rdnr. 9; Jaspers/Marx, VgR, S. XI; kritisch Faber, DÖV 1995, S 403, 413; Brenner, EuR 1996, Beiheft 1, 23, 43.

209 Kritisch Byok, NJW 1998, S. 2775, 2776.

I. Vergabegrundsätze des Haushaltsrechts

Das haushaltsrechtliche Vergaberecht dient vorrangig den Fiskalinteressen des Staates.[210] Gemäß § 6 Abs. 1 HGrG i.V.m. § 7 Abs. 1 BHO bzw. § 7 Abs. 1 LHO[211] sind bei der Aufstellung und der Ausführung des Haushaltsplans die Grundsätze der Wirtschaftlichkeit und Sparsamkeit zu beachten. An das Gebot der Wirtschaftlichkeit und Sparsamkeit anknüpfend, verpflichtet § 30 HGrG i.V.m. § 55 Abs. 1 LHO ebenso wie die Gemeindehaushaltsordnungen den Staat und seine Gebietskörperschaften, Verträge über Lieferungen und Leistungen öffentlich auszuschreiben.[212] Für Kommunen ergibt sich aus § 31 Abs. 1 GemHVO eine Verpflichtung zur Durchführung einer öffentlichen Ausschreibung vor der Vergabe eines Auftrags.[213] Der Zweck der Verpflichtung besteht darin, dem Staat unnütze Mehraufgaben zu ersparen, die ihren Grund in der Überteuerung eines Angebots haben.[214] Staatliche Verschwendung der nur begrenzt zur Verfügung stehenden staatlichen (Steuer-)Mittel sollen durch diese Verpflichtung vermieden und eine effiziente Ressourcenverwaltung ermöglicht werden.

II. Die Verfahrensvorschriften der haushaltsrechtlichen Vergabe

Eine Ausschreibungspflicht kann sich aus den Basisparagraphen der VOB/A und der VOL/A ergeben, soweit das Haushaltsrecht auf sie verweist.[215] Gemäß § 31 Abs. 2 GemHVO sind bei der Vergabe von Aufträgen die Vergabegrundsätze anzuwenden, die das Innenministerium im Gemeinsamen Amtsblatt bekannt gibt.[216] Die Landesministerien schreiben ihren nachgeordneten Dienststellen ganz überwiegend die Anwendung der VOB und VOL vor.[217] Auch nach dem haushaltsrechtlichen Vergabe-

---

[210] Prieß, Handbuch des europäischen Vergaberechts, S. 59; Niebuhr/Eschenbruch, Das neue Vergaberecht, S. 195, 197.

[211] Vgl. zu den gleichlautenden Bestimmungen der Landeshaushaltsordnugen § 55 Abs. 2 LHO Bayern sowie der Gemeindehaushaltsverordnungen etwa § 31 BayKommHV.

[212] Vgl. Güntzel, in: Heuer, Kommentar zum Haushaltsrecht, § 55 Rdnr. 1; Marx/Prieß, in: Jestaedt/Kemper/Marx/Prieß, S. 1; dazu Stickler, in: Reidt/Stickler/Glahs, § 100 Rdnr. 9.

[213] Turnit, VBlBW 2001, S. 93, 93; dazu Portz/Runkel, Baurecht für die kommunale Praxis, S. 6.

[214] Brenner, Staatsphilosophie und Rechtspolitik, S. 1431, 1435.

[215] Jasper, DB 1998, S. 2151, 2152.

[216] Hierzu BVerwG, NVwZ-RR 1989, 377; VGH BW, DÖV 1988, 649ff. = VBlBW 1989, 100ff.

[217] Vgl. § 31 II SächsGemHVO; Nr. 1.1 VwV v. 14.8. 2000, SächsABl S. 694; Nr.2 Bekanntmachung v. 20.12.1999, SächsABl S. 77; dazu Höfler/Bert, NJW 2000, 3310, 3310ff.; zu den Besonderheiten in den einzelnen Bundesländern vgl. Müller, in Daub/Eberstein, Einl. Rdnr. 36; vgl. auch Waldner, Bieterschutz im Vergaberecht, S.32; Faber, DÖV 1995, S. 403 404; Güntzel in: Heuer, Kommentar zum Haushaltsrecht, § 55 Rdnr. 2. Nach den Verwaltungsanweisungen haben die staatlichen Verwaltungen die Verdingungsordnungen bei der Ausschreibung von Aufträgen zu beachten; sie verweisen lediglich auf Abschnitt 1 der VOB/A und den Abschnitt 1 der VOL/A; die

recht bestimmen damit letztendlich die Verdingungsordnungen die Pflichten, welche der öffentliche Auftraggeber bei der Vertragsanbahnung zu beachten hat.[218] Die einzelnen Abschnitte der Teile A der Verdingungsordnungen legen im Detail fest, wie der öffentliche Auftraggeber unterhalb der europäischen Schwellenwerte die Vertragsanbahnung zu gestalten hat, welches Vergabeverfahren einschlägig ist und welche Kriterien bei der Vergabeentscheidung zu berücksichtigen sind.[219] Die Verdingungsordnungen enthalten die für die „haushaltsrechtliche" Vergabe entscheidenden Regelungen zur Bekanntmachung, zu den Abläufen der verschiedenen Vergabeverfahren, zur Auswahl und Prüfung der Bieter und deren Angebote sowie zur Erteilung des Zuschlags. Unterhalb der EU-Schwellenwerte hat der Auftraggeber zudem das gemeinschaftsrechtliche Diskriminierungsverbot, die Dienstleistungsfreiheit sowie die sonstigen Reglungen des europäischen Binnenmarktrechts zu beachten.[220] Aus dem Diskriminierungsverbot folgt auch unterhalb der EU-Schwellenwerte die gemeinschaftsrechtliche Pflicht zu einer transparenten Vergabe öffentlicher Aufträge.[221]

Öffentliche Aufträge unterhalb der Schwellenwerte unterliegen zwar grundsätzlich nicht den Anforderungen der europäischen Vergaberichtlinien. Im Gegensatz zu dem „kartellrechtlichen" Vergaberecht sind die haushaltsrechtlichen Vorschriften daher weiterhin primär auf die sparsame Verwendung von Haushaltsmittel und nicht auf den Wettbewerb ausgerichtet. Allerdings kommt die öffentliche Hand schon von der Sache her nicht daran vorbei, die Regeln einer marktorientierten Wettbewerbswirtschaft auch unterhalb der Schwellenwerte zu berücksichtigen.[222]

III. Der Rechtschutz nach dem Haushaltsrecht

Bei den haushaltsrechtlichen Vorschriften erlangen die Verdingungsordnungen durch die innerbehördliche Anweisung den Charakter von internen Verwaltungsvorschriften.[223] Den unterhalb der EG-Schwellenwerte geltenden Vergaberegeln kann mithin nur der Charakter objektiver Verfahrensregeln mit Schutzfunktion zugunsten des öffentlichen Haushalts beigemessen werden.[224] Diesen Vorschriften kommt grund-

---

Abschnitte 2 bis 4 der VOB/A und VOL/A finden unterhalb der Schwellenwerte regelmäßig keine Anwendung; dazu Jasper, DB 1998, S. 2151, 2152 ff.

[218] Baur/Matthey, S. 24.

[219] Dazu Pietzcker, ZHR 162 (1998), S. 427, 427.

[220] Vgl. Boesen, Vergaberecht, Einl. Rdnr. 1ff.; Byok, NJW 1999, S. 2774, 2776.

[221] Vgl. EuGH, EuZW 2001, 90 Rdnr. 62 – Teleaustria.

[222] BGHZ 69, 334, 339 = NJW 1978, 104; Emmerich, Die AG 1976, S. 225, 227; ders., Das Wirtschaftsrecht der öffentlichen Unternehmen, S. 60ff., 212; vgl. Schwintowski, NJW 1990, S. 1009, 1013.

[223] Vgl. Waldner, Bieterschutz im Vergaberecht, S. 32.

[224] Vgl. Waldner, Bieterschutz im Vergaberecht, S. 32.

sätzlich keine Rechtswirkung nach außen zu.[225] Ein besonderer Rechtsschutz der unterlegenen Bieter ist im haushaltsrechtlichen Vergaberecht nicht vorgesehen.[226] Da auch die Rechtsschutzvorschriften des GWB unterhalb der Schwellenwerte keine Anwendung finden sollen, ist ein Rückgriff auf den „kartellrechtlichen" Rechtsschutz nach § 97 Abs. 7 GWB nicht zulässig.[227] Damit entfällt im Rahmen der haushaltsrechtlichen Vergabevorschriften grundsätzlich die Möglichkeit für unterlegene Bieter, gerichtlich die Missachtung einer Verdingungsordnung in einem Vergabeverfahren zu rügen, um den Zuschlag an einen anderen Bewerber zu verhindern.[228] In der Literatur werden jedoch klagbare Ansprüche der Bieter aus den Grundsätzen der Selbstbindung der Verwaltung in Verbindung mit Art. 3 I GG diskutiert.[229] Aus der Grundrechts- und Gesetzesbindung der Verwaltung werden zudem Rechte abgeleitet, die bei Verletzung des haushaltsrechtlichen Wirtschaftlichkeitsprinzips einen Anspruch auf Schadensersatz bzw. auf Unterlassen aus c.i.c. und § 823 Abs. 2 BGB i.V.m. VOL/VOB begründen sollen.[230]

D. Zusammenfassung

Das deutsche Recht der öffentlichen Aufträge setzt sich aus zahlreichen Bestandteilen zu einem System zusammen.[231] Es ist Privatrecht mit zusätzlichen Elementen aus Haushalts- und Finanzrecht, allgemeinem Verwaltungsrecht, Kartellrecht, Recht der Europäischen Union und Preisrecht. Eine Ausschreibungspflicht kann sich aus den §§ 97 ff. GWB bzw. den haushaltsrechtlichen Vergabevorschriften ergeben. Bei der Anwendung dieser Vergabevorschriften sind die Wertungen des allgemeinen Kartellrechts, des Rechts der Europäischen Gemeinschaft sowie des Preisrechts mitzuberücksichtigen.

[225] BGH, NJW 1992, S. 827, 827.

[226] Dazu Bechtold, GWB, § 100 Rdnr. 6; Schneevogel/Horn, NVwZ 1998, S. 1242, 1243.

[227] Dazu Bechtold, GWB, § 100 Rdnr. 6; Schneevogel/Horn, NVwZ 1998, S. 1242, 1243.

[228] Vgl. Kokott, in: Byok/Jaeger, Einf. Rdnr. 57.

[229].Boesen, Vergaberecht, Einleitung Rdnr. 159.

[230] Hösch, BayVBl. 1997, S. 193, 193ff; vgl. Stickler, in: Stickler/Reidt/Glahs, § 100 Rdnr. 11; Byok, NJW 1999, S. 2774, 2776; zu der umstrittenen Möglichkeit von Unterlassungsansprüchen vor den ordentlichen Gerichten vgl. Noch, WuW 1998, S. 1059, 1062; jedenfalls können unterhalb der Schwellenwerte Vergabeentscheidungen durch Gegenvorstellungen, Dienst- oder Fachaufsichtsbeschwerde gerügt werden, vgl. Hailbronner, in: Byok/Jaeger, § 100 Rdnr. 403.

[231] Rittner, Rechtsgrundlagen, S. 39 ff.

Kapitel 3 Contracting und Vergaberecht

A. Ausschreibung des Contractings nach „kartellrechtlichem" Vergaberecht

Im Folgenden ist zu untersuchen, ob Kommunen bei der Beschaffung von Contracting-Leistungen zur öffentlichen Ausschreibung nach den vergaberechtlichen Bestimmungen des GWB verpflichtet sind. Eine Ausschreibungspflicht gemäß § 97 Abs.1 GWB setzt neben der Eigenschaft der Kommunen als öffentliche Auftraggeber im Sinne des § 98 Nr. 1 GWB voraus, dass ein öffentlicher Auftrag gemäß § 99 GWB vorliegt und die Schwellenwerte überschritten sind. Die Kommune könnte – wie noch zu erörtern sein wird – als gemischt-öffentliches Unternehmen auch öffentlicher Auftraggeber nach § 98 Nr. 2 GWB sein.

I. Die Kommune als öffentlicher Auftraggeber nach § 98 Nr. 1 GWB

Im öffentlichen Bereich werden Contracting-Leistungen von Städten, Gemeinden und Kommunalverbänden nachgefragt, um beispielsweise öffentliche Verwaltungsgebäude zu versorgen. Weitere Einrichtungen, die diese Leistungen nachfragen, sind kulturelle Einrichtungen und Universitäten.[232] Nach der enumerativen Aufzählung der Auftraggeberkategorien in § 98 GWB, die im wesentlichen den Vorgaben des Gemeinschaftsrechts entspricht, sind Gebietskörperschaften sowie deren Sondervermögen öffentlichen Auftraggeber im Sinne des GWB. Der persönliche Anwendungsbereich des Vergaberechts ist daher bei der Vergabe von Contracting-Leistungen durch die Kommune eröffnet.[233]

Die Frage, ob und unter welchen Voraussetzungen eine Kommune öffentlicher Auftraggeber nach § 98 Nr. 2 GWB ist, soll erst an späterer Stelle erörtert werden, da die Kommune sowohl als Gebietskörperschaft als auch als gemischt-wirtschaftliches Unternehmen handeln kann. Zuerst soll daher geprüft werden, ob ein öffentlicher Auftrag im Sinne des § 99 GWB vorliegt, wenn die kommunale Gebieskörperschaft Contracting-Leistungen beschafft.

II. Contracting als „öffentlicher Auftrag" nach § 99 GWB

Der Contracting-Vertrag zwischen der öffentlichen Hand und einem Unternehmen müsste des Weiteren ein öffentlicher Auftrag i.S.d. § 99 GWB sein.[234] Nach § 99 Abs.

---

[232] Baur/Matthey, S. 48.

[233] Vgl. dazu auch Marx/Prieß, in: Jestaedt/Kemper/Marx/Prieß, S. 16ff.; Franke/Höfler, Auftragsvergabe nach VOL/A und VOF, S. 23ff.; vgl. Keckemeti, NVwZ 1999, S. 1068, 1070f.

[234] Zum sachlichen Anwendungsbereich des Kartellvergaberechts vgl. Dreher, DB 1998, S. 2579, 2587ff.; Pietzcker, ZVgR 1999, S. 24, 31ff.; Noch, BauR 1998, S. 941, 941ff.

1 GWB sind öffentliche Aufträge entgeltliche Verträge zwischen öffentlichen Auftraggebern und Unternehmen, die Liefer-, Bau- oder Dienstleistungen zum Gegenstand haben, und Auslobungsverfahren, die zu Dienstleistungsaufträgen führen sollen.[235] Das Einsparcontracting umfasst neben der Planung der Einsparmaßnahmen auch die Optimierung der energietechnischen Anlage und damit bauliche Leistung. Das Anlagencontracting beschränkt sich nicht auf werkvertragliche Elemente, sondern umfasst auch Beratungs- und Planungsleistungen und damit dienstvertragliche Elemente. Bei dem Contracting handelt es sich daher um einen neuartigen Vertragstypus, der Elemente verschiedener Leistungsarten enthält und sich daher nicht ohne weiteres in die in § 99 Abs. 1 GWB beschriebenen Vertragstypen einordnen lässt.[236] Der Vergabeüberwachungsausschuss des Bundes hat jedoch festgestellt, dass die in § 99 GWB genannten Verträge nur Grundtypen seien, denen solche Vertragstypen gleichgesetzt werden müssen, die vergleichbare Grundgehalte regeln.[237] Auch schuldrechtlich als gemischte oder atypische zu bezeichnende Vertragsformen können danach in den Anwendungsbereich des § 99 GWB fallen.[238] Bei neuartigen Vertragstypen, wie dem Contracting, sind die Voraussetzungen des § 99 GWB mithin dann erfüllt, wenn im übrigen die Voraussetzungen eines öffentlichen Auftrages gegeben sind.[239]

1. Güternachfrage

Nach § 99 Abs. 1 GWB setzt die Einordnung als öffentlicher Auftrag voraus, dass es sich bei der Tätigkeit der öffentlichen Hand um einen Beschaffungsvorgang handelt.[240] Ein Beschaffungsvorgang liegt vor, wenn der Staat als Güternachfrager auftritt.[241] Nicht unter das Vergaberecht fallen dagegen Vorgänge, bei denen der Staat ausschließlich als Anbieter am Markt auftritt.[242] Soweit der Staat im Rahmen der Aufgabenprivatisierung beispielsweise Geschäftsanteile kommunaler Versorger verkauft, tritt er ausschließlich als Anbieter auf dem Markt auf. Diese Vermögensveräu-

---

[235] Vgl. auch Art. 1 DKR sowie Art. 1 BKR.

[236] Baur/Matthey, S. 31.

[237] VÜA Bund, 1 VÜ 1/94, WuW/E VergAB 1,4 – Rollbehälter, bestätigt in VÜA Bund, 1 VÜ 9/94, WuW/E VergAB 38, 40 f – Kühlhäuser; Bechtold, GWB, § 99 Rdnr. 9; Dreher, DB 1998, S. 2579, 2587f.

[238] Vgl. Byok, NJW 2001, S. 2297, 2298.

[239] Jasper, DB 1998, S. 2151, 2152, Dreher, DB 1998, S. 2579, 2588.

[240] Begründung der EG-Kommission zur Richtlinie 93/36/EWG des Rates vom 14.6. 1993 über die Vergabe öffentlicher Lieferaufträge, zitiert nach Graf Kerssenbrock, WuW 2001, 122, 123; Mehlitz, WuW 2001, S.569, 570; Hailbronner, in Byok/Jaeger, § 99 Rdnr. 337.

[241] Opitz, ZVgR 2000, S. 97, 103; Ulrich, ZVgR 2000, S. 85, 85 ff.; VÜA Bund, 1 VÜ 3/95, WuW/-EvergAB 56, 57 – Briefmarkenversand.

[242] Opitz, ZVgR 2000, S. 97, 103; Ulrich, ZVgR 2000, S. 85, 85 ff.; VÜA Bund, 1 VÜ 3/95, WuW/-EvergAB 56, 57 – Briefmarkenversand.

ßerung beinhaltet keine für das Vergaberecht wesentliche Beschaffungshandlung, so dass die Aufgabenprivatisierung auch gänzlich vom Anwendungsbereich des Vergaberechts ausgenommen ist.[243] Ähnlich verhält es sich bei der Dienstleistungskonzession. Die öffentliche Hand befindet sich hier in der Position des Anbieters der Konzession, während der Konzessionsnehmer sich in der Position des Nachfragers befindet.[244] Da hier nicht der Staat, sondern Dritte Nutznießer der Leistungen des Konzessionärs sind, stellt sich die Konzessionsvergabe nicht als eine Form der Bedarfsdeckung der öffentlichen Hand dar.[245]

Beim Contracting wird die Energiebewirtschaftung öffentlicher Einrichtungen auf Unternehmen ausgegliedert, so dass der Staat am Markt als Anbieter auftreten könnte. Sollte es sich beim Contracting um eine bloße Verlagerung der ehemals von der öffentlichen Hand in Eigenregie durchgeführten Tätigkeit handeln, würde es mithin an dem Merkmal der Beschaffung fehlen.[246] Um beurteilen zu können, ob der Staat bei der Vergabe von Contracting-Leistungen auch als Nachfrager auftritt, ist zwischen den verschiedenen Contracting-Leistungen zu differenzieren.

Der Contractor schließt mit Energieversorgungsunternehmen Energielieferungsverträge, um die öffentliche Hand mit Nutzenenergie versorgen zu können. Beim Contracting könnte es sich mithin um eine Energiebeschaffung im Sinne der Lieferkoordinierungsrichtlinie handeln. In der Übertragung der Energiebewirtschaftung auf den Contractor kann nicht zugleich eine Vergabe von Energielieferverträgen gesehen werden. In diesem Fall liegt eine bloße Verlagerung der Einkaufstätigkeit vom Staat auf den Contractor vor, bei der es gerade an dem Vorgang der Energiebeschaffung fehlt.[247] Nur soweit die Kommune selbst auf dem Markt Strom zur Eigenbeschaffung einkauft, liegt eine Eigenversorgung im Sinne der Lieferkoordinierungsrichtlinie vor.[248]

---

[243] Osterloh, VVDStRL 54 (1997), S. 205, 210; Schuppert, DÖV 1995, S.761, 767

[244] Gröning, NZBau 2001, S. 123, 123.

[245] Platzer, Das Konzessionsmodell, S.5; Opitz, ZVgR 2000, S.97, 102. Vgl. die Mitteilung der Kommission zu Auslegungsfragen im Bereich Konzessionen im Gemeinschaftsrecht v. 12.4. 2000, abgedruckt in NVwZ, Beilage III 7/2000, hier insbes. S. 10; vgl. auch EuGH, EuZW 2001, 90 Rdnr. 62 – Teleaustria; Boesen, Vergaberecht, 2000, § 99 GWB Rdnr. 34f; Eschenbruch, in: Niebuhr/Kulartz/Kus/Portz, § 99 GWB Rdnr. 16, 18.

[246] Opitz, ZVgR 2000, S. 97, 103.

[247] Vgl. Drügemöller, Vergaberecht, S. 181. Zur Anwendung des Vergaberechts auf den Beschaffungsvorgang des Contractors vgl. die Ausführungen im 4. Kapitel.

[248] Der Einkauf von Strom und Gas ist nach der Rechtsprechung des EuGH vergaberechtlich als Einkauf von Waren im Sinne von Art. 28 EG anzusehen, EuGH, Slg. 1994, I-1477, 1521, Rdnr. 48 – Almelo; Hailbronner, in: Byok/Jaeger, § 99 Rdnr. 379; vgl. Trurnit, VBlBW 2001, S. 93, 93; Energieeinkäufe sind nach herrschender Meinung Lieferleistungen i.S.d. Vergaberechts. Allgemein zur rechtlichen Einordnung von Energielieferverträgen vgl. Reinholz, RdE 1999, S. 64, 64ff; vgl. aber auch Ortlieb,EWeRK-Info v. 20.12. 2000, S. 3, 7f.

Das Contracting weist jedoch Besonderheiten auf, die sich wesentlich von der Aufgabenprivatisierung und grundsätzlich auch der Dienstleistungskonzession unterscheiden.[249] Der Contractor installiert in den Gebäuden der öffentlichen Hand zum Zwecke der energiesparenden Versorgung energieeffiziente Techniken. Zudem wandelt der Contractor Energie in Nutzenenergie um, die er dann der öffentlichen Hand zur Verfügung stellt, um dadurch die umfassende Energiebewirtschaftung der Einrichtung sicherzustellen. Das Contracting erschöpft sich mithin nicht in einer bloßen Ausgliederung energiewirtschaftlicher Leistungen. Vielmehr findet ein Fremdbezug energiewirtschaftlicher Leistungen statt, deren Nutznießer die öffentliche Hand ist.[250] Folglich tritt der Staat beim Contracting als Güternachfrager i.S.d. § 99 Abs. 1 GWB am Markt auf.

2. Entgeltlichkeit der Güternachfrage

Des Weiteren setzt ein Auftrag nach § 99 Abs. 1 GWB immer eine in Geld bestehende Gegenleistung des öffentlichen Auftraggebers voraus.[251] Das Vergaberecht kommt danach immer nur dann zu Anwendung, wenn die Vergabe eines Auftrages gleichzeitig mit Haushaltsausgaben der öffentlichen Hand verbunden ist.[252] Ob mit dem Contracting Haushaltsausgaben verbunden sind, erscheint fraglich, da der Contractor das Projekt finanziert und insoweit das Betreiber – und Nutzenrisiko trägt.[253] Im Unterschied zur Dienstleistungskonzession, bei der der Konzessionsnehmer das Betreiber- und Nutzerrisiko der Konzession trägt, indem er sich allein durch die Entgelte der Bürger finanziert[254], zeichnet sich das Contracting jedoch dadurch aus, dass die öffentliche Hand den Contractor für seine Leistung in der Weise entlohnt, dass sie ihn an den eingesparten öffentlichen Finanzmitteln beteiligt. Bei der Finanzierung des Projektes durch den Contractor handelt es sich mithin um eine private Vorfinanzierung, die durch spätere Ratenzahlungen seitens der öffentlichen Hand an den Con-

---

[249] Mehlitz, WuW 2001, S. 569, 570; Prieß, in Jaestaedt/Kemper/Marx/Prieß, S. 53; Thieme, in: Langen/Bunte, § 99, Rdnr. 27; a. A. Graf Kerssenbrock, WuW 2001, 122, 122ff.

[250] Sterzel, Handbuch Privatisierung, S, 139.

[251] Mehlitz, WuW 2001, S. 596, 570; Hailbronner, in Byok/Jaeger, § 99 Rdnr. 337.

[252] Baur/Matthey, S. 33.

[253] Dazu Baur/Matthey, S. 33.

[254] Stickler, in: Reidt/Stickler/Glahs, § 99 Rdnr. 4; Baukonzessionen werden dagegen ausnahmsweise vom Vergaberecht erfasst. Hier erhält der Auftragnehmer das Nutzungsrecht statt oder neben einem Entgelt als Gegenleistung. Das europäische wie das deutsche Vergaberecht erfassen dagegen keine (Konzessions)verträge, bei denen der Konzessionsinhaber das volle wirtschaftliche Nutzungsrisiko trägt und sich allein durch Entgelte seiner Kunden finanziert. So die „Mitteilung der Kommission zu Auslegungsfragen im Bereich Konzessionen im Gemeinschaftsrecht" v. 12.4. 2000, abgedruckt in NVwZ, Beilage III 7/2000, hier insbes. S. 10; Boesen, Vergaberecht, § 99 GWB Rdnr. 34f; Eschenbruch, in: Niebuhr/Kulartz/Kus/Portz, § 99 GWB Rdnr. 16-18; vgl. EuGH, EuZW 2001, 90 – Teleaustria.

tractor wieder abgegolten wird.[255] Das Contracting führt damit letztendlich zu Haushaltsbelastungen seitens der öffentlichen Hand, auch wenn die Belastung geringer ausfällt, als wenn die öffentliche Hand die Energiebewirtschaftung in Eigenregie mit eigenen finanziellen Mitteln und personellen Ressourcen durchführen würde.[256] Folglich ist der Auftrag auch entgeltlich.

3. Vorliegen eines privatrechtlichen Vertrages

Nach dem Regierungsentwurf zum Vergaberechtsänderungsgesetz (VgRÄG) kommen als öffentliche Aufträge nur privatrechtliche Verträge über die Erbringung einer Leistung gegen Entgelt in Betracht.[257] Bei Privatisierungsverträgen besteht jedoch eine weitgehende Formwahlfreiheit, wonach es dem Staat grundsätzlich möglich ist, eine Privatisierung öffentlicher Leistungen in Form eines öffentlich-rechtlichen oder privatrechtlichen Vertrages abzuwickeln.[258] Die Rechtsnatur dieser Verträge hängt objektiv vom Vertragsgegenstand ab, wobei der Privatisierungsakt isoliert von der dahinterstehenden öffentlichen Aufgabe zu betrachten ist.[259] Bei den Beschaffungen begibt sich der Staat auf die Ebene der privaten Marktteilnehmer und fragt wie diese Leistungen am Markt nach.[260] Auch wenn diese Beschaffungen letztendlich der Erfüllung einer öffentlichen Aufgabe dienen, ist die bloße Leistung an den Staat gegen Entgelt daher grundsätzlich nach den für „jedermann" geltenden Normen des Bürgerlichen Gesetzbuches zu beurteilen. Mithin ist die Beschaffung der öffentlichen Hand regelmäßig ein nach den Vorschriften des Zivilrechts zu beurteilendes sog. „fiskalisches Hilfsgeschäft".[261] Da sich auch beim Contracting der Staat zur Deckung des staatlichen Bedarfs nach energiewirtschaftlichen Leistungen auf die Ebene der privaten Marktteilnehmer begibt, stellt sich trotz der vertraglichen Besonderheiten auch das Contracting als fiskalisches Hilfsgeschäft dar. Der Contracting-Auftrag bestimmt sich daher nach Privatrecht. Der Contracting-Auftrag stellt folglich einen privatrechtlichen Vertrag im Sinne des § 99 Abs. 1 GWB dar.

---

[255] Contracting Handbuch 2001, S. 49.

[256] Baur/Matthey, S. 33.

[257] RegE VgRÄG, BT-Drucks. 13/9340, S. 10; Bechtold, GWB, § 99 Rdnr. 1; Rusam, in: Heiermann/Riedl/Rusam, A § 1 Rdnr. 3; a.A. Byok, NJW 1998, S. 2774, 2777. Gegen eine solche Differenzierung zwischen öffentlich-rechtlichen und privatrechtlichen Verträgen spricht, dass auch die Vergaberichtlinien eine solche Differenzierung nicht kennen. Prieß, EuZW 2001, S. 365, 369ff. bezeichnet eine solche Differenzierung daher auch als rechtlich unhaltbar.

[258] Opitz, ZVgR 2000, S. 97, 104; Sterzel, Handbuch Privatisierung, S. 139.

[259] Vgl. nur BGHZ 32, 214, 216; BVerwGE 42, 331, 332; BVerwG, DVBl 1995, S. 1088; Maurer, Allgemeines Verwaltungsrecht, § 14 Rdnr. 11; Burgi, Funktionale Privatisierung, S. 164.

[260] Burgi, Funktionale Privatisierung, S. 165; Waldner, Bieterschutz im Vergaberecht, S. 33.

[261] BVerGE 5, 325; BVerwGE 35, 103, 104f; Pietzcker, Der Staatsauftrag, S. 362; Ehlers, Verwaltung in Privatrechtsform, S. 202f; vgl. auch Wolf/Bachof/Stober, Verwaltungsrecht I, Rdnr. 20 zu § 23; Stelkens, in Stelkens/Bonk, Rdnr. 54 zu § 35.

III. Vorliegen eines öffentlichen Auftrags bei der Übertragung des Contractings auf ein kommunales Unternehmen

Eine wesentliche Frage, die es zu untersuchen gilt, ist, ob ein öffentlicher Auftrag auch dann vorliegt, wenn die Contracting-Leistungen auf ein kommunales Unternehmen übertragen werden. Kommunale Versorgungsunternehmen erweitern zunehmend ihr Angebotsspektrum auf das Contracting, da sie in dem Angebot der modernen Energiedienstleistung eine Möglichkeit sehen, Verluste bzw. Mindereinnahmen aus anderen Versorgungssparten auszugleichen.[262] Beim Angebot der Energiedienstleistung können zudem Synergie-Effekte durch den Einsatz des Know-Hows aus der Versorgungstätigkeit erzielt werden.[263] So sehen die kommunalen Unternehmen auf dem Contracting-Markt auch besondere Wachstumschancen.[264] Aufgrund der Verbindung mit der kommunalen Körperschaft könnte es sich bei der Übertragung der Contracting-Leistung auf diese Unternehmen lediglich um die Erbringung der Leistung mit eigenen staatlichen Mitteln handeln. Stadtwerke nehmen aufgrund der traditionell engen politischen Bindungen zu den Kommunen eine besondere Rolle bei der Energiebewirtschaftung öffentlicher Einrichtungen ein.[265] Es könnte mithin ein rein verwaltungsinterner Vorgang vorliegen, der nicht die Qualität eines Auftrags an einen Dritten im Sinne des § 99 Abs. 1 GWB erfüllt.[266] Im Folgenden soll daher untersucht werden, ob die Übertragung der Contracting-Leistung an ein kommunales Unternehmen das Merkmal des öffentlichen Auftrags i.S.d. § 99 Abs. 1 GWB erfüllt. Zur Beantwortung dieser Frage ist zwischen den verschiedenen Rechtsformen öffentlicher Unternehmen zu unterscheiden.

---

262 Von Braunmühl, ET 1994, S. 354, 356; Technomar, S. 242; zu den öffentlichen Unternehmen gehören in Deutschland neben den privatrechtsförmig organisierten Eigengesellschaften und den gemischt-wirtschaftlichen Unternehmen auch öffentlich-rechtliche Körperschaften und Anstalten sowie die rechtlich nur in geringem Maße verselbständigten Regie- und Eigenbetriebe, gleichgültig, ob das betreffende Unternehmen rein erwerbswirtschaftlich handelt, oder ob mit ihm unmittelbar ein öffentliches Interesse verwirklicht werden soll, vgl. Burgi, EuR 1997, S. 261, 266; Gottschalk, RdE 1996, S. 125, 127.

263 VDEW, Energieeinspar-Dienstleistungen im Wettbewerb, S. 3; von Braunmühl, ET 1994, S. 354, 356.

264 Technomar, S. XI.

265 Technomar, S. 89.

266 Vgl. Thieme, in: Langen/Bunte, § 99 Rdnr. 33; Opitz, ZVgR 2000, S. 97, 105; Byok, NJW 2001, S. 2298, 2298 ff.

267 Vgl. Cronauge, Kommunale Unternehmen, S. 34 ff.

1. Übertragung der Leistung auf einen kommunalen Regie- oder Eigenbetrieb

Kommunale Unternehmen werden teilweise in Form von Regie- oder Eigenbetrieben geführt.[267] Dabei handelt es sich um Unternehmen, die in die staatliche Verwaltung eingliedert sind und keine eigene Rechtspersönlichkeit besitzen.[268] Da § 99 Abs. 1 GWB öffentliche Aufträge als entgeltliche Verträge zwischen öffentlichen Auftraggebern und Unternehmen definiert und damit zwei selbständige Rechtssubjekte voraussetzt, liegt bei der Übertragung der Contracting-Leistungen auf Eigen- und Regiebetriebe lediglich eine verwaltungsinterne Anweisung vor, die kein öffentlicher Auftrag ist.[269] Mithin kann die Kommune ihrem Eigen- oder Regiebetrieb ohne vorherige Ausschreibung Contracting-Aufgaben übertragen.

2. Übertragung der Leistung auf eine kommunale Gesellschaft des pivaten Rechts

Eigen- und Regiebetriebe werden zunehmend von ausgegründeten privatrechtlichen Gesellschaften abgelöst.[270] Mittlerweile werden mehr als zwei Drittel der kommunalen Unternehmen in privater Rechtsform der Gesellschaft mit beschränkter Haftung (GmbH) und der Aktiengesellschaft (AG) geführt.[271] Zu diesen Gesellschaften gehören etwa die kommunalen Energieversorgungsunternehmen (EVU), die Entsorgungsunternehmen oder die Wasserbetriebe. Eine Mehrzahl von Kommunen sind entweder alleinige Gesellschafterinnen (die sogenannte kommunale Eigengesellschaft) oder Mehrheits- bzw- Minderheitsgesellschafterinnen von kommunalen Versorgungsunternehmen, an der auch Private beteiligt sind (das sogenannte gemischt-wirtschaftliche Unternehmen).[272] Die öffentliche Hand verfügt häufig über die Mehrheit der Anteile an den kommunalen Unternehmen.[273] Das Contracting wird heute typischer-

---

268 Hier handelt es sich um eine Form der unmittelbaren Kommunalverwaltung, vgl. z.B. § 114 Abs. 1 GO NW i.V.m. § 1 EigenbetriebsVO NW; vgl. dazu Litpher/Berger, Ausschreibungspflicht von Kommunen, S. 2; vgl. Cronauge, Kommunale Unternehmen, S. 34 ff.; Krebs, Rechtliche Grundlagen kommunaler Elektrizitätsversorgung, S.83f.

269 Litpher/Berger, Ausschreibungspflicht von Kommunen, S. 2; vgl. Opitz, ZVgR 2000, S. 97, 104 ; Tomerius, NVwZ 2000, S. 727, 732; Boesen, Vergaberecht, § 100 Rdnr. 90; Eschenbruch, in: Niebuhr/Kulartz/Kus/Portz, § 99 Rdnr. 54; Faber, DVBl 2001, S. 248, 250.

270 vgl. Prieß, DB 1998, S. 405, 405. Mitte 1995 lag der Anteil der in privater Rechtsform geführten kommunalen Unternehmen bei etwa 52% vgl. Möller, Die rechtliche Stellung und Funktion des Aufsichtsrats in öffentlichen Unternehmen, passim; Hofmann, Workshop Forum 2002, vgl. Schwintowski, NJW 1990, S. 1009, 1009.

271 Tödtmann, RdE 2002, S. 6, 9.

272 Litpher/Berger, Ausschreibungspflicht von Kommunen, S. 2; Opitz, ZVgR 2000, S. 97, 104.

273 Vgl. VDEW, Die öffentliche Elektrizitätsversorgung, S. 8f., Rdnr. 11 und 12; Schiffer, Energiemarkt Bundesrepublik Deutschland, S. 160. Bei den Elektrizitätsversorgungsunternehmen, an denen der Staat mehrheitlich beteiligt ist, ist die bevorzugte Rechtsform die Aktiengesellschaft oder

weise von privaten Verbundunternehmen und Stadtwerken, die in privatrechtlicher Form tätig werden, übernommen.[274] Insbesondere gemischt-wirtschaftliche Stadtwerke bieten angesichts des Preisverfalls für Strom und des Verlustes wichtiger Sondervertragskunden zur Aufrechterhaltung ihrer Wettbewerbsfähigkeit das Contracting an.[275] Im Unterschied zu den kommunalen Eigen- und Regiebetrieben handelt es sich bei den kommunalen Unternehmen in privater Rechtsform um rechtlich selbständige juristische Personen. Diese Formen von Gesellschaften sind rechtlich gegenüber der Kommune auch dann selbständig, wenn die Kommune alleinige Gesellschafterin ist (die sogenannte Eigengesellschaft).[276] Der Wortlaut des § 99 Abs. 1 GWB erlaubt insoweit keine Ausnahme von der Vergabepflicht, da formal betrachtet zwei Rechtssubjekte vorliegen, die einen entgeltlichen Vertrag im Sinne des § 99 Abs. 1 GWB schließen.[277]

3. Die Beauftragung kommunaler Unternehmen in privater Rechtsform als In-House-Geschäft

Seit jeher ist jedoch in Rechtsprechung und Literatur die unter dem Begriff des „In-House-Geschäftes" diskutierte Frage umstritten, ob öffentliche Aufträge an kommunale Unternehmen in privater Rechtsform ausgeschrieben werden müssen.[278] Dabei ist der Begriff des In-House-Geschäftes zunächst irreführend, denn er umschreibt eigentlich die Leistungserbringung innerhalb eines öffentlichen Auftraggebers durch verselbständigte Abteilungen, die keine eigene Rechtsfähigkeit besitzen.[279] Dennoch soll dieser Begriff auch hier für bestimmte Fälle der Leistungserbringung durch Stellen außerhalb des öffentlichen Auftraggebers verwendet werden, um das zu behandelnde Phänomen schlagwortartig zu beschreiben.[280] Die Frage, ob ein nicht aus-

---

die Gesellschaft mit beschränkter Haftung. 1997 waren es 42 AG's und 192 GmbH's; vgl. VDEW, Energieeinspar-Dienstleistungen im Wettbewerb, S. 68; dazu Matthey, S. 102.

274 In der Regel sind heute Stadtwerke, die Contracting-Leistungen anbieten, Gesellschaften in privater Rechtsform, vgl. von Braunmühl, ET 1994, S. 354, 356.

275 VDEW, Energieeinspar-Dienstleistungen im Wettbewerb, S. 3, vgl. Lamb/Kahlenberg, ET 2000, S. 70, 70 zur kommunalrechtlichen Zulässigkeit einer solchen Ausweitung des Betätigungsfeldes. Danach steht weder das Örtlichkeitsprinzip noch die Subsidiaritätsklausel einer solchen Ausweitung entgegen, andernfalls würde die Gemeindeordnung den Wettbewerb mit privaten Wettbewerbern verzerren. Eine Beschränkung auf das Gemeindegebiet würde auf eine Marktabgrenzung zwischen den Kommunen hinauslaufen, die mit dem erklärten Ziel der Liberalisierung des Strommarktes nicht zu vereinbaren wäre.

276 Vgl. Faber, DVBl 2001, S. 248, 248.

277 Vgl. aber auch Pauly/Figgen/Hünnekens, Gemischwirtschaftliche Entsorgungsunternehmen, S. 87.

278 Vgl. Faber, DVBl 2001, S. 248, 248.

279 Vgl. Arrowsmith, The Law of Public and Utilities Procurement, S. 118 u. 414; Krämer,VergR 4/97, S. 31ff.

280 Faber, DVBl 2001, S. 248, 249. Nach § 100 Abs. 2 lit g) GWB sind Aufträge, die an eine Person

schreibungspflichtiges In-House-Geschäft oder ein ausschreibungspflichtiger Auftrag im Sinne des § 99 GWB vorliegt, ist von erheblicher praktischer Relevanz, da die Pflicht, Aufträge an kommunale Unternehmen auszuschreiben in zunehmendem Maße die Organisationsentscheidungen der Kommunen bestimmt.[281]

Ob bei einem Vertragsschluss mit einem öffentlichen Unternehmen in privater Rechtsform von einem Auftrag im Sinne des Vergaberechts gesprochen werden kann, erscheint insbesondere im Hinblick auf die Anteile an dem Unternehmen, die bei der öffentlichen Hand verbleiben, fraglich. Nach dem Konzernrecht bilden ein gemeindlicher Eigenbetrieb, eine 100-prozentige Tochtergesellschaft als auch ein mehrheitlich im Besitz der Gemeinde befindliches Stadtwerk in der Gestalt einer privatrechtlichen Gesellschaft im Verhältnis zu ihrer Gemeinde eine wirtschaftliche Einheit, so dass die Übertragung der Energiebewirtschaftung eine „innerbetriebliche" Entscheidung darstellen könnte.[282] Diese Unternehmen könnten weiterhin der Einflusssphäre der kommunalen Gebietskörperschaft unterliegen, so dass das Unternehmen im Verhältnis zur Kommune nicht „Dritter" i.S.d. § 99 GWB und der „Auftrag" vielmehr als ein interner Verwaltungsvorgang zu charakterisieren wäre.[283] So hat der Ausschuss der Regionen der Europäischen Gemeinschaft in einer Stellungnahme zum Grünbuch der Europäischen Kommission „Das öffentliche Auftragswesen in der europäischen Union"[284] dafür plädiert, die Übertragung der Leistungen auf kommunale Unternehmen als „Produktion in eigener Regie" zu betrachten und die Ausschreibungsrichtlinien nicht anzuwenden.[285]

a) Die Teckal-Entscheidung des EuGH

Der EuGH hat in seiner Entscheidung vom 18. November 1999 in der Sache *Teckal Srl./Gemeinde Viano* zur Frage Stellung genommen, unter welchen Voraussetzungen ein Auftrag als sogenanntes In-House-Geschäft von der Ausschreibungspflicht befreit ist.[286] In der Entscheidung des EuGH übertrug die italienische Gemeinde Viano einem Konsortium zur Erbringung von Energie- und Umweltdienstleistungen die Lie-

---

vergeben werden, die ihrerseits Auftraggeber nach § 98 Nr. 1, 2 oder 3 GWB ist, und die über ein auf Gesetz oder Verordnung beruhendes ausschließliches Recht zur Erbringung der Leistung verfügt, von der Vergabepflicht ausgenommen. Die Bestimmung beruht auf Art. 6 der Dienstleistungskoordinierungsrchtlinie 92/50/EWG (DKR) und auf Art. 11 der Sektorenrichtlinie 93/28/EWG (SKR), vgl. Jaeger, NZBau 2001, S. 6, 8. Wie noch im 3. Kapitel der Arbeit zu erörtern sein wird, sind diese Voraussetzungen hier nicht erfüllt.

281 Vgl. Faber, DVBl 2001, S. 248, 248.

282 Vgl. auch Ortlieb, in Energiewirtschaft im Umbruch, S. 379, 390.

283 Byok, NJW 2001, S.298, 2299 ff.

284 97/C 244/06, Abl. Nr. C 244/28 vom 11.7. 1997.

285 Dazu Faber, DVBl 2001, S. 248, 251.

286 EuGH, EuZW 2000, S. 246ff – Teckal SrL/Gemeinde Viano.

ferung von Brennstoffen und die Betreibung von Heizungsanlagen. Das Konsortium bestand aus mehreren Gemeinden einschließlich der beklagten Gemeinde Viano und besaß nach ihrer Satzung eigene Rechtspersönlichkeit sowie unternehmerische Selbständigkeit. Durch Beschluss und ohne vorheriges Ausschreibungsverfahren übertrug die Gemeinde Viano dem Konsortium den Betrieb der Heizungsanlagen in öffentlichen Gebäuden einschließlich der Belieferung mit Heizöl. Ein privates Unternehmen, das ebenfalls Dienstleistungen im Heizungssektor erbringt, erhob Klage gegen den Beschluss des Gemeinderates und machte geltend, die Gemeinde hätte die im Gemeinschaftsrecht vorgesehenen Verfahren zur Vergabe öffentlicher Aufträge einhalten müssen.

Nach Auffassung des EuGH genüge es, dass eine Vereinbarung zwischen einer Gebietskörperschaft und einer rechtlich von dieser verschiedenen Person getroffen werde, um einen Vertrag im Sinne des Art. 1 lit. a der Lieferkoordinierungsrichtlinie zu bejahen.[287] Grundsätzlich sei danach die Vergabe eines Auftrags durch die Kommune an eine kommunale Eigengesellschaft oder ein gemischt-wirtschaftliches Unternehmen ausschreibungspflichtig. Ein nicht dem Vergaberecht unterliegendes In-House-Geschäft könne nur dann angenommen werden, wenn die Gebietskörperschaft über die fragliche Rechtperson eine Kontrolle, wie über ihre eigenen Dienststellen, ausübe und wenn das Unternehmen seine Tätigkeit zugleich im Wesentlichen für die Gebietskörperschaft erbringe, die die Anteile des Unternehmen halte.[288]

Eine Konkretisierung dieser Kriterien erfolgt in dem EuGH Urteil nicht.[289] Der EuGH macht die Anwendung des Vergaberechts damit teilweise von den Gegebenheiten des jeweiligen nationalen Rechts abhängig. Damit hängt die Beurteilung, ob der Staat über das Unternehmen eine Kontrolle, wie über eine eigene Dienststelle, ausübt, von den jeweiligen Verwaltungsorganisationen bzw. den gesellschaftsrechtlichen Gegebenheiten des jeweiligen Mitgliedstaates ab.[290] Die Entscheidung des EuGH zum faktischen Kontrolltatbestand hat in Rechtsprechung und Literatur eine rege Diskussion hervorgerufen, die nun zu einer höchstrichterlichen Entscheidung durch den Bundesgerichtshof (BGH) geführt hat.

---

[287] EuGH, EuZW 2000, S. 246, 248 Rdnr. 50 – Teckal SrL/Gemeinde Viano; vgl. auch den Schlussantrag des Generalanwaltes Cosmas, EuZW 2000, 246, 248, Rdnr. 61.

[288] EuGH, EuZW 2000, S. 246, 248, Rdnr. 50 – Teckal SrL/Gemeinde Viano.

[289] Die Fallösung war durch die unpräzisen Vorlagefragen erschwert: Generalanwalt Cosmas formulierte in Rdnr. 36 seiner Schlussanträge: „M.E. liegt das grundlegende Problem des vorliegenden Verfahrens in der ungenauen Formulierung der Vorlagefrage".

[290] So Burgi, NVwZ 2001, S. 601, 601.

b) Die Entscheidung Technische Hilfe des BGH

In seiner Entscheidung vom 12.06. 2001 (Technische Hilfe)[291] hat auch der BGH erstmals über die Frage entschieden, wann ein vergaberechtsfreies In-House-Geschäft vorliegt. In diesem Fall hatte der Freistaat Thüringen seiner 100%igen Tochtergesellschaft (GFAW) Dienstleistungen im Bereich der Programm- und Projektentwicklung übertragen, anstatt die Leistung nach Auslaufen des Vertrages mit einem Dritten erneut auszuschreiben. Daraufhin erhob die ehemalige Auftragnehmerin Klage und wandte ein, ein Vergabeverfahren hätte durchgeführt werden müssen. Der BGH wies die Beschwerde des übergangenen Unternehmens gegen die Entscheidung der Vergabekammer des Landes Thüringen mit der Begründung zurück, dass trotz der Personenverschiedenheit zwischen dem Freistaat Thüringen und der Tochtergesellschaft kein ausschreibungspflichtiger öffentlichen Auftrag i.S.d. § 99 Abs. 1 GWB vorliege. In seiner Entscheidung führt der BGH aus, dass es im Rahmen des § 99 Abs. 1 GWB einer funktionalen Betrachtung bedürfe, wonach es im Einzelfall selbst dann an einem öffentlichen Auftrag fehlen könne, wenn die Gebietskörperschaft mit einem Unternehmen einen Vertrag schließe, das sich formal betrachtet von der Gebietskörperschaft unterscheide.[292] Dies sei insbesondere dann der Fall, wenn der öffentliche Auftraggeber alleiniger Anteilseigner des Beauftragten sei, er über diesen eine Kontrolle wie über eine eigene Dienststelle ausübe und der Beauftragte seine Tätigkeit im Wesentlichen für diesen öffentlichen Auftraggeber verrichte.[293] Denn dann – so der BGH – werde der Sache nach kein anderer mit der Erbringung der Dienstleistung beauftragt; es komme vielmehr zu einem sog. „In-House-Geschäft", bei dem die Dienstleistung von einer Stelle erbracht werde, die der öffentlichen Verwaltung bzw. dem Geschäftsbetrieb des öffentlichen Auftraggebers zuzurechnen sei.[294] Mit dieser Entscheidung bezieht sich der BGH ausdrücklich auf die vom EuGH in der Rechtssache Teckal zum Anwendungsbereich der Lieferkoordinierungsrichtlinie 93/36/EWG aufgestellten Kriterien und wendet diese auf den Dienstleistungsvertrag zwischen dem Freistaat Thüringen und der Tochtergesellschaft an.[295] Nach Auffassung des BGH gewährleiste die durch Gesetz und Gesellschaftsvertrag begründete Steuerungsmöglichkeit der Tochtergesellschaft, dass der Freistaat Thüringen die Tochtergesellschaft, vergleichbar einer eigenen Dienststelle, kontrollieren könne.[296] Eine umfassende Steuerungsmöglichkeit ergebe sich – so der BGH – aus der Rechtsform der Gesellschaft sowie daraus, dass der Freistaat Thüringen sämtliche Geschäftsanteile des Tochterunterneh-

---

[291] BGH, WuW 2001, S. 905, 905 – Technische Hilfe.

[292] BGH, WuW 2001, S. 905, 907 – Technische Hilfe.

[293] BGH, WuW 2001, S. 905, 907 – Technische Hilfe.

[294] BGH, WuW 2001, S. 905, 907 – Technische Hilfe.

[295] Vgl. auch EuGH, WuW 2001, 108ff.– ARGE Gewässerschutz; für eine analoge Anwendung der Grundsätze auf Dienstleistungsaufträge und Bauaufträge spricht sich auch die herrschende Literatur aus, vgl. Byok, NJW 2001, S. 2298, 2299; Marx, in:Jestaedt/Kemper/Marx/Prieß, § 99 Rdnr. 3.

[296] BGH, WuW 2001, S. 905, 908 – Technische Hilfe.

mens halte.[297] Zudem wurde bei der Tochtergesellschaft ein Aufsichtsrat gebildet, der mehrheitlich aus Vertretern des Freistaates Thüringen besteht und dem die Geschäftsführer des Tochterunternehmens regelmäßig über den Gang der Geschäfte zu berichten haben. In dem Gesellschaftsvertrag wurde auch noch ein Katalog von Geschäften aufgeführt, welche die Geschäftsführer nur mit Zustimmung des Aufsichtsrats vornehmen dürfen.[298] Diese umfassende Steuerungsmöglichkeit führe – so der BGH – dazu, dass die Tochtergesellschaft gegenüber dem Freistaat Thüringen keine eigene Entscheidungsgewalt besitze.[299] Da die Gesellschaft schließlich auch im Wesentlichen für den Freistaat Thüringen tätig werde[300], seien die Voraussetzung für ein In-House-Geschäft erfüllt. Aus dieser funktionalen Betrachtung folge, dass der Dienstvertrag zwischen dem Freistaat und dem Tochterunternehmen nicht nach §§ 97 ff. GWB auszuschreiben sei.

c) Die Beauftragung einer kommunalen Eigengesellschaft bzw. eines gemischt-wirtschaftlichen Unternehmens als In-House-Geschäft

In seiner Entscheidung *Technische Hilfe* hat der BGH zur Beauftragung einer 100% Eigengesellschaft Stellung genommen und das Vorliegen eines vergaberechtsfreien In-House-Geschäftes aufgrund der besonderen gesellschaftsvertraglichen Steuerungsmöglichkeiten bejaht. Fraglich ist, ob die Beauftragung kommunaler Eigengesellschaften selbst dann als vergaberechtsfreies In-House-Geschäft angesehen werden kann, wenn die besonderen gesellschaftsvertraglichen Steuerungsmechanismen nicht vorliegen. Offen ist nach der Entscheidung des BGH weiterhin, ob von einem In-House-Geschäft auch dann gesprochen werden kann, wenn die öffentliche Hand ein kommunales Unternehmen beauftragt, an dem neben der öffentlichen Hand private Gesellschafter beteiligt sind (die sogenannten gemischt-wirtschaftlichen Unternehmen).[301] Ob in diesen Fällen ein vergaberechtsfreies In-House-Geschäft vorliegt, beurteilt sich auf der Grundlage der *Gemeinde Arnheim*-Entscheidung des EuGH danach, ob die Gebietskörperschaft über diese Unternehmen eine Kontrolle, wie über ihre eigenen Dienststellen, ausübt und diese Unternehmen im wesentlichen für die Gebietskörperschaft tätig werden, die ihre Anteile innehat.[302]

---

[297] Vgl. Faber, DVBl. 2001, S. 248, 254.

[298] BGH, WuW 2001, S. 905, 908 – Technische Hilfe.

[299] BGH, WuW 2001, S. 905, 909 – Technische Hilfe.

[300] Das Tochterunternehmen wurde ausschließlich im Auftrag der Landesregierung und nicht für Dritte tätig, vgl BGH, WuW 2001, S. 905, 909 – Technische Hilfe.

[301] Siehe hierzu auch Ortlieb, WuW 2003, S. 146, 146ff.; vgl. allgemein zur rechtlichen Ausgestaltung gemischtwirtschaftlicher Gesellschaften Kessler, GmbHR 2000, S. 71, 71ff.; Gersdorf, Öffentliche Unternehmen, S. 267ff.

[302] EuGH, EuZW 2000, S. 246, 248 Rdnr. 50 – Teckal SrL/Gemeinde Viano.

aa) Kontrolle des kommunalen Unternehmens wie über eine eigene Dienststelle

Zu prüfen ist zunächst, ob die Gebietskörperschaft die gemischt-wirtschaftliche Gesellschaft bzw. die 100% Eigengesellschaft wie eine eigene Dienststelle kontrolliert.[303] Dies wäre dann nicht der Fall, wenn das Unternehmen gegenüber der Gebietskörperschaft über eigene Entscheidungsgewalt verfügt.[304] In der vergaberechtlichen Literatur und Rechtsprechung wird zur Bestimmung des Kontrollbegriffs auf den konzernrechtlichen Beherrschungsbegriff verwiesen.[305] Beherrschender Einfluss bedeutet danach, dass ein Mutterunternehmen über die Tochtergesellschaft einen solchen Einfluss hat, dass sie ihren Willen in bezug auf die Geschäfts- und Unternehmenspolitik des Tochterunternehmens durchsetzen kann.[306] Im Konzernrecht wird der beherrschende Einfluss der Mutter über die Tochtergesellschaft dann vermutet, wenn das Mutterunternehmen unmittelbar oder mittelbar die Mehrheit des gezeichneten Kapitals eines anderen Unternehmens besitzt oder mehr als die Hälfte der Mitglieder des Verwaltungs-, Leitungs- oder Aufsichtsorgans des Unternehmens bestellen kann.[307] Auf der Grundlage dieser konzernrechtlichen Grundsätze vertreten Teile der Literatur, dass die kommunale Körperschaft ihre Gesellschaften im Sinne der EuGH-Rechtsprechung kontrolliere und ihren Willen in bezug auf die Geschäfts- und Unternehmenspolitik des Unternehmens durchsetzen könne, wenn sie über die Mehrheit der Anteile an dem Unternehmen verfüge.[308] Ob jedoch allein die Anteilsmehrheit an dem kommunalen Unternehmen ausreicht, um von einer Kontrolle im Sinne des EuGH sprechen zu können, ist fraglich.[309] Das Kriterium der gesellschaftsrechtlichen Anteilsmehrheit könnte entscheidende Besonderheiten außer Acht lassen, die für die Frage der Kontrolle im Verhältnis zwischen öffentlicher Hand und kommunalen Unterneh-

---

303 Gemeint ist keine identische Kontrolle, sondern eine Kontrolle, die der über eine eigene Dienststelle vergleichbar ist, vgl. Gallwas, GewArch. 2000, S. 401, 405; Faber, DVBl 2001, S. 248, 254.

304 Vgl. EuGH, EuZW 2000, S. 246, 248 Rdnr. 49 bis 51 – Teckal SrL/Gemeinde Viano.

305 Unter Verweis auf § 17 AktG Müller-Wrede, in: Ingenstau/Korbion, § 98 Rdnr. 55; der Vergabeüberwachungsausschuss des Bundes wendet zur Bestimmung einer Beherrschung des Auftraggebers mittels der Aufsicht über die Leistung § 17 AktG analog an, vgl. VÜA Bund, 1 VÜ 1/95, WuW 1995, 1057ff. – Kraftwerkkomponenten; VÜA Bund, 1 VÜ 5/95, WuW 1996, 338ff. – Abrissarbeiten; vgl. auch Rusam, in: Heiermann/Riedl/Rusam, Rdnr. 28; kritisch Dreher, DB 1998, S. 2579, 2583.

306 Vgl. Müller-Wrede, in: Ingenstau/Korbion, § 98 Rdnr. 55; vgl. auch Rusam, in: Heiermann/-Riedl/Rusam, Rdnr. 28; Dreher, DB 1998, S. 2579, 2583.

307 Eschenbruch, in: Niebuhr/Kulartz/Kus/Portz, § 99 Rdnr. 56.

308 Vgl. Jasper, DB 1998, S. 2153; Müller-Serten, NZBau 2000, S. 120, 123; Gröning, ZIP 2001, S. 497, 502; vgl. auch Kämper/Hesshaus, Der Städtetag 2000, S. 36, 40; vgl § 17 Abs. 2 AktG vgl. hierzu Hüffer, Aktiengesetz, § 17 Rdnr. 4f.

309 Vgl. Gröning, S. 497, 502; Dreher, NZBau 2001, S. 360, 363; vgl. dazu Schwintowski, NVwZ 2001, S. 609f.

men von Bedeutung sind.[310] Zu berücksichtigen ist in diesem Zusammenhang, dass die öffentliche Hand, im Gegensatz zu dem an Gewinn orientierten privaten Anteilseigner, mit ihren Anteilen am Unternehmen vor allem öffentliche Interessen verfolgt.[311] Wenn die öffentliche Hand und private Anteilseigner gemeinsam Gesellschafter eines Unternehmens sind, könnte es daher zu besonderen Konfliktfällen kommen, die typischerweise unter privaten Anteilseignern nicht auftreten.[312] In diesen Fällen könnte die Beherrschungsvermutung des § 17 Abs. 2 AktG durch den Nachweis widerlegt werden, dass das mehrheitsbeteiligte Unternehmen nicht in der Lage ist, dem Tochterunternehmen seinen Willen aufzuzwingen.[313]

(1) Kontrolle kommunaler Unternehmen in der Rechtsform der AG

Handelt es sich bei der kommunalen Eigengesellschaft um eine Aktiengesellschaft, so statuiert § 76 Abs. 1 AktG die Eigenverantwortlichkeit des Vorstandes. Ein Weisungsrecht der Kapitaleigner oder des Aufsichtsrats in Fragen der Geschäftsführung ist danach ausgeschlossen.[314] Mithin verfügt die öffentliche Hand auch bei einer mehrheitlich von ihr beherrschten Hauptversammlung keinesfalls über die Möglichkeit einen entscheidenden Einflusses auf die kommunale AG auszuüben.[315] Fraglich ist, ob nicht ausnahmsweise dann etwas anderes gilt, wenn die Aufsichtsratsmitglieder von den Gemeinden in die Gesellschaft entsandt wurden.[316] Solche politischen Mandatsträger, die zugleich eine Aufsichtsratsfunktion in öffentlichen Unternehmen wahrnehmen, könnten aufgrund der besonderen Bindung zur Gebietskörperschaft an Entscheidungen der öffentlichen Hand gebunden sein.[317] Die erhöhten Loyalitätspflichten gegenüber der öffentlichen Hand könnten es dem Aufsichtsratsmitglied im Einzelfall gestatten, die Interessen der Gebietskörperschaft in der kommunalen AG durchzusetzen. Im Kern geht es mithin um die Frage, ob die entsandten Aufsichtsratsmitglieder durch Weisungen der Gemeinde gebunden werden können und ob sie mögli-

---

[310] vgl. Gröning, S. 497, 502; Dreher, NZBau 2001, S. 360, 363; vgl. dazu Schwintowski, NVwZ 2001, S. 609 ff.

[311] In der Privatwirtschaft ist der Gesellschaftszweck in der Regel die Gewinnerzielung. Der Gesellschaftsgegenstand bestimmt, durch welche Tätigkeit, sei es z.B. die Produktion und der Verkauf einer bestimmten Ware oder das Anbieten einer Dienstleistung, die Gewinnerzielung erreicht werden soll. Die öffentliche Hand ist dagegen auf die Verfolgung öffentlicher Aufgaben ausgerichtet. Vgl. Matthey, S. 204. Dazu ausführlich noch im 4. Kapitel.

[312] Vgl. v. Danwitz, AöR 120 (1995), S. 595, 611f.

[313] Vgl. Marx/Prieß, in: Jestaedt/Kemper/Marx/Prieß, S. 19.

[314] Vgl. Semler, in: Münchner Handbuch des Gesellschaftsrechts, Anhang zu § 42 Rdnr. 1ff.

[315] Koppensteiner, NJW 1990, S. 3105, 3109; Scholz, in: Festschrift für Lorenz, S. 213, 217; siehe auch Kühne, JZ 1990, S. 335, 336.

[316] Schwintowski, NJW 1990, S. 1009, 1009f.; Schwintowski, NJW 1995, S. 1316.

[317] Vgl. §§ 88, 111, 112 AktG zu den Überwachungs- und Mitbestimmungsaufgaben des Aufsichtsrates.

cherweise berechtigt sind, die Unternehmensinteressen gegenüber den von ihnen im Gemeinderat wahrgenommenen politischen Interessen aufzuopfern.[318] Bedenken an einer solchen öffentlichen Bindung der Aufsichtsratsentscheidungen ergeben sich jedoch daraus, dass das Unternehmen und der Aufsichtsrat zugleich Treuepflichten gegenüber seinen Aktionären und Gläubigern zu wahren haben[319], die eine Ausrichtung allein an den Interessen der Gesellschaft erforderlich machen.[320] Sollte die Kommune durch Weisungen in der Lage sein, politische Interessen auch dann im Unternehmen durchzusetzen, wenn diese im Widerspruch zu dem in der Satzung festgelegten Unternehmensinteresse stehen, so wären die Interessen privater Aktionäre und gegebenenfalls sogar der Gläubiger der Gesellschaft verletzt.[321] Bei privatwirtschaftlicher Betätigung der öffentlichen Hand ergäbe sich für private Aktionäre immer die Gefahr, dass Interessen der Gesellschaft und damit ihr eigenes Interesse zugunsten eines für sie fremden Unternehmensziels aufgeopfert werden.[322] Folglich sind solche allgemeinen Weisungsrechte mit der grundsätzlichen Ausrichtung der Unternehmen am Markt nicht zu vereinbaren. Vielmehr genießt – so der BGH in ständiger Rechtsprechung – das Gesellschaftsrecht und damit die Unternehmensinteressen Vorrang vor etwaigen Gemeindeinteressen.[323]

Zwar obliegt dem Staat aufgrund des Demokratieprinzips des Grundgesetzes die Verpflichtung, eine Willensübereinstimmung zwischen der Administrativspitze und den mit der Wahrnehmung öffentlicher Aufgaben betrauten Beteiligungsgesellschaft herbeizuführen.[324] Eine Einwirkungspflicht gilt bei Unternehmen in Privatrechtsform nicht in gleicher Weise wie bei öffentlich-rechtlichen Unternehmen.[325] Die Einwirkungspflicht des Staates bei der Beteiligung an Unternehmen in privater Rechtsform bezieht sich daher in erster Linie auf die Vorgabe und Kontrolle der Unternehmensziele und der grundsätzlichen Aufgabenstellung der Beteiligung.[326] Es genügt, wenn

---

[318] Habersack, ZGR 1996, S. 544, 548ff.; Spannowsky, DVBl. 1992, S. 1072, 1074; Schwintowski verweist in NJW 1990, S. 1009, 1013 auf staatliche Wirtschaftspolitik und private Unternehmenspolitik, die im Einzelfall einen Gegensatz bilden können.

[319] So Jaeger, NZBau 2001, S. 6, 9f.; Entscheidung der Vergabekammer bei der Bezirksregierung Düsseldorf NZBau 2001, 46; zur Treuepflicht in der AG vgl. auch BGH ZIP 1988, 301; Säcker, NJW 1986, S. 803, 803ff.

[320] Vgl. BGHZ 69, 334.

[321] Dazu Schwintowski, NVwZ 2001, S. 609f.; vgl. BGHZ 69, 334, 338.

[322] Dazu Schwintowski, NVwZ 2001, S. 609f.; vgl. BGHZ 69, 334, 338.

[323] BGHZ 36, 296 = NJW 1962, 864; BGHZ 69, 334 = NJW 1978, 104; BGHZ 64, 325 = NJW 1975, 1412; BGH NJW 1980, 1629; vgl. auch Schwintowski, NJW 1995, 1316, 1316ff.; Säcker, Behördenvertreter im Aufsichtsrat, S. 787f.

[324] Dazu vgl. Schuppert, Probleme der Steuerung und Kontrolle öffentlicher Unternehmen, ZögU 1985, S. 310, 310ff.; Püttner, DVBl 1975, S. 353, 355.

[325] Sterzel, Handbuch Privatisierung, S. 305.

[326] Zur Einwirkungspflicht, vgl. Engellandt, Die Einflussnahme der Kommunen auf ihre Kapitalgesellschaften, S. 20, 21ff.

der Staat kontrollieren kann, dass das kommunale Unternehmen der in der Satzung festgelegten öffentlichen Zwecksetzung nachkommt.[327] Allein aufgrund seiner Gesellschafterrechte kann der Staat die Einhaltung der Satzung durch die Geschäftsführung erzwingen. Das Gesellschaftsrecht stellt dem Staat mithin einen ausreichenden Mechanismus zur Verfügung, damit dieser seiner Einwirkungspflicht auf seine privatrechtlichen Trabanten nachkommen kann.[328] Besondere über die im Gesellschaftsrecht hinausgehende Kontrollmechanismen sind mithin nicht erforderlich, um die öffentliche Aufgabe sicherzustellen. Die in den jeweiligen Gemeindeordnungen[329] angelegten Kontroll- und Überwachungspflichten, die einen angemessenen Einfluss in den Gesellschaftsorganen des Unternehmens, zum Beispiel im Aufsichtsrat oder in einem entsprechenden Überwachungsorgan des Unternehmens voraussetzen, um die in der Satzung festgelegte öffentlich-rechtliche Zweckbindung der gemeindlichen Wirtschaftstätigkeit dauerhaft durchzusetzen[330], werden mithin allein durch die Ausübung der Gesellschaftsrechte sichergestellt.[331] So kann die Gebietskörperschaft durch die satzungsmäßige Festlegung auf einen öffentlichen Zweck (§§ 23 Abs. 3 Nr. 2, 179 AktG), die Entsendung (§ 101 AktG) und Abberufung von Aufsichtsratsmitgliedern (§ 103 Abs. 1 und 2 AktG) und die Zustimmungsbedürftigkeit bestimmter Geschäfte durch den Aufsichtsrat (§ 111 Abs. 4 AktG) Einfluss auf die kommunale AG ausüben. Rechte und Pflichten der Gesellschaftsorgane bestimmen sich ausschließlich nach Gesellschaftsrecht und können nicht durch kommunalrechtliche Pflichtenbindungen modifiziert werden.[332] Der Vorrang des Gesellschaftsrechts kann nach Auffassung des BGH auch nicht durch Weisungsbefugnisse aus dem Beamten – oder Gemeinderecht überspielt werden.[333] Soweit Gemeindeordnungen Weisungsrechte gegenüber entsandten Aufsichtsratsmitgliedern statuieren[334], werden diese Regelungen von dem höherrangigen Aktiengesesetz verdrängt (Art. 31 GG).[335] Folglich wird eine aktuelle Weisungsmacht in der Gebietskörperschaft grundsätzlich nicht begründet.[336]

---

327 Die Einwirkungspflicht gilt bei Unternehmen in Privatrechtsform nicht in gleicher Weise wie bei öffentlich-rechtlichen Unternehmen; vgl. Sterzel, Handbuch Privatisierung, S. 305.

328 Gersdorf, Öffentliche Unternehmen, S. 222.

329 Vgl. z.B. § 103 Abs. 1 Satz 1 Nr. 3 GemO BW.

330 Vgl. dazu Litpher/Berger, Ausschreibungspflicht von Kommunen, S. 6; vgl. allgemein zur verfassungsrechtlichen Einwirkungspflicht Püttner, DVBl. 1975, S.353, 353ff.; v. Danwitz, AöR 120 (1995), S. 603ff.; Spannowsky, ZGR 1996, S. 400, 412ff.

331 Vgl. Berrar, DB 2001, S. 2181, 2181ff.; Cronauge, Kommunale Unternehmen, S. 98; Kermel, Steuerungsmöglichkeiten der öffentlichen Hand, S. 65ff.

332 Püttner, DVBl. 1986, S. 751, 751.

333 Ehlers, Verwaltung in Privatrechtsform, S.136 f; Püttner, Die öffentlichen Unternehmen, S. 237; Emmerich, Das Wirtschaftsrecht der öffentlichen Unternehmen, S. 202ff; vgl. auch Schwintowski, NJW 1995, S. 1316, 1316f.

334 Vgl. die bis zur Neufassung des Aktiengesetzes gültigen Regelungen der DGO von 1935, insbesondere § 70 Abs. 2; vgl. demgegenüber heute § 88 Abs. 3 GO Rhl.-Pf.; § 110 Abs. 3 GO Saar.

335 Püttner, Die öffentlichen Unternehmen, S. 234f.; Schwintowski, NJW 1995, S. 1316, 1317.

336 So die heute ganz herrschende Meinung; vgl. BGHZ 36, S. 296ff., 69, S. 334 ff.; vgl. Schwin-

Beteiligt sich die Gemeinde an Aktiengesellschaften, so unterwirft sie sich dem Gesellschaftsrecht und ist an dieses gebunden.[337] Den Organwalter trifft die gesellschaftsrechtliche Pflicht, dem Unternehmen zu nützen und nicht zu schaden.[338] Die Aufsichtsratsmitglieder sind mithin nur dem Wohl des Unternehmens verpflichtet und unterliegen keinen Weisungen Dritter.[339] Folglich sind auch die städtischen Vertreter im Aufsichtsrat der Stadtwerke AG nach § 111 Abs. 4 S. 2 AktG i.V.m. §§ 83, 116 AktG dazu verpflichtet, ausschließlich im Interesse der Stadtwerke die Sorgfaltspflichten eines ordentlichen und gewissenhaften Geschäftsleiters zu erfüllen. Die Gebietskörperschaft kontrolliert eine kommunale AG mithin selbst dann nicht wie eine eigene Dienststelle, wenn sie über die Mehrheit der Anteile an dem Unternehmen verfügt.[340] Der AG kommt aufgrund der gesellschaftsrechtlichen Besonderheiten vielmehr eine eigene Entscheidungsgewalt zu.[341] Eine solche Kontrolle ist selbst dann ausgeschlossen, wenn die öffentliche Hand 100% der Anteile an der AG hält. Auch in diesem Fall sichert §79 Abs. 1 AktG die Eigenverantwortlichkeit des Vorstandes, welche nicht durch Gemeindeinteressen überspielt werden kann.[342]

Die öffentliche Hand könnte daher allenfalls über das Instrumentarium des Beherrschungsvertrages gemäß § 291 AktG eine vergleichbare Kontrolle über die AG ausüben.[343] Besteht ein Beherrschungsvertrag, so ist die Kommune als herrschendes Unternehmen nach § 308 Abs. 1 AktG berechtigt, den Vorstand der Gesellschaft hinsicht-

---

towski, NJW 1995, S. 1316, 1317. Vgl. die früher von Teilen der Literatur geforderte Privilegierung kommunaler Unternehmen im Gesellschaftsrecht. Im Sinne eines solchen „Verwaltungsprivatrechts" Kraft, Das Verwaltungsgesellschaftsrecht, S. 231ff.; wonach die Weisungsfreiheit der Organe verselbständigter Unternehmen in Privatrechtsform beschränkbar sei.

337 Püttner, DVBl. 1986, S. 748, 751.

338 Vgl. § 93 AktG; vgl. Säcker, NJW 1986, S. 803, 803ff.

339 BGHZ 36, 296, 306f.; BGHZ 69, 334, 339; Rehn/Cronauge, § 108 IX 1; Schmidt-Aßmann/Ulmer, BB 1988, Sonderbeilage 13, S. 15; Wolf, GewArch 1999, S. 177, 180.

340 So auch Dreher, NZBau 2001, S. 360, 363.

341 Zu den damit verbundenen verfassungsrechtlichen Fragen, vgl. Schuppert, Zur Kontrollierbarkeit öffentlicher Unternehmen, ZögU 1985, S. 310, 310ff; Gersdorf, Öffentliche Unternehmen, S. 223ff., 247ff., 354ff.

342 BGHZ 36, 296 = NJW 1962, 864; BGHZ 69, 334 = NJW 1978, 104; BGHZ 64, 325 = NJW 1975, 1412; BGH NJW 1980, 1629; vgl. auch Schwintowski, NJW 1995, 1316ff; Säcker, Behördenvertreter im Aufsichtsrat, S. 787f.

343 Vgl. auch Cronauge, Kommunale Unternehmen, S. 98; Kermel, Steuerungsmöglichkeiten der öffentlichen Hand, S. 65ff.

lich der Leitung der Gesellschaft Weisungen zu erteilen.[344] Allein in diesem Falle könnte die Kontrolle der Kommune über die kommunale AG wie über eine eigene Dienststelle angenommen werden.

(2) Kontrolle kommunaler Unternehmen in der Rechtsform der GmbH

Handelt es sich bei der kommunalen Gesellschaft dagegen um eine GmbH, bestehen grundsätzlich umfassende Einfluss- und Steuerungsmöglichkeiten für die öffentliche Mehrheitsgesellschafterin. So sind die Geschäftsführer einer GmbH gemäß § 46 Nr. 5 und 6 GmbHG an Weisungen der Gesellschafter gebunden.[345] Den Gesellschaftern kommt in der GmbH die übergeordnete Leitungskompetenz zu.[346] Der Mehrheitsgesellschafter einer GmbH kann daher sehr viel leichter seinen Vorstellungen über die Geschäftspolitik zum Durchbruch verhelfen, als dies die Aktionäre einer AG können.[347] Der öffentlich-rechtliche Gesellschafter könnte daher in der Gesellschafterversammlung seine Interessen auch gegenüber denen der privaten Minderheitsgesellschafter durchsetzen und dadurch die kommunalen GmbHs kontrollieren wie eine eigene Dienststelle.[348]

Allerdings sind aufgrund des Vorrangs des Gesellschaftsrechts die oben getroffenen Aussagen für die Aufsichtsratsmitglieder in AGs gleichermaßen verbindlich wie für die kommunalen Vertreter in den Gesellschafterversammlungen gemeindlicher GmbHs.[349] Die kommunale Körperschaft muss sich auch hier bei der Wahrnehmung ihrer Befugnisse in der Gesellschafterversammlung am Unternehmensinteresse orientieren.[350] Allen Gesellschaftern einer GmbH obliegen Treuepflichten gegenüber der Gesellschaft und gegenüber den anderen Gesellschaftern.[351] Die Einflussnahmemöglichkeiten der öffentlichen Hand stoßen daher bei der kommunalen GmbH dort auf Grenzen, wo Rechte Dritter, insbesondere der Minderheitsgesellschafter des Unternehmens be-

---

344 Schwintowski, NJW 1995, S. 1319 weist in diesem Zusammenhang auf die damit einhergehenden Effizienzverluste hin; zur Anwendung des § 291 AktG auch auf kommunale Unternehmen; vgl. BGHZ 96, S. 334 ff.; ebenso Emmerich, Das Wirtschaftsrecht der öffentlichen Unternehmen, S. 216f; Püttner, Die öffentlichen Unternehmen, S. 236.

345 Schmidt, Gesellschaftsrecht, S. 1069ff.; Kessler, GmbHR 2000, S. 71, 78.

346 Kessler, GmbHR 2000. S. 71, 73.

347 Emmerich, Konzernrecht, S. 444.

348 Gröning, ZIP 2001, S. 497, 502.

349 Vgl. Schwintowski, NJW 1990, S. 1009, 1010.

350 Nesselmüller, Rechtliche Einwirkungsmöglichkeiten der Gemeinde auf ihre Eigengesellschaften, S. 118ff; Püttner, Öffentliche Unternehmen, S. 237.

351 Vgl. BGHZ 65, 15ff – ITT; BGHZ 129, 136ff – Girmes; vgl. Ulmer, in MüKo, § 705, Rdnr. 183, 186, 188; Schmidt, Gesellschaftsrecht, S. 1217; zur gesellschaftsrechtlichen Treuepflicht als Gewohnheitsrecht, vgl. Staub/Ulmer, in: MüKo, § 705 Rdnr. 233; Kuhlmann/Anis, Konzernrecht, S. 103; vgl. Vergabekammer Düsseldorf, NZBau 2001, 46; Jaeger, NZBau 2001, S. 6, 10.

troffen sein können.[352] In entsprechender Anwendung von § 243 AktG begründet die Satzungswidrigkeit eines Gesellschafterbeschlusses regelmäßig dessen Anfechtbarkeit.[353] Verhält sich der herrschende Gesellschafter im Beschlusswege treuwidrig, zieht dies zudem eine Schadensersatzpflicht nach sich.[354] Sollte der Geschäftsführer bzw. der Vorstand im Einklang mit der Weisung gegen die Gesellschaftsinteressen verstoßen, so macht er sich gegenüber den Minderheitsgesellschaftern nach § 43 GmbHG schadensersatzpflichtig.[355]

Verfolgt die öffentliche Hand mit ihrer Beteiligung an der GmbH über die in der Satzung üblicherweise festgelegten Zwecke hinausgehende öffentliche Zwecke, ist dies allein durch eine Änderung der Satzung möglich.[356] Da eine solche Satzungsänderung die ursprünglichen Voraussetzungen des gesellschaftsrechtlichen Zu-sammenschlusses grundlegend ändern und die Interessen privater Gesellschafter verletzen würde, bedarf die Satzungsänderung aufgrund des Minderheitenschutzes nach herrschender Meinung der Zustimmung aller Gesellschafter.[357] Folglich ist es der öffentlichen Hand untersagt, Entscheidungen gegen das Unternehmensinteresse zu treffen, sofern nicht alle Mitgesellschafter ihre Zustimmung zur Beeinträchtigung der Gesellschaftsinteressen erteilen. Selbst wenn die öffentliche Hand über die Mehrheit der Anteile verfügt, hat die Gesellschaft daher die Interessen des privaten Partners zu berücksichtigen und wird von diesem mitbestimmt. Mit der Einbeziehung privater Partner geht mithin ein Stück eigener Entscheidungsgewalt verloren.[358] Da selbst im Falle der Anteilsmehrheit der öffentlichen Hand Einflussnahmen durch Kontroll- oder Sperrechte der Minderheitsgesellschafter verhindert werden können, ist auch bei der GmbH keine umfassende Steuer- und Kontrollmöglichkeit, vergleichbar der einer eigenen Dienststelle gegeben.[359]

---

[352] Vgl. auch Jaeger, NZBau 2001, 6, 9f.; Entscheidung der Vergabekammer bei der Bezirksregierung Düsseldorf NZBau 2001, 46; a.A. wohl Gröning, ZIP 2001, S. 407, 502; a.A. auch Jasper, Behörden Spiegel, September 2000, S. B V.

[353] Kessler, GmbHR 2000, S. 71, 74.

[354] Lutter/Hommelhoff, GmbHG, Anh. § 47 Anm. 33.; vgl. auch Kessler, GmbHR 2000, S. 71. 74.

[355] Roth/Altmeppen, GmbHG, § 47 Rdnr. 35, 43ff; Kuhlmann/Anis, Konzernrecht, S. 103; zur gesellschaftsrechtlichen Treuepflicht als Gewohnheitsrecht, vgl. Staub/Ulmer, in: MüKo, § 705 Rdnr. 233; Emmerich, Konzernrecht, S. 444; Kuhlmann/Anis, Konzernrecht, S.103; vgl. Vergabekammer Düsseldorf, NZBau 2001, S. 46; Jaeger, NZBau 2001, S. 6, 10.

[356] Dazu Matthey, S. 205; für eine solche Satzungsänderung reicht gemäß § 179 Abs. 2 AktG grundsätzlich eine Dreiviertel-Mehrheit des bei der Beschlussfassung vertretenen Kapitals aus.

[357] Vgl. Zöllner, in Kölner Kommentar, § 179 Rdnr. 113; so auch Matthey, S. 205, a.A. Emmerich, Das Wirtschaftsrecht der öffentlichen Unternehmen, S. 242; vgl. Matthey, S. 205.

[358] Vergabekammer Düsseldorf, NZBau 2001, S. 46; vgl. Burgi, NVwZ 2001, S. 601, 605.

[359] Burgi, NVwZ 2001, S. 601, 605ff.; Jaeger, NZBau 2001, S. 6, 10; Faber, DVBl 2001, S. 248, 256; vgl. auch Vergabekammer Düsseldorf, NZBau 2001, S. 46; Stimpel, AG 1986, 117f.

So hat die Vergabekammer Düsseldorf entschieden, dass ein beherrschender Einfluss der Kommune über die kommunale Gesellschaft schon dann nicht mehr bestehe, wenn ein privater Partner an der Gesellschaft beteiligt sei, da in diesem Falle auch dessen schutzwürdige Interessen zu berücksichtigen seien.[360] Da die Minderheitsgesellschafter über erhebliche Mitsprache- und Blockaderechte verfügen, schließe bereits das Hinzutreten nur eines echten privaten Partners die Kontrolle aus.[361] tagsgeschäft der Gesellschaft und dessen Zukunftsplanung bestimmen könne.[362]

Kommunen könnten jedoch eine umfassende Kontrolle über Eigengesellschaften in der Rechtsform der GmbH ausüben. In diesem Falle liegen sämtliche Anteile bei der öffentlichen Hand, so dass die Interessen eines privaten Partners nicht mitberücksichtigt werden müssten.[363] Allerdings haben sich Vorstand und Aufsichtsrat nach den Grundsätzen des Vorrangs des Gesellschaftsrechts selbst dann vorrangig an dem Unternehmenswohl zu orientieren, wenn die Geschäftsanteile zu 100% der Kommune gehören.[364] Die GmbH ist auch in diesem Falle eine eigenständige Rechtsperson, zu der der Gesellschafter in ein Rechtsverhältnis tritt und deren Unternehmensinteresse er zu wahren hat.[365] Auch in diesem Falle macht sich der Vorstand schadensersatzpflichtig, wenn er bewusst und gewollt zum Nachteil des Unternehmens handelt. Den daraus entstehenden Schadensersatzanspruch gegen den Vorstand hat der Aufsichtsrat geltend zu machen.[366] Zudem ist zu bedenken, dass auch dann, wenn die Kommune Alleingesellschafterin ist, Gläubigerinteressen durch die Unternehmensentscheidung der Kommune betroffen sein können.[367] Schließen Dritte beispielsweise mit der öffentlichen GmbH einen Vertrag, so tun sie dies nur in der Annahme und im Vertrauen darauf, dass die GmbH ihre Geschäftspolitik am Markt ausrichten wird, um ihre Existenz zu sichern.[368] Die Treuepflicht des herrschenden Gesellschafters gegenüber der GmbH besteht auch darin, die Entstehung von Schadensersatzansprüchen

---

[360] NZBau 2001, S. 46, 48; vgl. auch VK Baden-Württemberg, NZBau 2001, 340ff. vgl. dazu auch Müller, NZBau 2001, S. 416, 419.

[361] Vgl. Burgi, NVwZ 2001, S. 601, 605.

[362] NZBau 2001, S. 46, 48; a.A. Gröning, ZIP 2001, 497, 503; Jasper, Behörden-Spiegel, Beschaffung spezial, September 2000, S. B V.

[363] Vgl. Faber, DVBl. 2001, S. 248, 256; Burgi, NVwZ 2001, S. 605; ebenso Jaeger, NZBau 2001, S. 6, 10; vgl. Vergabekammer Düssedorf, NZBau 2001, 46.

[364] Vgl. auch BGHZ 135, 244.

[365] Vgl. Flume, Allgemeiner Teil des Bürgerlichen Rechts, S. 258f.

[366] Vgl. Schwintowski, NVwZ 2001, S. 609 ff unter Verweis auf die Grundsätze des ARAG-Urteils des BGH in BGHZ 135, 244.

[367]Diese Interessen wurden in der bisherigen Diskussion zum vergaberechtsfreien In-House-Geschäft gänzlich übersehen; vgl. aber Schwintowski, NVwZ 2001, S. 609, 609f.; vgl. auch Schön, ZGR 1996, S. 429, 455.

[368] Zu dem hier beschriebenen Spannungsverhältnis auch im Rahmen von Eigengesellschaften vgl. Habersack, ZGR 1996, S. 544, 558; Schwintowski, NJW 1990, S. 1009, 1015; Schwintowski, NJW 1995, S. 1316, 1319.

gegen die Gesellschaft zu vermeiden. Verletzt er diese Pflicht, macht er sich der GmbH gegenüber schadensersatzpflichtig und ist Unterlassungsansprüchen ausgesetzt.[369] Folglich kann auch dann nicht von einer 100% der Anteile an der GmbH hält.[370]

Etwas anderes kann nur dann gelten, wenn die besonderen gesellschaftsvertraglichen Steuerungsmechanismen, wie sie im *Technische Hilfe* Beschluss des BGH vorlagen, gegeben sind. Aufgrund der gesellschaftsrechtlichen Situation in diesem Fall wurde eine besondere Staatsnähe des Unternehmens begründet, so dass die Gläubiger des Unternehmens nicht darauf vertrauen durften, dass sich das kommunale Unternehmen allein am Markt ausrichte und die Interessen der Gemeinde unberücksichtigt lasse. Eine Kontrolle kann ausnahmsweise auch dann angenommen werden, wenn zwischen der Kommune und der Gesellschaft ein Beherrschungsvertrag gemäß § 291 AktG analog besteht.[371]

bb) Kriterium des geringfügigen Fremdgeschäfts

Zu prüfen bleibt, ob kommunale Unternehmen „im wesentlichen" für die öffentlichen Anteilseigner tätig werden.[372] Eine konkrete prozentuale Kenngröße zur Bestimmung dieses Kriteriums steht zwar in den vergaberechtlichen Regelungen nicht zur Verfügung. Nach der Wertung des § 13 SKR zu sogenannten konzerninternen Verträgen der Sektorenauftraggeber sind Verträge dann von den Vergabevorschriften befreit, wenn mindestens 80% des von dem jeweiligen Unternehmen erzielten durchschnittlichen Umsatzes im Dienstleistungssektor aus der Erbringung einer Dienstleistung für das mit ihm verbundenen Unternehmen stammt.[373] Nach dieser Wertung

---

369 Vgl. z.B. BGH WM 1978, S. 1205, 1207; OLG Düsseldorf ZIP 1994, 619, 623ff.

370 Vgl. Schwintowski, NVwZ 2001, S. 609, 609f; vgl. auch Schön, ZGR 1996, S. 429, 455; so weist Jaeger zu Recht darauf hin, dass das Merkmal der „Kontrolle wie über eine eigene Dienststelle" sehr viel enger gefasst ist, als die auf Grund einer Mehrheitsbeteiligung gegebene „Beherrschung" einer Kapitalgesellschaft. Er ist auch noch enger gefasst als eine solche schon kraft überwiegenden Geschäftsanteils bestehenden Beherrschung, die durch weitere gesellschaftsvertragliche Vereinbarungen noch unterstützt und verstärkt wird. Anders wohl die herrschende Lehre, die die Beauftragung von Eigengesellschaften dem In-House Bereich zuordnet vgl. Boesen, Vergaberecht, § 100 Rdnr. 95; Eschenbruch, in: Niebuhr/Kulartz/Kus/Portz, § 100 Rdnr. 55; Jasper, in: Behörden Spiegel, S. B V.

371 Vgl. Faber, DVBl. 2001, S. 256; Burgi, NVwZ 2001, S. 605; ebenso Jaeger, NZBau 2001, S. 6, 10; vgl. Vergabekammer Düssedorf, NZBau 2001, 46.

372 Zu den kumulativen Voraussetzungen des EuGH in dem Viano-Urteil Faber, DVBl 2001, S. 248, 254f.

373 Im Sinne einer solchen Parallelwertung Faber, DVBl 2001, S. 248, 254; Gnittke/Siederer, ZVgR 2000, S. 236, 238; nach § 13 Abs. 1 Sektorenrichtlinie SKR darf das Fremdgeschäft der beauftragten verbundenen Unternehmen nicht mehr als 20% betragen, vgl. Eschenbruch, in: Niebuhr/Kulartz/Kus/Portz,§ 99 Rdnr. 59f.

soll das Vergaberecht nur ausnahmsweise dann nicht zur Anwendung kommen, wenn die Erbringung von Dienstleistungen an verbundene Unternehmen die Existenzberechtigung des Dienstleistungsanbieters darstellt.[374] Überträgt man diesen Rechtsgedanken auf die vorliegende Problematik, so folgt daraus, dass die kommunale Gesellschaft nahezu ausschließlich Leistungen für die Gebietskörperschaft erbringen muss, damit eine Tätigkeit „im wesentlichen" für den öffentlichen Anteilseigner angenommen werden kann.[375] Kommunale Unternehmen werden jedoch zunehmend auch außerhalb ihres traditionellen Versorgungsgebietes tätig und versorgen andere Abnahmestellen außerhalb der Kommune.[376] Die Zwecksetzung in den Satzungen der kommunalen Unternehmen, die sich im Bereich des Contractings betätigen, ist in der Regel auch nicht auf Leistungen für die jeweilige Gemeinde begrenzt, so dass diese Unternehmen zur Leistung an Dritte grundsätzlich befugt sind.[377] Diese kommunalen Unternehmen erfüllen in der Regel nicht das Kriterium des geringfügigen Fremdgeschäftes. Daraus folgt, dass für kommunale Unternehmen, die sich zunehmend auf anderen Märkten engagieren bzw. um andere Auftraggeber außerhalb des Gemeindegebietes werben, die vergaberechtlichen Restriktionen greifen.[378]

d) Zwischenergebnis

Eine Kommune kann in der Regel weder über eine kommunale AG noch eine kommunale GmbH eine Kontrolle wie über eine eigene Dienstelle ausüben. Zudem werden kommunale Unternehmen in der Regel nicht mehr im wesentlichen für den öffentlichen Anteilseigner tätig. Somit liegen die vom EuGH aufgestellten Kriterien eines vergaberechtsfreien In-House-Geschäftes bei der Beauftragung kommunaler Unternehmen grundsätzlich nicht vor. Die Vergabe des Contractings an kommunale Unternehmen stellt daher keine verwaltungsinterne Anweisung, sondern einen Auftrag im Sinne des § 99 Abs. 1 GWB dar. Mithin hat die kommunale Körperschaft Contracting-Leistungen nach § 97 GWB auch dann auszuschreiben, wenn die Leistungen auf ein kommunales Unternehmen übertragen werden sollen.[379]

---

374 Vgl. Arrowsmith, The Law of Public and Utilities Procurement, S. 438; Dreher, NZBau 2001, S. 360, 363.

375 In diesem Sinne auch Dreher, NZBau 2001, S. 360, 363.

376 Technomar, S. 242; Energie & Management, Dienstleistung Energie, S. 111; Litpher/Berger, Ausschreibungspflicht von Kommunen, S. 7.

377 Beispielsweise die Satzung kommunaler Energieversorgungsunternehmen, vgl. Hofmann, Workshop Forum; Cronauge, Öffentliche Unternehmen, S.50.

378 So Faber, DVBl 2001, S. 255; zu den gemeinderechtlichen Restriktionen aus dem Örtlichkeitsprinzip vgl. OLG Düsseldorf, ZfK 2001, S. 2; Schlacke, JA 2002, S. 48, 48f.

379 So schon OVG Schleswig-Holstein, AbfallPrax 1999, S. 28, 29.

e) Auffassung der Kommunen

Von kommunaler Seite wird in diesem Zusammenhang angeführt, dass trotz des Vorliegens eines öffentlichen Auftrags der Anwendungsbereich des § 99 GWB einschränkend ausgelegt werden müsse.[380] Allein der Wechsel der Rechtsform zum Beispiel vom Eigenbetrieb in die kommunal beherrschte Stadtwerke GmbH könne nach dieser Auffassung nicht dazu führen, dass die Kommunen nunmehr verpflichtet seien, ihre Aufträge an ihre Stadtwerke auszuschreiben. Die öffentliche Hand übe mit dem Wechsel der Rechtsform nur ihr verfassungsrechtlich garantiertes Selbstverwaltungsrecht gemäß Art. 28 Abs. 2 GG aus, die Organisationsform für ihr Handeln frei zu wählen.[381] Kommunale Gesellschaften seien demnach ein Teil der Gemeinde und müssten wie ein Eigenbetrieb behandelt werden.[382] Nach dieser Auffassung handle es sich auch bei der Beauftragung einer kommunalen Gesellschaft um eine „Produktion in eigener kommunaler Regie", die keine vergaberechtliche Ausschreibungspflicht nach sich ziehen könne. Zudem wird in der Literatur teilweise vertreten, dass es als widersprüchlich erscheine, einer Kommune einerseits zu gestatten, sich zur Erfüllung öffentlicher Aufgaben auch der Rechtsform des Privatrechts zu bedienen und die Kommunen andererseits, wenn sie von ihren Unternehmen Gebrauch machen, den Bestimmungen des Vergaberechts zu unterwerfen.[383] Durch die Pflicht, das Vergaberecht bei der Beauftragung kommunaler Unternehmen anzuwenden, sei folglich die kommunale Organisationshoheit verletzt.[384]

4. Stellungnahme

Diese teilweise von kommunaler Seite vertretene Auffassung stößt jedoch insoweit auf Bedenken, als die Garantie kommunaler Selbstverwaltung nach Art. 28 Abs. 2 GG und die damit einhergehende Organisationshoheit des Staates nur im Rahmen der Gesetze gewährt wird und daher auch durch das Vergaberecht eingeschränkt werden

---

380 Vgl. nur Kämper/Hesshau, Der Städtetag 2000, S. 36, 36ff.; Litpher/Berger, Ausschreibungspflicht von Kommunen, S. 5.

381 Litpher/Berger, Ausschreibungspflicht von Kommunen, S. 5; Kämper/Hesshaus, Der Städtetag 2000, S. 36, 36 f.; dazu auch Ortlieb, ZNER 2002, S. 29, 30.

382 Ortlieb, ZNER 2002, S. 29, 30; vgl. auch Bayerisches Staatsministerium für Wirtschaft, Verkehr und Technologie in einem an die Kommunen gerichteten Schreiben vom 23.08. 1999, Az.: 5806-I/4 A-28936.

383 Vgl. Faber, DVBl 2001, S. 248, 251; vgl. Eschenbruch in Nierbuhr/Kulartz/Kus/Portz, § 99 Rdnr. 55; Boesen, Vergaberecht, § 100 Rdnr. 95; Müller-Wrede, VOF-Kommentar, Einl. Rdnr. 38; Kämper/Hesshaus, der Städtetag 2000, S. 36 ff.

384 Tomerius, NVwZ 2000, S. 727, 731; Kämper/Hesshaus, Der Städtetag 2000, S. 36, 36ff.; Müller-Serten, NZBau 2000, S. 120, 120, Litpher/Berger, Ausschreibungspflicht von Kommunen, S. 5, vgl. auch BVerfGE 8, 256, 258; BVerfGE 38, 258, 279; BVerfGE 91, 228, 238.

kann.[385] Den Kommunen ist jedoch insoweit zuzustimmen, als der Staat die Leistung selbst ausführen könnte, beispielsweise indem er das Contracting auf seine Anstalten überträgt, anstatt Private mit der Leistung zu beauftragen. Diese Übertragung fällt nach ganz herrschender Meinung nicht unter das Vergaberecht, weil Anstalten nicht rechtlich selbständig sind und damit ein Vertrag im Sinne des § 99 GWB nicht vorliegt. Die Verpflichtung der Kommunen, die Übertragung von Aufgaben an kommunale Unternehmen nach § 97 GWB auszuschreiben, bestimmt daher in zunehmendem Maße die Organisationsentscheidungen der Kommune.[386] So ist zu erwarten, dass der Staat in Zukunft vermehrt Leistungen auf seine Anstalten überträgt, anstatt externe Unternehmen damit zu beauftragen, um dadurch den Kosten- und Zeitaufwand eines Vergabeverfahrens zu vermeiden.[387] Sollte die öffentliche Hand jedoch auf die Beauftragung privater Contractoren verzichten, ginge den Contractoren ein wichtiger Abnehmer verloren. Der Contracting-Markt wäre mithin durch den Rückzug des Staates beeinträchtigt. Problematisch an der Ausschreibungspflicht ist daher, dass sich die Vergabevorschriften, indem sie sich in die Entscheidung der öffentlichen Auftraggeber einmischen, ob sie ihren Bedarf durch die Auftragvergabe oder mit eigenen Mitteln decken, nachteilig auf den Contracting-Markt auswirken.[388] Problematisch an der Ausschreibungspflicht ist auch, dass die vergaberechtlichen Restriktionen beim Vertragsschluss mit der Kommune gerade solche kommunalen Unternehmen treffen, die sich zunehmend auf anderen Märkten engagieren, um andere Auftragnehmer außerhalb des Gemeindegebietes zu werben.[389] Die Vergabevorschriften könnten daher gerade solche Unternehmen in ihrer Wirtschaftsfreiheit einschränken, die sich zunehmend dem Wettbewerb stellen und von diesem kontrolliert werden.

IV. Die europäischen Schwellenwerte

Voraussetzung für die Anwendung der §§ 97 ff. GWB ist schließlich gemäß § 100 Abs. 1 GWB, dass die in § 2 der Vergabeverordnung (VgV) näher bestimmten Schwellenwerte für die Aufträge erreicht oder überschritten werden.[390] Nach § 2 Nr. 3 VgV beträgt der Schwellenwert für Liefer- und Dienstleistungsaufträge 200.000 Euro.[391] Der Schwellenwert für Bauaufträge beträgt gemäß § 2 Nr. 4 VgV 5 Millionen Euro.[392] Bei Erreichen oder Überschreiten dieser Schwellenwerte müssen die Aufträge europaweit ausgeschrieben werden.[393] Der Grund für die Begrenzung durch die Schwellenwerte liegt darin, dass bei Aufträgen mit einem geringen Schwellenwert in der

---

[385] Faber, DVBl. 2001, S. 248, 252; vgl. auch BVerfGE 91, 228, 240.

[386] Faber, DVBl 2000, S. 248, 248.

[387] Vgl. dazu die Ausführungen zum Vergabeverfahren in diesem Kapitel.

[388] Vgl die Begründung Nr. 27 und 76ff. zur DKR.

[389] So Faber, DVBl. 2001, S. 248, 255.

[390] Vgl. Stickler, in: Reidt/Stickler/Glahs, § 100 Rdnr. 4.

[391] Vgl. Art. 5 Abs. 1 lit. a.i. LKR; Art. 7 Abs. 1 lit. a DLR; § 1 a Nr. 1 Abs. 1 VOL/A.

[392] Vgl. Art. 6 Abs, 1 BKR, rt. 14 Abs. 1 lit. a . ii., lit. b. iii. und lit. c. ii. SKR; § 1 a Nr. 1 Abs. 1 VOB/A.

[393] Vgl. Art. 6 Abs. 1 BKR, Art. 5 Abs. 1 LKR, Art. 7 Abs. 1 DKR.

Regel kein grenzüberschreitender Handel stattfindet. Eine gemeinschaftsweite Ausschreibung würde angesichts des niedrigen Auftragswertes einen unverhältnismäßigen Aufwand bedeuten.[394]

Da die Verdingungsordnungen unterschiedliche Regelungen im Bereich der Schwellenwerte vorsehen, muss für die Beurteilung, ob der Auftrag die Schwellenwerte überschreitet, die Frage beantwortet werden, welche Verdingungsordnung auf den Auftrag Anwendung findet. Wird eine Leistung beispielsweise fälschlich als Bauleistung eingeordnet und damit erst ab einem Schwellenwert von 5 Mio. Euro ausgeschrieben, obwohl sie als Lieferleistung einzustufen wäre, bei der bereits bei einem Auftragsvolumen ab 200.000 Euro die Leistung europaweit ausgeschrieben werden müsste, so wäre die Vergabe wegen Verstoßes gegen Vergabevorschriften insgesamt rechtswidrig.[395]

1. Anwendung der Verdingungsordnungen auf Contracting-Modelle

Zu prüfen ist, welche Verdingungsordnung auf das Contracting Anwendung findet. Die Beantwortung dieser Frage ist problematisch, da das Contracting, je nach vertraglicher Ausgestaltung, die Erbringung von Leistungen beinhaltet, die sowohl baulicher als auch dienstlicher Art sein können und damit im Rahmen desselben Vertragsverhältnisses sowohl die VOL als auch die VOB Anwendung finden müsste. Da der öffentlichen Hand im Rahmen des Contractings auch Nutzenenergie bereit gestellt wird, enthält der Auftrag zudem Bezüge zu verschiedenen Vergaberegime, dem für klassische öffentliche Auftraggeber und dem für Sektorenauftraggeber.[396]

Das GWB, die Verdingungsordnungen und die europäischen Vergaberichtlinien enthalten keine eindeutigen Bestimmungen über die Zuordnung gemischter Verträge zu den Verdingungsordnungen.[397] Die Regelungen der Lieferkoordinierungs- sowie der Sektorenrichtlinie geben jedoch Anhaltspunkte für die Zuordnung gemischter Verträge. Art. 1 Nr. 4 b SKR sowie § 1 a Nr. 5 Abs. 4 VOL/A bestimmen, dass Lieferungen und Dienstleistungen, die für die Ausführungen eines Bauauftrags erforderlich sind, von diesem mit umfasst werden. Nach dem 16. Erwägungsgrund der DLR ist ein Vertrag, der Bau- und Dienstleistungen umfasst, als Bauauftrag einzuordnen, soweit er die hauptsächliche Errichtung eines Bauwerkes zum Inhalt hat. Andererseits handelt es sich dann nicht mehr um einen Bauauftrag, wenn die Bauleistung im Verhältnis zur Dienstleistung eine völlig untergeordnete Rolle spielt.[398] In diesen Vor-

---

[394] Vgl. Hailbronner, in: Byok/Jaeger, § 100 Rdnr. 388; Bechtold, GWB, § 100 Rdnr. 1.

[395] Müller, in Daub/Eberstein, § 1 Rdnr. 14; zu den Rechtsfolgen eines solchen Verstoßes vgl. auch Drügemöller, Vergaberecht, S. 78.

[396] Vgl. zu den Sektorenvorschriften das 4. Kapitel.

[397] Prieß, Handbuch des europäischen Vergaberechts, S. 80.

[398] Vgl. Art. 1 lit. a) LKR.

schriften kommt die sogenannte „Schwerpunkttheorie" zum Ausdruck, wonach bei der Abgrenzung zwischen Bau-, Dienst- und Lieferleistungen diejenige Auftragsart maßgeblich ist, die schwerpunktmäßig überwiegt.[399] Die Schwerpunkttheorie hat auch der EuGH in seiner Entscheidung Géstion Hotelera Internacional aufgegriffen.[400] Offengelassen hat jedoch auch der EuGH die Frage, nach welchen Kriterien zu beurteilen ist, ob der Schwerpunkt eines Auftrages im Bau-, Dienst- oder im Lieferbereich liegt.[401]

Zur Bestimmung des Schwerpunktes eines Auftrages könnte auf den Geldwert der einzelnen Bestandteile des Gesamtauftrages abgestellt werden.[402] Der Hauptgegenstand des Contractings könnte daher anhand des personellen, zeitlichen und finanziellen Aufwandes der einzelnen Leistungen ermittelt werden.[403] Der Contracting-Vertrag offenbart seinen tatsächlichen Schwerpunkt im konkreten Fall jedoch erst, wenn der Unternehmer nach Abschluss seiner Feinanalyse die tatsächlichen Maßnahmen plant und ausführt. Diese nachträgliche Entwicklung kann für die Frage, ob nach VOB/A oder nach VOL/A ausgeschrieben wird, nicht entscheidungserheblich sein, da zu diesem Zeitpunkt das Vergabeverfahren schon abgeschlossen ist.[404] Eine rein objektive Betrachtung und Orientierung an den Wertanteilen überzeugt nicht, weil sie zu willkürlichen Ergebnissen führen könnte.[405]

---

[399] Vgl. dazu auch EuGH, Slg. 1994, I-1329, 1351 – Gestión Hotelera Internacional SA; für die Abgrenzung einer Bau- von einer Dienstleistungskonzession vgl. OLG Brandenburg, 6 Verg 1/99, WuW 1999, S. 929, 931 – Flughafen Berlin; Noch, BauR 1998, S. 941, 948f.; vgl. Stickler, in: Reidt/Stickler/Glahs, § 99 Rdnr. 39. Nach Art. 1 Nr. 4 2. UA SKR und Art. 2 DLR überwiegt eine Auftragsart dann, wenn sie mehr als 50% beträgt.

[400] EuGH, Slg. 1994, I-1329, 1351 – Gestión Hotelera Internacional SA; vgl dazu in jüngster Zeit EuGH-Rs. C-411/00, Urteil vom 14. 11. 02 – Felix Swoboda GmbH ./. Österreichische Nationalbank.

[401] Vgl. dazu in jüngster Zeit EuGH-Rs. C-411/00, Urteil vom 14. 11. 02 – Felix Swoboda GmbH ./. Österreichische Nationalbank; vgl. auch Prieß, Handbuch des europäischen Vergaberechts, S. 81.

[402] Danach läge kein Bauauftrag im Sinne der VOB vor, wenn der Wert der zu erbringenden Bauleistung erheblich unter dem Wert der sonstigen Leistungen liegt, vgl. Arrowsmith, The Law of Public and Utilities Procurement, S. 145. Dieser Maßstab gilt gemäß Art. 2 DKR ausdrücklich für die Abgrenzung von Dienst- und Lieferaufträgen.

[403] Vgl. dazu Heiermann, in: Heiermann/Müller/Franke, § 1 Rdnr. 11; für die Ermittlung nach Wertanteilen vgl. Kemper, in: Jestaedt/Kemper/Marx/Prieß, S. 128.

[404] So auch Hessisches Ministerium für Umwelt, Contracting-Leitfaden für öffentliche Liegenschaften, S 60 f.

[405] So zu Recht auch Dreher, in: Immenga/Mestmäcker, GWB, § 98 Rdnr. 93; dazu Matthey, S. 112; vgl. dazu Heiermann, in: Heiermann/Müller/Franke, § 1 Rdnr. 11; Kemper, in: Jestaedt/Kemper/-Marx/Prieß, S. 128.

Für die Zuordnung des Vertrages zu den Verdingungsordnungen kommt es vielmehr darauf an, welche Erwartungen der Auftraggeber zu Beginn des Vergabeverfahrens über den Leistungsschwerpunkt hegt.[406] Entscheidend ist somit bei der Bestimmung des Vertragsschwerpunktes auf den Willen der Vertragsparteien abzustellen.[407] Die öffentliche Hand verfolgt mit dem Contracting die Ausschöpfung der Energieeinsparpotentiale der öffentlichen Einrichtung.[408] Geleistet werden soll die Energieeinsparung.[409] Um die Einsparung zu erreichen, hat der Contractor zu ermitteln, wie viel Nutzenenergie benötigt wird, wo Energieverbrauch eingespart werden kann und wie eine energiesparende umweltgerechte Energieverwendung technisch in den Gebäuden umgesetzt werden kann. Auf der Grundlage dieser Analyse entwickelt der Contractor ein umfassendes Energiebewirtschaftungskonzept, welches er dann auch umsetzt, indem er die Energieanlagen optimal betreibt und gegebenenfalls optimiert sowie der öffentlichen Hand Wärme und Kälte bedarfsgerecht zur Verfügung stellt. Der Contractor soll ein individualisiertes, auf das öffentliche Gebäude der Kommune zugeschnittenes umfassendes Energieeinsparkonzept planen und diese durch den Bau und die Installation energietechnischer Anlagen umsetzen sowie durch Wartung und Betrieb der Anlage langfristige Einsparpotentiale realisieren.[410] Dem Auftraggeber geht es mithin im Interesse nachhaltiger Einsparungen, um eine moderne, umweltgerechte und kosteneffiziente Form des Energiemanagements in öffentlichen Gebäuden und damit schwerpunktmäßig um eine Dienstleistung.[411] Folglich findet auf das Contracting die Verdingungsordnung für Leistungen (VOL) Anwendung.[412]

2. Überschreiten der Schwellenwerte

Nach § 2 Nr. 3 VgV beträgt der Schwellenwert für Dienstleistungsaufträge 200.000 Euro.[413] Gemäß § 3 Abs. 1 VgV ist bei der Bestimmung des Auftragswertes von der geschätzten Gesamtvergütung für die vorgesehene Leistung auszugehen.[414] Grundlage für die Vergütung beim Einsparcontracting bildet die Contracting-Rate (Einsparrate), die der Contractor vom Objektnutzer als Nutzungsentgelt für die Energiedienst-

---

406 So Hessisches Ministerium für Umwelt, Contracting-Leitfaden für öffentliche Liegenschaften, S. 60 f.; zu diesem subjektiven Kriterium vgl. Arrowsmith, The Law of Public and Utilities Procurement, S. 144f.

407 Vgl. Matthey, S. 112.

408 Braunmühl, ET 1994, S. 354, 356.

409 VDEW, Energieeinspar-Dienstleistungen im Wettbewerb, S. 2.

410 Vgl. Contracting Handbuch 2001, S. 59.

411 Schülecke, EWeRK-Forum.

412 Sächsischer Leitfaden, Contracting, S. 26.

413 Vgl. Art. 5 Abs. 1 lit. a.i. LKR; Art. 7 Abs. 1 lit. a DLR; § 1 a Nr. 1 Abs. 1 VOL/A.

414 Vgl. Stickler, in: Reidt/Stickler/Glahs, § 100 Rdnr. 5; Korbion, in: Ingenstau/Korbion, § 1 a Rdnr. 3; vgl. Baur/Matthey, S. 48; vgl. zur Bestimmung des Auftragswertes bei Strombezugsverträgen Müller-Serten, NZBau 2001, S. 416, 416.

leistung bekommt. Diese wird auf der Grundlage der einzusparenden Energiekosten ermittelt. Bei der Berechnung ist zu berücksichtigen, dass es sich nicht um eine einmalige Leistung, sondern um eine Dauerleistung handelt. Bei der Berechnung des Wertes sind daher die Vertragslaufzeit, die im Rahmen des Contracting bis zu 20 Jahre betragen kann, und die Vergütung in monatlichen Raten zu berücksichtigen.[415] Danach kann der Vertragswert des Contractings für eine Liegenschaft ca. 2 Mio. Euro betragen, aber auch erheblich darüber liegen[416], so dass die Contracting-Aufträge regelmäßig den Schwellenwert des § 2 Nr. 3 VgV für Dienstleistungsaufträge überschreiten. Der Anwendungsbereich der §§ 97 GWB i.V.m. mit dem zweiten Abschnitt der VOL/A ist damit grundsätzlich eröffnet. [417]

V. Zwischenergebnis

Der persönliche und sachliche Anwendungsbereich des „kartellrechtlichen" Vergaberechts ist bei der Vergabe von Contracting-Leistungen durch die Kommune eröffnet und die europäischen Schwellenwerte werden in der Regel bei dem Contracting überschritten. Danach ist das Contracting grundsätzlich nach §§ 97 ff. GWB auszuschreiben. Im Folgenden sollen daher die Modalitäten der Ausschreibung untersucht werden.

VI. Aufteilung des Auftrages in Lose entsprechend den verschiedenen Verdingungsordnungen

Zu prüfen ist, ob das Contracting, das sich aus einer Vielzahl verschiedener Leistungen zusammensetzt, einheitlich ausgeschrieben werden kann oder in Lose aufgeteilt werden muss.

1. Aufteilung in Lose zum Schutze des Mittelstandes

Nach § 97 Abs. 3 GWB sind öffentliche Aufträge grundsätzlich in Fach- und Teillose aufzuteilen. Diese Vorschrift dient vor allem mittelständischen Unternehmen, denen durch die Aufteilung des Auftrags in Lose ermöglicht werden soll, sich trotz geringerer Leistungsfähigkeit an dem Vergabeverfahren zu beteiligen.[418] Mittelständische

---

[415] Vgl. Baur/Matthey, S. 51.

[416] Schülecke, EWeRK-Forum.

[417] Sächsischer Leitfaden, Contracting, S. 20.

[418] Hailbronner, in: Byok/Jaeger, § 97, Rdnr. 152, S. 65; Dreher, in: Immenga/Mestmäcker, GWB, § 97 Rdnr. 74; zur Kritik an dieser Norm aus ordnungspolitischer Sicht vgl. Bechtold, GWB, § 97 Rdnr. 14; Bunte, BB 2001, S. 2121, 2123; Vergleiche auch § 4 Nr. 2 und Nr. 3 VOB/A sowie § 5 VOL/A, nach denen öffentliche Auftraggeber zur Ausschreibung nach Fachgebieten und Gewerbezweigen verpflichtet sind, um auch kleinen und mittleren Unternehmen die Teilnahme am Wettbewerb zu ermöglichen.

und kleinere Unternehmen haben nämlich nicht immer die Kapazitäten und finanziellen Ressourcen, große einheitliche Aufträge zu übernehmen.[419] Durch die Beteiligung auch kleinerer Unternehmen an der Auftragsvergabe soll im gesamtwirtschaftlichen Interesse eine ausgewogene Unternehmensstruktur von Klein-, Mittel- und Großunternehmen im Wettbewerb erhalten werden.[420] Gerade die kleineren Unternehmen können einen wesentlichen Beitrag zum Wettbewerb auf den Beschaffungsmärkten leisten.[421] § 97 Abs. 3 GWB liegt das wirtschaftsverfassungsrechtliche Verständnis zu Grunde, dass es solcher die kleinen Unternehmen schützenden strukturellen Zielvorgaben bedarf, um einen florierenden Wettbewerb zu ermöglichen.[422] Dieser Gedanke steht auch im Einklang mit dem „allgemeinen" Kartellrecht, wie die in § 4 Abs. 2 GWB geschaffene Kooperationserleichterung für kleine und mittlere Unternehmen zeigt.[423] § 97 Abs. 3 GWB soll daher im Interesse des Wettbewerbs einer Auftragskonzentration zu Lasten kleiner und mittlerer Betriebe vermeiden.[424]

Eine Aufteilung des Contractings in Lose entsprechend den Verdingungsordnungen VOB/A und VOL/A erscheint auf den ersten Blick auch grundsätzlich möglich, da sich die Leistung des Contractors aus einer Vielzahl verschiedener Bau-, Dienst- und Lieferleistungen zusammensetzt. Der Einbau energietechnischer Anlagen, wie zum Beispiel von Wärmepumpen, solaren Systemen oder der Brennstoffzellen-Technik stellt eine Bauleistung dar, die unter den Anwendungsbereich der VOB fällt.[425] Da auch die Installation von energietechnischen Anlagen wie beispielweise der Regelungs- und Steuerungstechnik zur funktionalen Einheit der baulichen Anlage beiträgt, stellt auch dies eine Bauleistung i.S.d. VOB dar.[426] So werden im Anhang II der Baukoordinierungsrichtlinie elektrotechnische Installationen ausdrücklich als Bauleistungen aufgezählt. Liefert der Auftragnehmer die Bauteile und Stoffe, die er für die Arbeiten an der baulichen Anlage benötigt, gilt auch die Warenlieferung als Teil der Bauleistung und fällt unter den Anwendungsbereich der VOB.[427] Dies gilt selbst

---

[419] Vgl. Waldner, Bieterschutz im Vergaberecht, S. 97.

[420] Vgl. z.B. BVerfGE 37, 38, 52ff; Dreher, in: Immenga/Mestmäcker, GWB, § 97, Rdnr. 76.

[421] Jasper/Marx, VgR, S. XVII; vgl. Waldner, Bieterschutz im Vergaberecht, S. 97.

[422] Vgl. auch Kommission, KOM (98) 143.

[423] Vgl. Waldner, Bieterschutz im Vergaberecht, S. 77; zu § 4 Abs. 2 GWB vgl. Bunte, BB 2001, S. 2121, 2124.

[424] Bunte, BB 2001, S.2121, 2123; vgl. Kommission, KOM (98) 143.

[425] Gemäß § 1 VOB/A sind Bauleistungen Arbeiten jeder Art, durch die eine bauliche Anlage hergestellt, instandgehalten oder geändert wird; vgl. BGH NJW RR 87, 1305; BauR 1987, 68; bei der Lieferung und Montage maschineller Einrichtungen und elektrotechnischer Anlagen handelt es sich um eine Bauleistung im Sinne der VOB, da diese Maßnahmen erforderlich sind, um die Bauleistung nach den technischen Erfordernissen sowie nach dem vom Auftraggeber vorgesehem Zweck der Nutzung als vollständig bezeichnen zu können, vgl. Korbion, in: Ingenstau/Korbion, § 1 Rdnr. 59.

[426] Korbion, in: Ingenstau/Korbion, § 1 Rdnr. 59; vgl. auch BGH, NJW 1975, 737.

[427] Vgl. § 4 Nr. 1 2.Halbs. VOB/A; Korbion, in: Ingenstau/Korbion, A § 1 Rdnr. 49; Müller, in: Daub/Eberstein, § 1 Rdnr. 11.

dann, wenn der Wert der Stoffe oder Bauteile den der eigentlichen Bauleistung übersteigt.[428] Dabei ist es nach der VOB unerheblich, ob die elektrotechnische Einrichtung wesentlicher Bestandteil im Sinne des § 94 Abs. 1 BGB wird.[429] Zudem zählt auch die Instandhaltung und Änderung einer baulichen Anlage zur Bauleistung[430] und zwar unabhängig davon, ob diese Leistungen für den Bestand und die Benutzbarkeit des Bauwerkes von wesentlicher Bedeutung sind.[431] Bau und Wartung der energietechnischen Anlage im Rahmen des Contractings könnten mithin isoliert nach VOB ausgeschrieben werden. Unter die VOL fallen dagegen alle sonstigen Leistungen[432] und damit auch die als Dienstleitung anzusehende Planung des Energiekonzeptes.[433] Von der VOL erfasst wird zudem der Betrieb der energietechnischen Anlagen. Diese Leistungen könnten isoliert nach VOL ausgeschrieben werden. Eine solche Aufteilung in Lose stößt jedoch auf Bedenken, da die verschiedenen Leistungen derart miteinander verbunden sein könnten, dass eine künstliche Aufteilung zu einem erheblichen Zeit- und Kostenaufwand bei der Koordinierung führen würde und die Verwirklichung des Contracting-Projektes insgesamt in Frage stellen könnte.

2. Einheitliche Vergabe aufgrund engen sachlichen Zusammenhangs der Leistungen

Der Grundsatz der losweisen Vergabe gilt im deutschen Recht nicht ausnahmslos.[434] § 97 Abs. 3 GWB ist als Berücksichtigungsvorschrift gefasst und steht unter dem Vorbehalt entsprechender tatsächlicher Möglichkeit.[435] Das Vergaberecht erkennt in § 4 Nr. 3 VOB/A bzw. § 5 Nr. 1 VOL/A daher auch Ausnahmen vom Grundsatz der Aufteilung in Lose für den Fall an, dass besondere Gründe technischer und wirtschaftlicher Art gegeben sind, die eine einheitliche Vergabe des Vertrags rechtfertigen.[436] Eine unwirtschaftliche Zersplittung soll so vermieden werden.[437] In dem Urteil *Gestión Hotelera* entschied der EuGH, dass für einen gemischten Bau- und Dienstleis-

---

[428] Baur/Matthey, S. 39.

[429] Erforderlich ist jedoch eine durch Dauerhaftigkeit geprägte gewisse enge Verbindung an Ort und Stelle, Korbion, in: Ingenstau/Korbion, § 1 Rdnr. 60f.; Rusam in Heiermann/Riedl/Rusam, A § 1 Rdnr. 5.

[430] Vgl. § 1 VOB/A.

[431] Vgl. Baur/Matthey, S. 37.

[432] Vgl. § 1 VOL/A.

[433] Zur Abgrenzung zwischen der VOL und der für Freiberufler einschlägigen VOF vgl. Müller, in: Daub/Eberstein, § 1 Rdnr. 19ff.

[434] Thieme, in: Langen/Bunten, GWB, § 97, Rdnr. 14.

[435] Püttner, EWeRK-Schriftenreihe, S. 109, 113.

[436] So kann von der Vergabe von Fachlosen gemäß § 4 Nr. 3 VOB/A aus „wirtschaftlichen oder technischen Gründen" abgesehen werden. vgl. Rusam, in: Heiermann/Riedl/Rusam, § 4 Rdnr. 25.

[437] Thieme, in: Langen/Bunte, GWB, § 97, Rdnr. 14.

tungsauftrag auf den ausgeschriebenen Auftrag in seiner Gesamtheit abzustellen sei, wenn eine getrennte Ausschreibung aufgrund des engen sachlichen Zusammenhangs nicht möglich ist.[438]

Bei der gebotenen wirtschaftlichen Betrachtung des Contractings werden die Einnahmen aus dem Betrieb der Einrichtung zur Refinanzierung des Baus verwendet.[439] Der Hersteller der Anlage ist somit auf die Einnahmen aus dem Betrieb der Energiebewirtschaftungsanlagen angewiesen, um seine Investitionen in die Einrichtung zu refinanzieren. Der Contracting-Vertrag ist mithin so angelegt, dass die Leistungen der Energiebewirtschaftung öffentlicher Gebäude „aus einer Hand" erbracht werden sollen, um Investitionen in moderne Energietechnologien zu ermöglichen.[440] Der enge wirtschaftliche Zusammenhang der verschiedenen Leistungen verbietet daher eine Spaltung in verschiedene Lose, da sonst der Vertrag insgesamt seinen Zweck verlieren würde. In der Regel wird zudem bei komplexen energietechnischen Anlagen allein der Contractor, der das Energiebewirtschaftungskonzept geplant und durch technische Maßnahmen umgesetzt hat, in der Lage sein, die Anlage auch zu betreiben.[441] Die einheitliche Vergabe der Contracting-Leistungen ist mithin technisch und wirtschaftlich notwendig, um das Leistungsziel des Contractings erreichen zu können. Bei einer Aufteilung der Leistung in Lose könnte die Einheitlichkeit der Leistungen dagegen nur mit einem unverhältnismäßigen Aufwand sichergestellt werden. Dazu würde sich kein Contractor bereit erklären. Die Aufteilung der Contracting-Leistungen würde dem Mittelstand nicht dienen und damit den Zweck des § 97 Abs. 3 GWB verfehlen. Der enge sachliche Zusammenhang der Contracting-Leistungen rechtfertigt mithin ein Abweichen von dem Gebot der Losteilung.[442] Eine einheitliche Vergabe des Contracting-Auftrages ist auch nach § 97 Abs. 3 GWB zulässig. Folglich ist der Contracting-Auftrag einheitlich nach § 97 Abs. 1 GWB zu vergeben.

VII. Das Verfahren zur Vergabe von Contracting-Aufträgen

Die folgende Untersuchung soll klären, welches Verfahren bei der Vergabe des Contractings einschlägig ist.

---

[438] EuGH, Slg. 1994, I-1329, 1351 Rdnr. 23-27 – Gestión Hotelera Internacional SA; vgl. auch EuGH, Slg. 1989, 4035ff – Datenverarbeitungssysteme; Matthey, S. 113; Prieß, Handbuch des europäischen Vergaberechts, S. 81f.

[439] Vgl. die Darstellung der Contracting-Modelle.

[440] Baur/Matthey, S. 41; vgl. Technomar, S. 84.

[441] Technomar, S. 84.

[442] Vgl. EuGH, Slg. 1989, 4035 ff. – Datenverarbeitungssysteme; vgl. Schranner, in: Ingenstau/Korbion, § 4 Nr.3 Rdnr. 14.

1. Grundsätze des Vergabeverfahrens

Die öffentlichen Auftraggeber haben nach den allgemeinen Grundsätzen des § 97 Abs. 1 GWB Waren, Bau- und Dienstleistungen im Wege transparenter Vergabeverfahren auszuschreiben. Die materiellen Vergaberichtlinien kennen drei Verfahrensarten, die auch in das deutsche Recht übernommen wurden.[443] Es handelt sich gemäß § 101 GWB i.V.m. § 3 Nr. 1 Abs. 1 VOL/A, VOB/A um das offene Verfahren, das nichtoffene bzw. beschränkte Verfahren und das Verhandlungsverfahren.

a) Das offene und das beschränkte Verfahren

Offene Verfahren sind Verfahren, in denen eine unbeschränkte Anzahl von Unternehmen öffentlich zur Abgabe von Angeboten aufgefordert werden.[444] Die öffentliche Aufforderung ist im Europäischen Amtsblatt sowie durch Tageszeitungen, amtliche Veröffentlichungsblätter oder Fachzeitschriften bekannt zu machen.[445] Die Bekanntmachung muss Angaben zum Auftraggeber, zum gewählten Vergabeverfahren und zur Art des Auftrages beinhalten.[446] Nach § 8 VOL/A ist die Leistung in diesem Verfahren eindeutig und so erschöpfend zu beschreiben, dass die Angebote miteinander verglichen werden können. Im Rahmen des offenen Verfahrens hat daher bei der Ausschreibung grundsätzlich eine vollständige Leistungsbeschreibung zu erfolgen.[447] Dadurch soll allen Interessenten die Möglichkeit der Teilnahme am Vergabeverfahren eröffnet werden.[448] Das offene Verfahren zeichnet sich des Weiteren dadurch aus, dass Verhandlungen gemäß § 24 VOL/A zwischen Auftraggeber und Bieter ausdrücklich verboten sind. Des Weiteren müssen im offenen Verfahren die Gebote bis zum festgesetzten Eröffnungstermin geheim gehalten und verspätete Angebote zurückgewiesen werden. Auch eine Nachverhandlung über Angebote ist in diesem Verfahren verboten.[449] Des Weiteren ist im offenen Verfahren der Auftraggeber bei der Auswahl der Bewerber nicht frei, sondern an die in den Verdingungsordnungen, insbesondere an die in § 7 und § 8 VOL/A enthaltenen Regeln, gebunden. Danach sind alle Bewerber gleich zu behandeln und nur derjenige Bewerber auszuwählen, der die erforderliche

---

443 Vgl. Werner, in: Byok/Jaeger, § 101 Rdnr. 438; eine falsche Wahl der Vergabeart führt dazu, dass die Vergabe fehlerhaft und rechtswidrig ist (§ 97 Abs. 7 GWB i.V.m. § 101 Abs. 1 bis 5) vgl. Müller, in: Daub/Eberstein, § 3 a Rdnr. 7.

444 § 101 II GWB, § 3 Nr. 1 Abs. 1 VOB/A und § 3 Nr. 1 Abs. 1 VOL/A; Art. 1 lit. e BKR, 1 lit. d DKR, 1 lit d LKR, 1 Nr. 7 lit. a SKR; vgl. § 3 Nr. 1 Abs. 1 VOL/A; VOB/A; Jestaedt, in: Jestaedt/-Kemper/Marx/Prieß, S. 93.

445 §§ 17 a, 17 VOL/A; §§ 17a, 17 VOB/A.

446 Vgl. § 17 VOL/A, 17 VOB/A.

447 Vgl. § 8 VOL/A; § 9 VOB/A; Werner, in: Byok/Jaeger, § 101 Rdnr. 445.

448 Werner, in: Byok/Jaeger, § 101 Rdnr. 445.

449 Vgl. Werner, in: Byok/Jaeger, § 101 Rdnr. 445f.

Fachkunde, Leistungsfähigkeit und Zuverlässigkeit besitzt und über ausreichend technische und wirtschaftliche Mittel verfügt. Für das offene Verfahren gelten mithin stark formalisierte Verfahrensregeln und ein grundsätzliches Verhandlungsverbot.[450]

Für das beschränkte Verfahren gelten ebenfalls stark formalisierte Verfahrensregeln sowie nach § 24 VOL/A ein Verhandlungsverbot zwischen dem Auftraggeber und den Bietern. Das beschränkte Verfahren unterscheidet sich von dem offenen Verfahren nur dadurch, dass eine beschränkte Anzahl von Unternehmen zur Angebotsabgabe aufgefordert werden kann.[451]

b) Das Verhandlungsverfahren

Im Gegensatz zu den förmlichen Verfahren kann sich beim Verhandlungsverfahren der Auftraggeber an ausgewählte Unternehmen wenden und sowohl über die nachgefragte Leistung und die Ausführungsmodalitäten als auch über die angebotenen Preise verhandeln.[452] Das Verhandlungsverfahren zeichnet sich mithin durch eine gewisse Flexibilität aus und kommt daher dem Vertragsanbahnungsverhalten der Teilnehmer in der freien Marktwirtschaft am nächsten.[453] Auch beim Verhandlungsverfahren geht das Vergaberecht gemäß § 3a Nr. 4 lit. c) VOB/A bzw. nach § 3a Nr. 1 Abs. 4 lit. b) und c) VOL/A jedoch davon aus, dass vorab eine Vergabebekanntmachung im Amtsblatt der EG veröffentlicht wird bzw. ein Aufruf zum Wettbewerb erfolgt.[454] Diese

---

[450] Werner, in: Byok/Jaeger, § 101 Rdnr. 445.

[451] Bei ihnen geben nur die vom öffentlichen Auftraggeber aufgeforderten Unternehmen ein Angebot ab, § 101 III GWB, § 3 Nr. 1 Abs. 2 VOB/A; VOL/A; Art. 1 lit. f BKR, 1 lit. e DKR, 1 lit. e LKR, 1 Nr. 7 lit.b SKR; vgl. Müller, in: Daub/Eberstein, § 3 a Rdnr. 10; auch hier hat eine Bekanntmachung des Verfahrens im Amtsblatt der Europäischen Gemeinschaften zu erfolgen, vgl. § 17 a Nr. 1 Abs. 1 VOL/A; § 17 a VOB/A. Es müssen mindestens 5 geeignete Bewerber zur Angebotsabgabe aufgefordert werden, um ein Mindestmaß an Wettbewerb zu gewährleisten § 8 a Nr. 2 VOB/A; § 3 a Nr. 1 Abs. 2 VOL/A.

[452] Vgl. § 101 IV GWB, § 3 Nr. 1 Abs. 3 VOB/A; VOL/A; Art. 1 lit. g BKR, 1 lit f DKR, 1 lit f LKR, 1 Nr. 7 lit. c SKR; vgl. Boesen, Vergaberecht, § 101 Rdnr. 4; Müller-Wrede, in: Ingenstau/-Korbion, VOB/A, § 101 Rdnr. 5; Franke/Höfler, BB 1998, S. 433, 436. Beim offenen Verfahren hingegen werden derartige Verhandlungen gemäß § 24 VOL/A ausdrücklich untersagt.

[453] Matthey, S. 146; vgl. auch Boesen, Vergaberecht, § 101 Rdnr. 4.

[454] Alle vier Richtlinien legen übereinstimmend fest, dass dem Verhandlungsverfahren ein Aufruf zum Wettbewerb voranzugehen hat, siehe Art. 7 Abs. 2 BKR, Art. 6 Abs. 2 LKR, Art. 11 Abs. 2 DKR, Art. 20 Abs. 1 i.V.m. Art. 21 SKR. Zum Erfordernis der Vergabebekanntmachung im Amtsblatt der Europäischen Gemeinschaften vgl. Art. 7 Abs. 3 BKR, Art. 6 Abs. 3 LKR, Art. 11 Abs. 3 DLR, Art. 20 Abs. 2 SKR. Eine Ausnahme nach Art. 20 Abs. 2 SKR bzw. § 3 a Nr. 2 VOL/A liegt nur bsp. bei zwingender Dringlichkeit vor, siehe dazu Müller, in: Daub/Eberstein, § 3 a Rdnr. 17 ff.; vgl. Müller-Wrede, in: Ingenstau/Korbion, § 101 Rdnr. 5; insgesamt zur Vergabebekanntmachung Jasper, DB, S. 2151, 2155.

formellen Anforderungen des Verhandlungsverfahrens sollen eine hinreichende Transparenz der Vergabe und den Bieterschutz ermöglichen.[455] Nach dem Beginn des Teilnahmewettbewerbs sondiert der Auftraggeber zunächst den Kreis der möglichen Bieter und wählt in einer ersten Stufe des Vergabeverfahrens diejenigen Unternehmen aus, die er auffordern will, ein Angebot abzugeben. Dabei ist der Auftraggeber bei der Auswahl der Bewerber sowie der Ermittlung des Angebotes an die Vorschriften der Verdingungsordnungen gebunden.[456] Auch im Verhandlungsverfahren sind daher die Regeln bezüglich der Bewerbungs- und Angebotsfristen einzuhalten sowie die Anforderungen an die Auswertungen der Angebote zu beachten.[457] Im Verhandlungsverfahren sind alle Bewerber gleich zu behandeln und nur diejenigen Bewerber auszuwählen, die die erforderliche Fachkunde, Leistungsfähigkeit und Zuverlässigkeit besitzen sowie über ausreichend technische und wirtschaftliche Mittel verfügen. Durch diese Anforderungen reduziert sich der Unterschied zwischen den formellen Verfahren und dem Verhandlungsverfahren darauf, dass der Auftraggeber im Rahmen des Verhandlungsverfahrens berechtigt ist, nach Beginn des Teilnahmewettbewerbs nur einen Bewerber zur Angebotsabgabe aufzufordern und mit diesem über den Inhalt des Angebots frei zu verhandeln.[458]

c) Anwendungsvorrang des offenen Verfahrens

In § 101 Abs. 5 Satz 1 GWB ist festgeschrieben, dass der Auftraggeber bei der Beschaffung grundsätzlich das offene Verfahren anzuwenden hat.[459] Das offene Verfahren soll dem Bieter ermöglichen, frühzeitig seine Chancen im Hinblick auf die Erteilung des Auftrags abzuschätzen. Im förmlichen Verfahren wird die Vergabeentscheidung für alle Beteiligten berechenbar.[460] Die vollständige Leistungsbeschreibung im Ausschreibungstext soll dem Bieter eine klare Entscheidungs- und Kalkulationsgrundlage ermöglichen und den Abschluss möglichst vollständiger Verträge gewährleisten.[461] Dadurch soll opportunistisches Verhalten der Vertragsparteien vor und nach Vertragsschluss ausgeschlossen werden.[462] Indem der Kreis der Bewerber im offenen

---

455 Benedict, Sekundärzwecke im Vergaberecht, S.117; vgl. auch Fehling, Die Verwaltung 2001, S. 25, 55.

456 Müller-Wrede, in: Ingenstau/Korbion, § 3 Rdnr. 5.

457 Matthey, S. 146; zudem ist der Auftraggeber bei der Wahl der Bewerber nicht frei, sondern in § 7a VOL/A Abschnitt 1 und § 8 VOB/A Abschnitt 1 der Verdingungsordnung enthaltenen Regelungen unterworfen.

458 Matthey, S. 146.

459 Vgl. die entsprechende Bestimmung in § 3 a Nr. 1 Abs. 1 VOL/A; § 3 Nr. 2 VOB/A; Unterscheidung zwischen offenen Verfahren, nicht offenen Verfahren und Verhandlungsverfahren in Art 1 lit.e)-g) BKR und die Festlegung einer Anwendungshierarchie in Art. 7 Abs. 4 BKR.

460 Vgl. Gröning, ZIP 1998, S. 370, 372; Waldner, Bieterschutz im Vergaberecht, S. 73f.

461 Cox, in: Cox/Jens/Markert, S.88.

462 Vertragslücken sind nach diesem Verfahren deshalb auf ein Minimum zu reduzieren.

Verfahren nicht von vornherein eingeengt wird, soll ein maximaler Kreis potenzieller Bieter angesprochen werden, um aus dem Bewerberkreis in einem Auktionsverfahren den günstigsten Bieter für eine bestimmte Leistung ermitteln zu können.[463] Die Transparenz des offenen Verfahrens soll zudem die Kontrolle und die Nachprüfbarkeit der Vergaben ermöglichen und damit das Prinzip der wettbewerblichen Vergabe unterstützen.[464] Das offene Verfahren ist daher vorrangig anzuwenden, um Wettbewerb unter den Bietern zu sichern sowie die wettbewerbliche und wirtschaftliche Vergabe zu ermöglichen.[465]

2. Schwierigkeiten der Leistungsbeschreibung bei komplexen Vergabeobjekten

Die Grundvoraussetzung für ein solches transparentes Vergabeverfahren ist die präzise Beschreibung der gewünschten Leistungen im Ausschreibungstext.[466] Je komplexer das Vertragsobjekt ist, desto schwieriger, wenn nicht gar unmöglich, dürfte jedoch die vollständige Spezifizierung der Leistung im Wege des offenen Verfahrens sein.[467] So hängt die Effizienz des Ausschreibungswettbewerbs wesentlich auch von der Komplexität des Vergabeobjektes ab.[468] Ein offenes Verfahren kann hier nur dann einen möglichst großen Bieterkreis erschließen und ist damit nur dann zweckmäßig, wenn die Leistungen standardisiert und eindeutig beschrieben werden können. Es kommt mithin nur dann in Betracht, wenn die Vergabestelle für die zu erbringende Leistung nach Art, Qualität und Umfang schon in der Ausschreibung so eindeutige und klare Vorgaben machen kann, dass eine einfache Erteilung des Zuschlags auf das wirtschaftlichste Angebot in Betracht kommt.[469] Dass indessen die Verhältnisse im Bereich des Contractings mit Blick auf die darin enthaltenen vielfältigen und komplexen Leistungen in der Regel so einfach nicht liegen, wurde bereits ausgeführt. Durch die Festlegung auf eine bestimmte Technik im Rahmen des offenen bzw. nichtoffenen Verfahrens könnte dem Contractor daher jedes Maß an Freiheit bei der Erstellung der

---

[463] Cox, in: Cox/Jens/Markert, S.88; Jestaedt, in: Jestaedt/Kemper/Marx/Prieß, S.93.

[464] EuGH, Slg. 1988, 4635 Rdnr. 42 – Beentjes, Waldner, Bieterschutz im Vergaberecht, S. 95.

[465] Cox, in: Cox/Jens/Markert, S.88; Jestaedt, in: Jestaedt/Kemper/Marx/Prieß, S.93.

[466] Fehling, Die Verwaltung 2001, S. 25, 40.

[467] Cox, in: Cox/Jens/Markert, S. 90.

[468] Vgl. Bolle/Hoven, Wettbewerb um das exklusive Angebotsrecht, Franchise Bidding als alternatives Regulierungsinstrument, S.460,462; vgl. Cox, in: Cox/Jens/Markert, S. 90.

[469] Vgl. Werber, VersR 2001, S. 1313, 1316.

[470] Vgl. Rahn, Der Staat als Auftraggeber für private Unternehmen, S., 61; Contracting Handbuch 2001, S. 28; vgl. auch Kommission, KOM (2000) 276 endg., Begründung, III.4.1.; Sächsischer Leitfaden, Contracting, S. 13; zum parallelen Problem im Bereich des öffentlichen Personennahverkehrs vgl. Willeke, Die Regionalisierung des öffentlichen Personennahverkehrs, S. 53ff.

Angebote genommen werden, das für den Vertrag begriffsnotwendig und wesentlich ist.[470] Die Besonderheiten des Contractings bei der Vertragsanbahnung könnten mithin eine Abweichung von dem Offenen bzw. Nichtoffenen Verfahren rechtfertigen.

3. Vergabe des Contractings im Wege des Verhandlungsverfahrens

Die Vergabestelle darf grundsätzlich nur in besonderen Ausnahmefällen auf das weniger transparente Verhandlungsverfahren zurückgreifen.[471] Von der Wahl des offenen Verfahrens darf dann abgewichen werden, wenn die Natur des Geschäfts oder besondere Umstände eine Ausnahme rechtfertigen.[472] Die Verdingungsordnungen lassen im Einklang mit der Bau- und Dienstleistungsrichtlinie ein Verhandlungsverfahren gemäß § 3 a Nr. 1 Abs. 4 lit b) VOL/A dann zu, wenn es sich um Arbeiten handelt, die ihrer Natur nach oder wegen der damit verbundenen Risiken eine vorherige globale Preisgestaltung nicht ermöglichen.[473] Des Weiteren können gemäß § 3 a Nr. 1 Abs. 4c VOL/A, § 3 a Nr. 4 c) VOB/A die Leistungen im Verhandlungsverfahren vergeben werden, wenn die vertraglichen Spezifikationen, insbesondere bei geistig-schöpferischen Dienstleistungen, nicht hinreichend genau festgelegt werden können. In diesem Fall kann im förmlichen Verfahren der Auftrag nicht durch die Wahl des besten Angebotes vergeben werden, so dass ausnahmsweise ein Verhandlungsverfahren zulässig ist.[474] Ein solches Verfahren ist mithin dann zulässig, wenn die im Rahmen der zu vergebenden Aufgaben anfallenden Leistungen im förmlichen Verfahren nicht so genau beschrieben werden können, dass Bieter darauf Angebote abgeben können, die sich im wesentlichen nur im Preis unterscheiden.[475] Der Katalog von Fallgruppen, der die Durchführung eines Verhandlungsverfahrens zulässt, ist abschließend.[476] Zu den geistig-schöpferischen Dienstleistungen, auf die nach dem Vergaberecht ausnahmsweise das Verhandlungsverfahren anwendbar ist, zählen unter anderem finanzielle Dienstleistungen wie Versicherungsleistungen, Bankenleistungen und Wertpapiergeschäfte.[477] Des Weiteren zählen zu den Dienstleistungsaufträgen gemäß Anhang I A zu Abschnitt 2 der VOL/A Aufträge über Gebäudereinigung oder Abfallbeseiti-

---

[471] Vgl. § 24 VOB/A; § 24 VOL/A; dazu Müller-Wrede, in: Ingenstau/Korbion, VOB/A, § 101 Rdnr. 5; vgl. Prieß, Handbuch des europäischen Vergaberechts, S. 115f.; vgl. auch Müller, in: Daub/-Eberstein, § 3 a Rdnr. 16ff.

[472] § 3 Nr. 2 VOB/A; § 3 Nr. 2 VOL/A; vgl. Werner, in Byok/Jaeger, § 101 Rdnr. 461.

[473] Vgl. Art. 7 Abs. 2 lit c) BKR, Art. 11 Abs. 2 lit.b) DKR; § 3 a Nr. 1 Abs. 4 b) VOL/A; § 3a Nr. 4 c) VOB/A.

[474] Art. 11 Abs. 2 lit. c) DKR; § 3 a Nr. 4 c) VOL/A vgl. auch Prieß, Handbuch des europäischen Vergaberechts, S. 118.

[475] Vgl. § 3 a Nr. 4 c VOB/A; § 3 a Nr1. Abs. 4 b) und c) VOL/A, vgl. Art. 7 Abs. 4 BKR, Art. 6 Abs. 4 LKR, Art. 11 Abs. 4 LKR.

[476] Vgl. EuGH, Slg. 1993, I-5982 Rdnr.36 – Kommission/Spanien.

[477] Müller, in: Daub/Eberstein, § 3 a Rdnr. 16.

gung.[478] In diesen Fällen ermöglichen die Vergabevorschriften, dass sich der Auftraggeber die Innovationskraft des Bieters für die zu erfüllende Aufgabe zu Nutze macht und mit diesem gemeinsam die technische beste Lösung in Fachgesprächen entwickelt.[479] Auf der Grundlage der in den Vergabevorschriften vorgesehenen Ausnahmevorschriften könnte auch die Vergabe von Contracting-Leistungen im Wege des Verhandlungsverfahrens zulässig sein. Beim Contracting könnte es insbesondere an der Beschreibbarkeit der Leistung fehlen. Das Wesen des Contractings und die mit einem solchen Vertrag verbundenen Risiken könnten zudem eine vorherige Preisgestaltung ausschließen, so dass ausnahmsweise die Leistung im Wege des Verhandlungsverfahrens vergeben werden könnte.

a) Fehlende Beschreibbarkeit der Leistung im förmlichen Verfahren

Eine fehlende Beschreibbarkeit der auszuschreibenden Leistung im Sinne der Ausnahmevorschrift kann insbesondere dann angenommen werden, wenn es sich bei den Leistungen um komplexe technische Leistungen handelt, die auch Planungsleistungen voraussetzen, da diese in der Regel erst im Verlauf des Verfahrens in Fachgesprächen entwickelt werden können.[480] In diesem Fall ist es nicht möglich, die Einzelelemente der Leistungsbeschreibung im förmlichen Verfahren so eindeutig differenziert und erschöpfend zu beschreiben, dass die eingehenden Angebote miteinander verglichen werden können.[481] Beim Contracting muss aufgrund der teilweise erheblichen Unterschiede in der energietechnischen Struktur der Liegenschaften vom Contractor eine individuelles Contracting-Modell entwickelt und auf das die Anforderungen der jeweiligen Liegenschaft angepasst werden.[482] Aus der Vielzahl der Gestaltungsmöglichkeiten sei hier nur der Einbau von Kesselanlagen, Wärmeübergabestationen oder Wärmepumpen sowie der Bau einer KWK-Anlage genannt. So unterscheidet sich das Contracting beispielsweise von einem Energielieferungsvertrag[483] dadurch, dass nicht lediglich bestimmte Mengen einer standardisierten Leistung ausgeschrieben wer-

[478] So Müller, in: Daub/Eberstein, § 3 a Rdnr. 17.

[479] Jasper, DB, S. 2151, 2155; vgl. VÜA Baden-Württembemberg 1 VÜ 5/99.

[480] Vgl. Jasper, Vergaberechtliche Probleme beim Outsourcing und Insourcing kommunaler Aufgaben, S. 3ff.

[481] Müller, in: Daub/Eberstein, § 3 Rdnr. 18; Müller-Wrede, in: Ingenstau/Korbion, § 3 a Rdnr. 11; zur fehlenden Beschreibbarkeit vgl. Jasper, Vergaberechtliche Probleme beim Outsourcing und Insourcing kommunaler Aufgaben, S. 3ff; Jasper, DB, S. 2151, 2155; VÜA Baden-Württemberg 1 VÜA 5/99.

[482] Contracting Handbuch 2001, S. 60; Schülecke, EWeRK Forum; vgl. Sächsischer Leitfaden, Contracting, S. 20.

[483] So findet die Vergabe eines Auftrages zur Belieferung mit Energie zum Endverbrauch durch einen kommunalen Auftraggeber heute grundsätzlich in einem offenen Verfahren statt, vgl. Trurnit, VBlBW 2001, S. 93, 93.

den.[484] Gefragt ist vielmehr die Gestaltungskraft innovativer Contractoren, um ein effektives Energiebewirtschaftungskonzept für das jeweilige öffentliche Gebäude zu entwickeln. Bereits im Vorfeld des Vertragsschlusses stellt der Contractor der öffentlichen Hand sein Know-how zur Verfügung, damit diese sich erstmalig ein Bild über den möglichen Leistungsinhalt verschaffen kann.[485] Contracting bedeutet dabei gerade auch Beratung und Verhandlung mit den Kommunen darüber, ob und wie das Energiemanagement wirkungsvoll realisiert werden kann und welche verschiedenen Möglichkeiten des Energiecontracting es gibt.[486] Im Rahmen der Verhandlung verschafft der Contractor den öffentlichen Auftraggeber mit den notwendigen Informationen, damit dieser sich erstmalig ein Bild über den möglichen Leistungsinhalt verschaffen kann.[487] Das Wesen des Contractings macht es mithin erforderlich, dass das Energiebewirtschaftungskonzept gemeinsam mit der öffentlichen Hand in Fachgesprächen entwickelt wird.[488] Die Entwicklung des Projektes ist dem Contractor mithin nur dann möglich, wenn er sich davor umfassend beim Auftraggeber über die Besonderheiten des Projektes informieren und bereits im Vorfeld des Vertragsschlusses mit der öffentlichen Hand in ein Dialog eintreten kann.[489] Diese sehr komplexe Kooperation setzt mithin die Möglichkeit einer Verhandlung zwischen den Vertragsparteien voraus.[490] Im förmlichen Verfahren können weder Art der Leistung noch Umfang in der Weise bekannt gegeben werden, dass der Contractor erkennen kann, ob eine Beteiligung an dem Vergabeverfahren für ihn überhaupt sinnvoll ist.[491] Bei dem Contracting handelt es sich mithin um einen geistig-schöpferischen Dienstleistungsprozess im Sinne der Ausnahmevorschrift, der das Verhandlungsverfahren zwingend voraussetzt.[492] Dies gilt selbst für den Anlagencontractor, der seine unternehmerische Er-

---

[484] Vgl. Trurnit, VBlBW 2001, S. 93, 93.

[485] Contracting Handbuch 2001, S. 60.

[486] Contracting Handbuch 2001, S. 60; Schülecke, EWeRK Forum; vgl. Sächsischer Leitfaden, Contracting, S. 20; EVA, Einspar-Contracting, S.7. Die Aufgabe des Contractors besteht gerade darin, die für die Entwicklung des Energiebewirtschaftungskonzeptes erforderlichen finanziellen und personellen Ressourcen und sein spezifisches „Know-How" bereits im Vorfeld einzubringen.

[487] Contracting Handbuch 2001, S. 60.

[488] Contracting Handbuch 2001, S. 60; Schülecke, EWeRK Forum; vgl. Sächsischer Leitfaden, Contracting, S. 20; EVA, Einspar-Contracting, S.7; vgl. allgemein dazu Jasper, Vergaberechtliche Probleme beim Outsourcing und Insourcing kommunaler Aufgaben, Privatisierung im Verhandlungsverfahren, S. 5.

[489] Schülecke, EWeRK-Forum. Die Kooperationsbeziehungen finden im Vorfeld des Vertragsschlusses statt und dauern weit nach dem Vertragsschluß an; diese Beziehungen können sowohl formeller als auch informeller Natur sein; in der Literatur wird daher teilweise auch von sog „Complex Contracting Out" gesprochen, Budäus/Grüning, Public Private Partnership, S. 52.

[490] Allgemein zum Erfordernis der Verhandlung im Rahmen von Public Private Partnerships vgl. Schuppert, Verwaltungswissenschaften, S. 290, 291.

[491] Vgl. Müller-Wrede, in: Ingenstau/Korbion, A § 17 Nr. 1 Rdnr. 5.

[492] Zur fehlenden Beschreibbarkeit bei komplexen Projekten vgl. auch VÜA Bund 2 VÜ 22/98 – Versuchsreaktor; VÜA Baden-Württemberg 1 VÜ 7/99 – Restabfall; dazu Jasper, Vergaberechtliche

fahrungen und Kenntnisse dazu einsetzen soll, spezielle Baumaßnahmen zu treffen, die auf die jeweilige Liegenschaft abgestimmt sind. Beim Anlagencontracting kommt es dem Auftraggeber gerade darauf an, vor Vertragsschluss verschiedene Techniken und Baumethoden kennen zu lernen, die ihm nur von dem Contractor in Verhandlungen näher erläutert und vermittelt werden können.[493]

Der VÜA Baden-Württemberg[494] hat in einem vergleichbaren Fall der Ausschreibung eines Betreibermodells festgestellt, dass das geltende Vergaberecht innovative Leistungen nicht verhindern, sondern dem Bieter vielmehr bei der Bestimmung der konkreten Leistung einen hinreichenden Gestaltungsspielraum zukommen lassen will. Nach Auffassung des VÜA sei aufgrund der Komplexität der nachgefragten Abfallentsorgungskonzepten eine vorherige Festlegung auf eine bestimmte Technik nicht zweckmäßig und stattdessen eine technikoffene Ausschreibung erforderlich.[495] Ein Verhandlungsverfahren sei daher zulässig. Auch die Vergabekammer Lüneburg hat in einem Fall eines umfangreichen und langfristig angelegten öffentlich-privaten Kooperationsmodells zur Übernahme der Betriebsführung der Abwasserentsorgung und Wasserversorgung für das Gemeindegebiet das Verhandlungsverfahren ausdrücklich zugelassen.[496] In diesem mit dem Energiecontracting vergleichbaren Fall[497] bestand aufgrund der Komplexität des Kooperationsmodells zum Zeitpunkt der Einleitung des Vergabeverfahrens über Art und Umfang der Leistung noch keine hinreichende Klarheit.[498] In diesen Fall ließ sich die Leistung im förmlichen Verfahren nicht eindeutig und erschöpfend beschreiben. Erst in Verhandlungen konnte ermittelt werden, worin die für die Ausführung des Auftrags erforderlichen Leistungen im Einzelnen bestanden. Nach der Entscheidung der Vergabekammer war daher ein Verhandlungsverfahren zulässig, um über zwangsläufig offene Punkte zu verhandeln.[499] Da auch bei der Vergabe von Contracting-Leistungen die im Rahmen des Auftrages zu vergebenen Aufgaben nicht so genau beschrieben werden können, dass Bieter darauf Angebote abgeben können, die sich im wesentlichen nur im Preis unterscheiden, ist die Ausschreibung im Wege des Verhandlungsverfahrens zulässig.[500]

Probleme beim Outsourcing und Insourcing kommunaler Aufgaben, S. 5.

493 Vgl. auch Müller-Wrede, in: Ingenstau/Korbion, VOB/A, § 3 Rdnr. 34.

494 VÜA Baden-Württemberg 1 VÜ 7/99 – Restabfall.

495 Vgl. Prieß, Handbuch des europäischen Vergaberechts, S. 118f.

496 Vergabekammer der Bezirksregierung Lüneburg, NZBau 2001, S. 51, 53.

497 Vgl. dazu die Ausführungen zur Privatisierungstypologie im 1. Kapitel.

498 So die Vergabekammer der Bezirksregierung Lüneburg,, NZBau 2001, S. 51, 53 für den Bereich der Abwasserentsorgung und Wasserversorgung; vgl. auch die Entscheidung der 1. VK des Freistaates Sachsen, Beschl. V. 14. 8. 2000 – 1/SVK/71-00; zustimmend Jaeger, NZBau 2001, S. 6, 12.

499 Vgl. auch die Entscheidung des Vergabeüberwachungsausschusses des Landes Baden-Württemberg, 1 VÜ 7/99 in Bezug auf Abfallentsorgungskonzepte. Vgl. Prieß, Handbuch des europäischen Vergaberechts, S. 120; vgl. auch VÜA Bund, 2 VÜ 22/98 – Versuchsreaktor, abgedruckt in Fischer/Noch, Entscheidungssammlung Europäisches Vergaberecht, III/67, S. 18 f.

500 Zur fehlenden Beschreibbarkeit bei komplexen Projekten vgl. auch VÜA Bund 2 VÜ 22/98 – Versuchsreaktor; VÜA Baden-Württemberg 1 VÜ 7/99 – Restabfall; dazu Jasper, Vergaberechtliche

b) Unmöglichkeit der Preisgestaltung im förmlichen Verfahren

Des Weiteren könnte das Verhandlungsverfahren bei der Vergabe des Contractings dann zulässig sein, wenn eine Preisgestaltung im Wege des förmlichen Verfahrens nicht möglich ist. Eine Preisgestaltung im förmlichen Verfahren ist beispielsweise bei komplexen Projekten, die im Rahmen von Public Private Partnerships realisiert werden, wie etwa dem Bau eines Tunnels, in der Regel nicht möglich.[501] Die Preise lassen sich bei solchen Partnerships aufgrund unbekannter geologischer Strukturen und unsicherer Nachfrage bei späterer Nutzung der Anlage erst in Verhandlungen ermitteln.[502] So erweist es sich auch beim Contracting als außerordentlich schwierig, die mit dem Programm im einzelnen verbundenen Nutzen und Erlöse im Rahmen eines förmlichen Verfahrens exakt zu kalkulieren.[503] Dies gilt insbesondere für die administrativen Kosten bei der Programmdurchführung und für die vermeidbaren Brennstoff- und Kapazitätskosten. Dazu kommen erhebliche Prognoserisiken, beispielweise bezüglich der zukünftigen Stromnachfrageentwicklung, die eine vorherige Preisfestlegung erschweren. Welche Risiken beim Gebäude bestehen, kann die öffentliche Hand in der Regel nicht umfassend im Rahmen des förmlichen Verfahrens festlegen, da sie mit der gebäudespezifischen Anlage nicht hinreichend vertraut ist. Zudem ist der öffentlichen Hand in der Regel nicht bewusst, auf welche Faktoren es den Contractoren bei der Entwicklung des Projektes ankommt, da sie mit den verschiedenen Contracting-Modellen sowie den technischen Risiken hinsichtlich Bau und Wartung der Anlage nicht vertraut ist. Sollten jedoch nicht alle im Zusammenhang mit dem Contracting relevanten Kosten und Risiken berücksichtigt werden und die vorab grob geschätzten technischen Einsparpotentiale zugrundegelegt werden, können die tatsächlichen Kosten erheblich über den ermittelten Einsparkosten liegen, so dass die Realisierung des Contracting-Projektes insgesamt gefährdet wäre.[504] Erst durch Verhandlungen kann in Erfahrung gebracht werden, welche Risiken bei dem konkreten Contracting-Projekt bestehen und wie diese abgefangen werden können. Eine vorherige Preisgestaltung ist mithin beim Contracting nicht möglich, so dass das Verhandlungsverfahren auch aus diesem Grunde zulässig ist.

Schließlich wäre auch eine sogenannte funktionale Leistungsbeschreibung gemäß § 8 Nr. 2 Abs. 1 a VOL/A nicht zur Realisierung des Contractings geeignet. Nach der funktionalen Leistungsbeschreibung soll die Leistung durch eine Darstellung ihres Zwecks und ihrer Funktion beschrieben werden, ohne dass es auf die technischen Details ankäme, wenn sie nach Art der Beschaffenheit und Umfang nicht hinreichend beschreibbar ist. Die funktionale Ausschreibung setzt eine Vergabereife voraus, die

---

Probleme beim Outsourcing und Insourcing kommunaler Aufgaben, S. 5.

501 Vgl. Prieß, Handbuch des europäischen Vergaberechts, S. 119.

502 Vgl. Prieß, Handbuch des europäischen Vergaberechts, S. 119.

503 Schmitt/Ellwanger, ET 93, S. 308, 311.

504 Vgl. Joskow, MIT Working Paper, passim.

bei den Contracting-Modellen in der Regel noch nicht vorliegt. So kann erst im Rahmen der Verhandlung zwischen Bieter und öffentlicher Hand festgestellt werden, ob die öffentliche Liegenschaft überhaupt für Contracting-Projekte geeignet ist.[505]

c) Schutzzweckerwägungen

Die Zulässigkeit des Verhandlungsverfahrens beim Contracting könnte sich zudem aus dem Wettbewerbsgebot gemäß § 97 Abs. 1 GWB ergeben. Dieses Gebot zählt zu den wesentlichen Bestimmungen über das Vergabeverfahren.[506] Das im Anwendungsvorrang des offenen Verfahrens zum Ausdruck kommende Transparenzgebot gilt daher nur insoweit, als effektiver Wettbewerb nicht verhindert wird.[507] Im förmlichen Verfahren könnten weder Art der Leistung noch Umfang in der Weise bekannt gegeben werden, dass der Bieter erkennen kann, ob eine Beteiligung an dem Vergabeverfahren für ihn überhaupt sinnvoll ist.[508] Da die Leistungsbeschreibung im förmlichen Verfahren zu pauschal wäre, würde sich den Contractoren nicht die Möglichkeit bieten, an dem Wettbewerb teilzunehmen. Ein offenes Verfahren würde mithin den Bieterwettbewerb einschränken, anstatt diesen zu fördern.

Im förmlichen Verfahren ist allein eine grobe Schätzung der Einsparpotenziale möglich. Durch die Anwendung des förmlichen Verfahrens würde auf den Contractor ein faktischer Zwang zur Festsetzung von Preisen „ins Blaue hinein" ausgeübt. Dadurch könnte die Erfüllung des Garantieversprechens gefährdet sein.[509] Nach der Einspargarantie wird der Auftragnehmer erfolgsabhängig in Höhe eines bestimmten Prozentsatzes der eingesparten Energie bezahlt, d.h. spart der Contractor aufgrund fehlerhafter Berechnung nichts ein, erhält er kein Geld und muss ggf. noch eine Vertragsstrafe zahlen.[510] Der Contractor würde sich mithin erheblichen finanziellen Risiken und

---

[505] Vgl. auch die Entscheidung des Vergabeüberwachungsausschusses des Landes Baden-Württemberg, 1 VÜ 7/99 in Bezug auf Abfallentsorgungskonzepte. Vgl. Prieß, Handbuch des europäischen Vergaberechts, S. 120; vgl. auch VÜA Bund, 2 VÜ 22/98 – Versuchsreaktor, abgdruckt in Fischer/Noch, Entscheidungssammlung Europäisches Vergaberecht, III/67, S. 18 f.; Jasper, Vergaberechtliche Probleme beim Outsourcing und Insourcing kommunaler Aufgaben, S. 5.

[506] Vgl. die Gesetzesbegründung BGBl. I 2001, 110; vgl. dazu Dreher, NZBau 2000, 178; Höfler/Bert, NJW 2000, S. 3310, 3310; Byok, NJW 2001, S. 2295, 2295; Hailbronner, EWS 1995, S. 285, 288; Pietzcker, in: Festschrift für Redeker, S. 501; Fischer, in: Lenz, Art. 49 – 55 Rdnr. 1.

[507] Waldner, Bieterschutz im Vergaberecht, S. 96; Bechtold, GWB, § 97 Rdnr. 6; Boesen, Vergaberecht, § 97 Rdnr. 16ff; zur Beschränkung des Transparenzgrundsatzes durch den Grundsatz des Geheimwettbewerbs, vgl. BKartA, NZBau 2000, S. 53, 54f.

[508] Vgl. Ingenstau, in: Ingenstau/Korbion, A § 17 Nr. 1 Rdnr. 5.

[509] Vgl. dazu die Ausführungen zu den Contracting-Modellen.

[510] Sächsischer Leitfaden, Contracting, S. 13; grundsätzlich bestehen auch beim Anlagencontracting dieselben Risiken wie beim Einsparcontracting, da auch hier Bedarfsgrößen ermittelt werden, die dann erträglich fixiert werden, vgl. Contracting Handbuch 2001, S. 67.

gegebenenfalls sogar Schadensersatzansprüchen der öffentlichen Hand aussetzen, wenn er trotz der fehlenden Leistungsbeschreibung eine Preisgestaltung vornehmen würde.[511] Dies könnte dazu führen, dass sich nur wenige Unternehmen dazu bereit erklären, ein Angebot zur Energiebewirtschaftung des betreffenden Gebäudes abzugeben, da der damit verbundene Aufwand und das damit verbundene Risiko zu groß ist.[512] Die Wahl des Verfahrens hätte vielmehr einen Abschreckungseffekt gegenüber aktuellen oder potentiellen Wettbewerbern. Ein Bieterwettbewerb, der sich gerade dadurch auszeichnet, dass sich eine Vielzahl von Unternehmen um das Projekt bewerben[513], würde im förmlichen Verfahren zur Vergabe der Energiebewirtschaftung mithin nicht stattfinden können.[514] Eine öffentliche Ausschreibung würde damit nicht nur die Interessen der Bieter beeinträchtigen[515], sondern insgesamt den Wettbewerb um die Energiebewirtschaftung öffentlicher Gebäude deutlich einschränken. Dies hätte zur Folge, dass Kostenvorteile nicht in das Verfahren eingebracht werden könnten. Im förmlichen Verfahren wäre die öffentliche Hand mithin gezwungen zu teuer einzukaufen. Die Ausschreibung würde damit seine Funktion verlieren.[516]

Durch das Verhandlungsverfahren werden die Unternehmen in die Lage versetzt, Produkte in ihrer Vielfalt unter Einfluss technischer Neuerungen anzubieten.[517] Aufgrund der komplexen Leistungen erlaubt erst die Möglichkeit, mit allen Bietern nach Angebotsabgabe in Verhandlungen einzutreten, den Bieterkreis und damit den Wettbewerb künftig zu erhalten.[518] Die Vergabe des Contractings im Wege des Verhandlungsverfahrens führt mithin dazu, dass die Zahl der angebotenen Alternativen in preislicher und qualitativer Hinsicht zunimmt und damit die Möglichkeit einer besonders wirtschaftlichen Beschaffung entsteht.[519] Folglich kann allein das Verhandlungsverfahren den Schutzzweck des Vergabeverfahrens sicherstellen.

---

[511] Sollte der Contractor die Garantie dafür, dass sich die Einsparung auch tatsächlich in der vereinbarten Höhe einstellen, nicht erfüllen, so hat der Auftragnehmer den Auftraggeber finanziell so zu stellen, wie wenn die Einsparungen in der garantierten Höhe tatsächlich eingetreten wären, EVA, Einspar-Contracting, S. 26; von Braunmühl, Contracting Handbuch, S. 10.

[512] So auch Baur/Matthey, S.57.

[513] Byok, NJW 2001, S. 2295, 2295.

[514] Vgl. Vergabeüberwachungsausschuss des Landes Baden-Württemberg, 1 VÜ 7/99.

[515] In diesem Sinne Ingenstau in: Ingenstau/Korbion, § 3 Nr. 2 Rdnr. 12; vgl. auch Rusam, in: Heiermann/Riedl/Rusam, § 3 Rdnr. 34.

[516] Müller-Wrede, in: Ingenstau/Korbion, § 3 Rdnr. 34.

[517] Vgl. die Erläuterungen zu A § 8 Nr. 2 Abs. 1.

[518] Die freihändige Vergabe ist weiterhin unerlässlich, wenn nach den am Markt erhältlichen Leistungen zu erwarten ist, dass die Angebote nicht genügend vergleichsfähig sind, vgl. Rahn, Der Staat als Auftraggeber für private Unternehmen, S. 61.

[519] Burkhardt/Heuschneider/Kreuz/Sprenger, Innovation durch öffentliche Aufträge, S. 42.

d) Ausschluss des Verhandlungsverfahrens bei der Vergabe von Contracting-Leistungen nach der herrschenden Literaturmeinung

Die herrschende Literaturmeinung lehnt jedoch das Verhandlungsverfahren für die Vergabe von Contracting-Aufträgen ab.[520] Der Anwendungsvorrang des förmlichen Verfahrens gebiete – so die herrschende Lehre – die Ausschreibung von Contracting-Leistungen im offenen bzw. beschränkten Verfahren und schließe die Anwendung des Verhandlungsverfahrens grundsätzlich aus.[521] Nach der Rechtsprechung des Europäischen Gerichtshofs seien die Ausnahmevorschriften vom förmlichen Verfahren so eng auszulegen, dass ein Verhandlungsverfahren nur in seltenen Fällen gewählt werden dürfe.[522] Von der Anwendung des offenen und nichtoffenen Verfahrens könne daher nur dann abgewichen werden, wenn die betreffenden Vorhaben zur Forschungs-, Versuchs- oder Entwicklungszwecken durchgeführt werden.[523] Allein in diesen Fällen handle es sich um solche Leistungen, die ihrer Natur nach oder wegen der damit verbundenen Risiken eine vorherige Preisgestaltung nicht zuließen[524] bzw. bei denen die vertragliche Spezifikation nicht hinreichend genau festgelegt werden könne.[525] Ein funktionierender Markt könne sich hier nicht bilden, so dass eine Ausschreibung im offenen Verfahren unzweckmäßig wäre.[526] Ein solcher Ausnahmefall sei bei der Vergabe von Contracting-Aufträgen regelmäßig nicht gegeben.[527] Beim Contracting erfordere gerade das Funktionieren des Marktes eine so genaue Beschreibung der Leistung, dass die Anbieter in die Lage versetzt werden, einen bestimmten Preis zu nennen.[528] Mithin sind nach der herrschenden Lehre kommunale Energiecontracting – Vorhaben nach den Verdingungsordnungen grundsätzlich im offenen bzw. beschränkten Verfahren auszuschreiben.[529]

---

[520] Vgl. Baur/Matthey, S. 35; vgl. von Braunmühl, Contracting Handbuch, S. 12.

[521] Vgl. Baur/Matthey, S. 35.

[522] EuGH, Slg. 1987, 1039 Rdnr. 10ff. – Kommission/Italien; vgl. dazu auch Jasper, Vergaberechtliche Probleme beim Outsourcing und Insourcing kommunaler Aufgaben, S. 3; Stickler, in: Reidt/-Stickler/Glahs, § 101 Rdnr. 11; dazu Müller, in: Daub/ Eberstein, § 3 a Rdnr. 12.

[523] Vgl. Art. 7 Abs. 2 lit b) BKR; ähnlich Art. 6 Abs. 3 lit b) LKR.

[524] Vgl. Art. 7 Abs. 2 lit. c) BKR, Art 11 Abs. 2 it b) DKR.

[525] Vgl. Art. 11 Abs. 2 lit c) DKR; dabei muss sich die Unmöglichkeit der vorherigen Preisgestaltung alternativ aus der Natur der betreffenden Leistung oder den mit dieser Leistung verbundenen Risiken ergeben; vgl. Prieß, Handbuch des europäischen Vergaberechts, S. 119.

[526] Vgl. Ebisch/Gottschalk, Preise und Preisprüfungen bei öffentlichen Aufträgen, § 4 Rdnr. 12.

[527] Verband für Wärmelieferung, Contracting, S. 17; Baur/Matthey, S. 43 ff., vgl. auch allgemein zu dieser Problematik EuGH, Slg. 1987, 1039 Rdnr. 10ff. – Kommission/Italien; EuGH, Slg. 1993, I-5923 Rdnr. 35ff. – Kommission/Spanien,; Jasper, Vergaberechtliche Probleme beim Outsourcing und Insourcing kommunaler Aufgaben, S. 3.

[528] Vgl. Ebisch/Gottschalk, Preise und Preisprüfungen bei öffentlichen Aufträgen, § 4 Rdnr. 12.

[529] Kostko, Energie-Contracting und Controlling, S. 26; Verband für Wärmelieferung, Contracting, S. 17; Baur/Matthey, S. 49 ff.; Bayerische Staatsanzeiger Nr. 19, 11. Mai 2001, S. 14.

4. Beschränkung der EG-Grundfreiheiten durch den Ausschluss des Verhandlungsverfahrens

Der Ausschluss des Verhandlungsverfahrens nach der herrschenden Lehre könnte jedoch den europäischen Bieterwettbewerb beeinträchtigen und damit die EG-Grundfreiheiten tangieren. So ist die Vergabe von Contracting-Leistungen von ihrer Eigenart her nicht an mitgliedstaatlich beschränkte Märkte gebunden.[530] Eine solche Leistung kann grundsätzlich auch von einem in einem anderen EG-Mitgliedstaat ansässigen Unternehmen realisiert werden. In dem Maße wie die Teilnahme am marktwirtschaftlichen Geschehen eine Teilnahme am Geschehen auf dem Europäischen Binnenmarkt ist, ist sie zwangsläufig den Regeln unterworfen, welche die Europäische Gemeinschaft für das Verhalten auf diesem Markt aufgestellt hat.[531] Hinsichtlich des einschlägigen Vergabeverfahrens sind daher die Bestimmungen über Dienstleistungen der Art. 49 bis 55 des EG-Vertrages zu berücksichtigen. Nach Art. 49 Satz 1 EG sind Beschränkungen des freien Dienstleistungsverkehrs innerhalb der Gemeinschaft für Angehörige der Mitgliedstaaten, die in einem anderen Staat der Gemeinschaft als demjenigen des Leistungsempfängers ansässig sind, verboten.[532] Insbesondere sind alle Beschränkungen aufzuheben, die, obwohl sie unterschiedslos gelten, geeignet sind, die Tätigkeit eines in einem anderen Mitgliedstaat ansässigen Dienstleistenden, der dort gleichartige Leistungen erbringt, zu unterbinden oder zu behindern.[533] Die Mitgliedstaaten müssen auch dann alle Maßnahmen unterlassen, die grenzüberschreitende Leistungen behindern, wenn inländische und ausländische Dienstleistende unterschiedslos behandelt werden.[534] Die Anwendung des förmlichen Verfahrens könnte – wie bereits dargestellt – zu einem praktischen Ausschluss der Contractoren am Vergabeverfahren führen. Sollte ein EU-ausländischer Contractor durch das förmliche Verfahren daran gehindert werden, seine Contracting-Leistungen einem deutschen öffentlichen Auftraggeber anzubieten, wäre er in seiner Dienstleistungsfreiheit tangiert, ohne dass für eine solche Beschränkung ein im Allgemeininteresse liegender Grund ersichtlich wäre.[535] Da die Normen des EG-Vertrages Vorrang gegenüber dem

---

530 Vgl. auch die weiteren Ausführungen im 4. Kapitel.

531 Benedict, Sekundärzwecke im Vergaberecht, S. 2.

532 Vgl. Geiger, EG-Vertrag, Art. 60 Rdnr. 1. Das sich aus der Dienstleistungsfreiheit ergebende Verbot der Beschränkung des freien Dienstleistungsverkehrs ist unmittelbar anwendbar, dazu Geiger, EG-Vertrag, Art. 59 Rdnr. 2.

533 Geiger, EG-Vertrag, Art. 60 Rdnr. 10; Hakenberg, in: Lenz, Art. 49/50, Rdnr. 19; vgl. Randelzhofer, in Grabitz/Hilf (alt), Art. 59 Rdnr. 12; vgl. Matthey, S. 41; Epiney, Umgekehrte Diskriminierung, S. 185; vgl. zum grundsätzlich erforderlichen Element der grenzüberschreitenden Betätigung auch Schlag, in: Schwarze, Art. 43 EGV, Rdnr. 43f.; vgl. auch EuGH, Slg. 1997, I-2374 f Rdnr. 44ff.

534 Vgl. Randelzhofer, in Grabitz/Hilf (alt), Art. 59 Rdnr. 12; vgl. Matthey, S. 41; Epiney, Umgekehrte Diskriminierung, S. 185; vgl. auch EuGH, Slg. 1997, I-2374 f Rdnr. 44ff.

535 Vgl. Matthey, 34ff; unstreitig ist, dass aus Art. 49 EG über das Diskriminierungsverbot hinaus auch ein Beschränkungsverbot folgt, vgl. Kommission, ABl. 1993 Nr. C 334/3; vgl. zur Rechtfertigung eines solchen Eingriffs in die Dienstleistungsfreiheit Geiger, EG-Vertrag, Art. 60 Rdnr. 12;

europäischen Richtlinienrecht als auch den nationalen Vergabevorschriften haben, stünde eine Auslegung des Vergaberechts, welche zu Diskriminierung ausländischer Unternehmen oder zu anderen Behinderungen des Binnenmarktes führen würde, im Widerspruch zum EG-Recht und wäre daher unzulässig.[536] Sofern EU-ausländische Contractoren durch das förmliche Verfahren vom Vergaberecht ausgeschlossen werden, könnten sie sich auf Verletzung ihrer Grundfreiheiten berufen, mit der Folge, dass die Vergabe im Wege im förmlichen Verfahren insgesamt rechtswidrig wäre. Die Mitgliedstaaten sind daher verpflichtet, das Vergaberecht so einzurichten, dass der Dienstleistungsfreiheit weitgehend Geltung verschafft wird. Dies ist allein durch die Zulassung des Verhandlungsverfahrens bei der Vergabe komplexer technischer Leistungen wie dem Contracting möglich.[537]

5. Vorschlag der Europäischen Kommission zu einem reformierten Verfahren

Der Konflikt zwischen den Anforderungen einer vollständigen Leistungsbeschreibung im offenen Verfahren und der Notwendigkeit komplexe Leistungen im Wege der Verhandlungen zu bestimmen, wurde von der Europäischen Kommission erkannt, woraufhin sie in ihrer Mitteilung vom 11. 3. 1998 feststellte, dass eine Vereinfachung und eine flexiblere Gestaltung des Vergabeverfahrens erforderlich sei.[538] Bei bestimmten Aufträgen müsse es nach Auffassung der Kommission möglich sein, dass Auftraggeber und Bieter gemeinsam im Dialog die technisch beste Lösung erarbeiten.[539] Dies sei insbesondere bei komplexen Aufträgen auf in ständiger Entwicklung begriffenen Märkten geboten, denn hier könne der Auftraggeber im Vorfeld nicht die beste technische Lösung identifizieren.[540] In der Mitteilung und einem darauffolgenden Richtlinienentwurf schlägt die Kommission daher vor, den Wortlaut der Richtlinien zu ändern und eine vierte Verfahrensart, den sogenannten „wettbewerblichen Dialog“, einzuführen.[541] Diese Verfahrensart solle das Verhandlungsverfahren teilweise dadurch ersetzen, dass Auftraggeber und Bieter leichter miteinander verhandeln können und

---

Hakenberg, in: Lenz, Art. 49/50 Rdnr. 19.

[536] Zum Anwendungsvorrang grundlegend EuGHE 1964, S. 1269, 1269f – Costa/ENEL; vgl. die Ausführungen zum Verhältnis von Europarecht und nationalem Recht Oppermann, Europarecht, S. 228ff.; Stolz, Das Vergabewesen in der EG, S. 103.

[537] Vgl. zu dem sogenannten effet-utile Grundsatz EuGH, Slg 1984, 1891, 1909 – Colson und Kamann; Epiney, Umgekehrte Diskriminierung, S. 185; vgl. zur richtlinienkonformen Auslegung auch BVerwG, EuR 1992, 298, 303; BGH, EWS 1993, 368; dazu noch ausführlich im 5. Kapitel.

[538] Kommission, KOM (98), 143, Ziffer 2.1.2.2.; dazu auch Arrowsmith, CMLR 2000, S. 709, 737.

[539] Damit reagierte die Kommission auf im Vorfeld des Grünbuchs erhobenen Forderungen aus der Politik und Privatwirtschaft, vgl. Werner, in: Byok/Jaeger, § 101 Rdnr. 441.

[540] Vgl. dazu Prieß, Handbuch des europäischen Vergaberechts, S. 116.

[541] Vgl. Art. 30 des Entwurfs für eine konsolidierte Richtlinie für die Koordinierung der Verfahren zur Vergabe öffentlicher Lieferaufträge, Dienstleistungsaufträge und Bauaufträge, KOM (2000) 275 endg.

damit der Dialog im laufenden Verfahren keine Ausnahme mehr darstelle.[542] Nach diesem von der Europäischen Kommission geplanten „wettbewerblicher Dialog" soll der Auftraggeber jedoch an Spezialvorschriften gebunden sein, die derzeit selbst für das Verhandlungsverfahren nicht gelten.[543] Insofern erscheint fraglich, ob dieses neue Verfahren zu mehr Wettbewerb auf den Beschaffungsmärkten beitragen kann.[544]

6. Ergebnis

Die Darstellung hat gezeigt, dass beim Contracting ein dringendes praktisches Bedürfnis besteht, die Leistung in Verhandlungen zwischen öffentlicher Hand und Contractor zu entwickeln. Erst der Dialog ermöglicht es dem Contractor, die energietechnischen Optimierungspotenziale der Gebäude zu erkennen und ein entsprechendes angepasstes Contracting-Modell zu entwickeln. Die stark formalisierten Verfahren der offenen und beschränkten Ausschreibung, welche Verhandlungen zwischen Auftraggeber und Bieter verbieten, sind daher nur auf die klassischen Auftragsarten zugeschnitten und lassen die Besonderheiten moderner Vertragsformen grundsätzlich unberücksichtigt.[545] Allein das Verhandlungsverfahren kann eine wirkungsvolle Vergabe des Contractings gewährleisten, da dieses Verfahren über die notwendige Flexibilität für die erfolgreiche Abwicklung der komplexen Projekte verfügt. Sollte entsprechend der herrschen Literaturmeinung das Verhandlungsverfahren beim Contracting unzulässig sein, so würde dies zu einer Vielzahl praktischer Umsetzungsprobleme bei der Leistungsbestimmung führen und den Bieterwettbewerb auf dem Contracting-Markt erheblich beeinträchtigen. Ein solcher Ausschluss widerspricht dem Wettbewerbsprinzip nach § 97 Abs. 1 GWB sowie den Grundfreiheiten der durch das offene Verfahren ausgeschlossenen EU-ausländischen Contractoren.

VIII. Pflicht zur Auswahl des „wirtschaftlichsten" Angebotes und die Möglichkeit der Berücksichtigung umweltrelevanter Kriterien bei der Vergabe

1. Das Prinzip der Wirtschaftlichkeit im Vergaberecht

Mit dem Zuschlag findet das Ausschreibungsverfahren seinen Abschluss.[546] Dabei bestimmen § 97 Abs. 5 GWB, § 25 Nr. 3 VOL/A, § 25 Nr. 3 Abs. 3 Satz 2 VOB/A,

---

542 Dazu auch Bechtold, GWB, § 101 Rdnr. 2; Reidt, in: Reidt/Stickler/Glahs, § 101 Rdnr. 9; zur Kritik der Reformvorschläge der Kommission vgl. Jasper, DB 1998, S. 2151, 2154.

543 Dazu auch Bechtold, GWB, § 101 Rdnr. 2; Reidt, in: Reidt/Stickler/Glahs, § 101 Rdnr. 9; Jasper, DB 1998, S. 2151, 2154.

544 An der Notwendigkeit dieses neuen Verfahrens zweifelnd Jasper, DB 1998, S. 2151, 2154.

545 Vgl. Baur/Matthey, S. 35.

546 Drügemöller, Vergaberecht, S. 135.

dass der Zuschlag auf das wirtschaftlichste Angebot erteilt werden muss.[547] Das wirtschaftlichste Angebot ist das Angebot, das „die günstigste Relation zwischen dem verfolgten Zweck und den einzusetzenden Mitteln" aufweist.[548] Den Zuschlag darf mithin nur derjenige Bewerber erhalten, der unter Berücksichtigung aller im konkreten Fall wesentlichen einzelnen Aspekte das beste Preis-Leistungs-Verhältnis bietet.[549] Die Vergabekoordinierungsrichtlinien sowie die entsprechenden Regelungen in den Verdingungsordnungen führen verschiedene Zuschlagskriterien zur Ermittlung des wirtschaftlichsten Angebotes auf.[550] Dazu zählen u.a. Lieferfristen, Ausführungszeitraum, Betriebskosten, Qualität, Versorgungssicherheit und der Preis des Angebotes.[551] Die Zuschlagskriterien lassen sich demzufolge definieren als die Summe derjenigen quantitativen und qualitativen Kriterien, nach denen der Auftraggeber die Wirtschaftlichkeit der angebotenen Leistungen zu bewerten hat.[552] Das günstigste Angebot soll mithin nicht ausschließliches Zuschlagskriterium sein, da sonst die Gefahr des ruinösen Wettbewerbs zwischen den Unternehmen sowie die Tendenz zu technisch minderwertigen Angeboten bestünde.[553] Allenfalls bei gleichwertigen Angeboten kann daher das günstigste Angebot ausgewählt werden.[554] Die Verdingungsordnungen gehen zudem davon aus, dass auf ein Angebot mit einem ungewöhnlich niedrigen Preis der Zuschlag nicht erteilt werden darf.[555] Zudem wird dem Auftraggeber durch das Preis-Verhandlungsverbot im förmlichen Verfahren verboten, Ermä-

547 Vgl. Marx, in: Die Vergabe öffentlicher Aufträge im Lichte des europäischen Wirtschaftsrechts, S. 77, 82; Dreher, in: Immenga, Mestmäcker, GWB, § 97 Rdnr. 142, Opitz, NZBau 2001, S. 12, 12ff.; zum Zuschlag auf das wirtschaftlichste Angebot vgl. auch Art. 26 Abs. 1 a),b) LKR, Art. 30 Abs. 1 a),b) BKR, Art. 36 Abs. 1 a),b) DKR, Art. 34 Abs. 1 a), b) SKR; vgl. Prieß, Handbuch des europäischen Vergaberechts, S. 165ff.

548 Bundesregierung, Stellungnahme zu den Abänderungsvorschlägen des Bundesrats, BTDrucks. 13/9340, S. 48.

549 Vgl. Marx, in: Die Vergabe öffentlicher Aufträge im Lichte des europäischen Wirtschaftsrechts, S. 77, 83; vgl. BT-Dr. 13/9340, 48; dazu auch Opitz, NZBau 2001, S. 12, 13; Sächsischer Leitfaden, Contracting, S. 26f.

550 Art. 26 Abs. 1 b) LKR, Art. 30 Abs. 1 b) BKR, Art. 36 Abs. 1 a) DKR, Art. 34 Abs. 1 a) SKR , vgl. Trepte, Public Procurement in the EC, S. 162ff.; vgl. auch die entsprechende Aufzählung in § 25 Nr. 3 Abs. 3 Satz 2 VOB/A; vgl. Pietzcker, ZHR 162 (1998), S. 427, 466; Waldner, Bieterschutz im Vergaberecht, S. 102.

551 Vgl. Art. 26 Abs. 1 (b) LKR, Art. 30 Abs. 1 (b) BKR, Art. 36 Abs. 1 (a) DKR und Art. 34 Abs. 1 (a) SKR; Seidel in: Dauses Band I, Rdnr. 106; dazu auch EuGH, Slg. 1988, 4635, 4657

552 Vgl. Dreher, in: Immenga/Mestmäcker, GWB, § 97 Rdnr. 145.

553 Vgl. § 25 Nr. 3 Satz 2 VOL/A wonach das niedrigste Angebot allein nicht entscheidend ist , vgl. Waldner, Bieterschutz im Vergaberecht, S. 10.

554 Vgl. BGH, NJW 2000, 139 – Krankenhauswäsche; BGH, NZBau 2000, 37 – Altenheim; vgl. auch Rusam, in: Heiermann/Riedl/Rusam, A, § 25 Rdnr. 61; Kulartz, in: Daub/Eberstein, § 25 Rdnr. 38.

555 Z.B. § 25 Nr. 3 Abs. 1 VOB/A, vgl. Dreher, in: Immenga/ Mestmäcker, GWB, § 97 Rdnr. 154.

ßigungen der allgemein am Markt geforderten Preise durchzusetzen.[556] Bei den Vorschriften des Vergaberechts handelt es sich mithin um den Versuch, den „richtigen" Preis festzulegen, der weder über- noch unterschritten werden darf.[557] Das Prinzip der Wirtschaftlichkeit wirkt sich im Vergaberecht damit als Höchst- und Mindestpreisvorschrift aus.[558]

Bei der Beschaffung der Contracting-Leistungen am Markt kommt es den Kommunen vor allem darauf an, den Auftrag an das Unternehmen zu vergeben, das die optimale wirtschaftliche Ausführung verspricht, um so Energiekosten einsparen zu können.[559] Durch die vergaberechtlichen Preisvorschriften sowie das grundsätzlich bestehende Verhandlungsverbot wird die öffentliche Hand jedoch daran gehindert, alle Möglichkeiten zu nutzen, die angebotenen Preise zu unterschreiten. Dem öffentlichen Auftraggeber durch das Preis-Verhandlungsverbot zu verbieten, zum Beispiel Ermäßigungen der allgemein am Markt geforderten Preise durchzusetzen, könnte mithin die wirtschaftliche Dynamik auf den Beschaffungsmärkten ausschalten.[560] Insgesamt soll durch die Preisfestsetzung im Vergaberecht daher der Preisstand bei der Beschaffung aufrechterhalten werden.[561]

Das Prinzip der Wirtschaftlichkeit nach § 97 Abs. 5 GWB gehört zu den Bestimmungen über das Vergabeverfahren, auf deren Einhaltung die Bieter einen Anspruch nach § 97 Abs. 7 GWB haben.[562] Damit unterliegt die Wirtschaftlichkeit der Auftragsvergabe grundsätzlich der Nachprüfung durch die Vergabekammern. Sollte der Auftraggeber beabsichtigen, einem Angebot den Zuschlag zu erteilen, das oberhalb oder unterhalb des zulässigen „wirtschaftlichen" Preises liegt, verstieße dies gegen das Vergaberecht, mit der Folge, dass die Auftragsvergabe im Wege des vergaberechtlichen Rechtsschutzes nach §§ 107 ff GWB angegriffen werden kann und der Auftrag gegebenenfalls neu ausgeschrieben werden muss.[563]

---

556 Ebisch/Gottschalk, Preise und Preisprüfungen bei öffentlichen Aufträgen, § 1 Rdnr. 58.

557Rittner, Rechtsgrundlagen, Rdnr. 137 ff.

558 Rittner, Festschrift für Benisch, S. 99, 99ff.

559 Der öffentlichen Hand ist es in der Regel wichtiger, den Auftrag an das Unternehmen zu vergeben, das die optimale wirtschaftliche Ausführung verspricht, als an eines, das sekundäre, etwa soziale, Vorzüge aufzuweisen hat. Darauf hat auch die Europäische Kommission in ihrer Mitteilung zu regionalen und sozialen Aspekten im öffentlichen Auftragswesen, Abl. Nr. C 311 S. 7 v. 12.12. 1989, S. 14, hingewiesen; dazu auch Götz, EuR 1999, S. 621, 634.

560 Vgl. Ebisch/Gottschalk, Preise und Preisprüfungen bei öffentlichen Aufträgen, § 1 Rdnr. 58.

561 Vgl. Ebisch/Gottschalk, Preise und Preisprüfungen bei öffentlichen Aufträgen, § 2 Rnr. 18.

562 Dreher, in: Immenga/Mestmäcker, GWB, § 97 Rdnr. 151.

563 Vgl. § 114 Abs. 1 GWB.

2. Zulässigkeit der Berücksichtigung des Umweltschutzes bei der Ausschreibung

Um ihren Verpflichtungen zur Emissionsreduzierung aus der Energieeinsparverordnung nachkommen zu können, beabsichtigt die öffentliche Hand alte Anlagen durch neue umweltfreundliche Anlagen, wie zum Beispiel der Kraft-Wärme-Koppelungsanlagen, der dezentralen Anlagen zur Energieerzeugung aus Sonne, Wind und Biomasse sowie moderner umweltfreundlicher Technologien wie die Brennstoffzelle, zu ersetzen.[564] Mit dem Contracting steht ein Modell zur Verfügung, welches es der öffentlichen Hand trotz fehlender finanzieller Mittel und mangelnden fachlichem Knowhow ermöglicht, in diese Technologien zu investieren und den Anteil umweltfreundlicher Technologien zu erhöhen.[565] Die umweltbewusste Auftragsvergabepolitik wird damit zu einem wichtigen Instrument der Durchsetzung eines vorbeugenden Umweltschutzes.[566]

Der Umweltschutz wird in den Zuschlagskriterien jedoch nicht als vergaberechtsrelevantes Kriterium aufgeführt.[567] Die Berücksichtigung des Umweltschutzes bei der Vergabe des Contractings könnte mithin ein unzulässiges vergabefremdes Kriterium darstellen.[568] Von diesem Begriff werden solche Anforderungen erfasst, die weder die fachliche Eignung der Unternehmen betreffen noch der Ermittlung des wirtschaftlichsten Angebotes dienen.[569] Sollte es sich bei der Ausschreibung von umweltscho-

---

[564] Vgl. Stellungnahme des Bundesverbandes Kraft-Wärme-Kopplung e.V., http://www.bkwk.de; von Braunmühl, ET 1994, S. 354, 355; Contracting Handbuch 2001, S. 35; Umweltbundesamt, Umweltfreundliche Beschaffung, passim.

[565] Vgl. Contracting Handbuch 2001, S. 41. So wurden in jüngster Zeit zunehmend KWK und Brennstoffzellen mittels Contracting verwirklicht. Insgesamt wird ein stark steigender Einsatz für Brennwertkessel bei der Wärmeversorgung, ein steigender Einsatz für Nahwärmenetze und neue umweltfreundliche Technologien, wie beispielsweise Brennstoffzellen erwartet. In dem Maße, indem diese Technologien somit mit herkömmlichen Technologien auf dem Energietechnologiemarkt konkurrieren, wird der Einsatz von Dampferzeugern, Standardheizkesseln oder elektrischen Speicherheizungen abnehmen.

[566] Wicke, Umweltökonomie, S. 317. Seit jeher wird die staatliche Beschaffungspolitik daher auch eingesetzt, um umweltpolitische Ziele zu erreichen. Weissenberg, DB 1984, S. 2285, 2286; grundlegend dazu Hucke, Umweltschutz in der öffentlichen Vergabepolitik, passim.

[567] Art. 26 Abs. 1 b) LKR, Art. 30 Abs. 1 b) BKR, Art. 36 Abs. 1 a) DKR, Art. 34 Abs. 1 a) SKR , vgl. Trepte, Public Procurement in the EC, S. 162ff; vgl. auch die entsprechende Aufzählung in § 25 Nr. 3 Abs. 3 Satz 2 VOB/A; vgl. Pietzcker, ZHR 162 (1998), 427, 466; Waldner, Bieterschutz im Vergaberecht, S. 102.

[568] Allgemein zu dem Problem der vergabefremden Zwecke, vgl. Benedict, Sekundärzwecke im Vergaberecht, passim.; Marx, in: Die Vergabe öffentlicher Aufträge im Lichte des europäischen Wirtschaftsrechts, S. 77, 77, Rust, EuZW 2000, S. 205, 205ff.; Rittner, EuZW 1999, S. 677, 677ff.; Griem, Der Städtetag 1999, S. 87ff; Stickler, in: Reidt/Stickler/Glahs, § 97, Rdnr. 25.

[569] Vgl. EuGH, Slg. 1988, I-4635 – Beentjes; Kulartz, in: Daub/Eberstein, § 25 RdRdnr. 53.

nenden Anlagen im Rahmen des Contractings um ein solches unzulässiges Kriterium handeln, dann könnten unterlegene Bieter den Zuschlag im Wege des Nachprüfungsverfahrens nach § 115 Abs. 1 GWB verhindern. Die Vergabekammern überprüfen in vollem Umfang, ob sich die Zuschlagskriterien auf die Wirtschaftlichkeit des ausgeschriebenen Auftrags beziehen sowie ob sie im Rahmen der Angebotswertung zutreffend anwendet wurden.[570]

a) Die Rechtsprechung des EuGH zur Auswahl der Zuschlagskriterien

Die Zulässigkeit vergabefremder Kriterien ist seit längerer Zeit Gegenstand rechtlicher und auch politischer Auseinandersetzungen.[571] Bedenken an der Auswahl des Angebotes nach vergabefremden Kriterien bestehen insbesondere dahingehend, dass durch die Auswahl von Zuschlagskriterien, die nicht ausdrücklich in den Vergabevorschriften genannt sind, ausländische Anbieter diskriminiert werden könnten.[572] Aus den Entscheidungen des EuGH zu den vergabefremden Zwecken könnten sich Anhaltspunkte für die Zulässigkeit der Berücksichtigung des Umweltschutzes im Rahmen der Vergabe öffentlicher Aufträge ergeben.

In der *Beentjes*-Entscheidung hat der EuGH[573] im Hinblick auf die Auflage, Langzeitarbeitslose zu beschäftigen, entschieden, dass dieses Kriterium weder mit der Prüfung der fachlichen Eignung der Unternehmer bezüglich deren wirtschaftlicher, finanzieller und technischer Leistungsfähigkeit noch mit den Kriterien für die Erteilung des Zuschlags etwas zu tun habe und daher mit der Vergaberichtlinie unvereinbar sei.[574] Ähnlich urteilte der EuGH in einer neueren Entscheidung, in der eine französische Region Bauaufträge für Schulgebäude unter anderem danach vergeben hatte, inwiefern die betroffenen Unternehmen öffentliche Maßnahmen zur Beschäftigungsförderung auf örtlicher Ebene unterstützten und sich so dem Kampf gegen die Arbeitslosigkeit widmeten.[575] Nach dieser Entscheidung ist der Auftraggeber bei der

---

[570] Dreher, in: Immenga/Mestmäckr, GWB, § 97 Rdnr. 151.

[571] Vgl. nur Boesen, Vergaberecht, § 97 Rdnr. 98ff; Stickler, in: Reidt/Stickler/Glahs, § 97 Rdnr. 18ff.; umfassend auch Benedict, Sekundärzwecke im Vergabeverfahren, passim.; Prieß, Das öffentliche Auftragswesen in der Europäischen Union, S. 104; Seidel, in: Dauses Band. IV, Rdnr. 107ff.; Martin-Ehlers, WuW 1999, S. 685, 685ff.

[572] Vgl. Neßler, DÖV 2000, S. 145, 146ff.

[573] Vgl. EuGH, Slg. 1988, I-4635 – Beentjes; aus jüngster Zeit EuGH, EuZW 2000, 755 Rdnr. 51ff. – Kommission/Frankreich.

[574] Vgl. EuGH, Slg. 1988, I-4635, 4659 – Beentjes; Vgl. auch ältere Entscheidungen des EuGH, EuGH, Slg. 1985, 1077, 1091 – Kommission/Italien; EuGH, Slg. 1992, I -3401, 3420 – Kommission/Italien.

[575] EuGH, Slg. 2000, I-7445 – Kommission/Frankreich; vgl. dazu Bartosch, EuZW 2001, S. 229, 230. Beachte in diesem Zusammenhang die von der Kommission im Mai 2000 angenommenen Änderungsvorschläge zu den Vergaberichtlinien, die ausdrücklich solche Bedingungen für die Auf-

Aufstellung von Kriterien zur Bewertung des Angebotes verpflichtet, die wesentlichen Grundsätze des Gemeinschaftsrechts, vor allem das Diskriminierungsverbot, zu beachten.[576] Da durch die Kriterien Bieter diskriminiert werden, handelt es sich um vergabefremde Kriterien, die mit dem europäischen Vergaberecht nicht im Einklang stehen.[577] Nach dieser Entscheidung sind auch nationale oder regionale Präferenzregeln in der Ausschreibung[578], Vorbehalte zugunsten von Unternehmen in staatlicher Hand[579] sowie eine Verpflichtung, eine Niederlassung auf dem Gebiet des ausschreibenden Staates zu begründen[580] als mittelbare Diskriminierungen gemeinschaftsrechtswidrig.[581] Des Weiteren sind Bestimmungen, nach denen die Vergabe von öffentlichen Aufträgen von der Abgabe einer Tariftreue-Erklärung oder einer „Nachunternehmer-Erklärung"[582] abhängig gemacht werden, unzulässig[583], da die Tariftreueklausel einzelnen Anbietern die Möglichkeit verschließt, durch untertarifliche Arbeitsbedingungen eine besonders günstige Kostenstruktur zu erreichen und so ein preiswerteres Angebot zu machen.[584] Die Bevorzugung tarifvertragstreuer Betriebe führt zur Diskriminierung ausländischer Unternehmen, die in der Regel die deutschen Tarifbedingungen nicht erfüllen.[585] Die vom EuGH beanstandeten verga-

---

tragsausführung erwähnen, die das Ziel verfolgen, die Beschäftigung von benachteiligten Personen zu fördern oder gegen die Arbeitslosigkeit zu kämpfen, vgl. Kommission, KOM (2000) 275 endg.

[576] Vgl. EuGH, Slg. 1988, I-4635, 4662, Rdnr. 40f. – Beentjes, vgl. auch das Urteil des EuGH, Slg. 2000, I-7445 – Kommission/Frankreich; Frenz, WuW 2002, S. 352, 352ff., Martin-Ehlers, WuW 1999, S. 685, 687; Pietzcker, ZHR 162 (1998), S. 427, 467; Götz, EuR 1999, S. 621, 624ff.; Rittner, in: Die Vergabe öffentlicher Aufträge im Lichte des europäischen Wirtschaftsrechts, S. 87, 93; dazu auch Ziekow, NZBau 2001, S. 72, 76ff.

[577] Vgl. EuGH, Slg. 1996, I-2043 – Wallonische Busse; Dreher, VergabeRecht 6/97, S. 40, 42ff.

[578] EuGH, Slg. 1990, I-889 Rdnr. 11-15 – Mezzogiorno.

[579] EuGH, Slg. 1989, I-4035 Rdnr. 8ff – Kommission/Italien.

[580] EuGH, Slg. 1982, I-417 Rdnr. 14 – Transporoute.

[581] Vgl. EuGH, Slg. 1990, I-898 – Dupont de Nemours Italiana SpA; dazu Kokott, in: Byok/Jaeger, Rdnr. 56; vgl. Dreher, Behörden-Spiegel Juni 2000, S. B II; Marx, in: Die Vergabe öffentlicher Aufträge im Lichte des europäischen Wirtschaftsrechts, S. 77, 82.

[582] Siehe Ziff. 2 des Nordrhein-Westfälischen Runderlasses, Anm. 154: „2. Der Bewerber/Bieter verpflichtet sich darüber hinaus, nur solchen Unterauftragnehmern Leistungen zu übertragen bzw. übertragen zu lassen, die die gleiche Verpflichtung ihm gegenüber schriftlich eingegangen sind. (...)".

[583] Vgl. Däubler, ZIP 2000, S. 681, 686ff.; zur Tarifvertragstreue vgl. auch Prieß, EuZW 1999, S. 196, 199; Knipper, WuW 1999, S. 677, 678ff., vgl. aber auch die Bestimmungen auf Bundes- und Länderebene, vgl. § 1 Abs. 1 des Berliner Vergabegesetz, GVBl. Bln. v. 29.6. 1999, S.341; besondere Aktualität hat in diesem Zusammenhang das vom Bundeswirtschaftministerium vorgeschlagene Gesetz zur Tariftreueerklärung erhalten, vgl. FAZ v. 23.08. 2001, Die Bundesregierung will Auftragnehmer der öffentlichen Hand zur Tariftreue zwingen, S. 13; vgl. auch Marx, in: Die Vergabe öffentlicher Aufträge im Lichte des europäischen Wirtschaftsrechts, S. 85; dazu kritisch Rittner, in: Die Vergabe öffentlicher Aufträge im Lichte des europäischen Wirtschaftsrechts, S. 87, 88ff.

[584] Däubler, ZIP 2000, S.681, 686.

[585] Knipper, WuW 1999, S. 677, 677ff.; vgl. auch Martin-Ehlers, WuW 1999, S. 685, 690. Zudem

befremden Kriterien zeichnen sich mithin dadurch aus, dass sie an bestimmte Umstände im Betrieb des Bewerbers anknüpfen.[586] So dürfen auch nach § 97 Abs. 4 GWB neben den genannten Kriterien der Fachkunde, Leistungsfähigkeit und Zuverlässigkeit andere oder weitergehende Anforderungen an die Eignung des Auftragnehmers nur gestellt werden, wenn dies durch Bundes- oder Landesgesetz vorgesehen ist.[587]

In der *Beentjes*-Entscheidung führt der EuGH zugleich aus, dass die in den Richtlinien genannten Kriterien für die Erteilung des Zuschlags nicht abschließend seien.[588] Bereits aus dem Wortlaut der Richtlinienbestimmungen („zum Beispiel", „wie etwa"), ergebe sich, dass die Vergabevorschriften grundsätzlich auch die Berücksichtigung anderer, als der in der Richtlinie aufgeführten Zuschlagskriterien, zulasse[589]; so sei die Kriterienliste auf den Einzelfall („auf den jeweiligen Auftrag bezogenen Kriterien") abzustimmen.[590] In dieser Entscheidung betont der EuGH, dass die Vergaberichtlinien den öffentlichen Auftraggebern die freie Auswahl von Zuschlagskriterien dann gestatte, soweit sich die Auswahl auf Kriterien erstrecke, die der Ermittlung des wirtschaftlich günstigsten Angebotes diene.[591] Die mit der Vergabe verbundene Zielsetzung stellt nach der Rechtsprechung des EuGH mithin solange kein unzulässiges vergabefremdes Kriterium dar, wie es an die Auftragsleistung selbst und nicht an bestimmte Umstände im Betrieb des Bewerbers anknüpft und dazu geeignet ist, das wirtschaftliche Angebot am Markt zu ermitteln.[592]

Der EuGH hat vor kurzem in der Entscheidung *Concordia Bus* zur Berücksichtigung von Umweltschutzkriterien bei der Vergabe öffentlicher Aufträge Stellung bezogen.[593]

---

verstößt z.B. das Verlangen, Tariftreueerklärungen abzugeben, gegen das Behinderungsverbot des § 20 Abs. 1 GWB, vgl. BKartA, WuW 1998, S. 207; KG, WuW 1998, S. 865.

[586] Z.B. die Einhaltung betriebsinterner Tarifstandards im Wege einer Selbstverpflichtung, vgl. dazu Boesen, Vergaberecht, § 97 Rdnr. 102ff.; Niebuhr/Kulartz/Kus/Portz, Vergaberecht, § 97 Rdnr. 214ff.

[587] Besonders kontrovers wird in diesem Zusammenhang die Frage diskutiert, ob § 97 Abs. 4 GWB von den Vorgaben des europäischen Rechts gedeckt ist, vgl. hierzu die Auseinandersetzung zwischen Rust, EuZW 2000, S. 20, 206ff. und Rittner, EuZW 1999, S. 677, 677ff.

[588] Vgl. EuGH, Slg. 1988, I-4635, Rdnr. 30f. – Beentjes; vgl. Art. 29 Baukoordinierungsrichtlinie in ihrer Fassung als Richtlinie 71/305/EWG, ABl.EG 1971 Nr. L 185, S. 5.

[589] Art. 30 Abs. 1 (b) BKR, 26 Abs. 1 (b) LKR, 34 Abs. 1 (a) SKR, 36 Abs. 1 (a) DKR.

[590] Vgl. Art. 30 Abs. 1 (b) BKR, 26 Abs. 1 (b) LKR, 34 Abs 1 (a) SKR, 36 Abs. 1 (a) DKR; dazu Frenz, WuW 2002, S. 352, 355; Götz, EuR 1999, S. 621, 623f.

[591] EuGH, Slg. 1988, I-4635, 4657, Rdnr. 19. – Beentjes, dem folgt die Kommission auch in dem Vertragsverletzungsverfahren gegen Frankreich, vgl. Urteil des EuGH, Slg. 2000, I-7445 – Kommission/Frankreich; vgl. Bechtold, GWB, § 97 Rdnr. 24; Gröning, ZIP 1999, S. 52, 55; Stickler, in: Reidt/Stickler/Glahs, § 97, Rdnr. 25.

[592] Stickler, in: Reidt/Stickler/Glahs, § 97, Rdnr. 25; vgl. Boesen, Vergaberecht, § 97 Rdnr. 102ff; Niebuhr/Kulartz/Kus/Portz, Vergaberecht, § 97 Rdnr. 214ff.

[593] EuGH – Rs. C-513/99 -, Urteil vom 17. September 2002 – Concordia Bus.

In der Entscheidung legt der EuGH die Dienstleistungskoordinierungsrichtlinie dahingehend aus, dass der öffentliche Auftraggeber bei der Vergabe öffentlicher Aufträge Umweltschutzkriterien bei der Bestimmung des wirtschaftlich günstigsten Angebotes berücksichtign darf. Das Umweltschutzkriterium muss mit dem Gegenstand des Auftrags zusammenhängen, darf dem Auftraggeber keine unbeschränkte Entscheidungsfreiheit einräumen, muss ausdrücklich im Leistungsverzeichnis oder der Bekanntmachung genannt sein und darf nicht zur Diskriminierung von Bietern führen.[594] Soweit diese Voraussetzungen erfüllt sind, lässt der EuGH Umweltschutzkriterien als Zuschlagskriterium zu.[595] Schließlich stellt der EuGH fest, dass er den Fall genauso entschieden hätte, wäre die öffentliche Ausschreibung unter die Sektorenrichtlinie gefallen.[596] Umweltschutzkriterien können danach als Zuschlgskriterium durchaus zu einer Änderung der Bieterreihenfolge führen. Sie sind nicht etwa bloßes zusätzliches Wertungskriterium für den Fall, dass zwei Angebote gleichwertig sind.

b) Die Berücksichtigung des Umweltschutzes zur Ermittlung der wirtschaftlichen Leistung

Es ist bleibt zu prüfen, ob das Kriterium des Umweltschutzes bei der Auftragsvergabe zur Ermittlung des wirtschaftlichen Angebotes geeignet ist. Für eine Einbeziehung umweltrelevanter Kriterien in den Anwendungsbereich der Art. 26 Abs. 1 LKR, 30 Abs. 1 BKR, 36 Abs. DKR und 34 Abs. 1 SKR sowie der entsprechenden nationalen Regeln spricht, dass auf diese Weise eine umfassende Wirtschaftlichkeitsfeststellung einschließlich der Berücksichtigung externer langfristiger Kosten, die aus Umweltschutzgründen anfallen, durchgeführt werden kann.[597] Wenn zum Beispiel das beauftragte Unternehmen besonders energiesparende Techniken einsetzt, kann eine kurzfristig mit finanziellen Mehraufwendungen verbundene Auftragserfüllung unter Umständen zu einer langfristigen Kostenersparnis führen, indem externe durch die Umweltverschmutzung verursachten Kosten vermieden werden.[598] Eine solche umfassende Wirtschaftlichkeitskontrolle führt mithin dazu, dass sich dieses Angebot als das langfristig „wirtschaftlich günstigste" Angebot darstellt.[599] Indem der Begriff der Wirtschaftlichkeit im Vergaberecht durch eine Langzeitsicht unter Berücksichtigung der Neben- und Folgenwirkungen für die Umwelt ökologisch angereichert wird, könnte die Ausschreibung umweltschonender Anlagen zulässig sein.

---

[594] EuGH – Rs. C-513/99 -, Urteil vom 17. September 2002 – Concordia Bus, Rdnr. 64.

[595] EuGH – Rs. C-513/99 -, Urteil vom 17. September 2002 – Concordia Bus, Rdnr. 54.

[596] EuGH – Rs. C-513/99 -, Urteil vom 17. September 2002 – Concordia Bus, Rdnr. 93.

[597] Vgl. Rittner, EuZW 1999, S. 677, 677 ff; Götz, EuR 1999 S. 621, 631, ähnlich Schumacher, DVBl. 2000, S. 467, 469.

[598] Frenz, WuW 2002, S. 352, 354.

[599] Eine solche erweiterte Kontrolle entspricht auch den explizit genannten Beispielskriterien „Rentabilität" und „Qualität".

Für eine solche umfassende Wirtschaftlichkeitskontrolle spricht die bedeutende Rolle, die der Umweltschutz im EG-Vertrag einnimmt.[600] Nach Art. 2 EG zählt Umweltschutz zu den hervorragenden Aufgaben der Gemeinschaft. Nach Art. 6 EG ist der Umweltschutz eine Querschnittsaufgabe der Europäischen Gemeinschaft[601], die durch eine umweltfreundliche Gestaltung aller Politikbereiche – und damit auch der Auftragsvergabepolitik – praktiziert werden soll.[602] Eine umfassende Wirtschaftlichkeitsprüfung entspricht daher der intergenerationellen Komponente der das Gemeinschaftsrecht nach Art. 2 EG prägenden nachhaltigen Entwicklung, wonach auch die Bedürfnisse künftiger Generationen in die Bewertung einzubeziehen sind.[603]

Bereits in ihrer Mitteilung zum öffentlichen Auftragswesen in der europäischen Union[604] bezeichnete die Kommission den Umweltschutz als eine immer wichtigere Komponente jeder modernen Wirtschaftspolitik und betonte, „dass das Gemeinschaftsrecht, insbesondere die Richtlinien zum öffentlichen Auftragswesen, eine Vielzahl von Möglichkeiten bieten, dem Umweltschutz im öffentlichen Beschaffungswesen Geltung zu verschaffen".[605] In der interpretierenden Mitteilung vom 4.7. 2001 über das auf das öffentliche Auftragswesen anwendbare Gemeinschaftsrecht und die Möglichkeit zur Berücksichtigung von Umweltbelangen bei der Vergabe öffentlicher Aufträge weist die Europäische Kommission ausdrücklich darauf hin, dass bei der öffentlichen Auftragsvergabe Umweltschutzanforderungen, die sich auf den Gegenstand des Produktes oder der Leistung beziehen, nach Vergaberecht zulässig sind.[606] Daher kann auch der Begriff der Wirtschaftlichkeit im Vergaberecht ökologisch angereichert werden.

---

600 Vgl. Däubler, ZIP 2000, S. 681, 685; Neßler, DÖV 2000, S. 145, 151.

601 Vgl. Kloepfer, Umweltrecht, S. 557; Oppermann, Europarecht, S. 865ff.

602 Neßler, DÖV 2000, S. 145, 152.

603 Vgl. Frenz, WuW 2002, S. 352, 356.

604 Kommission, KOM (1998), 143, S. 28, 31.

605 Kommission, KOM (1998), 143, S. 30. Auch in der vom Europäischen Rat von Göteborg gebilligten EU-Strategie für die nachhaltige Entwicklung werden die Mitgliedstaaten aufgefordert, sich Gedanken zu machen, wie sie das öffentliche Beschaffungswesen besser zur Förderung von umweltfreundlichen Waren und Dienstleistungen nutzen zu können, vgl. KOM (2001) 264 endg., S. 8; vgl. auch Frenz, WuW 2002, S. 352, 352ff.

606 Nach dem Vorschlag für eine Richtlinie des Rates und des Europäischen Parlaments über die Koordinierung der Verfahren zur Vergabe öffentlicher Lieferaufträge, Dienstleistungsaufträge und Bauaufträge, KOM 2000, 275, ergänzt durch einen weiteren Vorschlag für eine Richtlinie des Europäischen Parlaments und des Rates zur Koordinierung der Auftragsvergabe durch Auftraggeber im Bereich der Wasser-, Energie- und Verkehrsversorgung vom 10.5. 2000, KOM (2000) 276 endg. werden „Umwelteigenschaften" ausdrücklich in die Liste der möglichen Zuschlagskriterien aufgenommen, vgl. Art. 53 Nr. 1b bzw. Art. 54 des Richtlinienvorschlages; dazu auch Marx, in: Die Vergabe öffentlicher Aufträge im Lichte des Europäischen Wirtschaftsrechts, S. 77, 85.

Dafür spricht nunmehr auch die EuGH Entscheidung *Concordia Bus.*[607] Zwar müssen nach der Entscheidung des EuGH die Umweltschutzkriterien mit dem Gegenstand des Auftrags zusammenhängen. Bemerkenswert an dieser Entscheidung ist jedoch, dass der EuGH keinen „direkten Zusammenhang" mit dem Gegenstand des öffentlichen Auftrags für erforderlich hält. Auch muss die Berücksichtigung von Umweltschutzkriterien zu keinem „unmittelbaren wirtschaftlichen Vorteil" für den Auftraggeber führen. Folglich reicht es z.B. aus, dass die bestmögliche Einhaltung der Umweltschutzkriterien einen Beitrag zur Ressourcenschonung oder zum Klimaschutz leisten.

Über eine langfristige und nebenfolgenorientierte Betrachtung der wirtschaftlichen Günstigkeit lässt das Vergaberecht daher auch Raum für die Berücksichtigung des Umweltschutzes bei der Auftragsvergabe.[608] Mithin können in der Phase der Beschreibung des Auftragsgegenstandes in den Ausschreibungs- bzw. Verdingungsunterlagen und der Bekanntmachung der Ausschreibung Umweltschutzanforderungen in den technischen Spezifikationen berücksichtigt werden, die objektive, messbare Angaben über den Auftragsgegenstand enthalten. Die öffentlichen Auftraggeber können danach im Rahmen der Leistungsbeschreibung bestimmen, dass umweltverträgliche Erzeugnisse oder Herstellungsweisen zu verwenden sind.[609]

c) Ergebnis

Die Beschaffung umweltschonender Anlagen im Rahmen des Contractings stellt ein leistungsbezogenes Merkmal dar, welches so ausgestaltet ist, dass es von jedem in- und ausländischen Bieter gleichermaßen erfüllt werden kann.[610] Nach der im Vergaberecht erforderlichen langfristigen Betrachtung der Wirtschaftlichkeit der Leistung dient die Ausschreibung umweltschonender Anlagen dazu, das wirtschaftliche Angebot zu identifizieren.[611] Die Ausschreibung steht folglich im Einklang mit § 97

---

[607] EuGH – Rs. C-513/99 -, Urteil vom 17. September 2002 – Concordia Bus.

[608] So auch Frenz, WuW 2002, S. 352, 356. Bereits bei der 1984 erfolgten Novellierung der VOL/A wurde durch eine Ergänzung der amtlichen Erläuterungen zu § 8 Nr. 3 I VOL/A festgestellt, dass die öffentlichen Auftraggeber durch das Vergaberecht nicht daran gehindert sind, an die zu beschaffende Leistung auch ökologische Anforderungen zu stellen, vgl. Byok, NJW 2001, S. 2296, 2297ff.

[609] Beispielsweise, wenn die Gewährleistung eines bestimmten Umweltschutzstandards zu der erbrachten Leistung gehört und sie bereits in der Auftragsausschreibung und den Verdingungsunterlagen als Kriterium enthalten ist. Byok, NJW 2001, S.2296, 2296ff.; zur Zulässigkeit von umweltgerechten produkt- und herstellerbezogenen Ausschreibungstexten vgl. Ax/Ohler, ZVgR 1999, S. 39; Griem, NVwZ 1999, S. 1171, 1171; Schumacher, DVBl. 2000, S. 467, 469, vgl. auch Bechtold, GWB, § 97 Rdnr. 23; Boesen,Vergaberecht, § 97 Rdnr. 102.

[610] Vgl. Schumacher, DVBl 2000, S. 467, 469.

[611] Vgl. dazu Boesen, Vergaberecht, § 97 Rdnr. 146ff., 153ff.; Niebuhr/Kulartz/Kus/Portz, Vergaberecht, § 97 Rdnr. 216.

Abs. 5 GWB. Hat der Auftraggeber diese zulässigen Kriterien vorab in der Vergabebekanntmachung angegeben, so kann er diese mithin in die Bewertung der Angebote einfließen lassen.[612] Der Auftrag ist dann auf das wirtschaftlichste Angebot unter Berücksichtigung des auftragsbezogenen Kriteriums zu erteilen.[613] Die Kommunen können daher mit der Auftragsvergabe das Ziel verbinden, dass die Energiebewirtschaftung der jeweiligen Liegenschaft vorrangig durch umweltfreundliche Güter und Dienstleistungen bzw. Anlagen zu erfolgen hat, ohne Gefahr zu laufen, dass das Verfahren neu ausgeschrieben werden muss.

B. Die Ausschreibung des Contractings nach Haushaltsrecht

Werden die „europäischen" Schwellenwerte bei der Auftragsvergabe nicht erreicht, so finden die §§ 97 ff. GWB keine Anwendung.[614] Unterhalb der Schwellenwerte gelten mithin weiterhin die traditionellen deutschen Vergaberegeln.[615] Hier richtet sich die Auftragsvergabe nach den Vorschriften im Gesetz über die Grundsätze des Haushaltsrechts des Bundes und der Länder – das sog. Haushaltsgrundsätzegesetz (HGrG) – und nach der Haushaltsordnung des Bundes (BHO) bzw. der Länder (LHO).[616] Auf kommunaler Ebene richtet sich die Auftragsvergabe nach dem Gemeindehaushaltsrecht[617] i.V.m. Verwaltungsvorschriften.[618] Für Kommunen ergibt sich aus § 31 Abs. 1 GemHVO eine Verpflichtung zur Durchführung einer öffentlichen Ausschreibung vor der Vergabe des Auftrags.[619] Gemäß § 31 Abs. 2 GemHVO sind bei der Vergabe von Aufträgen die Vergabegrundsätze anzuwenden, die das Innenministerium im Gemeinsamen Amtsblatt bekannt gibt.[620] Die Landesministerien schreiben ihren nachgeordneten Dienststellen ganz überwiegend die Anwendung der VOB und VOL vor.[621]

---

612 Vgl. § 10 a 1. Spiegelstrich VOB/A; § 9 a VOL/A, danach dürfen bei der Wertung nur Kriterien berücksichtigt werden, die in der Bekanntmachung oder in den Vergabeunterlagen genannt sind. Vgl. auch BGH, ZVgR 1998, 577; BGH, WuW/E Verg 214 f. – Krankenhauswäsche, vgl. Kulartz, in: Daub/Eberstein, § 25 Rdnr. 44, Marx, in: Die Vergabe öffentlicher Aufträge im Lichte des europäischen Wirtschaftsrechts, S. 82.

613 Frenz, WuW 2002, S. 253, 360.

614 Stapenhorst, VergabeR 3/1997, S. B VII; Drügemöller, Vergaberecht, S. 151ff.

615 Prieß, EuZW 1999, S. 196, 198; kritisch Byok, NJW 1998, S. 2775, 2776.

616 Vgl. Jasper, DB 1998, S. 2151, 2152.

617 Vgl. etwa nur §§ 107, 108 GO-NRW.

618 Vgl. Stickler, in: Reidt/Stickler/Glahs, § 100 Rdnr. 9; Jaspers/Marx, VgR, S. XI.

619 Vgl. Trurnit, VBlBW 2001, S. 93, 93; Portz/Runkel, Baurecht für die kommunale Praxis, S. 6.

620 Hierzu BVerwG, NVwZ-RR 1989, 377; VGH BW, DÖV 1988, 649ff.

621 Vgl. auch § 31 II SächsGemHVO; Nr. 1.1 VwV v. 14.8. 2000, SächsABl, S. 694; Bekanntmachung Nr. 2 v. 20.12.1999, SächsABl, S. 77; nach den Verwaltungsanweisungen haben die staatlichen Verwaltungen die Verdingungsordnungen bei der Ausschreibung von Aufträgen zu beachten. Sie verweisen lediglich auf Abschnitt 1 der VOB/A und den Abschnitt 1 der VOL/A; die Abschnitte 2 bis 4 der VOB/A und VOL/A finden unterhalb der Schwellenwerte regelmäßig keine Anwendung,

Auch nach dem haushaltsrechtlichen Vergaberecht bestimmen damit letztendlich die Verdingungsordnungen die Pflichten, welche die Kommune bei der Vertragsanbahnung zu beachten hat.[622]

I. Anwendung des haushaltsrechtlichen Vergaberechts

Auf der Grundlage des § 31 GemHVO i.V.m. dem ersten Abschnitt der VOL/A haben Kommunen Leistungen nach den Verdingungsordnungen dann auszuschreiben, wenn der Auftragswert den haushaltsrechtlichen Schwellenwert überschreitet sowie die weiteren sachlichen Anwendungsvoraussetzungen vorliegen.[623] Da es sich beim Contracting um die entgeltliche Beschaffung von energiewirtschaftlichen Leistungen und damit um einen öffentlichen Auftrag handelt, ist der sachliche Anwendungsbereich des Haushaltsrechts eröffnet.[624]

Es stellt sich des Weiteren die bereits unter dem „kartellrechtlichen" Vergaberecht erörterte Frage, ob ein öffentlicher Auftrag auch dann angenommen werden kann, wenn die Vergabe der Leistung an ein kommunales Unternehmen erfolgen soll (In-House-Problematik). Nach der Rechtsprechung des BGH in der Sache *Technische Hilfe* ist die Auftragsvergabe an ein Unternehmen dann nicht ausschreibungspflichtig, wenn die Kommune über das Unternehmen eine Kontrolle ausübt wie über eine eigene Dienststelle und das öffentliche Unternehmen maßgeblich für die Kommune tätig wird.[625] Dies ist jedoch – wie bereits dargestellt – grundsätzlich nur dann der Fall, wenn es sich bei dem kommunalen Unternehmen um einen Regie- oder Eigenbetrieb handelt oder ausnahmsweise besondere gesellschaftsrechtliche Kontrollmechanismen vorliegen.[626] Die Vergabe des Contractings an kommunale Unternehmen stellt danach in der Regel keine verwaltungsinterne Anweisung, sondern einen öffentlichen Auftrag im Sinne des haushaltsrechtlichen Vergaberechts dar.[627] Dieses Ergebnis wurde in

---

zu den Besonderheiten in den einzelnen Bundesländern vgl. Müller, in Daub/Eberstein, §1 Rdnr. 36, Höfler/Bert, NJW 2000, S. 3310, 3310ff., Waldner, Bieterschutz im Vergaberecht, S.32; Faber, DÖV 1995, S. S. 403 404; Güntzel in: Heuer, § 55 BHO Rdnr. 2.

622 Baur/Matthey, S. 24.

623 Dazu Trurnit, VBlBW 2001, S. 93, 93.

624 Da es bis zum In-Kraft-Treten des GWB keine gesetzliche Definition des Begriffs des öffentlichen Auftrags gab und auf Grund der Anwendbarkeit von VOB/A und VOL/A auch für öffentliche Aufträge unterhalb der Schwellenwerte, gilt für diese die gleiche Definition des öffentlichen Auftrags, wie für Aufträge oberhalb der Schwellenwerte, vgl. Byok, NJW 2001, S. 2298, 2298

625 Vgl. Litpher/Berger, Ausschreibungspflicht von Kommunen, S. 9.

626 Vgl. die gesellschaftsrechtlichen Steuerungsmechanismen bei einer Eigengesellschaft BGH, WuW 2001, S. 905, 905ff. – Technische Hilfe, vgl. auch Baur/Matthey, S. 33.

627 So auch Baur/Matthey, S. 32, in diesem Sinne OVG Schleswig, Urteil vom 24.6. 1998, 2 L 113/97, Blatt 16, unter Verweis auf OLG Düsseldorf, NWVBl. 1994, S. 193; a.A. OVG NW, NWVBl. 1995, S. 173, 175.

der Rechtsprechung durch eine Entscheidung des OVG Schleswig bestätigt.[628] Nach dieser Entscheidung ist der Umstand, dass eine Gesellschaft mit Mehrheitsbeteiligung einer Kommune zu dem Zweck gegründet wird, ihr die Erfüllung der Aufgabe der Abfallentsorgung zu übertagen, kein besonderer Umstand, der eine Ausnahme von der Anwendung des Haushaltsrechts bei der Beauftragung dieses Unternehmens rechtfertigt.[629] Lediglich die Anweisung von wirtschaftlich und rechtlich unselbständigen Regie- und Eigenbetrieben rechtfertige danach eine Ausnahme von der Ausschreibung.[630]

Die Kommunen haben das Contracting mithin nach der Haushaltsordnung des jeweiligen Landes in Verbindung mit § 2 Nr. 1 Abs. 1 VOL/A grundsätzlich auszuschreiben. Die Aufteilung von Aufträgen in Teil- und Fachlose ist zwar seit jeher im Interesse des Mittelstandes in den Verdingungsordnungen geregelt und damit auch für das haushaltsrechtliche Vergaberecht verbindlich.[631] Ausnahmsweise kann gemäß § 5 Nr. 1 VOL/A jedoch dann eine einheitliche Vergabe erfolgen, wenn technische oder wirtschaftliche Gründe dies erfordern. Wie die Ausführungen gezeigt haben, liegen solche Gründe bei der Vergabe von Contracting-Aufträgen vor, da eine Aufteilung in Lose das Wesen des Contractings, nämlich die Leistung der Energiebewirtschaftung aus einer Hand, zerstören würde. Auch nach dem haushaltsrechtlichen Vergaberecht ist daher eine einheitliche Vergabe des Contracting möglich.

II. Die Verfahrensgrundsätze nach dem Haushaltsrecht

Die Vergabearten der öffentlichen Auftragsvergabe nach dem Haushaltsrecht i.V.m. den einschlägigen Verdingungsordnungen entsprechen den Verfahren nach dem der EG-Vergaberichtlinien.[632] Anders als bei den Verfahren oberhalb der Schwellenwerte

---

[628] OVG Schleswig, Urt. v. 24.6. 1998 – 2 L 113/97, U A S. 16, unter Verweis auf OLG Düsseldorf, NWVBl 1994, 193; a.A. OVG Münster, NVwZ 1995, 1238.

[629] OVG Schleswig, Urt. v. 24.6. 1998 – 2 L 113/97, U A S. 16, unter Verweis auf OLG Düsseldorf, NWVBl 1994, S. 193; a.A. OVG Münster, NVwZ 1995, S. 1238.

[630] OVG Schleswig, Urt. v. 24.6. 1998 – 2 L 113/97, U A S. 16, unter Verweis auf OLG Düsseldorf, NWVBl 1994, 193; a.A. OVG Münster, NVwZ 1995, S. 1238.

[631] So fordert § 5 Nr. 1 VOL/A grundsätzlich eine Zerlegung der Leistung in Teil- oder Fachlose, damit sich auch kleine und mittlere Unternehmen an dem Vergabeverfahren beteiligen können, vgl. Müller, in: Daub/Eberstein, VOL/A, § 5 Rdnr. 12ff.; vgl. § 4 VOB/A, § 5 Nr. 1 VOL/A; dazu Hailbronner, in: Byok/Jaeger, § 97, Rdnr. 153. Nach § 4 Nr.2 und Nr. 3 VOB/A sind Bauleitungen verschiedener Handwerks- oder Gewerbezweige in der Regel nach Fachgebieten oder Gewerbezweigen getrennt zu vergeben, vgl. VÜA Brandenburg, WuW/E VergAL 52, 54f.; vgl. zu den Teil- und Fachlosen im einzelnen Heiermann, in: Heiermann/Riedl/Rusam, VO, § 4 VOB/A Rdnr. 10 ff.; Ingenstau, in: Ingenstau/Korbion, VOB, § 4 VOB/A, Rdnr. 6ff.

[632] Nach dem Haushaltsrecht handelt es sich um die öffentliche Ausschreibung, die beschränkte Ausschreibung und die sog. freihändige Vergabe; vgl. § 3 VOL/A, § 3 VOB/A; dazu Jestaedt, in:

ist dagegen eine europaweite Ausschreibung nicht erforderlich.[633] Im Rahmen der haushaltsrechtlichen Ausschreibung kann eine dem Verhandlungsverfahren vergleichbare freihändige Vergabe dann gewählt werden, wenn die Natur des Geschäfts oder besondere Umstände diese rechtfertigen.[634] Die Ausnahmevorschriften für das haushaltsrechtliche beschränkte Verfahren bzw. die freihändige Vergabe sind identisch mit denen des Verhandlungsverfahrens nach dem GWB. Insoweit ist auch auf die entsprechende Regelung in § 3 Nr. 4 a VOL/A abzustellen.[635] Wie bereits ausgeführt, könnte der Contracting-Auftrag aufgrund der fehlenden Beschreibbarkeit der Leistung bzw. der Unmöglichkeit der Preisgestaltung im Wege der freihändigen Vergabe vergeben werden. Allerdings gilt nach §§ 2 Nr. 1 VOB/A, 2 Nr. 2 VOL/A auch für die Ausschreibung nach Haushaltsrecht der Vorrang des offenen Verfahrens, welcher die Anwendung der freihändigen Vergabe ausschließen könnte.[636]

Wie die Darstellung zu den „kartellrechtlichen" Verfahrensgrundsätzen gezeigt hat, kann ein offenes bzw. beschränktes Verfahren den Schutzzweck des „kartellrechtlichen" Vergaberechts bei der Vergabe von Contracting-Leistungen nicht erreichen. Wegen der fehlenden Beschreibbarkeit der Contracting-Leistungen im Vorfeld des Vertragsschlusses würde ein förmliches Verfahren zur Einschränkung des Bieterwettbewerbs führen und damit gegen § 97 Abs. 1 GWB verstoßen. Wettbewerb unter den Bietern kann dagegen nur im Verhandlungsverfahren hinreichend sichergestellt werden. Fraglich ist jedoch, ob diese Überlegungen auf das haushaltsrechtliche Vergaberecht übertragen werden können. Während die „kartellrechtlichen" Verfahrensvorschriften vorrangig dem Wettbewerb dienen, dient das im Haushaltsrecht geregelte Vergabeverfahren vorrangig den Fiskalinteressen des Staates.[637] Der vorrangige Zweck der haushaltsrechtlich motivierten Vergaberegeln könnte die Berücksichtigung des Wettbewerbs ausschließen.[638] So ist die öffentliche Hand nach dem Haushaltsrecht zur wirtschaftlichen Verwendung der Haushaltsmittel verpflichtet.[639] Allerdings soll

---

Jestaedt/Kemper/Marx/Prieß, S.92.

633 Übersicht über den Ablauf des Vergabeverfahrens nach nationalem Recht bei Potz, Der Gemeindehaushalt 1996, S. 296. Anders als im Rahmen des europäischen Verfahrens ist eine Veröffentlichung in dem Amtsblatt der Europäischen Gemeinschaften nicht erforderlich.

634 Vgl. Trurnit, VBlBW 2001, S. 93, 94; vgl. dazu Scheel/Steup/Schneider/Lienen, Gemeindehaushaltsrecht Nordrhein-Westfalen, § 31 GemHVO Rdnr. 4; vgl. Waldner, Bieterschutz im Vergaberecht, S. 32.

635 Vgl. auch Müller-Wrede, in: Ingentau/Korbion, § 3 Rdnr. 34; vgl. Tomerius, NVwZ 2000, S. 729 ff.

636 So die herrschende Lehre vgl. Baur/Matthey, S. 33; Jestaedt, in: Jestaedt/Kemper/Marx/Prieß, S. 93.

637 Vgl. Prieß, Handbuch des europäischen Vergaberechts, S. 59; Niebuhr/Eschenbruch, Das neue Vergaberecht, S. 195, 197.

638 Vgl. Waldner, Bieterschutz im Vergaberecht, S. 24.

639 Vgl. die ausdrückliche Verpflichtung nach § 6 Abs. 1 HGrG und § 7 Abs. 1 BHO bei der Aufstellung und Ausführung des Haushaltsplans die Grundsätze der Wirtschaftlichkeit und Sparsamkeit zu beachten. Dazu Grupp, Die Verwaltung Beiheft 3, 2000, S. 9. Durch Art. 114 Abs. 2 Satz 1 GG ist die Wirtschaftlichkeit der Haushalts- und Wirtschaftsführung als verfassungsmäßiges Leit-

auch der Bieterwettbewerb nach dem kartellrechtlichen Vergaberecht letztendlich der Ermittlung der wirtschaftlichen Leistung dienen.[640] Eine Einschränkung des Bieterwettbewerbs durch das förmliche Verfahren würde dazu führen, dass die wirtschaftliche Leistung nicht ermittelt werden kann.[641] Die Folge wären auch nach dem haushaltsrechtlichen Vergaberecht Mehrausgaben des Staates bei der Leistungsbeschaffung, die das haushaltsrechtliche Vergaberecht gerade verhindern will.[642] Durch die Einschränkung des Bieterwettbewerbs ist mithin auch der haushaltsrechtliche Schutzbereich betroffen. So hat die öffentliche Hand nach Auffassung des BGH auch im Rahmen des Haushaltsrechts die Regeln einer marktorientierten Wettbewerbswirtschaft zu berücksichtigen.[643] Dies kommt auch in § 2 Abs. 1 VOL/A zum Ausdruck, wonach Leistungen auch nach dem „haushaltsrechtlichen" Vergaberecht im „Wettbewerb" zu vergeben sind. Da die Einschränkung des Bieterwettbewerbs durch das förmliche Verfahren die Beschaffung der wirtschaftlichsten Leistung vereiteln würde, verstieße die Anwendung des förmlichen Verfahrens bei der Ausschreibung von Contracting-Leistungen mithin auch gegen den Schutzzweck des haushaltsrechtlichen Vergaberechts. Die Grundsätze der Wirtschaftlichkeit und Sparsamkeit können daher bei der Vergabe von öffentlichen Aufträgen am ehesten unter Wettbewerbs- und Marktbedingungen realisiert werden, da in diesem Fall das wirtschaftlichste Angebot zum Zuge kommt.[644] Mithin gebietet das haushaltsrechtliche Wirtschaftlichkeitsprinzip – entgegen der bisher herrschenden Lehre – eine Ausschreibung von Contracting-Leistungen im Wege der freihändigen Vergabe.

Nach den haushaltsrechtlichen Bestimmungen ist der Auftraggeber bei der Auswahl der Bewerber im Wege der freihändigen Vergabe jedoch nicht frei, sondern an die Verdingungsordnungen, insbesondere die § 7 und § 8 Abschnitt 1 VOL/A, gebunden. Danach sind alle Bewerber gleich zu behandeln und nur diejenigen Bewerber auszuwählen, die die erforderliche Fachkunde, Leistungsfähigkeit und Zuverlässigkeit besitzen und über ausreichend technische und wirtschaftliche Mittel verfügen.

---

bild für die Verwaltung herausgestellt, vgl. Grupp, DÖV 1983, 661, 661ff.; Schuppert, VVDStRL 42 (1984), S. 216, 259ff.

640 Vgl. Dreher, in: Immenga/Mestmäcker, GWB, Vor §§ 97 ff Rdnr. 2.

641 Dreher, WuW 1997, S. 949, 949 ff.

642 Vgl. Brenner, Staatsphilosophie und Rechtspolitik, S. 1431, 1435.

643 BGHZ 69, S. 334, 339; Emmerich, Die AG 1976, S. 221, 227; ders., Das Wirtschaftsrecht der öffentlichen Unternehmen, S. 60 ff., 212; vgl. auch Schwintowski, NJW 1990, S. 1009, 1031f.

644 Piduch, Bundeshaushaltsrecht, § 55 BHO Rdnr. 1.

III. Die haushaltsrechtlichen Zuschlagskriterien der Wirtschaftlichkeit und Sparsamkeit

Die Kommunen sind verpflichtet, demjenigen Bieter den Auftrag zu erteilen, der die „wirtschaftlichste“ Leistung anbietet.[645] Dadurch sollen dem Staat unnütze Mehrausgaben durch die Überteuerung von Aufträgen erspart werden.[646] Staatlicher Ausgabenluxus oder gar staatliche Verschwendungen sollen vermieden werden, um eine effiziente Ressourcenverwaltung der nur begrenzt zur Verfügung stehenden staatlichen (Steuer-)Mittel zu ermöglichen. Das Wirtschaftlichkeitsprinzip verpflichtet den öffentlichen Auftraggeber daher, dasjenige Angebot anzunehmen, welches die günstigste Relation zwischen dem angestrebten Zweck und den dafür einzusetzenden Mitteln herstellt.[647] Die günstigste Zweck-Mittel Relation wird erreicht, wenn entweder ein bestimmtes Ergebnis mit möglichst geringem Einsatz von Mitteln oder mit einem bestimmten Einsatz von Mitteln das bestmögliche Ergebnis erzielt wird.[648] Nach dem Haushaltsrecht gilt im förmlichen Verfahren ein allgemeines Preisverhandlungsverbot.[649] Es ist fraglich, ob der haushaltsrechtliche Zweck erreicht werden kann, wenn die öffentliche Hand durch das allgemeine Preisverhandlungsverbot daran gehindert wird, alle Möglichkeiten zu nutzen, die angebotenen Preise zu unterschreiten.[650] Es darf zudem bezweifelt werden, ob der Sinn des Verfahrens, die wirtschaftliche Verwendung von Haushaltsmitteln, erreicht werden kann, wenn dies mittels eines schematischen Verwaltungsverfahrens geschehen soll, das wenigstens arbeits- und zeitaufwendig ist.[651] So könnte die Ursache für die Überteuerung eines Angebotes in dem Vergaberecht selbst liegen. Um den Prinzipien der Sparsamkeit und Wirtschaftlichkeit zu entsprechen, könnte es erforderlich sein, von einem zusätzlichen Verwaltungsverfahren abzusehen.[652] Allerdings lässt das Haushaltsrecht eine solche Befreiung von den Vergabevorschriften bisher nicht zu. Da der öffentliche Auftraggeber daher auch unterhalb der europäischen Schwellenwerte das Diskriminierungsverbot zu beachten hat, sind vergabefremde Kriterien bei der Auswahl der Bieter unzulässig.[653] Jedoch kann das haushaltsrechtliche Wirtschaftlichkeitsprinzip im Sinne des EG-Vertrages, insbesondere im Lichte der EG-rechtlichen Umweltschutzbestimmungen,

---

645 Vgl. Hailbronner, in: Byok/Jaeger, § 97 Rdnr. 188; vgl. § 2 Nr. 1, § 25 Nr. 2 VOB/A; § 2 Nr. 3, § 25 Nr. 2 VOL/A; Dreher, NZBau 2001, S. 360, 365.

646 Brenner, Staatsphilosophie und Rechtspolitik, S. 1431, 1435.

647 Vgl. zum Maßstab der Wirtschaftlichkeit schon Schuppert, VVdStR 42 (1984), S. 208, 259.

648 Zu dem Maximal- und Minimalprinzip des Wirtschaftlichkeitsprinzips Schuppert, VVdStR 42 (1984), S.208, 259ff.; Grupp, in: Achterberg/Püttner, Rdnr. 96f.

649 Dazu Ebisch/Gottschalk, Preise und Preisprüfungen bei öffentlichen Aufträgen, § 2 Rdnr. 18.

650 Vgl. Ebisch/Gottschalk, Preise und Preisprüfungen bei öffentlichen Aufträgen, § 2 Rdnr. 18.

651 Schliesky, Öffentliches Wettbewerbsrecht, S. 426; vgl. Dommach, in: Heuer, KHR, § 7 BHO Rdnr. 15; Piduch, Bundeshausaltsrecht, § 7 BHO Rdnr. 8.

652 Vgl. Schliesky, Öffentliches Wettbewerbsrecht, S. 427.

653 Vgl. Boesen, Vergaberecht, Einl. Rdnr. 1ff.; Byok, NJW 1999, S. 2774, 2776.

ausgelegt werden.[654] Auch nach dem Haushaltsrecht ist daher bei der Bestimmung der Wirtschaftlichkeit eine Langzeitsicht unter Berücksichtigung der Neben- und Folgenwirkungen für die Umwelt zu wählen. Danach ist die Beschaffung von umweltschonenden KWK-Anlagen oder Brennstoffzellen im Rahmen des Contractings nach dem Haushaltsrecht zulässig.

C. Erfüllung des vergaberechtlichen Schutzzweckes bei der Nachfragetätigkeit der Kommunen im Wettbewerb

Die Kommunen könnten bei der Beschaffung des Contractings vom Vergaberecht befreit sein, wenn sie die Contracting-Leistungen im Wettbewerb nachfragen. Wie die bisherigen Ausführungen gezeigt haben, besteht der Schutzzweck der europäischen Vergaberichtlinien in der Herstellung des Wettbewerbs auf dem Gebiet des öffentlichen Auftragswesens.[655] Dahinter steht die Erkenntnis, dass Wettbewerb für einen diskriminierungsfreien Austausch von Waren und Dienstleistungen sorgt und damit den Europäischen Binnenmarkt verwirklicht.[656] Ohne Wettbewerb kann ein Gemeinsamer Markt weder geschaffen noch aufrechterhalten werden.[657] Anhand der Einordnung der grundlegenden Vorschriften des Vergaberechts in das deutsche Gesetz gegen Wettbewerbsbeschränkungen wird deutlich, dass die Ziele der Sparsamkeit und Wirtschaftlichkeit nun auch nach deutschem Vergaberecht durch einen funktionierenden Wettbewerb herbeigeführt werden sollen.[658] Selbst im Rahmen des Haushaltsrechts hat die Vergabestelle den Wettbewerb zu berücksichtigen, da dieser die Wirtschaftlichkeit der Vergabe sicherstellt.[659]

Der Schutzzweck des Vergaberechts ist mithin im Wettbewerb erfüllt.[660] Die Verwirklichung des Binnenmarktkonzepts durch den Wettbewerb erfordert die Koordinierung der Verfahren zur Vergabe öffentlicher Aufträge daher nur dann, wenn Wettbewerb nicht schon gegeben ist.[661] Werden die Auftraggeber im Wettbewerb tätig, fehlt es nach der Konzeption des Vergaberechts an der Notwendigkeit, durch spezielle

---

[654] Vgl. Hailbronner, EWS 1995, S. 285, 287.

[655] Hailbronner, EWS 1995, S. 285, 288; Pietzcker, in: Festschrift für Redeker, S. 501; Fischer, in: Lenz, Art. 49 – 55 Rdnr. 1; vgl. auch die Schlussanträge des Generalanwaltes Léger v. 15.6. 2000 in der Rs. C-94/99, Erwägungsgr. 5 u. 79 – ARGE Gewässerschutz.

[656] Vgl. EuGH, Slg 1988, 4635, Rdnr. 37 – Beentjes; vgl. Kerber, Wettbewerbskonzeption der EG, S. 188; Everling, WuW 1990, S. 995, 1000; Hailbronner, EWS 1995, S. 285, 288; Brenner, Staatsphilosophie und Rechtspolitik, S. 1431, 1445.

[657] Vgl. Rittner, JZ 1990, S. 838, 839f. So vermögen auch die Wettbewerbsregeln bekanntlich als „Schutzgesetze" individualbegünstigende Wirkungen zu entfalten, Burgi, EuR 1997, S. 261, 285.

[658] Dreher, WuW 1997, S. 949, 949 ff.

[659] Siehe schon die Ausführungen im Rahmen der haushaltsrechtlichen Vergabe.

[660] So Dreher, WuW 1999, S. 244, 245ff.

[661] Hailbronner, EWS 1995, S. 285, 288ff.; Noch, DÖV 1998, S. 623, 628f.

hoheitliche Regelungen einen Vergabemarkt zu schaffen und einen wirksamen Wettbewerb zu gewährleisten, da in diesem Fall der vorhandene Markt die Ergebnisse sicherstellt, auf die die EG-Vergaberichtlinien und das deutsche Vergaberecht abzielen.[662]

Auf diese Bedeutung des Wettbewerbs für die Auftraggebereigenschaft hat bereits der EuGH in seiner Entscheidung *Gemeinde Arnheim* hingewiesen.[663] Danach fallen Einrichtungen des öffentlichen Rechts dann nicht unter das Vergaberegime, wenn sie auf wettbewerblichen Märkten tätig sind.[664] Auch auf der Grundlage der vom EuGH in der Rechtssache *British Telecommunications* entwickelten Grundsätze können Tätigkeiten dann vom Anwendungsbereich der Richtlinie ausgeschlossen werden, wenn sie auf Märkten ohne Zugangsbeschränkungen unmittelbar dem Wettbewerb unterliegen.[665] Anknüpfen kann diese Auslegung an die bereits im Vergaberecht vorgesehen Ausnahmevorschriften. So finden sich im Richtlinienrecht eine Fülle von Klauseln, die in konkreten Einzelfällen unter bestimmten Voraussetzungen die Bindung der Mitgliedstaaten an die betreffende Richtlinie lockern oder sogar aufheben (Prinzip der flexiblen Bindung in Konfliktlagen).[666] So sieht die Sektorenrichtlinie an verschiedenen Stellen für Auftraggeber eine Freistellung von den Vergabevorschriften vor, wenn diese Auftraggeber auf einem Markt tätig sind, in dem sie sich anderen Wettbewerbern stellen müssen und die Konkurrenzunternehmen unter im Wesentlichen gleichen Bedingungen operieren können.[667] Ausdrückliche Ausnahmeregeln finden sich beispielsweise in Art. 8 Abs. 1 SKR, nach dem Einkäufe in Verbindung mit Telekommunikationsdienstleistungen von der Anwendung des Vergaberechts befreit sind, wenn andere Unternehmen die Möglichkeit haben, Telekommunikationsdienste in demselben geographischen Gebiet und unter im wesentlichen gleichen Bedingungen anzubieten.[668] Aus diesem Grund werden heute Telekommunikationsunternehmen von dem Anwendungsbereich des Vergaberechts nicht mehr erfasst, unabhängig davon, ob es sich dabei um Einrichtungen der öffentlichen Hand,

---

662 Vgl. Dreher, WuW 1999, S. 244, 246; ders., DB 1998, S. 2579, 2582, vgl. auch die Schlussanträge des Generalanwaltes Léger v. 15.6. 2000 in der Rs. C-94/99, Erwägungsgr. 5 u. 79 – ARGE Gewässerschutz.

663 EuGH, Slg. 1998, I-6864ff. Rdnr. 43, 47ff – Gemeinde Arnheim; vgl dazu auch EuGH, Slg. 1999, I-5697 – Metalmeccanica Fracasso SpA.

664 EuGH, Slg. 1998 I, 6821 – Gemeinde Arnheim; vgl. EuGH, Slg. 1996 I, S. 1631, 1667 Rdnr. 35 – British Telecommunications unter Hinweis auf den 13. Erwägungsgrund der SKR; auch Drügemöller, Vergaberecht, S. 67; Prieß, Handbuch des europäischen Vergaberechts, S. 100.

665 Vgl. EuGH, Slg. 1998 I, 6821 – Gemeinde Arnheim; vgl. EuGH, Slg. 1996 I, S. 1631, 1667 Rdnr. 35 – British Telecommunications; vgl. dazu Drügemöller, Vergaberecht, S. 67.

666 Dazu Neßler, Europäisches Richtlinienrecht wandelt deutsches Verwaltungsrecht, S. 52ff., 208; Neßler, EWS 1999, S. 89, 93.

667 Vgl. Prieß, Handbuch des europäischen Vergaberechts, S. 99.

668 EuGH, Slg. 1996 I, S. 1631, 1667 Rdnr. 35 – British Telecommunications; vgl. Dreher, in: Immenga/Mestmäcker, GWB § 98 Rdnr. 85, Brenner, Staatsphilosophie und Rechtspolitik, S. 1431, 1445.

um öffentliche Unternehmen oder aber um Unternehmen mit besonderen oder ausschließlichen Rechten handelt.[669] In der Literatur wird daher gefordert, nach einer vollständigen Liberalisierung des Energiemarktes in Europa, Art. 8 SKR auf die Energieversorgung zu erstrecken und damit auch Kommunen vollständig von der Ausschreibungspflicht zu befreien, wenn diese auf dem Energiemarkt Leistungen einkaufen.[670] Einen sachlich gerechtfertigten Grund dafür, Einrichtungen der öffentlichen Hand des Telekommunikationssektors anders zu behandeln, als Einrichtungen der öffentlichen Hand der anderen Sektoren, die ebenfalls auf wettbewerblich orientierten Märkten tätig sind, gebe es nicht.[671] Auf der Grundlage der wettbewerbsbezogenen-teleologischen Auslegung des Vergaberechts sind Kommunen dann von den Zwängen des Vergaberechts zu befreit, wenn sie im Wettbewerb tätig werden.[672] Folglich könnten die Kommunen bei der Beschaffung von Contracting-Leistungen dann vom Vergaberecht befreit sein, wenn sie die Leistungen auf wettbewerblich strukturierten Märkten nachfragen.

D. Bisherige Auslegung der Vergabevorschriften beim Einkauf der Kommunen im Wettbewerb – Die Auffassung der Europäischen Kommission zur Ausschreibungspflicht der Kommunen

Die Europäische Kommission hat bisher jedoch keine Ausnahme für die Nachfrage der Kommunen auf dem Energiemarkt sowie den Märkten, die von den klassischen Vergaberichtlinien erfasst werden, zugelassen.[673] So kommt beispielsweise nach dem Richtlinienentwurf über die Koordinierung der Verfahren zur Vergabe öffentlicher Lieferaufträge, Dienstleistungsaufträge und Bauaufträge und für eine Richtlinie zur Koordinierung der Auftragsvergabe durch Auftraggeber im Bereich der Wasser-, Energie- und Verkehrsversorgung[674] die öffentliche Hand von vornherein nicht für die vorgesehene Ausnahmevorschrift in Frage, auch wenn sie Tätigkeiten ausführt, die auf freien Märkten unmittelbar dem Wettbewerb ausgesetzt sind.[675] Die Kommission begründet dies damit, dass die öffentliche Hand aufgrund ihrer Natur gezwungen sein könne, aus anderen als wirtschaftlichen Erwägungen zu handeln und zwar auch dann, wenn es sich um einen Markt handle, der unmittelbar dem Wettbewerb ausgesetzt sei.[676] Daher soll eine automatische Freistellung von Aufträgen des Staates, die in Verbindung mit Tätigkeiten, die auf Märkten mit freiem Zugang unmittelbar dem

---

669 Vgl. Mestmäcker, in: Immenga/Mestmäcker, GWB, Ein.l. Rdnr. 40; vgl. dazu die Ausführungen im 3. Kapitel.

670 Vgl. Dreher, in: Immenga/Mestmäcker, GWB § 98 Rdnr. 85.

671 Matthey, S. 262.

672 Lienemeyer, EWS 2000, S. 450.

673 Vgl. Kommission, KOM (2000) 276 endg., S. 9.

674 Kommission, KOM (2000) 276 endg., S. 9.

675 Vgl. Art. 29 Abs. 1 SKR-E; Art. 2 Abs. 1 a SKR.

676 Vgl. dazu Matthey, S. 261.

Wettbewerb ausgesetzt sind, wie sie Art. 8 SKR für den Telekommunikationssektor vorsieht, für die anderen Beschaffungsmärkte der öffentlichen Hand gerade nicht erfolgen.[677] Allein der staatlicher Einfluss auf diesen Märkten reicht demnach aus, um die Anwendung der Vergabevorschriften zu rechtfertigen.[678] Die Auffassung der Kommission, wonach fehlender Wettbewerb nicht erforderlich sei, um die Anwendung der Vergabevorschriften zu rechtfertigen, steht daher im Widerspruch zu der bisherigen Konzeption der Vergaberichtlinien, insbesondere der Sektorenrichtlinie, sowie dem Schutzzweck des Vergaberechts. Die Kommission besteht jedoch bei der Nachfrage der Kommunen auf der uneingeschränkten Anwendung der Dienstleistungs-, Liefer-, Baukoordinierungs- und Sektorenrichtlinie.[679] Danach sind die Kommunen bei der Nachfrage nach Contracting-Leistungen weiterhin zur öffentlichen Ausschreibung verpflichtet.

E. Gesamtergebnis zur Ausschreibungspflicht der Kommunen

Zusammenfassend ist festzustellen, dass Kommunen nach den vergaberechtlichen Vorschriften des GWB (§§ 97ff GWB) und des Haushaltsrechts (§ 31 GemHVO) die Contracting-Leistung öffentlich auszuschreiben haben. Die Ausschreibungspflicht greift auch bei der Beauftragung von kommunalen Energieversorgungsunternehmen. Der Auftrag kann dabei einheitlich vergeben werden und bedarf nicht der Aufteilung in Lose. Die Kommunen sind gemäß § 101 Abs. 5 GWB, § 3 Nr. 2 VOL/A grundsätzlich verpflichtet, im Wege eines offenen Verfahrens die Aufträge zu vergeben. Der Ausnahmecharakter des Verhandlungsverfahrens im Vergaberecht sowie allgemein die Verpflichtung zur Anwendung förmlicher Verfahren für komplexe öffentliche Aufträge wie dem Contracting stellt sich als problematisch dar.[680] Dennoch ist nach der bisher herrschenden Lehre beim Contracting das offene Verfahren vorrangig anzuwenden, so dass Verhandlungen zwischen der öffentlichen Hand und den Contractoren ausgeschlossen sind. Daher ist der Auftraggeber durch die vergaberechtlichen Preisvorschriften erheblich in seiner Preisgestaltungsfreiheit eingeschränkt. Die Auffassung der herrschenden Lehre widerspricht dem Schutzzweck des Vergaberechts, einen Bieterwettbewerb zu ermöglichen. Selbst wenn man jedoch das vergaberechtliche Verhandlungsverfahren bzw. die sogenannte freihändige Vergabe ausnahmsweise zuließe, kann die öffentliche Hand nicht frei bei der Auswahl des Contractors agieren, da sie auch im Rahmen dieses Verfahrens an bestimmte Form- und Fristvorschriften sowie an den Gleichbehandlungsgrundsatz und die Transparenzpflichten gebunden ist. Sollten der Gemeinde bei der Ausschreibung Verfahrensfehler unterlaufen, steht einem Anbieter seit dem In-Kraft-Treten des Vergaberechtsänderungsgesetzes vom

[677] Vgl. Art. 29 SKR-E.

[678] Vgl. Art. 29 SKR-E; Matthey, S. 70 ff.

[679] Vgl. Kommission, KOM (2000) 276 endg., S. 9; vgl. Art. 29 SKR-E; Matthey, S. 70 ff; vgl. Ortlieb, EWeRK Info v. 20.12. 2000, S. 3, 5.

[680] Zur Kritik am förmlichen Verfahren vgl. Ortlieb, EWeRK Info v. 20.12. 2000, S. 3, 5.

1.1. 1999 das Vergaberechtsschutzverfahren nach §§ 102 ff GWB offen.[681] Der Bieter hat nunmehr gemäß § 97 Abs. 7 GWB einen Anspruch darauf, dass der Auftraggeber die Bestimmungen über das Vergabeverfahren einhält. Diesen Anspruch kann er im Wege des Nachprüfungsverfahrens durchsetzen und damit das gesamte Verfahren stoppen. Wird trotz Zustellung des Antrags auf Nachprüfung der Zuschlag erteilt, ist dieser Vertrag gemäß § 134 BGB nichtig und muss neu ausgeschrieben werden.[682]

F. Bewertung der Ergebnisse

Speziell bei Gebäuden der öffentlichen Hand besteht ein großer Bedarf am Contracting. Zahlreiche Contractoren sehen in dieser Kundengruppe daher auch für die nächsten Jahre ihren Tätigkeitsschwerpunkt.[683] Allerdings weisen die Contractoren zugleich auf die Schwierigkeiten hin, mit öffentlichen Auftraggebern zu einem Vertragsabschluss zu kommen.[684] Als Grund dafür werden die rigiden Vergabevorschriften bezüglich des einschlägigen Verfahrens sowie die Einschränkungen bei der Auswahl des Angebotes genannt.[685] Nach der bisher herrschenden Meinung kann das Contracting allein im Wege des förmlichen Verfahrens ausgeschrieben werden, mit der Folge, dass notwendige Verhandlungen über den Preis und sonstige Vertragsbedingungen verboten sind.[686] Durch die vergaberechtlichen Form – und Fristvorschriften entstehen dem Auftraggeber sowie dem Bieter zusätzlichen Transaktionskosten, die durch das Contracting gerade vermieden werden sollen.[687] In vielen Fällen wird die Vergabe des Contractings wegen des Aufwandes, der dabei für den Auftraggeber und die Bewerber entsteht, sogar gänzlich unzweckmäßig sein.[688] Das Vergaberecht hat in diesem Fall eine privatisierungshemmende Wirkung.[689] Effizienzgewinne für die öffentliche Hand können durch die Anwendung des Vergaberechts verloren gehen und damit zu Wohlstandsverlusten führen. Zugleich wird durch die Anwendung des Vergaberechts der Bieterwettbewerb eingeschränkt und damit der Schutzzweck des Vergaberechts vereitelt. Der Zwang zur öffentlichen Ausschreibung kann mithin ein erhebliches Hindernis für das zukünftige Contracting-Potenzial bei der öffentlichen Hand darstellten.[690]

---

681 Hierzu Byok, NJW 1998, S. 2774, 2777f.; Schneevogel/Horn, NVwZ 1998, S. 1242, 1244f.; Braun, BB 1999, S. 1069ff.; Willenbruch, NVwZ 1999, S. 1062ff.

682 Vgl. Keckemeti, NVwZ 1999, S. 1068, 1071ff.

683 Vgl. Technomar, S. 125.

684 Technomar, S. 125.

685 Technomar, S. 40.

686 Vgl. Technomar, S. 40.

687 Vgl. Fehling, Die Verwaltung 2001, S. 25, 55.

688 Verband für Wärmelieferung, Contracting Leitfaden, S. 17.

689 So Arrowsmith, PPLR 1997, S. 198; vgl. auch Dreher, NZBau 2001, S. 360, 361.

690 Technomar, S. X.

Hinter dem Contracting steht der Gedanke, möglichst viele Funktionen, von der Planung über die Errichtung von Anlagen bis hin zu deren Betrieb, in Erwartung von mehr Effizienz dem Wettbewerb zu unterwerfen. Die Erfüllung öffentlicher Aufgaben erfolgt mithin durch die Ausrichtung des Staates am Markt. Am Markt lässt sich jedoch grundsätzlich durch das freie Spiel von Angebot und Nachfrage der wirtschaftliche Preis problemlos ermitteln, ohne das es dafür einer förmlichen Ausschreibung bedürfte.[691] Die Wirtschaftlichkeit der Vergabe könnte hier auch ohne Ausschreibung allein durch die freie Teilnahme am Markt erreicht werden. Mithin ist fraglich, warum die öffentliche Hand dann, wenn sie am Markt einkauft, einem kostspieligen und zeitintensiven Verfahren unterworfen wird, welches ihre Nachfragetätigkeit eingeschränkt.[692] Ob eine solche Einschränkung im Lichte des europäischen Prinzips der freien Wirtschaft (Art. 4 Abs. 1 EG) sowie des unverfälschten Wettbewerbs (Art. 3 Abs. 1 g EG) zulässig ist, soll im 5. Kapitel dieser Arbeit näher untersucht werden.

[691] Vgl. Ebisch/Gottschalk, Preise und Preisprüfungen bei öffentlichen Aufträgen, § 4 Rdnr. 35. Dazu siehe 5. Kapitel.

[692] Vgl. Schwintowski, EWeRK Info v. 11. 9. 2000, S. 15, 16.

Kapitel 4 Die Beauftragung von Subunternehmern durch den Contractor

A. Einführung in die Problematik

Contracting setzt sich aus einer Vielzahl verschiedener Leistungen zusammen, die einen hohen Grad an Spezialisierung in Planung, Bau und Betrieb von Energieanlagen abverlangen. Ist nun aber das Contractor nicht in der Lage, alle im Rahmen des Contracting-Auftrages anfallenden Aufgaben in Eigenregie zu erfüllen, so muss das Unternehmen zwangsläufig auf für solche Leistungen spezialisierte Subunternehmer zurückgreifen.[693] In der Praxis beauftragen viele Contractoren Subunternehmer, denen sie spezielle Teilbereiche des Contracting-Projektes übertragen.[694] Contractoren übertragen beispielsweise ortsansässigen Handwerksbetrieben die Wartung und Instandhaltung der energietechnischen Anlage.[695] Soweit der Contractor selbst nicht über ein Energiekraftwerk verfügt, schließt er zudem Netznutzungsverträge mit Stromlieferanten ab, um die öffentliche Hand mit Nutzenenergie versorgen zu können.[696]

In der Vergangenheit wurde teilweise noch die Frage diskutiert, ob eine solche Subunternehmerbeauftragung nach deutschem Vergaberecht zulässig ist, da in diesen Fällen der Contractor selbst nicht über die erforderliche Leistungsfähigkeit verfügt.[697] Der Ausschluss solcher Contractoren vom Vergabeverfahren, die sich der Hilfe von Subunternehmern bedienen, würde jedoch ausländischen Contractoren, die seit jeher mit Subunternehmern zusammenarbeiten, den Zugang zum bundesdeutschen Contracting-Markt versperren und sie damit in ihrer Dienstleistungsfreiheit beschränken.[698] In Fortführung seiner *Ballast Nedam*-Rechtsprechung hat der EuGH[699] daher in Bezug auf die Dienstleistungsrichtlinie entschieden, dass ein Unternehmen nicht deshalb vom Vergabeverfahren ausgeschlossen werden dürfe, weil es zur Ausführung des Auftrags Mittel einzusetzen beabsichtige, die es nicht selbst besitze.[700] Dementsprechend muss es auch einem Dienstleistungserbringer frei stehen, sich gegenüber dem Auftraggeber auf die Leistungsfähigkeit Dritter zu berufen, die er im Falle

---

693 Contracting Handbuch 2001, S. 56.

694 EVA, Einspar-Contracting, S. 78.

695 Contracting Handbuch 2000, S. 16.

696 Von Braunmühl, ET 1994, S. 354, 357.

697 Vgl. Pfarr, Der Staat als Auftraggeber für private Unternehmen, S. 58, 59.

698 Soweit einzelne Stimmen in der Literatur sich gegen solche Subunternehmer aussprechen, setzen sich diese dem Vorwurf der Europarechtswidrigkeit aus, da die Grundfreiheiten selbstverständlich auch für den Subunternehmer in der EU gelten. Vgl. Hausmann, Energiewirtschaft im Lichte des Vergaberechts, S. 17; vgl. auch Dreher, NZBau 2001, S. 360, 360.

699 EuGH, Slg. 1994, I-1289 – Ballast Nedam Groep.

700 EuGH, Slg. 1994, I-1289 – Ballast Nedam Groep.

der Auftragserteilung in Anspruch nehmen will.[701] Dafür spricht auch, dass es das Vergaberecht gerade auch kleineren Unternehmen ermöglichen will, sich an der Auftragsvergabe zu beteiligen, selbst wenn diese nicht über alle für den Auftrag notwendigen Ressourcen verfügen.[702] Damit die Kommunen in die Lage versetzt werden, die fachliche Eignung des Subunternehmers zu prüfen, hat der Contractor Referenzen des Subunternehmers beizubringen, die seine Eignung für das Projekt belegen.[703] Nach dem Eintrittsrecht aus dem Contracting-Vertrag kann die öffentliche Hand bei ordnungswidriger Durchführung der Energiebewirtschaftung in die Aufgabendurchführung eintreten.[704] Die öffentliche Hand kann daher auch bei der Ausgliederung von Teilleistungen des Contractings auf Subunternehmer die öffentliche Aufgabe der Energiebewirtschaftung weiterhin sicherstellen.[705]

Ins Zentrum der Untersuchung rückt damit die Frage, ob das Vergaberecht dann zur Anwendung kommt, wenn der beauftragte Contractor einen Subunternehmer zur Energiebewirtschaftung der öffentlichen Einrichtung einschaltet (sog. „Anwendung des Vergaberechts auf zweiter Stufe“). Diese Frage ist von erheblicher praktischer Relevanz, da die Anwendung der Vergaberegeln auf diesen Fall zur Folge hätte, dass auf die Contractoren erhebliche Kosten zukämen und die Umsetzung des Projektes zeitlich verzögern würde. Die Pflicht zur Ausschreibung könnte mithin die wirtschaftliche Betätigung der Unternehmen einschränken und zu Nachteilen im Wettbewerb führen.

B. Zurechnung der Subunternehmeraufträge zum Staat – Abgrenzung des Contractors zum Stellvertreter und Makler

In der Rechtsprechung des EuGH wurde früh die Tendenz deutlich, auch private Unternehmen in den Anwendungsbereich des Vergaberechts einzubeziehen, wenn diese quasi als Stellvertreter der öffentlichen Hand tätig werden. Noch unter den alten europäischen Vergaberichtlinien hat der EuGH festgestellt, dass ein unselbständiger Rechtsträger, der Aufträge für Rechnung des Staates vergibt, dem Staat zuzurechnen sei und damit unter den Anwendungsbereich des Vergaberechts falle.[706] Nach dieser Rechtsprechung verlieren die betreffenden Aufträge ihren öffentlichen Charakter

701 Daraus folgt, dass auch Generalübernehmer, die das Projekt koordinieren, jedoch sich zur Durchführung Subunternehmer bedienen, grundsätzlich vergaberechtlich zulässig sind, vgl. Noch, WuW 1998, S. 1059, 1063.

702 Vgl. zu diesem Gedanken der Mittelstandsfreundlichkeit die Ausführungen im 3. Kapitel.

703 Zur Ermöglichung einer umfassenden Eignungsprüfung sind stets die zum Einsatz vorgesehenen Nachunternehmer vollständig zu bennenen, vgl. VÜA Bund 1 VÜ 3/98, S. 7f – Umbau Bahnhof; VÜA Bayern VÜA 9/98, S. 6f. – Fachbereich Maschinenbau; vgl. auch EuGH, Slg. 1999, I-8607 Rdnr. 26-29 – Holst Italia SpA/Commune di Cagliari.

704 Vgl. dazu die Ausführungen im 1. Kapitel unter Privatisierungstypologie.

705 Vgl. Burgi, Funktionale Privatisierung, S. 384.

nicht, wenn das Unternehmen auf zweiter Ebene die Vergabetätigkeit im Namen des öffentlichen Auftraggebers durchführe. Auftraggeber bleibe nach Auffassung des EuGH in diesen Fällen die öffentliche Stelle.[707] Die Anwendung des Vergaberechts auf die Beauftragung der Subunternehmer durch den Contractor könnte mithin dann bejaht werden, wenn der Contractor beim Abschluss der Subunternehmerverträge als Stellvertreter der öffentlichen Hand auftritt. Allerdings wird der Contractor nicht beauftragt, um eine Beschaffung für die öffentliche Hand vorzunehmen. Die Leistung des Subunternehmers soll nicht unmittelbar der öffentlichen Hand zur Verfügung gestellt werden, da diese wenig mit der Einzelleistung anfangen kann. Vielmehr erbringt der Subunternehmer seine Leistung an den Contractor, damit dieser seiner Verpflichtung zur Energiebewirtschaftung nachkommen kann. Der Contractor beauftragt den Subunternehmer daher im eigenen Namen.[708] Des Weiteren trägt der Contractor die Kosten für die Leistungen des Subunternehmers und wird erst im nachhinein für die Realisierung des gesamten Energiebewirtschaftungskonzeptes von der öffentlichen Hand vergütet. Der Contractor kauft die Leistungen des Subunternehmers mithin im eigenen Namen und auf eigene Rechnung ein.[709] Folglich wird der Contractor nicht als Stellvertreter der öffentlichen Hand, sondern nur nach deren Erfordernissen auf der Grundlage des Contracting Vertrages tätig.[710] Damit unterscheidet sich der Contractor auch von einem Makler, der lediglich mit Vorbereitung der Ausschreibung, dem eigentlichen Ausschreibungsvorgang und der Bewertung der Aufträge beauftragt wird. [711] Da der Contractor mithin nicht als Stellvertreter oder Makler der öffentlichen Hand tätig wird, kann die Beauftragung des Subunternehmers der öffentlichen Hand nicht zugerechnet werden.[712] Bei dem Vertrag zwischen dem Contractor und dem Subunternehmer handelt es sich mithin um einen eigenständigen Auftrag, der isoliert von dem Contracting Vertrag vergaberechtlich

---

706 Erstmalig in der Beentjes Entscheidung EuGH, Slg. 1988, I-4635, 4661 – Beentjes; dazu auch Dreher, NZBau 2001, S. 360, 365.

707 Ebisch/Gottschalk, Preise und Preisprüfungen bei öffentlichen Aufträgen, § 2 Rdnr. 9.

708 Baur/Matthey, S. 34.

709 Baur/Matthey, S. 34.

710 Der Contractor soll dem Willen nach grundsätzlich nicht als Stellvertreter tätig werden Den Musterverträgen kann eine Vollmacht zur Stellvertretung nicht entnommen werden, vgl. Baur/-Matthey, S. 34; vgl. Heiermann, in: Heiermann/Riedl/Rusam, vorbem Rdnr. 11 und A § 1a Rdnr. 24.

711 Vgl. zum Makler Werber, VersR 2001, S. 1313, 1314ff. Ein Versicherungsmakler beispielsweise wird damit beauftragt sämtliche versicherungsrechtliche Fragen der Kommune zu betreuen und zu verwalten, wozu auch die Ausschreibung diverser Versicherungsdienstleistung gehört. Damit übernimmt der Makler die Funktion eines Sachverständigen oder sogar Rechtsberaters, vgl. zu diesem Fall OLG Düsseldorf, NVersZ 2001, 137. In dem von der Rechtsprechung entschiedenen Versicherungsmaklerfall hatte die Kommune wesentliche Teile des Ausschreibungsverfahrens auf einen Makler übertragen und verstieß damit gegen die Pflicht zur Letztverantwortlichkeit der Kommune über die Vergabeentscheidung (§ 2 Nr. 3 VOL/A).

712 Vgl. dazu VÜA Niedersachsen, IBR 1998, S. 138.

bewertet werden muss. Der Contractor hat diesen Auftrag nur dann auszuschreiben, wenn er selbst öffentlicher Auftraggeber im Sinne des Vergaberechts ist. Da Contractoren keine öffentlichen Einrichtungen sind, scheidet eine Auftraggebereigenschaft nach § 98 Nr. 1 GWB aus.[713] Ob der persönliche Anwendungsbereich des Vergaberechts dennoch eröffnet ist, wenn der Contractor Subunternehmer beauftragt, soll im Folgenden geprüft werden.

C. Der Wandel vom institutionellen zum funktionalen Auftragsgeberbegriff nach deutschem und europäischem Vergaberecht

Ursprünglich wurden vom Vergaberecht nur die Auftraggeber im institutionellen Sinne, d.h. die herkömmlichen Gebietskörperschaften wie Bund, Länder und Gemeinden sowie Anstalten des öffentlichen Rechts, erfasst.[714] Ende der achtziger Jahre stellte der europäische Gesetzgeber jedoch fest, dass der Staat sich zunehmend aus bislang staatlichen Aufgaben zurückzog und dazu überging, Aufgaben in privater Rechtsform erledigen zu lassen.[715] Nach Auffassung der Europäischen Kommission würden bei der Auftragsvergabe durch private Unternehmen ähnliche Probleme auftauchen wie bei der Beschaffungstätigkeit des Staates.[716] Auch hier würden nur selten Aufträge über die nationalen Grenzen hinweg vergeben und oftmals nationale Anbieter von Waren und Leistungen bevorzugt. Solche Praktiken würden aufgrund des beträchtlichen Umfangs der Beschaffung dieser Auftraggeber ein Hindernis für die Verwirklichung eines europäischen Binnenmarktes darstellen.[717] Das „klassische" Verständnis des öffentlichen Auftraggebers reichte mithin nach Auffassung des europäischen Gesetzgebers nicht mehr aus, um dem Geltungsanspruch der EG-Vergaberichtlinien gerecht zu werden.[718] Nach Auffassung der Kommission müsse verhindert werden, dass sich die Mitgliedstaaten durch eine weitgehende Privatisierung den Anforderungen der Vergaberichtlinien entziehen.[719] Mit der Novellierung der Vergaberichtlinien aus den Jahren 1992 und 1993[720] wurde daher der subjektive An-

---

[713] Vgl. die Ausführungen zum persönlichen Anwendungsbereich des § 98 Nr. 1 GWB im 3. Kapitel dieser Arbeit.

[714] Grundlegend dazu Prieß, Handbuch des europäischen Vergaberechts, S.87ff.; Faber, DÖV 1995, S. 403, 403ff.

[715] Vgl. Noch, DÖV 1998, S. 623, 624.

[716] Kommission, KOM (85) 310 endg., Nr. 86.

[717] 1988 hat die Kommission den Wert der allein von der europäischen Elektrizitätswirtschaft erteilten Aufträge auf über 20 Milliarden ECU geschätzt, vgl. Kommission, KOM (88) 376 endg., S. 30, Nr. 83.

[718] Vgl. Dreher, DB 1998, S. 2579, 2579.

[719] Brenner, Staatsphilosophie und Rechtspolitik, S. 1431, 1438; vgl. Schwarze, EuZW 2000, S. 133, 136; Noch, DÖV 1998, S. 623, 624.

[720] RL 93/37/EWG v. 14.6.1993, ABl.EG Nr. L 199/54 v. 9.8. 1993 (Baukoordinierungsrichtlinie); RL 93/36/EWG v. 14.6. 1993, ABl.EG Nr. L 199/1 v. 9.8. 1993 (Lieferkoordinierungsrichtlinie);

wendungsbereich der Vergaberichtlinien auf private Unternehmen ausgedehnt, die zu dem besonderen Zweck gegründet wurden, im Allgemeininteresse liegende Aufgaben zu erfüllen, die nicht gewerblicher Art sind und die einer staatlichen Einflussnahme ausgesetzt sind.[721] Eine erneute Erweiterung des Kreises der Auftraggeber erfolgte durch die Sektorenrichtlinie.[722] Durch die Sektorenrichtlinie wurden die zunächst ausgeklammerten Aufträge in den Bereichen der Wasser-, Energie- und Verkehrsversorgung sowie der Telekommunikation in den Anwendungsbereich der Vergabevorschriften einbezogen, auch wenn die versorgenden Unternehmen in den Mitgliedstaaten teils dem öffentlichen Recht, teils dem privaten Recht unterliegen und sich insofern von den klassischen öffentlichen Auftraggebern erheblich unterschieden.[723] Danach unterfallen nunmehr auch nicht-öffentliche Unternehmen den Vergabeverpflichtungen, wenn sie in einem der Sektorenbereiche auf der Grundlage von besonderen oder ausschließlichen Rechten tätig werden. Auf diese Weise sollte Wettbewerb auf den Beschaffungsmärkten erreicht und das „Hoflieferantentum" verhindert werden.[724] Durch die Einbeziehung auch privater Unternehmen in den Anwendungsbereich des Vergaberechts hat mithin ein grundlegender Wandel vom institutionellen zum funktionalen Auftraggeberbegriff stattgefunden.[725]

Auch das deutsche Vergaberecht hat ursprünglich nur den institutionellen Auftraggeber erfasst. Mit der Novelle von 1998 hat der deutsche Gesetzgeber das Konzept des funktionalen Auftraggebers übernommen.[726] Nach dem neuen deutschen Vergaberecht können zu den öffentlichen Auftraggebern neben den Gebietskörperschaften nunmehr auch öffentliche Unternehmen in privater Rechtsform sowie rein private Unternehmen zählen. Eine Bindung dieser Unternehmen an die Grundsätze des öffentlichen Auftragsrechts im Verhältnis zu Dritten, zum Beispiel bei der Auswahl von Subunternehmern, kann sich nunmehr unter den Voraussetzungen des § 98 Nr. 2 bis 4 GWB ergeben.[727]

RL 92/50/EWG v. 18.6. 1992, ABl.EG Nr. L 209/1 v. 24.7. 1992 (Dienstleistungskoordinierungsrichtlinie); RL 93/38/EWG v. 14.6. 1993 ABl.EG Nr. L 199/84 v. 9.8. 1993 (Sektorenrichtlinie).

[721] Vgl. Art. 1 lit. b) BKR; dazu Waldner, Bieterschutz im Vergaberecht, S. 40.

[722] Brenner, Staatsphilosophie und Rechtspolitik, S. 1431, 1438.

[723] Waldner, Bieterschutz im Vergaberecht, S. 40.

[724] Waldner, Bieterschutz im Vergaberecht, S. 40.

[725] Grundlegend dazu Prieß, Handbuch des europäischen Vergaberechts, S.87ff; Faber, DÖV 1995, S. 403, 403ff.; vgl. auch Noch, DÖV 1998, S. 623, 624; Seidel, ZfBR 1995, S. 227, 277ff.; Byok, NJW 2001, S. 2298, 2298; Hailbronner, EWS 1995, S. 285, 285ff.

[726] Jeweils in Art. 1 Buchst. b der Lieferkoordinierungsrichtlinie (93/3/EWG), Baukoordinierungsrichtlinie (93/37/EWG) sowie der Richtlinie 92/50/EWG über die Koordinierung der Verfahren zur Vergabe öffentlicher Dienstleistungsaufträge v. 18.6. 1992 (ABl.EG Nr. L 209 v. 24.7.1992, S. 1); Dreher, in: Immenga/Mestmäcker, GWB, § 98 Rdnr. 13ff.

[727] Vgl. Pietzcker, ZHR 162 (1998), S. 427, 442ff.; Burgi, Funktionale Privatisierung, § 12 III 1, S. 422.

Im Ergebnis regeln das deutsche und europäische Vergaberecht damit nicht mehr einen Teilbereich des öffentlichen Auftragswesens, sondern Sonderbereiche des Wettbewerbs.[728] Dies wird besonders deutlich an der Einbeziehung privater Sektorenunternehmen in den Bereichen der Wasser-, Energie- und der Verkehrsversorgung in den Auftraggeberbegriff.[729] Das Vergaberecht hat dadurch seine Rechtsnatur gewechselt. Statt des „Rechts der öffentlichen Aufträge" ist es nun das „Recht der regulierten Vergabe".[730]

I. Ausschreibungspflicht der Contractoren nach dem „kartellrechtlichen" Vergaberecht

Kommunale Unternehmen sowie rein private Energieversorgungsunternehmen betätigen sich zunehmend auf dem Contracting-Markt, um aufgrund des wachsenden Wettbewerbs- und Kostendrucks auf den angestammten Märkten neue einnahmeträchtige Betätigungsfelder zu erschließen.[731] Bei den kommunalen Unternehmen handelt es sich in der Regel um kommunale Eigen- oder öffentlich beherrschte Beteiligungsgesellschaften, die in der Rechtsform einer GmbH oder AG betrieben werden.[732] Die Frage, ob ein privatwirtschaftlich organisiertes kommunales Mehrheits- oder Eigenunternehmen oder ein rein privates Unternehmen bei der Vergabe von Unteraufträgen an das Vergaberecht gebunden ist, ist in jüngster Zeit aufgrund der Novellierung des Auftragsrechts verstärkt Gegenstand wissenschaftlicher Diskussion geworden.[733] Diese Frage ist bis heute noch nicht eindeutig geklärt.

---

728 Dreher, in: Immenga/Mestmäcker, GWB, vor §§ 97 ff Rdnr. 56.

729 Dreher, in: Immenga/Mestmäcker, GWB, vor §§ 97 ff Rdnr. 56.

730 Das Auftragsrecht hat sich vom „öffentlichen" Recht zur „regulierten" Vergabe gewandelt, vgl. Dreher, in: Immenga/Mestmäcker, GWB, vor §§ 97 ff. GWB Rdnr. 56.

731 Tödtmann, RdE 2002, S. 6, 7; Technomar, S. 242; Stadtwerke haben heute den Schwerpunkt ihres Contracting-Angebotes vor allem im Bereich kleiner und mittlerer Anlagen; die Tendenz in der Zukunft geht aber auch zum höheren Leistungsbereich.

732 Vgl. von Braunmühl, ET 1994, S. 354, 356; VDEW, Energieeinspar-Dienstleistungen im Wettbewerb, S. 68.

733 Vgl. Dietlein, Jahrbuch des Umwelt- und Technikrechts 2001, S. 359, 362f.; Burgi, NVwZ 2001, S. 601, 604.

Eine Ausschreibungspflicht könnte sich aus § 98 Nr. 2 und Nr. 4 GWB ergeben.[734] Nach ganz herrschender Meinung ist § 98 Nr. 2 lex specialis gegenüber Nr. 4 und daher vorrangig zu prüfen.[735] Für die Beantwortung der Frage, ob das Vergaberecht auf diese Unternehmen Anwendung findet, könnte das gewandelte Rollenverständnis dieser Unternehmen am Markt von entscheidender Bedeutung sein. Bei der Prüfung der Ausschreibungspflicht soll daher die Neuausrichtung dieser Unternehmen an die veränderten Marktverhältnisse berücksichtigt werden.[736]

1. Die Auftraggebereigenschaft kommunaler Unternehmen nach §98 Nr. 2 GWB

Nach § 98 Nr. 2 GWB sind Unternehmen vom Vergaberecht erfasst, wenn sie zu einem besondern Zweck gegründet wurden, im Allgemeininteresse liegende Aufgaben nichtgewerblicher Art zu erfüllen und staatliche Stellen diese Unternehmen durch Beteiligung oder auf sonstige Weise überwiegend finanzieren oder über ihre Leitung die Aufsicht ausüben oder mehr als die Hälfte der Mitglieder eines ihrer zur Geschäftsführung oder zur Aufsicht berufenen Organe bestimmt haben.[737] Eine überwiegende Finanzierung im Sinne dieser Vorschrift liegt dann vor, wenn das Unternehmen durch die Gebietskörperschaft zu mehr als 50% finanziert wird.[738] Eine Finanzierung kann durch Bereitstellung von Geldern sowie durch mittelbare Beteiligung, beispielsweise durch Aktien und sonstige Wertpapiere, erfolgen.[739] Kommunale Eigen- und Mehrheitsgesellschafter kommen mithin als Auftraggeber in Be-

[734] Die Zuordnung zu Nr. 2 oder Nr. 4 ist von erheblicher Bedeutung, weil die Vergabeverordnung die von Nr. 2 erfassten Einrichtungen dem strengen Vergaberegime unterwirft (3. Abschnitt der Verdingungsordnungen), während für Nr. 4 lediglich die Geltung der sehr viel milderen Anforderungen der Sektorenrichtlinie angeordnet ist, vgl. Werner, in: Byok/Jaeger, § 98 Rdnr. 326; zur Abgrenzung vgl Dreher, DB 1998, S. 2579, 2580ff.

[735] Vgl. Dreher, DB 1998, S. 2579, 2584; Müller, in: Daub/Eberstein, § 1a Rdnr. 54; Bechtold, GWB, § 98 Rdnr. 27; Pietzcker, ZHR 162 (1998), S. 427, 449. Erfüllt ein Auftraggeber sowohl die Voraussetzungen des § 98 Nr. 2 GWB, als auch des § 98 Nr. 4 GWB, ist er dem öffentlichen Auftraggeberbegriff des § 98 Nr. 2 GWB zuzuordnen, vgl. Jasper, DB 1998, S. 2151, 2153.

[736] Vgl. VÜA Bund 17.11. 1998 (1 VÜ 15/98) – Deutsche Post Transport GmbH; Dreher, DB 1998, S. 2579, 2580.

[737] Der deutsche Gesetzestext entspricht u.a. Art. 1 b) Abs. 2 der Richtlinie 71/305/EWG des Rates vom 26.7. 1971 über die Koordinierung der Verfahren zur Vergabe öffentlicher Bauaufträge, wesentlich geändert durch die Richtlinie 93/37/EWG des Rates vom 14.6. 1993 zur Koordinierung der Verfahren zur Vergabe öffentlicher Bauaufträge, ABl.EG 1993 L 199/54; vgl. Stickler, in: Reidt/Stickler/Glahs, § 98 Rdnr. 22ff.

[738] Werner, in: Byok/Jaeger, § 98 Rdnr. 262ff.

[739] Vgl. Werner, in: Byok/Jaeger, § 98 Rdnr. 262ff.; das Merkmal der überwiegenden Finanzierung ist in der Regel dann gegeben, wenn die öffentliche Hand einen Geschäftsanteil von mehr als 50 % an dem Unternehmen besitzt, vgl. Dreher, in: Immenga/Mestmäcker, § 98 Rdnr. 47.

tracht.[740] In der Rechtssache *Österreichische Staatsdruckerei* hat der EuGH jedoch ausdrücklich festgestellt, dass ein Unternehmen nicht bereits dann als öffentlicher Auftraggeber betrachtet werden kann, nur weil es von einem öffentlichen Auftraggeber gegründet wurde oder seine Tätigkeiten überwiegend mit öffentlichen Geldern finanziert wird.[741] Vielmehr ist erforderlich, dass das so beherrschte Unternehmen alle weiteren Voraussetzungen der Auftraggebereigenschaft erfüllt.[742] Zu prüfen ist mithin, ob die kommunale Eigengesellschaft oder öffentlich beherrschte Beteiligungsgesellschaft in der Rechtsform der GmbH oder AG zu dem besonderen Zweck gegründet wurde, im Allgemeininteresse liegende Aufgaben nichtgewerblicher Art zu erfüllen. Bei der Auslegung dieser Tatbestandsmerkmale sollen die Vorgaben des Gemeinschaftsrechts, insbesondere die Zielsetzungen der EG-Vergaberichtlinien sowie die für die europäische Integration bedeutsamen Vorschriften des EG-Vertrages berücksichtigt werden..[743] Weitere Anhaltspunkte zur näheren Bestimmung der Begriffe könnte insbesondere die Rechtsprechung des Europäischen Gerichtshofs sowie der Vergabeüberwachungsausschüsse (VÜA) liefern.

a) Erfüllung von im Allgemeininteresse liegenden Aufgaben

Zu prüfen ist vorerst, ob der kommunale Contractor im Allgemeininteresse tätig wird. Eine Konkretisierung des Begriffs der im Allgemeininteresse liegenden Aufgabe brachte das EuGH-Urteil Österreichische Staatsdruckerei.[744] In diesem Urteil sieht der EuGH eine Aufgabenerfüllung im Allgemeininteresse für gegeben an, wenn die Tätigkeit eng mit der öffentlichen Ordnung und dem institutionellen Funktionieren des Staates verknüpft ist.[745] Unter das Merkmal des Allgemeininteresses fällt demnach die Wahrnehmung staatlicher Belange durch das private Unternehmen.[746] Das Interesse einer Gemeinde oder einer Untergliederung einer Gemeinde – zum Beispiel eines Gemeindebezirks – kann als Allgemeininteresse durchaus genügen.[747] Das Contracting trägt zu einer Verbesserung der kommunalen Infrastrukturen bei

---

740 Vgl. Tomerius, NVwZ 2000, S. 727, 730.

741 VÜA Niedersachsen, IBR 1998, S. 138.

742 Vgl. EuGH, Slg. 1998, I-73 = EuZW 1998, S. 120, 123 – Mannesmann Anlagenbau; VÜA Niedersachsen, IBR 1998, S. 138.

743 So auch Möschel, WuW 1997, S. 120, 123; vgl. Hailbronner, EWS 1995, S. 285, 287; vgl. Lienemeyer, EWS 2000, S. 449ff.

744 EuGH, Slg. 1998, I-73 = EuZW 1998, S. 120ff – Mannesmann Anlagenbau

745 EuGH, Slg. 1998, I-73 = EuZW 1998, 120 Rdnr. 24 – Mannesmann Anlagenbau; vgl. auch EuGH, Slg. 1998, I-6821 – Gemeinde Arnheim; nach der Rechtsprechung des VÜA Bund gehört die Erfüllung genuin staatlicher Aufgaben zum Allgemeininteresse, VÜA Bund, 20.11. 1995, WuW/E VergAB 58 – Abrissarbeiten; VÜA Bund, 12.4. 1995, WuW/E VergAB 27- Kraftwerkskomponenten.

746 Vgl. auch Thieme, in: Langen/Bunte, § 98 Rdnr. 17; vgl. auch Anhang I zur BKR.

747 Vgl. Dreher, DB 1998, S. 2579, 2581; vgl. zu der öffentlichen Zwecksetzung eines Gemeindeun-

und ermöglicht damit dem Staat, seine Aufgaben im Bereich der öffentlichen Einrichtungen effizienter wahrzunehmen. Mithin liegt die Energiebewirtschaftung öffentlicher Gebäude durch den Contractor im Allgemeininteresse.[748]

Fraglich ist jedoch, ob der kommunale Contractor auch dann im Allgemeininteresse tätig wird, wenn er nicht nur Contracting-Leistungen für die öffentliche Hand, sondern auch für private Unternehmen vornimmt, um so Handelsgewinne zu erwirtschaften. Die Absicht, Gewinne zu erzielen, könnte das Tätigwerden im Allgemeininteresse ausschließen.[749] Das Merkmal des Allgemeininteresses ist jedoch ein normativer, unbestimmter Rechtsbegriff, der im Lichte der jeweiligen politischen, wirtschaftlichen und sonstigen rechtlichen Rahmenbedingungen auszulegen ist.[750] Bei der Frage, ob kommunale Contractoren auch dann im Allgemeininteresse tätig werden, wenn sie für private Unternehmen und nicht ausschließlich für den Staat tätig werden, wird man vor allem die neue Wettbewerbsordnung auf den liberalisierten Märkten, insbesondere im Strombereich, berücksichtigen müssen.[751] Vom öffentlichen Zweck müssen daher auch all diejenigen Maßnahmen gedeckt sein, die erforderlich sind, um in der neuen Wettbewerbsordnung bestehen zu können.[752] Andernfalls würden kommunale Unternehmen in eine strukturelle Unterlegenheit gegenüber ihren privaten Wettbewerbern geraten. Mithin müssen Stadtwerke die Möglichkeit haben, auch Contracting allein mit dem Ziel eines Handelsgewinns zu betreiben, wenn dies erforderlich ist, um die Chancengleichheit gegenüber privaten Wettbewerbern zu wahren.[753] Zudem führt das Contracting für private Unternehmen zur Senkung der Schadstoffemissionen des privaten Gewerbes und trägt damit zum Umweltschutz bei.[754] Damit dient die Realisierung von Contracting-Projekten auch bei privaten Unternehmen einer einwohnernützigen Aufgabe und liegt damit im Allgemeininteresse.[755]

---

ternehmens entsprechend dem „Bedürfnis gerade der örtlichen Gemeinschaft" z.B. OLG Hamm, JZ 1998, S. 576, 577 – Gelsengrün.

748 Müller, in: Daub/Eberstein, § 1a Rdnr. 54, Prieß, DB 1998, S. 405, 406; grundlegend zur Erfüllung öffentlicher Aufgaben durch Private Ehlers, Verwaltung in Privatrechtsform, passim.; vgl. von Braunmühl, ET 1994, S. 354, 360.

749 Moraing, WiVerw 1998/4, S. 233, 254.

750 Cronauge, Der Gemeindehaushalt, 1998, S. 131, 135.

751 In diesem Sinne vgl. Lamb/Kahlenberg, ET 2000, S. 70, 71; dazu noch ausführlich unter § 98 Nr. 4 GWB.

752 Vgl. dazu auch Kühne, RdE 1998, S. 41, 48.

753 Lamb/Kahlenberg, ET 2000, S. 70, 71.

754 Vgl. von Braunmühl, ET 1994, S. 354, 360.

755 Moraing,, WiVerw 1998/4, S. 233, 254.

Ursprünglich wurden viele öffentliche Unternehmen, die heute ihr Geschäftsfeld auf das Contracting ausweiten, zum Zwecke der Energieversorgung der Allgemeinheit gegründet.[756] Aus dem Urteil des EuGH in der Rechtssache Almelo[757] kann man den Schluss ziehen, dass die Sicherstellung einer ununterbrochenen Stromversorgung in einem bestimmten Gebiet in den zu jeder Zeit geforderten Mengen zu einheitlichen Tarifen und Bedingungen eine im Allgemeininteresse liegende Aufgabe darstellt.[758] Sollte man bei der Prüfung des Allgemeininteresses nicht auf den gewandelten bzw. ausgeweiteten Geschäftszweck des kommunalen Contractors, sondern auf den ursprünglichen Geschäftszweck abstellen, so wird auch danach das kommunale Contracting-Unternehmen im Allgemeininteresse tätig.

b) Erfüllung von Aufgaben nichtgewerblicher Art

Nach einer in der Literatur vertretenen Auffassung soll es für die Anwendung des Vergaberechts genügen, wenn das Unternehmen eine öffentliche Aufgabe wahrnehme.[759] Das Merkmal der Nichtgewerblichkeit im Sinne des § 98 Nr. 2 GWB deutet jedoch darauf hin, dass nicht alle im Allgemeininteresse liegenden Tätigkeiten nicht gewerblicher Art sind. Allein durch die Übernahme öffentlicher Aufgaben werden Unternehmen nicht zu öffentlichen Auftraggebern.[760] Dem Kriterium der Nichtgewerblichkeit im Sinne des § 98 Nr. 2 GWB kommt mithin eine eigenständige Bedeutung zu.[761] Zu prüfen bleibt daher, ob die kommunalen Contractoren nichtgewerblich tätig werden.

aa) Gewinnerzielungsabsicht öffentlicher Unternehmen

In der Literatur wird „gewerblich" überwiegend im Sinne einer auf Profit ausgerichteten Wirtschaftstätigkeit definiert.[762] Auch der Vergabeüberwachungsausschuss des

---

[756] Vgl. von Braunmühl, ET 1994, S. 354, 360.

[757] EuGH, Slg. 1994, I-1477, 1521, Rdnr. 48 – Almelo; vgl. Matthey, S. 103.

[758] Vgl. Thieme, in: Langen/Bunte, § 98 Rdnr. 15, Prieß, DB 1998, S. 405, 406; so besteht für kommunale Energieversorgungsunternehmen auch aufgrund des Anschluss- und Benutzungszwangs die Verpflichtung der flächendeckenden Versorgung. Mithin werden sie im Allgemeininteresse tätig. Vgl. EuGH, Slg. 1998, I-866 Rdnr. 52 – Gemeinde Arnheim; VK Münster, VK 1/99 S. 18 f – Restabfallbehandlungsanlage.

[759] So Bechtold, GWB, § 98 Rdnr. 22 für die Messegesellschaften; diese seien als öffentliche Einrichtungen anzusehen, weil die Abhaltung von Messen seit jeher zu den öffentlichen Aufgaben gehöre.

[760] Lienemeyer, EWS 2000, S. 451f.

[761] Vgl. EuGH, Slg. 1998, I-6821 – Gemeinde Arnheim; Vgl. EuGH, Slg. 1998, I-73 = EuZW 1998, S. 120, 123 – Mannesmann Anlagenbau.

[762] Hailbronner, EWS 1995, S. 285, 288f.

[763] So insbesondere im Zusammenhang mit der Prüfung der Auftraggebereigenschaft der Deutschen

Bundes hat in mehreren Beschlüssen auf die Gewinnerzielungsabsicht als entscheidendes Kriterium für die Gewerblichkeit einer Tätigkeit abgestellt.[763] Danach solle das Vergaberecht nicht für Unternehmen gelten, die mit vergleichbarer Zielsetzung wie Private am marktwirtschaftlichen Leistungserstellungs- und Austauschprozess teilnehmen.[764] Kommunale Contractoren wurden in jüngster Zeit überwiegend formell privatisiert und betätigen sich nunmehr in der Rechtsform des Privatrechts auf dem Contracting-Markt.[765] Zur Bestimmung der Gewerblichkeit dieser Unternehmen ist mithin auf den Zeitpunkt der formellen Privatisierung bzw. der Neufassung des Gesellschaftszweckes abzustellen.[766] Die Absicht der Gewinnerzielung folgt schon daraus, das die Unternehmen kraft der privatrechtlichen Rechtsform der AG oder GmbH auf die Erhaltung der dauernden Rentabilität durch Gewinnerzielung ausgerichtet sind.[767] Die Gesellschaftssatzung der kommunalen Unternehmen ist zudem in der Regel auf ökonomische Überlegungen und Gewinnerzielung ausgerichtet.[768] Der Gesellschaftsgegenstand eines kommunalen Stadtwerkes bestimmt, durch welche Tätigkeit, z.B. die Produktion und der Verkauf einer bestimmten Ware oder das Anbieten einer Dienstleistung, die Gewinnerzielung erreicht werden soll.[769] Mit der Übernahme des Contractings verfolgen die Stadtwerke das Ziel, Energiedienstleistungen am Markt anzubieten, um dadurch Gewinne zu erzielen und den Unternehmenswert zu erhöhen.[770] Die Zielsetzung kommunaler Contractoren ist mithin identisch mit der Zielsetzung rein privater Unternehmen. Damit liegt die Vermutung nahe, dass diese Unternehmen wie Private gewerblich am marktwirtschaftlichen Austauschprozess teilnehmen. Die Voraussetzungen des § 98 Nr. 2 GWB lägen in diesem Falle nicht vor.

Bahn AG, VÜA Bund, VÜ 6/95; vgl. auch VÜA Bund, 1 VÜ 3/98; VÜA Bund, 1 VÜ 9/98; VG Koblenz, 2 K 2971/97. KO, Vergaberecht 5/97, S. 38 – Stadtwerke; Hailbronner, EWS 1995, S. 285, 288f; vgl. auch die Amtliche Begründung der Bundesregierung zum Vergaberechtsänderungsgesetz, BT-Drucks. 13/9340, S. 15.

[764] Vgl. Vergabeüberwachungsausschuss des Bundes WuW/E VergAB 58 -Abrissarbeiten; Möschel, WuW 1997, S. 120, 122.

[765] Von Braunmühl, ET 1994, S. 354, 360.

[766] Der EuGH stellt in seiner Rechtsprechung auf das Kriterium ab, ob eine Vergabestelle tatsächlich Aufgaben nichtgewerblicher Art im Allgemeininteresse ausübt, vgl. EuGH, Slg. 1998, I-73, 114 Rdnr. 22ff = EuZW 1998, S. 120ff – Mannesmann Anlagenbau; vgl. auch Dreher, in: Immenga/Mestmäcker, GWB, § 98 Rdnr. 29; vgl. auch Dreher, DB 1998, S. 2579, 2580.

[767] Vgl. dazu nur Rittner, Wirtschaftsrecht, § 8 Rdnr. 28f.; Dreher, DB 1998, S. 2579, 2582; Franke/Höfler, BB 1998, S. 433, 434.

[768] Sterzel, Handbuch Privatisierung, S. 142; Dreher, in: Immenga/Mestmäcker, GWB, § 98 Rdnr. 37.

[769] Zu dem Satzungsinhalt von Energieversorgungsunternehmen, siehe Matthey, S. 203 f.

[770] Vgl. die Studie der LBD-Beratungsgesellschaft Schorsch, ET 2002, S. 6, 8 ff.

[771] Vgl. Kommission, KOM (88) 377 endg., S. 5, Nr. 32; vgl. Dreher, DB 1998, 2579, 2582; Thie-

bb) Das Kriterium der Teilnahme am unverfälschten Wettbewerb

Die Befreiung kommunaler Unternehmen von der Ausschreibungspflicht nach § 98 Nr. 2 GWB könnte sich zudem aus einer wettbewerbs-teleologischen Auslegung des Vergaberechts ergeben. Hintergrund für das Merkmal der Nichtgewerblichkeit war das Bestreben des Richtliniengebers, diejenigen Auftraggeber von der Formstrenge des Vergaberechts zu befreien, die zu dem Zweck gegründet wurden, Aufgaben gewerblicher Art zu erfüllen, da diese Unternehmen in der Regel dem allgemeinen Druck des Wettbewerbs ausgesetzt seien.[771] Nach der Konzeption der Vergaberichtlinien werde in diesem Falle das Verhalten des Unternehmens durch die Nachfrage am Markt beeinflusst. Die Konkurrenz zu anderen Unternehmen fordere eine wettbewerbsorientierte Vergabepolitik und lasse daher keinen Raum für die nicht an den Gesichtspunkten wirtschaftlicher Effizienz orientierter Bevorzugung von Bietern. Der Wettbewerbsdruck erzwinge auf diesem Markt ein offenes und ökonomisch sachgerechtes diskriminierungsfreies Vergabeverfahren.[772] Am Markt sei mithin eine Situation anzutreffen, in der bestehende wettbewerbliche Mechanismen den Binnenmarkt durch Angebot und Nachfrage ausgleichend regeln und dadurch auch zu einem wirtschaftlichen Einkauf führen.[773] In diesen Fällen habe der Wettbewerb mithin die Steuerung und Kontrolle des Unternehmens übernommen[774], so dass es für diese Auftraggeber keines vergaberechtlichen Regulativs bedarf, um einen wirksamen Wettbewerb durch besondere Regeln herzustellen und zu gewährleisten.[775]

Diese wettbewerblich-teleologische Auslegung des Begriffs „nichtgewerblich" kommt besonders deutlich in Art. 8 Abs. 1 der Sektorenkoordinierungsrichtlinie zum Ausdruck.[776] Nach dieser Vorschrift gilt die Sektorenrichtlinie im Bereich der Telekommunikationswirtschaft nicht für Aufträge eines öffentlichen Auftraggebers, „soweit andere Unternehmen die Möglichkeit haben, diese Dienste in demselben geographischen Gebiet und unter im wesentlichen gleichen Bedingungen anzubieten".[777] Im Rahmen dieser Vorschrift ist im Einzelfall zu prüfen, ob andere Bieter in der Lage sind, die jeweiligen Dienste zu den gleichen Bedingungen anzubieten wie der poten-

---

me, in: Langen/Bunte, § 98 Nr. 4 Rdnr. 26.

[772] Hailbronner, EWS 1995, S. 285, 288f.; vgl. Dreher, WuW 1999, S. 244, 246f.; Dreher, in: Immenga/Mestmäcker, GWB, § 98 Rdnr. 38.

[773] Hailbronner, EWS 1995, S. 285, 288f.; vgl. Dreher, WuW 1999, S. 244, 246f.; Dreher, in: Immenga/Mestmäcker, GWB, § 98 Rdnr. 38.

[774] Lienemeyer, EWS 2000, S. 450f.

[775] Vgl. Prieß, Handbuch des europäischen Vergaberechts, S. 93; Waldner, Bieterschutz im Vergaberecht, S. 88.

[776] Rili 93/38/EWG v. 14.6.1993, Abl. EG L 199, S. 84 ff.

[777] In diesem Sinne Hausmann/Prieß, Die rechtlichen Grenzen erwerbswirtschaftlicher Tätigkeit der öffentlichen Hand im Bereich der Bauverwaltung und Bauplanung, S. 81.

[778] Vgl. Dreher, DB 1998, S. 2579, 2582f.; vgl. auch VG Koblenz, 2 K 2971/97. KO, Vergaberecht

tielle Auftraggeber.[778] Zu untersuchen ist dies anhand der Preisbedingungen, evtl. gesetzlicher Auflagen oder dem Vorhandensein von Ersatzdiensten.[779] Damit eröffnet Art. 8 SKR die Möglichkeit der Befreiung vom Vergaberecht, wenn in rechtlicher und tatsächlicher Hinsicht Wettbewerb zwischen verschiedenen Anbietern von Telekommunikationsdienstleistungen besteht.[780] Dadurch soll erreicht werden, dass die Sektorenrichtlinie auf solche Tätigkeiten unanwendbar ist, die unmittelbar dem Wettbewerb unterliegen. Die Europäische Kommission hat im Jahre 1998 festgestellt, dass auf dem Markt für Telekommunikationsleistungen in Europa effektiver Wettbewerb herrsche und hat daher den Bereich der Telekommunikation vom Vergaberegime freigestellt.[781]

Die Reichweite der vergaberechtlichen Vorgaben wurden insbesondere durch das Urteil des EuGH in der Rechtssache *Gemeinde Anheim* näher bestimmt.[782] In dieser Entscheidung hatte der EuGH die Frage zu klären, ob die Abfallentsorgung durch ein kommunales Unternehmen dem Begriff der im Allgemeininteresse liegenden Aufgaben nichtgewerblicher Art zuzuordnen ist. Nach Auffassung des EuGH, welche in jüngster Zeit erneut bestätigt wurde[783], könne das Vorliegen eines entwickelten Wettbewerbs und insbesondere der Umstand, dass die betreffende Einrichtung auf dem Markt im Wettbewerb stehe, darauf hinweisen, dass es sich um eine im Allgemeininteresse liegende Aufgabe gewerblicher Art handle, so dass das Vergaberecht keine Anwendung finde.[784] Grund dafür sei – so der EuGH – dass im Allgemeininteresse liegende Aufgaben im Sinne der Vergaberichtlinie auf andere Weise als durch das Angebot von Waren und Dienstleistungen auf dem Markt erbracht würden.[785] Damit schloss sich der EuGH dem bereits von Generalanwalt Léger entwickelten Kriterium in der Entscheidung Österreichische Staatsdruckerei an.[786] Generalanwalt Léger stell-

---

5/97, S. 38 – Stadtwerke; VÜA Bund, 1VÜ 15/98 – Deutsche Post Transport GmbH; VK Münster, VK 1/99 – Müllbehandlungsanlage.

779 EuGH, Slg. 1996, 1631 Rdnr. 32 ff. – British Telecommunications; ähnlich VÜA Bund 1 VÜ 6/94 – Telefonhauben, abgedruckt in: Fischer/Noch, Entscheidungssammlung Europäisches Vergaberecht III 4.

780 Dazu Drügemöller, Vergaberecht, S. 67.

781 Kommission vom 3.6. 1999, AblC Nr. 156 vom 3.6.1999, S. 3.

782 EuGH, Slg. 1998, I-73 = EuZW 1998, 120 Rdnr. 24 – Mannesmann Anlagenbau; vgl. auch EuGH, Slg. 1998, I-6821 – Gemeinde Arnheim; vgl. auch Dreher, in: Immenga/Mestmäcker, GWB, § 98 Rdnr. 41.

783 Vgl. EuGH, EuZW 2003, S. 315 – Adolf Truley GmbH/Bestattung Wien GmbH.

784 EuGH, Slg. 1998, I-6821, 6864, Rdnr. 49 – Gemeinde Arnheim; so auch EuGH, Rs. C-233/99 und C-260/99, Agorà, Urteil vom 10.5. 2001, Rdnr. 39; Dreher, WuW 1999, S. 244, 245; Thode, ZIP 2000, S. 2, 6; Thieme, in: Langen/Bunte, § 98 Nr. 4 Rdnr. 26.

785 EuGH, Slg. 1998, I-6821, 6862 – Gemeinde Arnheim; hierzu Prieß, Handbuch des europäischen Vergaberechts, S. 92.

786 GA Léger Schlussanträge vom 16.9. 1997 – Slg. 1998 I, 92f – Mannesmann Anlagenbau.

787 Vgl. Prieß, EuZW 1999, S. 196, 203.

te in dieser Entscheidung für die Frage der Nichtgewerblichkeit darauf ab, ob die Tätigkeit unter Bedingungen erbracht werde, die außerhalb des Wettbewerbs liegen.[787] Eine Einrichtung könne daher gewerblicher Art sein, wenn das Unternehmen im Wettbewerb mit anderen privaten Unternehmen stehe und der Wettbewerb maßgeblich das unternehmerische Verhalten steuere.[788]

Auch in der deutschen Entscheidungspraxis kristalliert sich das Merkmal des Wettbewerbs bei der Bestimmung des Auftraggeberbegriffs heraus. In einem vom VG Koblenz entschiedenen Fall ging es um die Frage der Ausschreibung von Bauarbeiten zwecks Erneuerung und Erweiterung des Wasserwerks einer Stadtwerke GmbH.[789] Nach Auffassung des VG Koblenz sei das Stadtwerk dann gewerblich tätig und unterliege daher nicht dem Vergaberegime, wenn es sich in Konkurrenz zu anderen Unternehmen auf dem Markt betätige.[790] Anhaltspunkte für eine gewerbliche Tätigkeit könne mithin ein wettbewerbliches nachfrage- und gewinnorientiertes Verhalten des Unternehmens sein.[791] Nach Auffassung des VG Koblenz existiere jedoch hinsichtlich der gemeindlichen Wasserversorgung grundsätzlich kein Wettbewerb, so dass die Stadtwerke GmbH in diesem Bereich eine staatliche Aufgabe vorsehe, die nur von ihr erfüllt werden könne.[792] Bei der kommunalen Wasserversorgung handle es sich nach Auffassung des VG Koblenz daher um eine Aufgabe, die prinzipiell in nichtgewerblicher Weise erfüllt werde. Der Bereich der Wasserversorgung der Stadtwerke GmbH falle folglich unter dem Begriff des öffentlichen Auftraggebers.[793]

cc) Teilnahme kommunaler Contractoren am Wettbewerb

Nach der wettbewerbsorientierten Auslegung des Merkmals der Nichtgewerblichkeit fallen kommunale Unternehmen dann nicht unter den Auftraggeberbegriff des Vergaberechts, wenn diese im Wettbewerb tätig werden.[794] Entscheidend für die Frage der Anwendbarkeit des Vergaberechts auf kommunale Contractoren ist mithin, ob sie ihre Contracting-Leistungen im Wettbewerb mit Privaten erbringen.[795] Damit wird

---

788 Vgl. Schlussanträge v. Generalanwalt Léger GA Léger Schlussanträge vom 16.9. 1997 – Slg. 1998 I, 92f – Mannesmann Anlagenbau; dazu auch Lienemeyer, EWS 2000, S. 450.

789 VG Koblenz, 2 K 2971/97. KO, Vergaberecht 5/97, S. 38 – Stadtwerke.

790 VG Koblenz, 2 K 2971/97. KO, Vergaberecht 5/97, S. 38 – Stadtwerke.

791 Vgl. VG Koblenz, 2 K 2971/97. KO, Vergaberecht 5/97, S. 38 – Stadtwerke.

792 VG Koblenz, 2 K 2971/97. KO, Vergaberecht 5/97, S. 38 – Stadtwerke.

793 VG Koblenz, 2 K 2971/97. KO, Vergaberecht 5/97, S. 38 – Stadtwerke.

794 Vgl. Prieß, Handbuch des Europäischen Vergaberechts, S.3 ff; Dreher, in: Immenga/Mestmäcker, § 98 Rdnr. 39f.; Boesen, Vergaberecht, § 98 RdnRdnr. 55ff.; Möschel, WuW 1997, S. 120, 122; Byok, NJW 2001, S. 2296, 2297, vgl. EuGH, Slg. 1997, I-73 = EuZW 1998, 120 Rdnr. 25ff – Mannesmann Anlagenbau, und EuGH, Slg. 1998, I-6821 – Gemeinde Arnheim.

795 Vgl. Jasper, Behördenspiegel 4/2000, Seite B III. Vgl. auch OLG Düsseldorf in Sachen Bundeswehrbeschaffungsstelle (Gebb).

die Systematik, mit der das Vorliegen von Wettbewerb zu beurteilen ist, zur Gretchenfrage für die Anwendbarkeit des Vergaberechts.[796] Im Wettbewerbsrecht haben sich Mechanismen herausgebildet, um feststellen zu können, ob auf einem Markt funktionsfähiger Wettbewerb herrscht.[797] Danach muss der zu betrachtende Markt in räumlicher, zeitlicher und sachlicher Hinsicht von anderen Märkten abgegrenzt werden.[798] Bei der Bestimmung des sachlichen Marktes ist zu entscheiden, welche Waren bzw. Leistungen zu einem Markt gehören. Dabei wird das sogenannte Bedarfsmarktkonzept zugrundegelegt, das darauf abstellt, welche Waren oder Leistungen aus der Sicht der Marktgegenseite austauschbar sind.[799] Hier kommt es insbesondere darauf an, ob die Erzeugnisse von ihren Eigenschaften, ihrem Verwendungszweck und ihrer Preislage her für die Marktgegenseite gleichwertig sind. Der räumlich relevante Markt bestimmt sich grundsätzlich ebenfalls nach dem Kriterium der Austauschmöglichkeiten aus der Sicht der Marktgegenseite.[800] Die Wettbewerbssituation auf dem entsprechenden Markt wird maßgeblich anhand der Marktanteile des Unternehmens bestimmt.[801]

Die Contracting-Leistungen sind aus der Perspektive der Nachfrager substituierbar, d.h. es spielt für den Nachfrager der Contracting-Leistung grundsätzlich keine Rolle, ob es sich um öffentliche oder private Anbieter von Contracting-Leistungen handelt. Folglich handelt es sich bei dem Contracting um einen sachlich relevanten Markt.[802] Ein Contractor kann seine Dienstleistung problemlos über die Gemeindegrenzen hinaus anbieten.[803] Soweit der Contractor sich auch zur Versorgung der Einrichtung von Nutzenergie verpflichtet hat, steht ihm nunmehr nach der Liberalisierung des europäischen Energiemarktes ein Durchleitungsmechanismus zu Verfügung, der den Zugang zum Contracting-Markt erleichtert.[804] Die leichten Zugangsmöglichkeiten ha-

---

796 Lienemeyer, EWS 2000, S. 450f.

797 Zum Problem des relevanten Marktes vgl. nur Emmerich, Kartellrecht, § 18, 3-6, § 38, 2 und § 40, 4 b/c.

798 Emmerich, Kartellrecht, § 18, 3-6, § 38, 2 und § 40, 4 b/c.

799 Allgemeine Ansicht, vgl. Möschel, in: Immenga/Mestmäcker, GWB, § 20 Rdnr. 35, Kersten, in Frankfurter Kommentar, § 20 Rdnr. 75.

800 Möschel, in: Immenga/Mestmäcker, GWB, § 20 Rdnr. 35, Kersten, in Frankfurter Kommentar, § 20 Rdnr. 75.

801 Möschel, in: Immenga/Mestmäcker, GWB, § 20 Rdnr. 35, Kersten, in Frankfurter Kommentar, § 20 Rdnr. 75.

802 Von Braunmühl, Contracting Handbuch, S. 11.

803 Vgl. dazu das Berliner Pool Modell, welches von HEW Contract realisiert wurde; Contracting Handbuch 2000, S.8f.

804 Vgl. dazu die Ausführungen unter § 98 Nr. 4 GWB.

805 VDEW, Energieeinspar-Dienstleistungen im Wettbewerb, S. 3, so treten auf dem Contracting-Markt Finanzdienstleistungen, Ingenieurbüros, Berater, Energieagenturen, Energiedienstleistungen und kommunale Stadtwerke auf.

ben zur Folge, dass jedes Contracting-Unternehmen seine Leistungen deutschland- und sogar europaweit anbieten kann. Der örtlich relevante Contracting-Markt bezieht sich mithin auf das gesamte Gebiet der Bundesrepublik Deutschland.

Der Contracting-Markt ist von einer Vielzahl öffentlicher und privater Anbieter geprägt.[805] Mittlerweile bieten rund 400 Unternehmen Contracting-Leistungen an.[806] Zu den Contractoren zählen unter anderem Stadtwerke, regionale Energieversorgungsunternehmen sowie Energiedienstleister.[807] Energieversorgungsunternehmen, die Contracting anbieten, arbeiten heute in der Regel bundesweit.[808] Soweit kommunale Unternehmen ihre Geschäftspolitik auf den Bereich des Contractings ausweiten, treten sie mithin in einen Markt zu privaten Contractoren.[809] Des Weiteren treten kommunale Versorgungsunternehmen zunehmend in Konkurrenz zu privaten Energiedienstleistern.[810] Bei realisierten Projekten auf diesem Markt dominieren regionale Energieversorgungsunternehmen, gefolgt von Stadtwerken. Eine starke dritte Position nehmen die privaten Energiedienstleister ein.[811] Dabei beträgt der Anteil aller Stadtwerke am Contracting-Markt in Deutschland zusammen lediglich 18,9 %.[812] Stadtwerke treten auf den Contracting-Markt mithin in Konkurrenz zu einer Vielzahl privater Contractoren.[813]

Zudem besteht für Contracting-Leistungen ein großes Kundeninteresse und damit ein erhebliches Marktpotenzial.[814] Der leichte Zugang zum Contracting-Markt gekoppelt mit der hohen Nachfrage nach spezialisiertem Know-how machen diesen Markt zu einem Wachstumsmarkt, für den Wachstumsraten von durchschnittlich über 15% pro Jahr bis 2005 prognostiziert werden.[815] Daher ist zu erwarten, dass die Anzahl der Contractoren in Zukunft weiter zunehmen und damit den Wettbewerb verschärfen wird.[816]

---

806 Contracting Handbuch 2000, S.8f.

807 Contracting Handbuch 2000, S.8f.

808 Technomar, S. 241.

809 Contracting-Unternehmen sind beispielsweise die RWE Energie AG, BEWAG, HEW AG, Bayernwerk AG, Energieversorgung Oberfranken AG, Freiburger Energie- und Wasserversorgung AG; vgl. von Braunmühl, ET 1994, S. 354, 356.

810 Gottschalk, RdE 1996, S. 125, 127f; von Braunmühl, ET 1994, S. 354, 355.

811 Vgl. Technomar, S. 89.

812 Technomar, S. III; von Braunmühl, ET 1994, S. 354, 357.

813 Vgl. Schorsch, ET 2002, S. 6, 7ff.

814 Technomar, S. 5.

815 Energie & Management, Contracting bleibt ein Wachstumsmarkt, S. 2.

816 Technomar, S. 5.

817 Ein gewerbliches Auftreten der öffentlichen Hand ist weder von Verfassungs wegen verboten, noch

Fragt die öffentliche Hand eine Contracting-Leistung nach, so findet sie mithin einen entwickelten Markt für diese Leistung vor. Nach der Marktanalyse agieren die kommunalen Contractoren auf diesem Markt im Wettbewerb, so dass sie vom Vergaberecht befreit sein müssten.[817]

dd) Sonderstellung kommunaler Unternehmen am Markt

Allerdings schließe nach Auffassung des EuGH das Vorliegen von Wettbewerb es für sich genommen nicht aus, dass ein vom Staat gehaltenes Unternehmen sich von anderen als wirtschaftlichen Überlegungen leiten lasse.[818] Nach Auffassung des EuGH in der Rechtssache Gemeinde Arnhem könnte das Unternehmen zum Beispiel finanzielle Einbußen hinnehmen, um eine bestimmte Einkaufspolitik der Einrichtung zu verfolgen, mit der sie eng verbunden sei.[819] Da der Zweck der Vergaberichtlinien darin bestehe, die Gefahr einer Bevorzugung inländischer Bieter bei der Auftragsvergabe zu verhindern, indem sich eine vom Staat finanzierte oder kontrollierte Stelle von anderen als wirtschaftlichen Überlegungen leiten lasse, könne in diesem Falle das Vorliegen von Wettbewerb allein nicht ausschlaggebend für die Nichtgewerblichkeit sein.[820] Mithin sei die Gewerblichkeit der Aufgabenerfüllung erst dann gegeben, wenn das Wirken der Marktkräfte nicht durch staatliche oder von staatlichen Stellen herrührende Einwirkungen zugunsten des Auftraggebers verfälscht werde.[821] Eine Verfälschung des Wettbewerbs könnte beispielsweise bei der staatlichen Subventionierung von Marktteilnehmern sowie der Eigenkapitalbegünstigung oder der Gewährleistung der Insolvenzunfähigkeit gegeben sein.[822] In diesen Fällen könnten die jeweiligen Unternehmen als öffentliche Auftraggeber zu qualifizieren sein, um durch die Anwendung des Vergaberechts eine transparente und offene Einkaufspolitik zu

---

ist es sittenwidrig, vgl. BGH, NJW 1971, 237 – Ärztekammer; BGH, NJW 1974, 1333 – Schilderverkauf; BGH NJW 1987, 60 – Kommunales Bestattungswirtschaftsbetrieb u.a. Fraglich und umstritten sind allein die Grenzen wettbewerblicher Tätigkeiten. Diese werden teilweise in dem kommunalen Örtlichkeitsprinzip und dem Subsidiaritätsprinzip gesehen. Hier geht es insbesondere um die Wirtschaftstätigkeit außerhalb der kommunalen Gebietsgrenzen sowie die Ausdehnung der Wirtschaftstätigkeit auf Märkten, die nicht zu der klassischen Daseinsvorsorge zählen, vgl. Heintzen, NVwZ 2000, S. 743, 743ff.; Rehn/Cronauge, in: Rehn/Cronauge/Lennep, § 107 III Nr. 1; Hösch, GewArch 2000, 1, 3; zu den Fragen der Sittenwidrigkeit nach § 1 UWG vgl. Baumbach/Herfermehl, Wettbewerbsrecht, § 1 UWG, Rdnr. 933; vgl. dazu auch OLG Düsseldorf vom 29. Mai 2001, Az.: 20 U 152/00.

818 Vgl. EuGH, Slg. 1998, I-6864 ff Rdnr. 43, 47ff – Gemeinde Arnheim; vgl. Dreher, WuW 1999, S. 244, 248.

819 Vgl. EuGH, Slg. 1998, I-6864 ff Rdnr. 43, 47ff – Gemeinde Arnheim.

820 EuGH, WuW 2003, S. 837, 842 – Korhonen Oy; vgl. insbesondere auch EuGH, Slg. 2000, I-8035 Rdnr. 17 – University of Cambridge.

821 Vgl. Dreher, WuW 1999, S. 244, 246f; Dreher, in: Immenga/Mestmäcker, § 98 Rdnr. 39.

822 Vgl. Dreher, WuW 1999, S. 244, 246f; Dreher, in: Immenga/Mestmäcker, § 98 Rdnr. 39.

823 Vgl. Pietzcker, ZHR 1998, S. 427, 445; Dreher, DB 1998, S. 2579, 2582f; Bechtold, GWB, §

gewährleisten sowie Diskriminierungen bei der Auftragsvergabe auszuschießen.[823] Dem Wettbewerb ist das Unternehmen nach der Rechtsprechung des EuGH mithin nur dann ausgesetzt, wenn es die Tätigkeit nicht im Rahmen einer hoheitlich herbeigeführten marktbezogenen Sonderstellung vollzieht.[824]

Diese Grundsätze finden sich auch in den Entscheidungen der deutschen Vergabeüberwachungsausschüsse (VÜA) wieder. Auf der Grundlage der *Gemeinde Arnheim*-Entscheidung des EuGH hat die erste Vergabekammer des Bundes eine Gesellschaft mit beschränkter Haftung, deren Zweck gemäß dem Gesellschaftsvertrag die Herstellung, Bearbeitung, Entwicklung und der Vertrieb von Informationsträgern und –systemen vorrangig zur Erfüllung von Aufträgen im Bereich des Wert- und Sicherheitsdrucks ist, als öffentliche Auftraggeber eingestuft.[825] Als maßgeblich sah die Vergabekammer an, dass die Gesellschaft ausschließlich vom Bund finanziert wurde und die Entgelte, die die GmbH vom Bund und den Bundesländern für gelieferte Druckerzeugnisse bezahlt bekam, keine Marktpreise, sondern administrierte Preise darstellten.[826] Nach Auffassung der Vergabekammer erfolge die Tätigkeit des Unternehmens unabhängig von der Kostendeckung, so dass es sich um eine nichtgewerbliche Tätigkeit handle.[827]

Der VÜA Bund hat in einem Fall, der Gleisarbeiten an einer Ausbaustrecke betraf, die Stellung des Unternehmensbereichs „Fahrweggesellschaft" der Deutschen Bahn AG am Markt untersucht. Nach Auffassung des VÜA Bund stelle der Ausbau des Schienennetzes nach Art. 87 e Abs. 4 GG eine vom Bund garantierte Gemeinwohlaufgabe dar. Zudem bewirtschafte die Deutsche Bahn AG als größter Zuwendungsempfänger des Bundes öffentliche Mittel in Milliardenhöhe.[828] Aufgrund der staatlichen Garantien sowie der erheblichen finanziellen Zuwendungen könne diese Gesellschaft nicht einem rein privaten Unternehmen gleichgestellt werden.[829] Die hoheitlich herbeigeführte marktbezogene Sonderstellung führe vielmehr dazu, dass die auf diesem Markt anfallenden Tätigkeiten unabhängig vom Ziel der Kostendeckung erfolgen

---

98 Rdnr. 14; zu den Zielen des europäischen Vergaberechts, vgl. Kommission, Vademecum, ABl.EG 1987 Nr. C 358, S. 1.

824 EuGH, WuW 2003, S. 837, 842 – Korhonen Oy; vgl. insbesondere auch EuGH, Slg 2000, I-8035 Rdnr. 17 – University of Cambridge; so schon Dreher, WuW 1999, S. 244, 248; vgl. auch Dreher, DB 1998, S. 2579, 2586.

825 VK 1-25/99, Fischer/Noch, Entscheidungssammlung Europäisches Vergaberecht, V 14, S. 18ff.

826 Dazu Prieß, EuZW 2001, S. 365, 368; vgl. auch VUA Bayern VÜA 5/99 zur Auftraggebereigenschaft einer kommunalen Wirtschaftsförderungsgesellschaft, die in privatrechtlicher Form betrieben werden.

827 Vgl. bereits VÜA Bund 1 VÜ 15/98, WuW/E Verg 252 – Werttransporte.

828 VÜA Bund, 1 VÜ 6/95, WuW/E VergAB, S. 64 ff; vgl. dazu Möschel, WuW 1997, S. 120, 123; Noch, DÖV 1998, S. 627f.

829 Vgl. dazu auch Franke/Höfler, BB 1998, S. 433, 433; Jasper, DB 1997, S. 915, 917; Möschel, WuW 1997, S. 120, 123.

830 Vgl. VÜA Bund , 1 VÜ 6/95; VÜA Bund, 1 VÜA 15/98; vgl. Prieß, BauR 1999, S.1354 ff.; vgl.

könne.[830] Der Vergabeüberwachungsausschuss des Bundes hat daher die Deutsche Bahn AG im Bereich des Fahrwegbaus als öffentliche Auftraggeberin eingestuft.[831] Der VÜA Bund hat zudem die Deutsche Post AG als öffentliche Auftraggeber im Sinne des § 98 Nr. 2 GWB eingestuft, soweit es um den Ausbau und Erhalt des Briefmonopols geht, da diese Tätigkeit unabhängig vom Ziel der Kostendeckung erfolgen könne.[832]

In einem Vergabenachprüfungsverfahren wegen der Beschaffung von Bundeswehrbekleidung duch die Bundeswehrbekleidungsgesellschaft mbH (LH Bw) für die Streitkräfte hat das OLG Düsseldorf am 30. April 2003[833] letztinstanzlich die sofortige Beschwerde der LH Bw zurückgewiesen und damit die Auffassung des Bundeskartellamtes bestätigt[834], dass die LH Bw die gestzlichen Bestimmungen über die Vergabe öffentlicher Aufträge anzuwenden hat. Die LH Bw wurde als gemeinsames Unternehmen des Bundes (Anteil 25,1 %) und von privaten Partnern gegründet, mithin handelt es sich um ein gemischtwirtschaftliche Gesellschaft. Das Unternehmen versorgt die gesamte Bundeswehr vor Ort mit der kompletten Dienstbekleidung. Soweit die LH Bw allerdings ihre Aufträge an Dritte vergeben hat, insbesondere den Einkauf von Bekleidungsgegenständen bei den Herstellern, kam das Vergaberecht bislang nicht zur Anwendung. Dem ist die Vergabekammer des Bundes beim Bundeskartellamt sowie das OLG Düsseldorf nunmehr entgegen getreten. Nach Auffassung des OLG Düsseldorf sei nicht nur der Bund, sondern auch die LH Bw im Verhältnis zu Dritten (Hersteller etc.) öffentlicher Auftraggeber und habe sich dementsprechend an das öffentliche Vergaberecht zu erhalten. Obwohl der Bund hier lediglich als Minderheitsgesellschafter beteiligt ist, sei die LH Bw öffentlicher Auftraggeber im Sinne von § 98 Nr. 2 GWB. Bei Beschaffungsmaßnahmen für die Bundeswehr ist sie damit an das Recht für die Vergabe öffentlicher Aufträge gebunden. Den zentralen Ausgangspunkt für die Argumentation des Gerichts stellt dabei eine verfassungsrechtliche und staatsaufgabenbezogene Betrahtungsweise dar, die im Wesentlichen durch eine spezifische Auslegung des Art. 87 a und 87 b GG geleitet wird. Das Bekleidungsmanagment bleibe nach Auffassung des Gerichts ein Hauptbestandteil der in Art. 87 b Abs. 1 Satz 2 GG normierten staatlichen und damit im Allgemeininteresse liegenden Aufgabe. Gemäß Art. 87 b GG ist die Bundeswehrverwaltung in bundeseigener Verwaltung zu führen; sie hat u.a. die Aufgabe der unmittelbaren Deckung des Sachbedarfs der Streitkräfte. Mithin liegen Staats-

---

dazu auch Schwintowski, NVwZ 2001, S. 609, 609f.

[831] Vgl. VÜA, WuW/E VergAB 64, 67 – Ausbaustrecke; siehe auch VÜA, WuW/E VergAB 17 – Überführungsbauwerk; dazu Möschel, WuW 1997, S. 120, 123; vgl. auch Broß, VerwArch. 1997, S. 521, 534.

[832] Vgl. VÜA Bund, 1 VÜ 6/95; VÜA Bund, 1 VÜA 15/98.

[833] G.e.e.b., OLG Düsseldorf, NZBau 2003, 400; Az: Verg. 67/02.

[834] Die sofortige Beschwerde richtete sich gegen den Beschluss des Bundeskartellamtes vom 12. Dezember 2002.

[835] Organisatorisch besteht ein weiter Beurteilungsspielraum, in welchen Rechtsformen bestimmte

aufgaben mit Verfassungsrang stets auch im Allgemeininteresse im Sinne von § 98 Nr. 2 GWB. Das Gericht hätte auch auf Art. 87a Abs. 1 GG abstellen können. Die eigentliche Staatsaufgabe, um die es hier geht, ist nben der in Art. 87 b Abs. 1 Satz 1 GG der Bundeswehrverwaltung vorbehaltene unmittelbare Deckung des Sachbedarfs die Sicherstellung der Funktionsfähigkeit und Einsatzbereitschaft der Streitkräfte. Diese Staatsaufgabe ergibt sich aus Art. 87 a Abs. 1 GG, wonach der Bund zur Verteidigung Streitkräfte aufstellt.[835] Dennoch überrascht das Ergebnis der Entscheidung. Ist beispielsweise die von der Bundeswehr geplante Versorgungsgesellschaft für Bekleidung Nachfragerin auf einem funktionsfähigen Angebotsmarkt für Kleidung und Dienstleistungen im Bereich Militär und ist sie darüber hinaus dem allgemeinen Marktzwang, d.h. dem Insolvenzrecht in vollem Maße ausgesetzt, dann bestünde kein Grund, sie dem Vergaberecht zu unterwerfen. So hat das OLG Düsseldorf bisher jedoch nicht argumentiert.[836]

Nach der Rechtsprechung des EuGH sowie der überwiegenden Entscheidungspraxis der deutschen Vergabeüberwachungsausschüsse bestimmt sich die Auftraggebereigenschaft privater Unternehmen danach, ob sich die Aufgabenerfüllung des Unternehmens außerhalb marktmäßiger Mechanismen oder in Abweichung davon vollzieht.[837] Unternehmen sind folglich dann als öffentlicher Auftraggeber zu qualifizieren, wenn sie aufgrund einer staatlich herbeigeführten marktbezogenen Sonderstellung den üblichen Marktmechanismen nicht ausgesetzt sind und sich daher von anderen als wirtschaftlichen Überlegungen leiten lassen können.[838]

Bei kommunalen Unternehmen wird vielfach vermutet, dass sie für unternehmensfremde öffentliche Interessen vom Staat in Dienst genommen werden können.[839] Teilweise wird die Auffassung vertreten, dass dem Unternehmen aufgrund der staatlichen Anteilseignerschaft Vorteile erwachsen, die ihm eine Sonderstellung verschaffen, womit es an der Gleichordnung im Wettbewerb fehle.[840] Der besondere Status und das außerordentliche Funktionspotential des Staates würden nach dieser Auffassung in

---

Sachaufgaben erfüllt werden sollen Vgl. BverfGE 63, 1, 34, wonach die zuständigen Bundesorgane bei der Ausgestaltung ihrer Organisation einen weiten Ermessensspielraum haben.

836 Vgl. Entscheidung G.e.e.b., OLG, NZBau 2003, 400 ff. Dazu Schwintowski, Konkurrenz der öffentlichen Hand, S. 11.

837 Vgl. auch VÜA Bund, WuW/E VergAB 89 – Ausbildungskonzept; Dreher, WuW 1999, S. 244, 245; Kulartz, VergRecht, 2/98, S. 25, 28.

838 VÜA Bund, WuW/E VergAB 89 – Ausbildungskonzept; VK Bezirksregierung Münster, VK 1/99 S. 19 – Restabfallbehandlungsanlage; Dreher, DB 1998, 2579, 2582f.; Heiermann, ZVgR 1999, S. 173, 181f.; Höfler, ZvGR 1999, S. 57, 57f; Bechtold, § 98 Rdnr. 14; vgl. Thieme, in: Langen/Bunte, § 98 Nr. 4 Rdnr. 26; Dreher, WuW 1999, S. 244, 248; vgl. auch Dreher, DB 1998, S. 2579, 2586.

839 Vgl. Mestmäcker, in: Immenga/Mestmäcker, GWB, Einl. Rdnr. 40.

840 Wolf, in Studien zum öffentlichen Wirtschaftsrecht, S. 5, 10.

841 Vgl. Stern, Staatstrecht III/1, S. 1412; vgl. auch Breuer, HbdStR VI, § 148, Rdnr. 57.

seinem gesamten Wirken bei der Unterhaltung dieser Unternehmen durchschlagen.[841] So könne der Staat aufgrund seiner theoretisch unbegrenzt zur Verfügung stehenden Mittel den wirtschaftlichen Zusammenbruch öffentlicher Unternehmen abwenden.[842] Öffentliche Unternehmen tragen nach dieser Auffassung kein echtes Konkurs- oder Beschäftigungsrisiko, da letztlich immer der Steuerzahler für ihre Verpflichtungen einstehe.[843] Aufgrund dieser Sonderstellung seien öffentliche Unternehmen dem Wettbewerb nicht voll ausgesetzt.[844]

(1) Zwang kommunaler Unternehmen zur Wirtschaftlichkeit

Die kommunalen Unternehmen sind auf Gewinnerzielung ausgerichtet und haben sich daher wirtschaftlich am Markt zu betätigen.[845] Der Ansatz eines allgemeinen Unernehmensrisikos ist selbst bei den Eigen- und Regiebetrieben des öffentlichen Rechts geboten. Diese Betriebe tragen nur dann kein Unternehmensrisiko, wenn sie sich nicht im Wettbewerb behaupten müssen. Dies ist beispielsweise dann der Fall, wenn sie über ein rechtlich abgesichertes Versorgungsmonopol verfügen. Allein in diesem Falle bedarf es also nicht jener Rückstellungspolster, die das geltende Bilanzrecht Unternehmen zubilligt, die sich im Wettbewerb behaupten müssen. Mithin können sich auch staatliche Betriebe, die am Wettbewerb teilnehmen, grundsätzlich nicht von anderen als wirtschaftlichen Überlegungen leiten lassen.

Die Unternehmen könnten sich allenfalls dann von anderen als wirtschaftlichen Überlegungen leiten lassen, wenn sie dazu von staatlicher Seite gezwungen werden. Eine solche staatliche Einflussnamemöglichkeit besteht jedoch nur dann, wenn die Kommune nichtwirtschaftliche Interessen im Unternehmen durchsetzen kann.[846] Erforderlich dafür wäre mithin ein umfassendes Weisungsrecht des öffentlichen Auftraggebers gegenüber der Geschäftsleitung der Gesellschaft sowie entsprechende Durchsetzungsmöglichkeiten in der Gesellschafterversammlung sowie in einem Aufsichtsrat – auch betreffend aller Einzelentscheidungen bei der Leitung der Gesellschaft.[847] Aufgrund des Vorrangs des Gesellschaftsrechts haben sich sowohl die von

---

[842] Vgl. dazu Schricker, Unlauterer Wettbewerb, S. 18; vgl. zu diesem Argument Gleske, Wettbewerb öffentlicher und privater Kreditinstitute in Deutschland, S. 110.

[843] Wolf, in Studien zum öffentlichen Wirtschaftsrecht, S. 5, 10.

[844] Schachtscheider, Staatsunternehmen, S. 333, vgl. Pietzcker, ZHR 162 (1998), S. 427, 447; Stickler, in: Reidt/Stickler/Glahs, § 98 Rdnr. 32; vgl. Werner, in: Byok/Jaeger, § 98 Rdnr. 294.

[845] Vgl. dazu die Ausführungen unter Gewinnerzielung.

[846] Gröning, ZIP 2001, S. 497, 502f; so wohl auch Dreher, NZBau 2001, S. 360, 363; Jaeger, NZBau 2001, S. 6, 9, vgl. auch Gleske, Wettbewerb öffentlicher und privater Kreditinstitute in Deutschland, S. 115; allgemein dazu Engellandt, Die Einflussnamemöglichkeiten der Kommune auf ihre Kapitalgesellschaften über das Anteilseignerorgan, S. 138.

[847] Vgl. Quack, DVBl 1965, S. 345, 345ff.; Raiser, ZGR 1978, S. 391ff., 399ff.., 401ff; Schmidt, ZGR 1981, S. 455ff., 459ff., 462f.; Dreher, NZBau 2001, S. 360, 363.

der Gebietskörperschaft entsandten Aufsichtsratsmitglieder als auch die kommunalen Vertreter in den Gesellschafterversammlung vorrangig an dem Unternehmensinteresse der Gewinnerzielung zu orientieren.[848] Die Kommunen haben sich daher am Unternehmensinteresse zu orientieren und ihre Geschäftspolitik am Markt auszurichten.[849] Dies gilt gleichermaßen für kommunale AGs und GmbHs auch dann, wenn der Staat die Mehrheit der Anteile an dem Unternehmen hält oder sogar alleiniger Anteilseigner des Unternehmens ist. Staatliche Einflüsse auf kommunale Unternehmen sind daher durch die Rechtsform der Unternehmen zurückgedrängt.[850] Damit weisen gewinnorientierte öffentliche Contactoren im Vergleich zu den gewinnorientiert arbeitenden privaten Contractoren keine Besonderheiten auf.[851]

Besondere Einwirkungsrechte der öffentlichen Hand auf die Geschäftsführung der Contractoren ergeben sich auch nicht aus dem Contracting-Vertrag.[852] Mit dem Contracting erkennen die Kommunen die Notwendigkeit an, dem Contractor einen großen Gestaltungsspielraum bei der Realisierung des Projektes zukommen zu lassen, um eine effiziente und wirtschaftliche Realisierung des Projektes sicherzustellen. Da die öffentliche Aufgabe der Energiebewirtschaftung allein mit den im Contracting-Vertrag vorgesehenen Überwachungs- und Eingriffsmöglichkeiten sichergestellt werden soll[853], erschöpfen sich die Kontrollrechte der Kommune in der Sicherstellung der ordnungsgemäßen Energiebewirtschaftung der öffentlichen Einrichtung.[854] Der Contracting-Vertrag ist daher so ausgestaltet, dass dem Contractor bei seiner Geschäftsführung ein weiter Spielraum zukommt, der es der öffentlichen Hand nicht gestattet, auf das Beschaffungsverhalten des Contractors Einfluss zu nehmen.[855] Die Einflussnahme des Staates auf das Beschaffungsverhalten des Contractors ist daher grundsätzlich nicht möglich.[856]

Sorgfaltspflichtverletzungen, etwa durch einseitige Priorisierung von Interessen der Gemeinde zum Schaden der Gesellschaft, können zur Schadensersatzpflicht nach § 93 Abs. 2 AktG bzw. § 43 GmbHG führen.[857] Danach macht sich der Vorstand eines

---

848 Vgl. Schuppert, Zur Kontrollierbarkeit öffentlicher Unternehmen, ZögU 1985, S. 310, 312ff.

849 Vgl. auch Schwintowski, NJW 1995, S. 1316, 1319.

850 Zu dem Merkmal der Kontrolle siehe auch die Ausführungen im 3. Kapitel.

851 Schwintowski, NJW 1995, S. 1316, 1316f.

852 Zu den Überwachungs- und Kontrollpflichten aus dem Contracting-Vertrag siehe im 1. Kapitel unter Privatisierungstypologie.

853 Vgl. dazu schon die Ausführungen im 1. Kapitel unter Privatisierungstypologie.

854 Burgi, Funktionale Privatisierung, S. 384.

855 Vgl. dazu die Ausführungen im ersten Kapitel unter Contracting-Modelle.

856 Vgl. EuGH, Slg. 1991, 3659, 3673; EuGH, Slg. 1988, I-3336.; vgl. auch Hailbronner, EWS 1995, S. 285, 289ff.

857 Vgl. BGHZ 36, S. 296ff.; vgl. Roth/Altmeppen, GmbHG, § 47 Rdnr. 35, 43 ff.; Kuhlmann/-Anis, Konzernrecht, S. 103.

858 Vgl. Schwintowski, NVwZ 2001, S. 609, 611ff.; vgl. Schwintowski, NJW 1995, S. 1316, 1316f.;

öffentlichen Unternehmens schadensersatzpflichtig, wenn er zum Nachteil des Unternehmens bewusst und gewollt zu teuer einkauft.[858] Dem Wohl des Unternehmens widersprechende Weisungen sind unzulässig und dürfen weder gegeben noch befolgt werden.[859] Werden Weisungen, die gegen die Unternehmenssatzung verstoßen, dennoch ausgeführt, so schuldet die Gebietskörperschaft unter Umständen sowohl konzernrechtlich (§§ 311, 317f. AktG) als auch aktienrechtlich (§ 117 AktG) Schadensersatz und kann auf Unterlassen verklagt werden[860] Verletzt die Kommune das Unternehmensinteresse, so macht auch sie sich Schadensersatzpflichtig und ist Unterlassensansprüchen ausgesetzt.[861] Kommunale Unternehmen, die sich mehrheitlich im Besitz der öffentlichen Hand befinden, sind daher zwar nach der Definition der Transparenzrichtlinie öffentliche Unternehmen[862], die Beherrschung durch die öffentliche Hand beschränkt sich aber auf eine kapitalmäßige Gesellschaftsanteilsmehrheit[863], die sich an der Gesellschaftersatzung orientieren muss und der Gesellschaft daher nicht ihren politischen Willen aufzwängen kann.[864]

Der Zwang kommunaler Unternehmen zur wirtschaftlichen Tätigkeit am Markt ergibt sich zudem daraus, dass sich die Unternehmen wie rein private Unternehmen um die Aufträge der öffentlichen Hand bewerben müssen.[865] Ein Auftraggeber, der selbst im Wettbewerb um öffentliche Aufträge steht und das Risiko der Fehlkalkulation der eigenen Angebote trägt, wird es sich in der Regel nicht leisten können, Unteraufträge nach anderen Kriterien als der Wirtschaftlichkeit zu vergeben.[866] Mithin sind Contractoren, um im Investorenwettbewerb zu bestehen, gezwungen, Unteraufträge al-

---

Möller, Die rechtliche Stellung und Funktion des Aufsichtsrates in öffentlichen Unternehmen der Kommunen, passim.

859 Püttner, Die öffentlichen Unternehmen, S. 236.

860 Vertiefend zu den Schadensersatzansprüchen Habersack, ZGR 1996, S. 545, 559ff.; zur Anfechtbarkeit von treuwidrigen Beschlüssen nach § 243 Abs. 1 AktG vgl. Mertens, Festschrift für Kellermann, S. 271, 282ff.

861 Vgl. z.B. BGH WM 1978, 1205, 1207; OLG Düsseldorf ZIP 1994, 619, 623 ff.

862 In Anlehnung an Art. 2 Abs. 1 der Transparenzrichtlinie der Kommission Nr. 80/723/EWG vom 25.6. 1980, Abl. L 195/35 sind öffentliche Unternehmen diejenigen Einheiten, auf die „die öffentliche Hand aufgrund Eigentums, finanzieller Beteiligung, Satzung oder sonstiger Bestimmungen, die die Tätigkeit des Unternehmens regeln, unmittelbar oder mittelbar einen beherrschenden Einfluss ausüben kann". Zur Bedeutung dieser Vorschrift für die Bestimmung des Begriffs des öffentlichen Unternehmens vgl. Jungbluth, in: Langen/Bunte, Art. 90 Rdnr. 16; Pernice, in: Grabitz/Hilf, Art. 90 Rdnr. 21.

863 Vgl. Marx/Prieß, in Jestaedt/Kemper/Marx/Prieß, S. 18f; Jungbluth, in: Langen/Bunte, Art. 90 Rdnr. 16; Pernice, in: Grabitz/Hilf, Art. 90 Rdnr. 21.

864 A. A. wohl Noch, NVwZ 1999, S. 1083, 1084; vgl. auch Eschenbruch, in: Niebuhr/Kulartz/-Kus/Portz, § 98 Rdnr. 103ff.

865 Vgl. Jasper, Behördenspiegel 4/2000, Seite B III.

866 Opitz, ZVgR 2000, S. 97, 105.

867 Vgl. Opitz, ZVgR 2000, S. 97, 107.

lein nach wirtschaftlichen Kriterien zu vergeben.[867] Die erfolgreiche Teilnahme am Wettbewerb wird gerade durch die Ausrichtung der Geschäftspolitik am unternehmerischen Handeln ermöglicht.[868] Gegen das Argument der Sonderstellung dieser Unternehmen spricht zudem, dass formell privatisierte Gesellschaften aufgrund des Anwendungsvorrangs des Gesellschaftsrechts dem Insolvenzrecht unterliegen. Im Falle erkennbar werdender Insolvenz müssen diese Unternehmen mithin vom Markt genommen werden. Damit unterscheidet sich eine Gesellschaft, die von einer Gebietskörperschaft gegründet und geleitet wird, auch deswegen nicht von einer Gesellschaft im Privatbesitz, da sie denselben wirtschaftlichen Risiken ausgesetzt ist und wie diese für zahlungsunfähig erklärt werden kann.[869] Der Markt übernimmt mithin die Kontrolle über die Wirtschaftstätigkeit dieser Unternehmen.[870]

Folglich ist ein hinreichender Kontrollmechanismus vorhanden, der die Gesellschaft davor bewahrt, zum Zwecke der Verfolgung politischer Interessen zu teuer auf dem Markt einzukaufen. Die Ausrichtung der Unternehmen an der Gewinnorientierung verhindert mithin, dass das Unternehmen aufgrund zweckgerichteter, von staatlicher Einflussnahme abhängiger Motive tätig wird und sich von anderen als wirtschaftlichen Überlegungen leiten lässt.[871]

(2) Zwang des Staates zu wettbewerbskonformen Maßnahmen bei der Beteiligung an Unternehmen

Gegen die Annahme eines spezifisch staatlichen Wettbewerbsvorteils kommunaler Unternehmen spricht des Weiteren, das dem Staat europarechtliche und haushaltsrechtliche Grenzen bei der Leitung öffentlicher Unternehmen gesetzt sind, die eine Ausnutzung von außerhalb des Marktes liegenden, leistungsfremden Faktoren nicht gestattet. Das Europarecht, namentlich die Wettbewerbsvorschriften des EG-Vertrages[872] zwingt die öffentliche Hand zu Wettbewerb sowie zu transparenten und nichtdiskriminierenden Verfahren bei der staatlichen Finanzierung ihrer Unter-

---

868 Tödtmann, RdE 2002, S. 6, 9.

869 EuGH, WuW 2003, S. 837, 842 – Korhonen Oy; vgl. insbesondere auch EuGH, Slg 2000, I-8035 Rdnr. 17 – University of Cambridge.

870 Besonders deutlich ist dies an der in jüngster Zeit vermehrt auftretenen Veräußerung und Stillegung von Stadtwerken zu erkennen. Zu den wettbewerbs- und gemeindeordnungsrechtlichen Fragen bei der Betätigung eines kommunalen Unternehmens im Gebäudemanagement vgl. OLG Düsseldorf, ZfK 2001, Heft 6, S. 2; zu den wettbewerbsrechtlichen Beschränkungen insbesondere aus dem kommunalrechtlichen Örtlichkeitsprinzip vgl. Schlacke, JA 2002, S. 48, 48ff.

871 Thieme, in: Langen/Bunte, § 98 Nr. 4 Rdnr. 26.

872 Allgemein Art. 86 i.V.m. Art. 81, 82, 87 EG; dazu im Überblick Basedow/Dolfen, in: Dauses Band II, L Rdnr. 31 ff; Steiner, in: Schmidt, Öffentliches Wirtschaftsrecht, § 10 Rdnr. 14ff.

873 Fehling, Die Verwaltung 2001, S.25, 25.

nehmen.[873] Die Finanzierung öffentlicher Unternehmen durch den Staat ist beispielsweise der strengen EG-beihilferechtlichen Kontrolle unterworfen.[874] Der Begriff der staatlichen Beihilfe erstreckt sich auf solche Elemente, die in den Finanzierungsmaßnahmen der Mitgliedstaaten für Unternehmen enthalten sind und die nicht als Risikokapital gelten, das einem Unternehmen nach den üblichen Gepflogenheiten einer Marktwirtschaft zur Verfügung gestellt wird.[875] Eine gemeinschaftsrechtswidrige Beihilfe kann damit bereits in der Zurverfügungstellung von Eigenkapital oder eigenkapitalersetzenden Darlehen zum Ausgleich von Verlusten durch den kommunalen Gesellschafter der wirtschaftlich tätigen Eigengesellschaft liegen.[876] Grundsätzlich darf die Bereitstellung staatlicher Mittel auch nicht dazu führen, dass Leistungen des kommunalen Unternehmens unterhalb der Preise bzw. der Kosten Privater angeboten werden können. Folglich ist die unter marktwirtschaftlichen Gesichtspunkten unwirtschaftliche Kapitalbeteiligung an öffentlichen Unternehmen unzulässig.[877]

Zudem sind öffentliche Unternehmen nach der Transparenzrichtlinie[878] verpflichtet, ihre Geschäftsbereiche bilanzrechtlich getrennt zu führen, so dass Kosten und Gewinne voneinander getrennt ermittelt werden können. Durch diese Spartentrennung sollen unzulässige Beihilfen entdeckt und etwaige Wettbewerbsvorteile auf dem Markt in Zukunft unterbunden werden.[879] Die Buchhaltungs- und Mitteilungspflichten der Transparenzrichtlinie führen dazu, dass dem Unternehmen Verfügung gestellt werden.[880] Durch die zunehmende Liberalisierung der Märkte hat sich die Situation der kommunalen Unternehmen im Verhältnis zum Staat mithin grundlegend geändert. Defizite der Versorgungssparten können nicht mehr nach politischem Gutdünken aus Gewinnen anderer Betriebssparten oder aus dem allgemeinen Staatshaushalt ausgeglichen werden.[881] Der Staat als Miteigentümer am Unternehmen kann nicht mehr pauschal auftretende Verluste übernehmen, sondern finanziert im Grundsatz nur noch einzelne konkret definierte Leistungen, deren Erbringung am Markt nicht rentabel

---

874 Vgl. Bartosch, EuZW 2001, S. 229, 230; Kommission KOM (2000) 580 endg., Rdnr. 28-30; Ennuschat, RdE 2001, S. 46, 49.

875 Vgl. Schwintowski, BB 1996, S. 1673, 1674 unter Verweis auf Art. 1 Abs. 4 der Kommissionsentscheidung vom 28.12. 1993 über staatliche Beihilfen zugunsten des Steinkohlebergbaus Entsch. Nr. 36/32/93/EGKS, ABl.EG Nr. L 329 v. 30. 12. 1993, 12ff.

876 Hausmann, Energiewirtschaft im Lichte des Vergaberechts, S. 45, 48.

877 Bauer, EuZW 2001, S. 748, 751; Hausmann, Energiewirtschaft im Lichte des Vergaberechts, S. 45 ff, 48.

878 Nr. 80/723/EWG vom 25.6. 1980, Abl. L 195/35.

879 Um in den öffentlichen Unternehmen Transparenz über Kosten und Gewinne zu erreichen, wurde mit Wirkung zum 1.1. 20002 die europäische Transparenzrichtlinie novelliert, Richtlinie 2000/52/EG v. 26.7. 2000 (ABl.EG Nr. L 194 S. 75); dazu auch Schwintowski, NVwZ 2001, S. 609, 612.

880 Vgl. Burgi, EuR 1997, S. 261, 274.

881 Vgl. Fehling, Die Verwaltung 2001, S.25, 25.

882 Fehling, Die Verwaltung 2001, S.25, 25.

wäre.[882] Laufende Mittelzuführungen aus öffentlichen Haushalten bleiben angesichts angespannter Finanzverhältnisse der öffentlichen Hand ohnehin auf längere Sicht ausgeschlossen.[883] Mithin ist eine unbegrenzte Aufstockung des Kapitals durch die öffentliche Hand und damit die Möglichkeit zu verlustträchtigen Geschäften seitens des kommunalen Unternehmens ausgeschlossen.[884]

Des Weiteren ist die öffentliche Hand haushaltsrechtlich verpflichtet, bei der Verwaltung ihres Vermögens die Grundsätze der Wirtschaftlichkeit zu beachten.[885] Dabei kommt sie hinsichtlich ihrer Beteiligung an privaten Unternehmen schon von der Sache her nicht daran vorbei, die Regeln einer marktorientierten Wettbewerbswirtschaft zu berücksichtigen und insoweit auch unternehmerisch zu handeln.[886] Die öffentliche Hand ist demnach zur wirtschaftlichen Geschäftsführung der Unternehmen verpflichtet.[887] So hat die öffentliche Hand ihre Unternehmen auch einzustellen, wenn die Privatwirtschaft die Leistungen wirtschaftlicher erbringen kann.[888] Zudem sind die Gemeinden nach dem Kommunalrecht der Länder verpflichtet, vor der Erfüllung ihrer Selbstverwaltungsaufgaben zu prüfen, ob die Aufgabe nicht ebenso gut auf andere Weise, insbesondere durch Private, erfüllt werden kann.[889] Die Subsidiaritätsklausel in der Gemeindeordnung des Landes Rheinland-Pfalz wurde sogar dahin-

---

883 Vgl. FAZ v. 22.02. 2002, Finanzjongleure wider Willen, S. 3; vgl. auch Schricker, Unlauterer Wettbewerb, S. 18.

884 Zum gemeinschaftsrechtlichen Beihilfeverbot für die Beteiligung der öffentlichen Hand an einer Kapitalgesellschaft vgl. Bonkamp, Die Bedeutung des gemeinschaftsrechtlichen Beihilfeverbots für die Beteiligung der öffentlichen Hand an einer Kapitalgesellschaft, passim.

885 Schwintowski, NJW 1990, S. 1009, 1013.

886 BGHZ 69, 334, 339; Emmerich, Die AG 1976, 22, 227; ders., Das Wirtschaftsrecht der öffentlichen Unternehmen, 1969, S. 60ff., 212; vgl. Schwintowski, NJW 1990, S. 1009, 1013. Vgl. auch die ausdrückliche Verpflichtung nach § 6 Abs. 1 HGrG und § 7 Abs. 1 BHO, bei der Aufstellung und Ausführung des Haushaltsplans die Grundsätze der Wirtschaftlichkeit und Sparsamkeit zu beachten. Weitergehend ist durch Art. 114 Abs. 2 Satz 1 GG die Wirtschaftlichkeit der Haushalts- und Wirtschaftsführung als verfassungsmäßiges Leitbild für die Verwaltung herausgestellt; Grupp, Die Verwaltung 2000, S. 9; Schuppert, VVDStRL 42 (1984), S. 216ff, 259; weiterer Wirtschaftlichkeitsdruck geht auch von den Haushaltsordnungen aus, beispielsweise nach § 65 Abs. 1 BHO soll sich der Bund an einem Unternehmen nur beteiligen, wenn „ein wichtiges Interesse des Bundes vorliegt und sich der vom Bund angestrebte Zweck nicht besser und wirtschaftlicher auf andere Weise erreichen lässt", vgl. Eichhorn in Sozialpolitik und öffentliche Wirtschaft, S. 180.

887 BGHZ 69, 334, 339 = NJW 1978, 104; Emmerich, Die AG 1976, 22, 227; ders., Das Wirtschaftsrecht der öffentlichen Unternehmen, 1969, S. 60ff., 212; vgl. Schwintowski, NJW 1990, S. 1009, 1013.

888 Vgl. dazu das gemeinderechtliche Subsidiaritätsprinzip.

889 Vgl. etwa § 2 Abs. 1 S. 2, 3 GO SH.

890 Vgl. § 85 Abs. 1 Nr. 3 GO Rheinland-Pfalz.

gehend verschärft, dass die Gemeinde nur tätig werden darf, wenn der öffentliche Zweck nicht ebenso gut und wirtschaftlich durch einen privaten Dritten erfüllt werden kann.[890]

Der Bestand eines öffentlichen Unternehmens kann daher nicht unabhängig vom wirtschaftlichen Erfolg sichergestellt werden.[891] Kommunale Unternehmen sind damit dem Marktrisiko voll ausgesetzt.[892] Die Herkunft des Eigenkapitals kann also für die Frage der Sonderrolle öffentlicher Unternehmen keine Rolle spielen.[893] So hat der Vergabesenat des OLG Düsseldorf denn auch entschieden, dass kommunale Eigengesellschaften grundsätzlich keinen Kosten- oder Wettbewerbsvorsprung gegenüber privaten Konkurrenten aufweisen.[894] Damit wird die Erwirtschaftung von Überschüssen durch marktlichtes Verhalten für die öffentlichen Unternehmen zur Existenzfrage.[895] Die öffentlichen Unternehmen müssen daher gleichermaßen privatwirtschaftlich und rentabilitätsorientiert arbeiten wie ihre rein private Konkurrenz.[896]

Wenn die öffentliche Hand selbst Gesellschaften privater Rechtsform und mit diesen am wettbewerblichen Geschehen nunmehr so wie ein privates Unternehmen teilnimmt, ist entscheidend, ob das Unternehmen den Kräften des Marktes einschließlich der daraus resultierenden Insolvenz in vollem Maße ausgesetzt ist.[897] Wenn dies durch Nachschusspflichten oder Gewährträgerleistungen außer Kraft gesetzt ist, muss auf das Nachfrageverhalten dieses Unternehmens Vergaberecht angewendet werden. Wenn der Handlungsspielraum des Unternehmens aber in gleicher Weise vom Wettbewerb kontrolliert wird, wie das bei einem Unternehmen ohne öffentlichen Anteilseigner in gleicher Weise der Fall ist, so besteht kein Grund für die Anwendung des Vergaberechts.[898]

---

[891] Vgl. EuGH, Slg. 1998, I-6864 ff Rdnr. 59ff – Gemeinde Arnheim.

[892] Vgl. auch Thode, ZIP 2000, S. 2, 6 ff.

[893] So schon Schwintowski, NVwZ 2001, S. 609, 610ff.

[894] Vgl. hierzu Krämer, VergR 1997, S. 31f.

[895] Vgl. die parallele Problematik bei den öffentlich-rechtlichen Kreditinstituten Poullain, in Festschrift für Günther, S. 493, 502.

[896] Fehling, Die Verwaltung 2001, S.25, 26.

[897] Schwintowski, Konkurrenz der öffentlichen Hand, S. 12

[898] Ist beispielsweise die von der Bundeswehr geplante Versorgungsgesellschaft für Bekleidung Nachfragerin auf einem funktionsfähigen Angebotsmarkt für Kleidung und Dienstleistungen im Bereich Militär und ist sie darüber hinaus dem allgemeinen Marktzwang, d.h. dem Insolvenzrecht in vollem Maße ausgesetzt, dann besteht kein Grund, sie dem Vergaberecht zu unterwerfen. So hat das OLG Düsseldorf bisher nicht argumentiert, vgl. OLG, NZBau 2003, 400 ff. Vgl. auch Schwintowski, Konkurrenz der öffentlichen Hand, S. 11.

[899] Hailbronner, EWS 1995, S. 185, 288; dazu zählen Aktiengesellschaften des Bundes oder der

c) Ergebnis

Kommunen können bei der Beschaffung von Contracting-Leistungen vom Vergaberecht befreit sein, wenn sie die Leistungen auf wettbewerblich strukturierten Märkten nachfragen. Dies setzt voraus, dass die kommunalen Unternehmen in vollem Umfang den allgemeinen Regeln des Marktzwangs unterworfen sind. Dazu gehört insbesondere eine Anwndung des geltenden Insolvenzrechts, d.h., keine Freistellung durch eine landesrechtliche Regelung nach § 12 Abs. 1 InsO. Ausserdem muss eine Gewährträgerhaftung für die Unternehmen ausgeschlossen sein. Schließlich muss gewährlistet sein, dass Kapitalerhöhungen zugunsten eines kommunalen Unternehmens nur dann durhgeführt werden, wenn der Private Investor Test, wie er von der Europäischen Union in Beihilfeverfahren seit jeher durchgeführt wird, positiv verläuft.

Die kommunalen Contractoren sind nach den gleichen Grundsätzen und mit den gleichen Zielen am Markt tätig wie jeder private Unternehmer und verfügen nicht über eine Sonderrolle am Markt.[899] Eine Studie hat ergeben, dass der Wettbewerbsdruck für Stadtwerke, die im Bereich des Contractings tätig werden, besonders hoch ist.[900] Obwohl Contracting mittlerweile ein erfolgreiches neues Geschäftsfeld für Stadtwerke darstellt, differieren die Erfahrungen, die einzelne Stadtwerke mit diesem Geschäftsfeld gemacht haben, erheblich. Während einige Stadtwerke Contracting-Leistungen ganz eingestellt haben, haben andere wiederum ihre Contracting-Leistungen ausgebaut.[901] Da diese Unternehmen innerhalb der Marktmechanismen agieren, wird ihr Handeln wesentlich von marktwirtschaftlichen Maximen bestimmt.[902] Der Zwang, sich wirtschaftlich am Markt zu betätigen, folgt bereits aus der Satzung der Unternehmen, die auch nicht durch Gemeindeinteressen überspielt werden kann. Das Gesellschaftsrecht stellt daher die Wirtschaftlichkeit der Unternehmenstätigkeit sicher, so dass es einer zusätzlichen Regulierung durch das Vergaberecht nicht bedarf. Ihnen ist damit aufgegeben, sich am Markt zu betätigen, sich dort im Wettbewerb zu behaupten und nach Marktgesetzen vorzugehen. Sie haben ihre Ausgaben aus ihren Einnahmen zu bestreiten und sich daher in ihrer Wirtschaftstätigkeit an betriebwirtschaftlichen Gesichtspunkten zu orientieren. Da die kommunalen Contractoren gewerblich tätig werden, sind sie von der Ausschreibungspflicht nach § 98 Nr. 2 GWB befreit.

Länder, Energieversorgungsunternehmen, kommunale Brauereien usw.; bei Neufassung des Gesellschaftszwecks nach Übernahme durch den neuen Mehrheitsgesellschafter ist auf den neuen Zweck abzustellen VÜA Bund, 1 VÜ 15/98 – Deutsche Post Transport GmbH.

900 Technomar, S. 1 ff.

901 Vgl. die Studie der LBD-Beratungsgesellschaft Schorsch, ET 2002, S. 6, 7ff; Tödtmann, RdE 2002, S. 6, 9.

902 Vgl. dazu Thode, ZIP 2000, S. 2, 6; Boesen, Vergaberecht, § 98 Rdnr. 64.

903 VDEW, Energieeinspar-Dienstleistungen im Wettbewerb, S. 3; von Braunmühl, ET 1994, S.

2. Ausschreibungspflicht der Energieversorgungsunternehmen nach § 98 Nr. 4 GWB

Zunehmend betätigen sich Energieversorgungsunternehmen im Bereich des Contractings, da beim Angebot der Energie-Dienstleistung Synergie-Effekte durch Einsatz des Know-hows aus der Versorgungstätigkeit erzielt werden können.[903] Die Energieversorger sehen in dem Contractingangebot daher eine Möglichkeit, Verluste bzw. Mindereinnahmen im angestammten Versorgungsgebiet der Energieversorgung zu kompensieren.[904] Im Einklang mit der europäischen Sektorenrichtlinie regelt § 98 Nr. 4 GWB die Ausschreibungspflicht mehrheitlich von der öffentlichen Hand beherrschter oder finanzierter öffentlicher Unternehmen in privater Rechtsform sowie rein private Unternehmen, die im Bereich der Energieversorgung tätig sind.[905] Damit können nunmehr auch nicht-öffentliche Unternehmen der Vergabeverpflichtung unterfallen, wenn sie in einem der Sektorenbereiche tätig werden.[906] Nach § 8 Nr. 2 VgV erfasst die Sektorentätigkeit eines Energieversorgungsunternehmens das Bereitstellen und das Betreiben fester Netze zur Versorgung der Öffentlichkeit im Zusammenhang mit der Erzeugung, mit dem Transport oder der Verteilung von Strom, sowie die Versorgung dieser Netze mit Strom.[907] Energieversorgungsunternehmen, wie zum Beispiel Stadtwerke, üben eine solche Tätigkeit dann aus, wenn sie Strom über die von ihnen betriebenen Netze zur Versorgung der Verbraucher einleiten.[908] Soweit diese Unternehmen im Rahmen des Contractings Strom beschaffen, um diesen dann der öffentlichen Hand in Form von Nutzenenergie zur Verfügung zu stellen, werden sie im Bereich der Energieversorgung tätig, so dass § 98 Nr. 4 GWB anwendbar ist.[909] Aus § 98 Nr. 4 GWB könnte sich daher eine Pflicht der Energieversorgungsunternehmen ergeben, die Beschaffung von Energie oder sonstiger Leistungen im Rahmen des Contractings öffentlich auszuschreiben.

354, 356; zu den hier auftretenden wettbewerbsrechtlichen Fragen aus jüngster Zeit BGH, Urt. vom 25.4. 2002 – I ZR 250/00; OLG Karlsruhe, Urt. 16.11. 2000, DÖV 2001, S. 431, 431; OLG Düsseldorf, NVwZ 2000, S. 111, 714; OLG Hamm NJW 1998, 3504; vgl. auch Britz, NVwZ 2001, S. 380, 380ff.; Held, NWVBl. 2000, S. 201, 206; Ehlers, NWVBl. 2000, S. 1, 6.

[904] Tödtmann, RdE 2002, S. 6, 8; von Braunmühl, ET 1994, S. 356.

[905] Dreher, in: Immenga/Mestmäcker, GWB, vor §§ 97ff Rdnr. 52; vgl. die Richtlinie 93/38/EWG des Rates zur Koordinierung der Auftragsvergabe im Bereich der Wasser-, Energie- und Verkehrsversorgung sowie im Telekommunikationssektor v. 14.6. 1993, ABl.EG Nr. L 199 v. 9.8. 1993, S. 84.

[906] Art. 1 Nr. 2, Art. 2 SKR i.d.F. von 1993; dazu Dreher, in: Immenga/Mestmäcker, GWB, vor 97ff, Rdnr. 51.

[907] Vgl. auch Art. 2 Abs. 2 a SKR; dazu Matthey, S. 95, Prieß, DB 1998, S. 405, 405.

[908] Vgl. Art. 2 Abs. 2 lit. a SKR; vgl. dazu Prieß, DB 1998, S. 405, 405; vgl. auch Börner, DB 1998, S. 610, 610ff.

[909] Siehe zur Anwendbarkeit der Sektorenvorschrift Müller, NZBau 2001, S. 421; vgl. dazu Keckemeti, NVwZ 1999, S. 1068, 1069.

[910] Vgl. Richtlinie 93/38, Erwägungsgründe 11-12, Anhang II. Nr. 4; dazu auch Werner, in: Byok/-

a) Zweck der Sektorenvorschrift

Als Grund für die vergaberechtliche Erfassung der Sektorenunternehmen nennt die Sektorenrichtlinie in ihren Erwägungsgründen 11-12 die Abschottung der Märkte in den Sektoren.[910] Die Sektorenunternehmen werden in das Vergaberecht einbezogen, weil sie eine Sonderstellung am Markt innehaben, aufgrund derer sie dem Wettbewerb nur eingeschränkt ausgesetzt sind.[911] Diese Sonderstellung beruht darauf, dass die Sektorentätigkeit nur mittels eines technischen Netzes erbracht werden kann.[912] Der Marktzugang eines Konkurrenten durch die Errichtung eines zweiten Netzes wäre volks- und betriebswirtschaftlich meist nicht vertretbar, so dass die Konkurrenzsituation auf diesem Markt naturgemäß beschränkt ist.[913] Solange einem Dritten der Zugang zu einem Netz nicht gestattet wird, hat der Betreiber des Netzes bei der Erbringung der Dienstleistung des Transportes oder bei der Verteilung von Energie daher eine Monopolstellung.[914] Bei den von diesen Unternehmen ausgeführten Tätigkeiten handelt es sich mithin um solche, die zum Zeitpunkt des Erlasses der Sektorenrichtlinie in den Mitgliedstaaten monopolistisch organisiert waren und damit nicht in einem freien Wettbewerb ausgeübt wurden.[915] Nach Auffassung der Europäischen Kommission folgt aus dieser besonderen Rolle am Markt, dass die Sektorenunternehmen zu einer unrentablen Beschaffungspolitik neigen, indem sie nicht von sich aus das wirtschaftlichste Angebot eines Bieters in der Gemeinschaft wahrnehmen, sondern inländische Unternehmen bevorzugen.[916] In diesen Märkten bestehe eine starke staatliche Beeinflussung und damit die Gefahr der Marktabschottung.[917] Damit die Vollendung des Binnenmarktes auch in den Sektoren erreicht werden kann, werden durch die Sektorenrichtlinie rein private und öffentliche Energieversorgungsunter-

---

Jaeger, § 98, Rdnr. 274; Matthey, S. 73; Brenner, Staatsphilosophie und Rechtspolitik, S. 1431, 1439.

911 Vgl. 11. Begründungserwägung SKR; vgl. Thieme, in: Langen/Bunte, § 98 Rdnr. 50.

912 Vgl. 11. Begründungserwägung SKR; vgl. Thieme, in: Langen/Bunte, § 98 Rdnr. 50.

913 Kommission, SEK (95) 685 endg., Rdnr. 20.

914 Matthey, S. 95.

915 Vgl. Erwägungsgrund 11 der Sektorenrichtlinie, dazu Matthey, S. 73; Willenbruch, in: Byok/-Jaeger, § 127 Rdnr. 950.

916 Matthey, S. 73.

917 Vgl. Richtlinie 93/38, Erwägungsgründe 11-12, Anhang II. Nr. 4; dazu auch Werner, in: Byok/-Jaeger, § 98, Rdnr. 274; Matthey, S. 73; Brenner, Staatsphilosophie und Rechtspolitik, S. 1431, 1439.

918 Vgl. Erwägungsgrund 11 der Sektorenrichtlinie.

nehmen gleichgestellt und den Vergabevorschriften unterworfen.[918] Sektorenunternehmen sind daher grundsätzlich verpflichtet, ihre Aufträge europaweit auszuschreiben, wenn die Aufträge die maßgeblichen Schwellenwerte erreichen.

b) Ausschreibungspflicht der Energieversorgungsunternehmen nach § 98 Nr. 4, 1. Alt. GWB

§ 98 Nr. 4, 1. Alt GWB unterwirft Sektorenunternehmen den Vergaberegeln, wenn diese ihre Tätigkeit aufgrund besonderer oder ausschließlicher Rechte ausüben.[919] Zu prüfen ist daher, ob Energieversorgungsunternehmen aufgrund von besonderen oder ausschließlichen Rechten tätig werden. Gemäß Art. 2 Abs. 3 SKR gelten als besondere oder ausschließliche Rechte solche Rechte, die sich aus der von einer zuständigen Behörde des betreffenden Mitgliedstaates aufgrund einer beliebigen Rechts- oder Verwaltungsvorschrift erteilten Genehmigung ergeben, wonach die Ausübung einer Tätigkeit im Sinne der Sektorenrichtlinie einem oder mehreren Auftraggebern vorbehalten wird.[920] Das Wesen jedes ausschließlichen oder besonderen Rechts liegt darin, dass ein Auftraggeber sich bei seiner Tätigkeit aufgrund staatlicher Privilegierung außerhalb von marktmäßigen Mechanismen bewegt und damit die schon bei § 98 Nr. 2 GWB als für die Auftraggeberstellung juristischer Personen als zentral erkannte marktbezogene Sonderstellung aufweist.[921] Die Sonderstellung eines Energieversorgungsunternehmens könnte daraus folgen, dass dem Unternehmen die Tätigkeit als solche vorbehalten oder es durch spezielle Enteignungs- oder Gebrauchsrechte oder das Recht zur Anbringung von Einrichtungen am öffentlichen Wegenetz bei der Ausübung der Tätigkeit begünstigt wird.[922] Im Ergebnis könnte eine solche Privilegierung dazu führen, dass entweder jeglicher Wettbewerb durch andere ausgeschlossen ist und damit das Unternehmen, welches von dem ausschließlichen Recht profi-

---

919 Vgl. Art. 2 Abs. 1 i.V.m. Art. 1 Nr. 2 SKR, Werner, in: Byok/Jaeger, § 98 Rdnr. 272ff.; Brenner, Staatsphilosophie und Rechtspolitik, S. 1431, 1439.

920 Vgl. Matthey, S. 90. Der Begriff „besondere oder ausschließliche Rechte" wird auch in Art. 86 EG verwendet, wonach die Mitgliedstaaten verpflichtet werden, in Bezug auf öffentliche Unternehmen und auf Unternehmen, denen sie besondere oder ausschließliche Rechte gewähren, keine dem Vertrag widersprechenden Maßnahmen zu treffen, vgl. auch Dreher, in: Immenga, Mestmäcker, GWB, § 98 Rdnr. 102; Pernice, in Grabitz/Hilf, § 90 Rdnr. 24.

921 Dreher, DB 1998, S. 2585 ff; ähnlich VÜA Bund vom 28.5. 1996 WuW/E VergAB 89 f. – Ausbildungskonzept: „eine vor Wettbewerb geschützte Sonderstellung"; Marx/Prieß, in: Jestaedt/Kemper/-Marx/Prieß S. 30: „dank dieser Rechte wenigstens teilweise keinem Wettbewerb mehr ausgesetzt".

922 Vgl. auch Dreher, in: Immenga/Mestmäcker, GWB, § 98 Rdnr. 104.

923 Vgl. Hochbaum, in: von der Groeben, Art. 90, Rdnr. 21; Mestmäcker, in: Immenga/Mestmäcker, Art. 90 Abs. 1 Rdnr. 19.

924 Hochbaum, in: von der Groeben, Art. 90, Rdnr. 21; vgl. den Überblick über die Erscheinungs-

tiert, eine Monopolstellung erhält[923] oder dass lediglich ein gewisser Grad an funktionierendem Wettbewerb erhalten bleibt, da mehreren Unternehmen das Privileg, die betreffende Tätigkeit auszuführen, eingeräumt wird.[924]

aa) Sonderstellung aufgrund Gebietsschutzes

Eine Sonderstellung der kommunalen Energieversorgungsunternehmen könnte sich aufgrund geschlossener Versorgungsgebiete bei Strom und Gas ergeben. Die bisher geschlossenen Versorgungsgebiete bei Strom und Gas hat der deutsche Gesetzgeber jedoch mit der Umsetzung der europarechtlichen Vorgaben der EG-Binnenmarktrichtlinie für Strom aus dem Jahre 1996[925] durch das Gesetz zur Neuregelung des Energiewirtschaftsgesetzes abgeschafft.[926] Betreiber von Elektrizitätsversorgungsnetzen, und damit insbesondere kommunale Energieversorgungsunternehmen, die regelmäßig auf der Endverteilungsstufe tätig sind, müssen anderen Unternehmen seit April 1998 ihre Netze gemäß § 6 Abs. 1 EnWG gegen angemessenes Entgelt diskriminierungsfrei zur Verfügung stellen.[927] Gleichzeitig und damit korrespondierend ist das Gesetz gegen Wettbewerbsbeschränkungen (GWB) dahingehend geändert worden, dass die bisherigen Bereichsausnahmen für Versorgungsunternehmen im Bereich der Elektrizitäts- und Gasversorgung aufgehoben wurden.[928] Mit der Umsetzung der Elektrizitätsbinnenmarktrichtlinie hat der deutsche Gesetzgeber die Strukturen der geschlossenen Versorgungsgebiete mithin übergangslos dem freien Wettbewerb geöffnet.[929] Seitdem besteht die Möglichkeit, dass jeder Kunde von jedem beliebigen Energieversorger beliefert werden kann.[930] Folglich besitzen die Energieversorgungs-

---

formen von ausschließlichen Rechten in der Rechtsprechung des EuGH bei Mestmäcker in: Immenga/Mestmäcker, EG-Wettbewerbsrecht, Band II, Art. 37, 90 Rdnr. 19, 23, z.B. die Aufhebung des Wettbewerbs durch Monopolisierung eines ganzen Wirtschaftszweiges durch die Verleihung des ausschließlichen Rechts zur Verbreitung von Fernsehsendungen an eine oder mehrere Anstalten; die Gewährung der ausschließlichen Befugnis zur Regelung bestimmter Schadensfälle an ein nationales Büro, dessen Mitglieder praktisch alle in dem betreffenden Mitgliedstaat ansässigen Versicherungsgesellschaften sind; die ausschließliche Befugnis zur Sammlung, zur Beförderung und zur Verteilung von Postsendungen; die ausschließliche Zuständigkeit zur Ausrüstung von staatlich zugelassenen Rundfunkanstalten mit bestimmten technischen Mitteln.

925 Vgl. RiLi 96/92 v. 19.12.1996, ABl.EG Nr. L 27, S. 20, v. 30.1. 1997.

926 Umfassend dazu Büdenbender, Schwerpunkte der Energierechtsreform, passim.; Schwintowski, WuW 1999, S. 842 ff; vgl. Theobald/Zenke, Grundlagen der Strom- und Gasdurchleitung, passim.

927 Grundlegend dazu: OLG Dresden, Urt. v. 8.2. 2001, RdE 2001, S. 144, 144ff.

928 Vgl. § 103 b GWB n.f.

929 Vgl. Schwintowski, WuW 1999, S. 842 ff; vgl. Theobald/Zenke, Grundlagen der Strom- und Gasdurchleitung, passim.; Büdenbender, Schwerpunkte der Energierechtsreform, passim.; vgl. Müller, NZBau 2001, S. 416, 416.

930 Eine Ausnahme ist allenfalls für diejenigen Fälle denkbar, in denen ein Versorgungsunternehmen die Netzzugangsalternative nach § 7 EnWG beantragt hat, so Keckemeti, NVwZ 1999, S. 1068,

unternehmen nach der Liberalisierung kein ausschließliches Recht mehr zur Erbringung der Leistung.[931] Eine Sonderstellung aufgrund Gebietsschutzes kommt diesen Unternehmen durch den Wegfall ihrer Monopolstellung nach der Liberalisierung des Strommarktes folglich nicht mehr zu.[932] Auch die allgemeine Anschluss und Benutzungspflicht des Energieversorgungsunternehmen nach § 10 EnWG begründet keine Sonderstellung, da diese Vorschrift allgemeinen Charakter hat und sowohl öffentliche als auch private Unternehmen trifft. Bei den besonderen oder ausschließlichen Rechten im Sinne der Sektorenvorschrift handelt es sich dagegen um Rechte, die das Unternehmen individuell betreffen und somit ein besonderes Verhältnis zwischen Staat und Unternehmen begründen.[933]

In einem neuen Richtlinienentwurf der Kommission ist die Regelung des Art. 2 Abs. 3 b SKR, wonach die Befugnis, Strom in das öffentliche Netz einzuspeisen, als ein besonderes bzw. ausschließliches Recht gilt, nicht mehr enthalten.[934] Die Kommission erachtet es daher zutreffend nicht mehr als ein von staatlicher Seite gewährtes Privileg, Strom in ein Netz einspeisen zu können. Vor dem Hintergrund des Erlasses der Elektrizitätsbinnenmarktrichtlinie ist dies konsequent. Schließlich ist danach der Netzzugang als Regelfall vorgesehen, während die Zugangsverweigerung nur in Ausnahmefällen möglich ist. Aufgrund dieser Netzzugangsmöglichkeiten besteht mithin nicht die Gefahr, dass sich die Sektorenunternehmen von anderen als wirtschaftlichen Überlegungen leiten lassen.[935]

bb) Sonderstellung aufgrund von Wegenutzungsrechten

Während Contractoren typischerweise als Nutzenenergielieferanten auf Vertragsbasis agieren, handelt es sich bei den Energieversorgern um Lieferanten mit einem Konzessionsgebiet.[936] Zu prüfen ist, ob die Wegenutzungsrechte, welche den Elektrizitätsversorgungsunternehmen von den Gemeinden im Rahmen der Konzessionsverträge eingeräumt werden, besondere bzw. ausschließliche Rechte im Sinne des Art. 2 Abs. 3 SKR darstellen. So könnte die Möglichkeit, im Rahmen der Konzessionsverträge von dem Enteignungsverfahren des § 12 EnWG Gebrauch zu machen bzw. Strom in das öffentliche Netz einzuspeisen, aufgrund des Art. 2 Abs. 3 a und b SKR als besonderes oder ausschließliches Recht angesehen werden. Nach § 13 EnWG haben die Gemein-

---

1069, Fn. 9; vgl. Moraing, WiVerw 1998, S. 233, 234; Britz, NVwZ 2001, S. 380, 380ff.

931 Hailbronner, in: Byok/Jaeger, § 99 Rdnr. 381; Jasper/Heuking, Behörden-Spiegel, Beschaffung spezial, April 1999, S. B III; vgl. auch Jaeger, NZBau 2001, S. 6, 8ff.

932 Keckemeti, NVwZ 1999, S. 1068, 1069.

933 Vgl. Hochbaum, in: von der Groeben, Art. 90 Rdnr. 9; Matthey, S. 89.

934 Kommission, KOM (2000) 275 endg.; vgl. Matthey, S. 257.

935 So auch Matthey, S. 257.

936 Technomar, S. 21.

937 Matthey, S. 266.

den ihre öffentlichen Verkehrswege diskriminierungsfrei durch Vertrag zur Verfügung zu stellen. Sie sind also dazu verpflichtet, die Wegenutzungsrechte mehreren Versorgungsunternehmen einzuräumen, sofern ihnen dies tatsächlich möglich ist. Aus Platz- und Umweltverträglichkeitsgründen kann die Kommune jedoch nicht jedem, der Leitungen auf den öffentlichen Verkehrswegen verlegen möchte, eine Konzession erteilen.[937] Dies hat zur Folge, dass nur eine begrenzte Anzahl von Unternehmen eine kommunale Wegenutzungskonzession erlangen kann.[938] In diesem Zusammenhang sind jedoch die Netzzugangsregelungen der §§ 6 und 7 EnWG zu berücksichtigen. Nach der Abschaffung der kartellrechtlichen Freistellung des § 103 Abs. 1 Nr. 2 GWB a.F. sind zudem Konzessionsverträge mit ausschließlichen Wegenutzungsrechten gem. § 1 GWB nichtig.[939] Diese Regelungen führen dazu, dass es nicht nur demjenigen Unternehmen, welches über eine entsprechende Konzession verfügt, vorbehalten bleibt, in dem Gemeindegebiet als Versorger aufzutreten. Die Netzzugangsregelungen relativieren mithin das Wegenutzungsrecht, so dass nunmehr auch solche Unternehmen, die nicht über eine Konzession verfügen, Strom in einem bestimmten Gemeindegebiet verkaufen können.[940] Vergleichbare Netzzugangsregelungen sind beispielsweise auch auf dem Telekommunikationsmarkt anzutreffen.[941] So hat der EuGH in der Rechtssache *British Telecommunications*[942] für den Telekommunikationsmarkt entschieden, dass sich aus der Möglichkeit, aufgrund bestimmter Befugnisse Grundstücke im Wege der Enteignung zu erwerben, zu Untersuchungszwecken zu betreten und Vereinbarungen zu ihrem Erwerb zu schließen oder Netzeinrichtungen in, über oder unter öffentlichen Straßen zu legen und auf Privatgrund mit Zustimmung der betroffenen Personen Einrichtungen aufzustellen, keine besonderen oder ausschließlichen Rechte herleiten lassen.[943] Aufgrund der Netzzugangsregelungen stellen die durch Konzessionsvertrag den Energieversorgungsunternehmen übertragenen Wegenutzungsrechte keine ausschließlichen bzw. besonderen Rechte dar.

---

938 Dazu umfassend Ortlieb, in: Energiewirtschaft im Aufbruch, S. 379 ff.

939 Matthey, S. 266.

940 Vgl. auch Schwintowski, ZNER 1998, S. 9, 10f.

941 Dreher, in: Immenga/Mestmäcker, GWB, § 98 Rdnr. 85.

942 EuGH, Slg. 1996, I-6417 ff – British Telecommunications.

943 Dies stellte der EuGH in diesem Urteil im Zusammenhang mit der Auslegung der Richtlinie (RL 90/387/EWG) fest, RL 90/387/EWG zur Verwirklichung des Binnenmarkts für Telekommunikationsdienste durch Einführung eines offenen Netzzugangs, Abl 1990 Nr. L 192/1.

944 Ausführlich zur Betriebsaufnahmegenehmigung nach § 3 EnWG; Becker, RdE 2000, S. 7, 7 ff.

cc) Sonderstellung aufgrund Genehmigungsvorbehaltes

Aus dem in § 3 EnWG vorgesehen Genehmigungsvorbehalt für die Aufnahme der Energieversorgung, der sogenannten Betriebsaufnahmegenehmigung[944], könnte ein besonderes bzw. ausschließliches Recht für deutsche Elektrizitätsversorgungsunternehmen darstellen. Die Erteilung einer Genehmigung nach § 3 EnWG richtet sich nämlich, wie Abs. 2 zu entnehmen ist, nach objektiven und nichtdiskriminierenden Kriterien. Eine Beschränkung der Zahl der genehmigungsfähigen Unternehmen ist nicht vorgesehen, da ansonsten der Wettbewerb in der Energiewirtschaft von vornherein eingeschränkt würde.[945] So nennt Art. 2 Abs. 3 SKR als Instrument der Gewährung von ausschließlichen und besonderen Rechten die Erteilung einer Genehmigung.[946] Damit entspricht die Genehmigung nach § 3 EnWG der staatlichen Gewährung eines besonderen Rechts im Sinne des Art. 2 Abs. 3 SKR.[947]

dd) Sonderstellung nach besonderen umwelt- und energierechtlichen Vorschriften

Besondere Rechte einzelner Elektrizitätsversorgungsunternehmen ergeben sich auch nicht aus den Öko-, KWK- und Braunkohleschutzklauseln des § 6 Abs. 3 EnWG bzw. des Art. 4 § 3 Neuregelungsgesetz.[948] Diese Vorschriften dienen der Förderung bzw. dem Schutz bestimmter Stromquellen. Sie können nicht als „Ermächtigung" i.S.d. Art. 2 Abs. 3 SKR angesehen werden, da sie nicht geeignet sind, die Tätigkeit der Energieversorgung grundsätzlich einem oder einer beschränkten Anzahl von Unternehmen vorzubehalten.

ee) Zusammenfassung

Es lässt sich somit festhalten, dass deutsche Elektrizitätsversorgungsunternehmen derzeit über ausschließlichen bzw. besonderen Rechte verfügen, so dass diese Unternehmen nach § 98 Nr. 4, 1. Alt. GWB zur öffentlichen Ausschreibung verpflichtet sind.

---

945 Matthey, S. 266.

946 Dazu EuGH, Rs. C-302/94, British Telecommunications, Slg. 1996, I-6417 ff.

947 A.A. wohl Matthey, S. 266.

948 Matthey, S. 266.

949 Vgl. Art. 2 Abs. 1 i.V.m. Art. 1 Nr.2 SKR; vgl. Werner, in: Byok/Jaeger, § 98 Rdnr. 272ff.

c) Ausschreibungspflicht kommunaler Energieversorgungsunternehmen nach § 98 Nr. 4, 2. Alt. GWB

Kommunale Energieversorgungsunternehmen könnten außerdem nach § 98 Nr. 4, 2. Alt. GWB verpflichtet sein, ihre Beschaffungen öffentlich auszuschreiben. Diese Vorschrift regelt die Anwendung der Vergabevorschriften auf solche öffentliche Sektorenunternehmen, auf die ein öffentlicher Auftraggeber im Sinne des § 98 Nr. 1 – 3 GWB einen beherrschenden Einfluss hat bzw. die der Staat überwiegend finanziert (sog. staatsnahe Sektorenunternehmen).[949] Nach Auffassung der Europäischen Kommission bestehe bei diesen Unternehmen grundsätzlich eine starke staatliche Beeinflussung und damit die Gefahr der Marktabschottung.[950]

aa) Beherrschender Einfluss des Staates auf das Sektorenunternehmen

Bei den kommunalen Energieversorgungsunternehmen, an denen der Staat Anteile hat und die sich im Bereich des Contractings engagieren, spielen die gemischt-wirtschaftlichen Versorgungsunternehmen die bedeutendste Rolle.[951] Fraglich ist, ob der Staat auf diese Unternehmen einen beherrschenden Einfluss ausüben kann. Die Mehrheit der staatlichen Anteile qualifizieren das Unternehmen zwar als ein öffentliches Unternehmen.[952] Der Staat kann jedoch auf das Unternehmen einen beherrschenden Einfluss nur dann ausüben, wenn er seinen Willen hinsichtlich der Unternehmens- und Geschäftspolitik des beherrschten Unternehmens durchsetzen kann.[953]

Aufgrund der gesellschafts- und konzernrechtlichen Besonderheiten in Deutschland reicht allein die Anteilsmehrheit im Einzelfall nicht aus, um den Willen der öffentschungsvermutung kann daher durch den Nachweis widerlegt werden, dass der kommunale Mehrheitseigner nicht in der Lage ist, dem Unternehmen hinsichtlich der Geschäftspolitik seinen Willen aufzuzwingen.[955] Auch aus dem Contracting-Vertrag er-

---

[950] Vgl. Richtlinie 93/38, Erwägungsgründe 11-12, Anhang II. Nr. 4; dazu auch Werner, in: Byok/-Jaeger, § 98, Rdnr. 274; Matthey, S. 73; Brenner, Staatsphilosophie und Rechtspolitik, S. 1431, 1439.

[951] Matthey, S. 104.

[952] Vgl. Art. 1 Nr. 2 SKR; Dreher, in: Immenga/Mestmäcker, § 98 Rdnr. 109, dazu schon unter § 98 Nr. 2 GWB.

[953] Thieme, in: Langen/Bunte, § 98 Rdnr. 23, vgl. die Beherrschungsvermutung des § 17 Abs.2 AktG vor dem Hintergrund der entsprechenden Vermutung in Abschnitt I Art. 1 Nr. 2 S. 2 der Sektorenkoordinierungsrichtlinie 93/38 EWG, dazu Boesen, Vergaberecht, § 98 Rdnr. 67f.; Niebuhr/Kulartz/Kus/Portz, Vergaberecht, § 98 Rdnr. 53ff.

[954] Beherrschungsverträge zwischen kommunalen Gebietskörperschaften und Unternehmen werden in der Regl aufgrund der damit einhergehenden Einschränkung der Wetbewerbsfähigkeit nicht geschlossen, vgl. Schwintowski, NJW 1990, S. 1009, 1009f.

[955] Bell/Rehak, LKV 2001, S. 185, 189.

[956] Dazu schon zu § 98 Nr. 2 GWB; allgemein zum Beherrschungsverhältnis nach Art. 1 Nr. 2 S. 1

gibt sich kein solches Beherrschungsverhältnis, da der Contractor weiterhin eigenständig im Wettbewerb seine Geschäfts- und Einkaufspolitik bei der Beauftragung von Subunternehmen bestimmen kann.[956] In dem Umfang, in dem der Contractor mit Wissen und Wollen des Staates autonom handelt, fehlt dem Staat die hierfür erforderliche Steuerungsmacht.[957]

Nach der Neuregelung des EnWG ist es den Energieaufsichtsbehörden nicht möglich, die Beschaffungstätigkeit der Energieversorgungsunternehmen zu beeinflussen. Die Aufsichtsbefugnisse der Behörde sind durch die Neuregelung reduziert worden.[958] Insbesondere durch den Wegfall der Investitionskontrolle ist den Energieaufsichtsbehörden die letzte Möglichkeit genommen worden, zumindest mittelbar auf eine restriktive Auftragsvergabe der Energieversorgungsunternehmen hinzuwirken.[959] Die Vertragsaufsicht findet, wie die energierechtliche Fachaufsicht, ihre Ermächtigungsgrundlage im EnWG und verfolgt daher ebenfalls die Ziele der sicheren und preiswürdigen Energieversorgung. Durch die Vertragsaufsicht können die Energieversorgungsunternehmen daher allein mittelbar dazu angehalten werden, wirtschaftlich einzukaufen. Die Vertragsaufsicht verleiht dem Staat daher nicht die Möglichkeit, das Beschaffungsverhalten der Energieversorgungsunternehmen zu politischen Zwecken zu instrumentalisieren.[960] Gleiches gilt für die Preisaufsicht im Tarifabnehmerbereich nach BTOElt. Diese gebietet einem Elektrizitätsversorgungsunternehmen zwar nicht, die Geschäftsführung wirtschaftlich rationell zu betreiben. Sie verhindert aber, dass dieses Unternehmen Kosten, die eigentlich vermeidbar gewesen wären, über die Preise auf die Kunden abwälzen. Kosten, die z.B. durch einen unwirtschaftlichen Einkauf entstehen, dürfen gem. § 12 BTOElt nicht in den Strompreis mit einfließen.[961]

Folglich fallen Unternehmen, die mit dem Contracting beauftragt wurden und nun ihrerseits zur Erfüllung ihrer Vertragspflichten Subunternehmer beauftragen, nur dann unter die Sektorenvorschrift, wenn sie überwiegend von der öffentlichen Hand finanziert werden.[962] Wie bereits gezeigt, wird allein die staatliche Finanzierung der Unternehmen in der Regel nicht ausreichen, um eine marktbezogene Sonderstellung zu begründen.[963] Eine Vergabeverpflichtung besteht allerdings nach der Sektorenvorschrift auch für diese Unternehmen nicht schlechthin. Vergabestellen sind nur

der Sektorenrichtlinie vgl. Werner, in: Byok/Jaeger, § 98 Rdnr. 277.

[957] Burgi, Funktionale Privatisierung, S. 350f.

[958] Matthey, S. 266.

[959] Matthey, S. 185f.

[960] So auch Matthey, S. 185f.

[961] Vgl. Technomar, S. 10.

[962] Kommission, KOM (88) 377 endg., S. 5, Nr. 13; siehe auch Erwägungsgrund Nr. 12 SKR; dazu schon oben unter § 98 Nr. 2 GWB.

[963] Vgl. dazu die Ausführungen unter § 98 Nr. 2 GWB.

[964] Vgl. Matthey, S. 71.

dann an das Vergaberecht gebunden, wenn keine Ausnahmevorschriften greifen.[964] So könnten diese Unternehmen durch Ausnahmebestimmungen der Sektorenvorschriften von der Pflicht zur öffentlichen Ausschreibung befreit sein.

bb) Ausnahmen von der Sektorenvorschrift bei der Nachfrage der Unternehmen im Wettbewerb

Die staatlich finanzierten Unternehmen könnten dann von der Anwendung der Sektorenvorschrift befreit sein, wenn sie Leistungen auf einem Markt einkaufen, auf dem ein freier, funktionsfähiger Wettbewerb herrscht.[965] Nach der Konzeption der Sektorenvorschriften reicht auch der staatliche Einfluss für sich genommen nicht aus, wirtschaftlich agierende Unternehmen den Vergaberegeln zu unterwerfen.[966] Sind diese Unternehmen auf einem Markt tätig, auf dem Wettbewerb herrscht, sind sie gezwungen, sich wirtschaftlich ausgerichtet zu verhalten, um der Konkurrenz standhalten zu können.[967] Je mehr die Verhaltensspielräume eines Unternehmens durch den Wettbewerb kontrolliert werden, um so geringer ist danach die Gefahr der wettbewerbsverzerrenden lenkenden Einflussnahme des Staates.[968] Findet die Haupttätigkeit eines Unternehmens auf einem wettbewerblich orientierten Markt statt, ist mithin ein nationalistisches und unwirtschaftliches Verhalten nicht zu befürchten.[969] So hat die Kommission schon früh zur Anwendung der Sektorenrichtlinie festgestellt, dass solche Einrichtungen, bei denen von einem wirtschaftlichen Einkaufsverhalten ausgegangen werden kann, nicht unnötigerweise dem aufwendigen Vergabeverfahren unterworfen werden sollen.[970] Danach ist das Fehlen eines funktionierenden Wettbewerbs Grundbedingung für die Daseinsberechtigung der Sektorenrichtlinie.[971] Folglich sollen von dem Anwendungsbereich der Sektorenrichtlinie ausschließlich diejenigen Einrichtungen erfasst werden, welche nicht nur staatlichem Einfluss unterliegen, sondern darüber hinaus keinem effektiven Wettbewerb ausgesetzt sind.[972] Die Sektorenvorschriften finden danach keine Anwendung auf Tätigkeiten der Auftraggeber, die auf Märkten ohne Zugangsbeschränkungen unmittelbar dem Wettbewerb unterliegen.[973]

---

965 Während die Richtlinie im Rahmen des § 98 Nr. 2 GWB zur Bestimmung der Gewerblichkeit allein auf die Tätigkeit des Unternehmens im Wettbewerb abzielt, ist im Rahmen des § 98 Nr. 4 GWB darauf abzustellen, ob die Nachfrage nach der Leistung auf dem Sektorenmarkt im Wettbewerb erfolgt („tätigkeitsbezogen").

966 Vgl. 13. Begründungsewägung SKR; Thieme, in: Langen/Bunte, § 98 Rdnr. 49.

967 Vgl. Matthey, S. 71.

968 Vgl. auch Prieß, DB 1998, S. 405, 407.

969 Matthey, S. 96f.

970 Kommission, KOM (88) 377 endg., S. 9, Nr. 32.

971 Kommission, KOM (88) 377 endg., S. 5, Nr. 14.

972 Matthey, S. 95.

973 Vgl. 13. Begründungserwägung SKR; Thieme, in: Langen/Bunte, § 98 Rdnr. 49.

974 Matthey, S. 113.

Damit solche Einrichtungen, die ohnehin gezwungen sind, wirtschaftlich einzukaufen, nicht unnötigerweise dazu verpflichtet werden, ein aufwendiges Vergabeverfahren durchzuführen, sehen die Sektorenrichtlinie und im Einklang mit ihr die Vergabeverordnung Ausnahmetatbestände für solche Unternehmen vor, die sich im Wettbewerb mit anderen Unternehmen befinden. Die in Art. 6 ff SKR enthaltenen Ausnahme- und Sonderregelungen für einzelne Sektorenbereiche sind in § 4 Abs. 4 bis 7 VgV bzw. § 10 E – VgV umgesetzt. Zweck dieser Ausnahmevorschriften ist es, solche Aufträge dem Anwendungsbereich des Vergaberechts zu entziehen, die auch ohne besondere Vergaberegeln grenzüberschreitend vergeben werden bzw. bei denen aufgrund ihrer besonderen Eigenschaften eine grenzüberschreitende Vergabe nicht möglich erscheint.[974]

(1) Ausnahme von der Ausschreibungspflicht bei Beschaffungen von Bau- und Dienstleistungen

Zu prüfen ist, ob die Beauftragung eines Subunternehmers im Rahmen des Contractings mit dem Bau einer energietechnischen Anlage oder eines Kraftwerkes von einer Ausnahmevorschrift erfasst ist.[975] So bedienen sich kommunale Contractoren zunehmend spezialisierter Subunternehmer im Bereich des Kraftwerkbaus, um ihre Verpflichtungen aus dem Contracting-Vertrag mit der öffentlichen Hand zu erfüllen.[976] Zwar bestimmt § 7 Abs. 2 Nr. 1 und 2 VgV ausdrücklich, dass solche Auftraggeber, die eine Tätigkeit im Sektorenbereich ausüben, bei der Vergabe von Liefer-, Dienst- und Bauaufträgen die Bestimmungen des 4. Abschnittes der VOL/A bzw. VOB/A anzuwenden haben. Eine Ausnahmeregelung von der Anwendbarkeit der Verdingungsordnungen enthält jedoch § 9 Abs. 2 VgV, der Art. 6 Abs. 1 HS 1 SKR umsetzt.[977] Entsprechend der europäischen Vorgaben müssen nach § 9 Abs. 2 VgV Auftraggeber die Verdingungsordnungen für solche Aufträge nicht anwenden, die anderen Zwecken als der Energieversorgung i.S.d. § 8 Nr. 2 bzw. der Wärmeversorgung nach § 8 Nr. 2 VgV dienen.[978] Für diese Tätigkeiten wird anerkannt, dass Wettbewerb auf den Märkten besteht und damit der Anwendungsbereich der Sektorenvorschriften nicht eröffnet ist.

---

975 Soweit eine Energieerzeugungsanlage im Rahmen des Contractings bei der öffentlichen Hand selbst installiert werden soll, enthalten die Subunternehmeraufträge Bau- und Dienstleistungen zur Errichtung der entsprechenden Anlagen, wie z.B. KWK- oder Brennstoffanlagen, vgl. Technomar, S. 46.

976 Von Braunmühl, ET 1994, S. 354, 357.

977 Vgl. dazu Dreher, in: Immenga/Mestmäcker, GWB, § 98 Rdnr. 93.

978 Vgl. dazu Dreher, in: Immenga/Mestmäcker, GWB, § 98 Rdnr. 93.

979 Vgl. Dreher, in: Immenga/Mestmäcker, GWB, § 98 Rdnr. 93.

Wann solche „anderen Zwecke“ i.S.d. § 9 Abs. 2 VgV vorliegen, wird in der Literatur unterschiedlich bewertet. Eine „andere Zwecksetzung“ i.S.d. § 9 Abs. 2 VgV liegt nach einer Auffassung dann nicht mehr vor, wenn ein Auftrag vergeben wird, dessen Ausführung die erfasste Sektorentätigkeit ermöglicht, erleichtert oder fördere.[979] Andere Stimmen im Schrifttum deuten auf eine noch engere Verknüpfung zwischen Auftragsvergabe und Sektorentätigkeit hin und sehen den Ausnahmebereich des § 9 Abs. 2 VgV nur dann nicht als erfüllt an, wenn ein „direkter Zusammenhang“ zwischen der Auftragsvergabe und der Sektorentätigkeit gegeben ist.[980] Ein direkter Zusammenhang würde beispielsweise dann bestehen, wenn der Auftrag notwendig ist, um den dauerhaften Betrieb eines Energienetzes sicherzustellen.[981] So stellen z.B. Verwaltungstätigkeiten, die bei einem Energieversorgungsunternehmen in gleicher Weise anfallen wie bei anderen Wirtschaftsunternehmen, auf den ersten Blick keine der in Art. 2 Abs. 2 SKR genannten Sektorentätigkeit dar. Da aber die Energieversorgung ohne Verwaltungstätigkeiten nicht durchführbar ist, müssen diese als Teil der Aufgabe der Energieversorgung angesehen werden.[982] Dies hat zur Folge, dass der Einkauf von Bürobedarf, der für die Verwaltung des Energieversorgungsunternehmens benötigt wird, oder aber der Abschluss von Versicherungsverträgen, grundsätzlich genauso in den Anwendungsbereich der Richtlinien fallen kann wie der Einkauf von Leitungsrohren oder Stromkabeln.[983] Nur wenn eine Aufgabe völlig losgelöst von den in Art. 2 Abs. 2 SKR genannten Tätigkeiten ausgeführt werden kann, unterfallen die mit dieser Aufgabe verbundenen Aufträge dem Ausnahmetatbestand des Art. 6 Abs. 1 SKR bzw. § 9 Abs. 2 VgV.[984] Der Einkauf von Bau- oder Dienstleistungen durch den Contractor ist mithin dann von dem Ausnahmetatbestand erfasst, wenn die Bau- und Dienstleistungen weder in einem direkten Zusammenhang mit dem Betrieb von Netzen zur Energieversorgung der Öffentlichkeit steht noch der Energieversorgung im Sinne der Sektorenvorschrift dienen.[985]

Soweit eine Energieerzeugungsanlage im Rahmen des Contractings bei der öffentlichen Hand installiert werden soll, dient diese Anlage der dezentralen Versorgung, die beim Verbraucher selbst erfolgen soll. Die im Rahmen des Contractings stattfindende Bereitstellung von Energie aus der vom Contractor betriebenen Anlage ist da-

---

980 Vgl. Kemper, in Jestaedt/Kemper/Marx/Prieß, S. 127; nach einer vermittelnden Auffassung unterfallen dem Regelungsbereich der Vergabevorschriften alle Beschaffungen, die entweder im Tätigkeitskatalog des § 8 VgV spezifisch umschrieben sind oder mit diesem in einem direkten Zusammenhang stehen; im Sinne des unmittelbaren Zusammenhangs Hanseatisches Oberlandesgericht vom 22.7. 1999 – 13 u. 47/97.

981 Dazu Franke/Höfler, BB 1998, S. 433, 435.

982 Prieß, EuVR 2 /1995, S. 108, 109.

983 Zu diesen Beispielen Matthey, S. 117.

984 In diesem Sinne Matthey, S. 117; vgl. die Leitlinie des Beratenden Ausschusses für das öffentliche Auftragswesen CCO/92/24.

985 Vgl. Kemper, in: Jestaedt/Kmper/Marx/Prieß, S. 127.

986 Technomar, S. V.

her nicht zu verwechseln mit der von der Sektorenvorschrift erfassten Strom und Brennstoffversorgung mittels eines Netzes.[986] Die Beschaffung der Anlagen dient mithin der ausgelagerten Eigenversorgung und nicht der Energieversorgung mittels eines Netzes und steht damit nicht in Zusammenhang mit der von § 8 Nr. 2 VgV erfassten Fremdversorgung.[987]

Die Installation energietechnischer Anlagen zielt darauf ab, Energie beim Verbraucher einzusparen. Da diese Maßnahmen somit die Energieversorgung weder fördern noch erstmalig ermöglichen, erfolgt auch die Beschaffung dieser Anlagen nicht zum Zwecke der Energieversorgung im Sinne des § 8 Nr. 2 VgV.[988] Folglich werden die Beschaffungen von Bau- und Dienstleistungen durch den Contractor durch § 9 Abs. 2 VgV von der Sektorenvorschrift befreit.[989] Für eine solche Befreiung von den Vergabevorschriften spricht zudem, dass es sich um Leistungen handelt, für die keine natürlichen Marktzugangsbeschränkungen bestehen und die daher grundsätzlich im Wettbewerb ausgeführt werden können.

(2) Ausnahme von der Ausschreibungspflicht bei Energieeinkäufen

Soweit kommunale Energieversorgungsunternehmen Strom beschaffen, um diese dann der öffentlichen Hand in Form von Nutzenenergie zur Verfügung zu stellen, haben die Unternehmen den Einkauf von Energie gemäß § 7 Abs. 2 VgV grundsätzlich nach dem 4. Abschnitt der VOL/A auszuschreiben.[990] Die Energiebeschaffung wäre gemäß § 3 a Nr. 1 VOL/A europaweit im offenen Verfahren auszuschreiben. Nach § 3 VOL/A SKR könnten die Sektorenunternehmen das Vergabeverfahren frei wählen, solange ein Aufruf zum Wettbewerb durchgeführt wird.[991] Zu prüfen ist, ob auch diese Beschaffungen vom Vergaberecht ausgenommen sind.

[987] Von Braunmühl, ET 1994, S. 354, 357.

[988] Vgl. Prieß, EuVR 2/1995, S. 108, 109.

[989] So werden Contracting-Unternehmen, die nicht zugleich als Sektorenunternehmen tätig werden, allgemein auch nicht als Energieversorger angesehen, Schülecke, EWeRK-Forum.

[990] Soweit sie die Schwellenwerte überschreiten, vgl. Behörden Spiegel, Ausschreibung bleibt die Regel, Februar 2001, Seite B I.

[991] In der Regel wählen Sektorenauftraggeber das Verhandlungsverfahren, da ihnen im Rahmen dieses Verfahrens ein größerer Spielraum für Vertrags- und insbesondere Preisverhandlungen ermöglicht wird; vgl. Keckemeti, NVwZ 1999, S. 1068, 1071.

[992] Siehe dazu Matthey, S. 214f.

(a) Das Problem der natürlichen Marktzugangsbeschränkung bei Energieeinkäufen

Bedenken an einer Ausnahme von den Vergabevorschriften bestehen hier dahingehend, dass bei der Nachfrage von Energie über Energienetze natürliche Marktzugangsbeschränkungen bestehen.[992] Soweit eine Ware oder eine Leistung, wie z.B. Elektrizität, mittels eines technischen Netzes bereitgestellt wird, tendiert das System natürlicherweise zur Entwicklung in ein Monopol oder Oligopol.[993] Da in diesem Fall der Wettbewerbsmechanismus auf dem Markt außer Kraft gesetzt ist, könnte die natürliche Monopolstellung von Netzbetreibern zu einer Anwendung von Vergaberecht führen. So hat die Europäische Kommission die Sektorentätigkeit in die Richtlinie einbezogen, da die Energieversorgung bei Erlass der Richtlinie in den meisten Mitgliedstaaten keinem Wettbewerb unterlag und ausschließlich durch Monopolisten ausgeführt wurde.[994] Nach Auffassung der Europäischen Kommission folge aus dieser besonderen Rolle am Markt, dass die Sektorenunternehmen zu einer unrentablen Beschaffungspolitik neigen, indem sie nicht von sich aus das wirtschaftlichste Angebot eines Bieters in der Gemeinschaft wahrnehmen, sondern inländische Unternehmen bevorzugen.[995]

(b) Wettbewerbsbezogene Wertungen des Energiewirtschaftsrechts

In diesem Zusammenhang sind jedoch die wettbewerbsbezogenen Wertungen des 1998 in Kraft getretenen Energiewirtschaftsrechts zu beachten. Diese Vorschriften haben die Energiewirtschaft grundlegend neu gestaltet und dabei insbesondere den Wettbewerb auf einem bisher von Monopolen bestimmten Markt zugelassen.[996] Nach der Verpflichtung der §§ 6, 7 EnWG und § 19 Abs. 4 GWB hat der Netzbetreiber im Regelfall das eigene Netz Dritten für die Durchleitung von Strom zur Verfügung zu stellen.[997] Damit ist auch die Monopolmacht der städtischen Energieversorgungsunternehmen gebrochen.[998] Aufgrund der Aufhebung von Gebietsmonopolen treten zunehmend private Unternehmen auf den angestammten Versorgungsgebieten der kommunalen Unternehmen auf.[999] Das Verhältnis zwischen öffentlichen und privaten Energieversorgungsunternehmen bestimmt sich mithin dadurch, dass sie sich auf dem gleichen Markt im scharfen Wettbewerb um denselben Abnehmerkreis bemühen

993 Kommission, SEK (95) 685 endg., Rdnr. 20; vgl. Keckemeti, NVwZ 1999, S. 1068, 1071.

994 Kommission, SEK (95) 685 endg., Rdnr. 20; vgl. Keckemeti, NVwZ 1999, S. 1068, 1071.

995 Matthey, S. 73.

996 Dazu schon oben unter Sonderstellung.

997 Vgl. BKartA, WuW/E DE-V 91, 93; Schwintowski, WuW 1999, S. 842, 842.

998 Anders für die kommunalen Gasversorgungsunternehmen vor der Liberalisierung des Energiemarktes Prieß, DB 1998, S. 405, 407.

999 Tödtmann, RdE 2002, S. 6, 7.

1000 Vgl. auch EuGH Slg. 1997 I-5699 ff – Kommission/Niederlande; EuGH Slg. 1997 I-5789 ff und sie hierbei Waren und Leistungen anbieten, die aus Sicht des Nachfragers substituierbar sind.[1000] Um die Verteilung der Energie an den Endkunden findet mithin ein Wettbewerb statt. Die Liberalisierung der Energiewirtschaft hat eine neue Konkurrenzsituation geschaffen, auf deren Grundlage die kommunalen Energieversorger erwerbswirtschaftlich handeln.[1001] Nach den Grundsätzen der Sektorenvorschrift ist in diesem Fall die Gefahr einer restriktiven Vergabepraxis nicht gegeben.[1002]

(c) Auffassung der Europäischen Kommission zur Ausschreibungspflicht kommunaler Energieversorgungsunternehmen im liberalisierten Markt

In ihrer Mitteilung „Das öffentliche Auftragswesen in der Europäischen Unon" hat die Europäische Kommission erklärt, dass nach der Liberalisierung bestimmter Sektoren überprüft werden müsse, ob die zwingenden Vorschriften der Richtlinie für die Sektorenauftraggeber noch gerechtfertigt seien.[1003] So ist die Europäische Kommission beispielsweise für den Bereich der öffentlichen Aufträge auf dem Telekommunikationsmarkt zu dem Ergebnis gekommen, dass der Wettbewerb im Telekommunikationssektor derart weit fortgeschritten sei, dass vergaberechtliche Verpflichtungen für Einrichtungen, die in diesem Bereich tätig sind, keine Rechtfertigung mehr finden könnten.[1004] Auf der Grundlage entsprechender Bestimmungen der Richtlinie 93/38/EWG hat die Kommission die meisten Dienstleistungen in diesem Bereich durch Veröffentlichung einer Mitteilung vom Anwendungsbereich der Richtlinie ausgenommen.[1005] In jüngster Zeit hat die Kommission auch angekündigt, dass sie weitere Legislativmaßnahmen zur Anpassung der gemeinschaftlichen Vergaberichtlinien an erreichte Fortschritte in den sektoriellen Liberalisierungsprozessen beabsichtige.[1006] Mit der Richtlinie über die Koordinierung der Verfahren zur Vergabe öffentlicher Lieferaufträge, Dienstleistungsaufträge und Bauaufträge und für eine Richtlinie zur Koordinierung der Auftragsvergabe durch Auftraggeber im Bereich der Wasser-, Energie- und Verkehrsversorgung beabsichtigt die Kommission ein solches umfassendes Reformvorhaben.[1007] In dem Richtlinienentwurf hat die Kommission festgestellt, dass es einer Anpassung des auftragsrechtlichen Anwendungsbereichs bedarf, um den Veränderungen des wirtschaftlichen und rechtlichen Umfelds

Kommission/Italien; EuGH 1997 I-5815 ff – Kommission/Frankreich.

1001 Tödtmann, RdE 2002, S. 6, 8.

1002 Vgl. Kommission, KOM (88) 377 endg., S. 5, Nr. 14.

1003 Kommission, KOM (98) 143 endg., S. 7, 2.1.2.1.

1004 Kommission, KOM (2000) 276 endg., S. 9, Begründung, III 2.2.5.; Erwägungsgrund Nr. 4 SKR-E.

1005 Kommission, Abl. C 156 vom 3.6. 1999, S. 3.

1006 Komission, KOM (2000) 276 endg., S.9.

1007 Kommission, KOM (2000) 276 endg., S.9.

1008 Kommission, KOM (2000) 276 endg., S. 9, Begründung, III.2.3.2. Die Liberalisierung sei in der Energiewirtschaft seit Erlass der Sektorenrichtlinie gerecht zu werden.[1008] Diese Überarbeitung der Richtlinie wird die bisherigen Wettbewerbsausnahmen deutlich weiter fassen und den mittlerweile erfolgten Liberalisierungsmaßnahmen in dem Sektor Rechnung tragen, indem die im freien Markt operierende Unternehmen grundsätzlich von den Vergaberegeln befreit werden können.[1009] Die Kommission hat sich daher für einen allgemeinen Mechanismus entschieden, der es ermöglichen soll, die Beschaffung in diesem Bereich nach und nach auszunehmen. Durch diesen Mechanismus sollen bestimmte Aufträge von dem Anwendungsbereich der Richtlinie ausgenommen werden, wenn diese auf Märkten mit freiem Zugang unmittelbar dem Wettbewerb ausgesetzt sind.[1010] Ein Markt sei nach Auffassung der Kommission dann als frei zugänglich anzusehen, wenn Wettbewerber auf diesem ohne tatsächliche oder rechtliche Hindernisse konkurrieren können.[1011] In diesen Fällen seien die Vergaberegeln überflüssig, da der Auftraggeber aufgrund des herrschenden Wettbewerbsdrucks ohnehin gezwungen sei, wirtschaftlich sparsam einzukaufen.[1012] Mit dem Richtlinienentwurf der Kommission wird mithin ein System entworfen, welches in Zukunft auch den Energieeinkauf durch Sektorenunternehmen vergleichbar der Regulierung im Telekommunikationssektor vom Anwendungsbereich des Vergaberechts ausnimmt, soweit Wettbewerb auf diesem Markt herrscht.[1013] Die Kommission weist in ihrer Begründung ausdrücklich darauf hin, dass die Unternehmen der öffentlichen Hand von der Sektorenrichtlinie sowie dem Anwendungsbereich der klassischen Vergaberichtlinien befreit sein sollen, soweit sie sich im Wettbewerb betätigen.[1014]

(d) Die Ausnahmevorschrift des Art. 9 SKR

Art. 9 SKR sieht ausdrücklich einen sektorenspezifischen Ausnahmetatbestand für solche Aufträge vor, die ein Auftraggeber zur Lieferung von Energie oder Energieträgern vergibt.[1015] Aus Satz 3 des 17. Erwägungsgrundes zu dieser Vorschrift folgt,

---

jedoch noch nicht so weit fortgeschritten wie im Telekommunikationssektor. Die Kommission habe daher diese Wirtschaftszweige noch nicht vollständig vom Anwendungsbereich der Richtlinie ausgenommen; vgl. auch Kommission, KOM (98) 143 endg., S.7, 2.1.2.1.

1009 Kommission, KOM (98) 143.

1010 In diesem Sinne schon EuGH, Rs. C-392/93, British Telecommunications, Slg. 1996, I-1631, 1667, Rdnr. 35.

1011 Matthey, S. 260.

1012 Matthey, S. 259.

1013 Vgl. Kommission, KOM (2000) 276 endg.

1014 Kommission, KOM (2000) 276 endg., Begründung, III.2.2.6.; Kommission KOM (2000) 275 endg., Begründung 11.9.

1015 Dazu Willenbruch, in: Byok/Jaeger, § 127 Rdnr. 959. Vgl. 17 Erwägung zur SKR; ausgenommen sind nach Art. 9 Abs. 1 b SKR Energieeinkäufe, wenn der Auftragsgegenstand die Lieferung von Energie oder von Brennstoffen zum Zwecke der Energieerzeugung ist; vgl. Prieß, Handbuch des europäischen Vergaberechts, S. 110.

dass der Gesetzgeber für den Bereich der Energieversorgung einer mit speziellen Richtlinien bestimmten Marktöffnung den Vorrang gab und sich allenfalls für den Notfall einen Rückgriff auf die SKR vorbehielt.[1016] Wie die bisherige Untersuchung gezeigt hat, sind Elektrizitätsmärkte heute bereits frei zugänglich. Konkurrierende Angebote der Lieferanten sind nunmehr aufgrund der Durchleitungsansprüche nach § 6 EnWG sowie § 19 GWB möglich. Im Einklang mit dem Schutzzweck der Sektorenvorschriften ist Art. 9 SKR mithin dann anzuwenden, wenn das kommunale EVU Energie im Wettbewerb einkauft, da im Wettbewerb diskriminierende Verhaltensweisen abgebaut und faire Wettbewerbsbedingungen für alle Unternehmen hergestellt sind.[1017] Folglich kann bereits nach der heute geltenden Fassung der Sektorenvorschriften dem Liberalisierungsfortschritt auf dem Energiemarkt Rechnung getragen werden.[1018] Kommunale EVU, die Strom zur Ausübung ihrer Tätigkeit mit dem Ziel der Endversorgung einkaufen, sind danach von der öffentlichen Ausschreibung dieser Aufträge befreit.[1019]

(e) Ausnahmevorschriften nach deutschem Vergaberecht

Zwar müssen Sektorenauftraggeber ab einem Schwellenwert von 400.000 Euro das Vergaberecht grundsätzlich anwenden.[1020] Der deutsche Verordnungsgeber hat jedoch im Einklang mit der europäischen Sektorenrichtlinie eine Ausnahme bei der Beschaffung von Energie zur Versorgung der Allgemeinheit geschaffen. Nach der Ausnahmevorschrift des § 4 III Nr. 2 S. 2 der bis zum 1.2. 2001 geltenden Vergabeverordnung bzw. nach § 9 Abs. 5 der Vergabeverordnung vom 9.1. 2001[1021] findet das Vergaberecht im Zusammenhang mit der Erzeugung, dem Transport oder der Verteilung von Strom sowie der Versorgung dieser Netze mit Strom durch Energiever-

[1016] Begründet wurde dieser Ausnahmetatbestand damit, dass zum Zeitpunkt des Erlasses der Sektorenrichtlinie grenzüberschreitende Lieferungen solcher Produkte aufgrund der dafür geltenden rechtlichen Vorgaben ohnehin nicht möglich waren, so dass auch eine Verpflichtung zur europaweiten Ausschreibung einen europaweiten Bieterwettbewerb nicht herbeiführen konnte; vgl. Börner, DB 1998, S. 610, 611ff.

[1017] Vgl. Dreher, WuW 1999, S. 244, 246.

[1018] Vgl. Müller, NZBau 2001, S. 416, 422.

[1019] Vgl. den Erwägungsgrund Nr. 17 SKR; vgl. auch Willenbruch, in: Byok/Jaeger, § 127 Rdnr. 959; vgl. auch Prieß, DB 1998, 405, 405f. und Börner, DB 1998, 610, 610ff. zu der Frage, ob kommunale Versorgungsunternehmen Gasbezugsverträge ausschreiben müssen.

[1020] Vgl. § 1b Nr. 2 a VOL/A, 3. Abschnitt.

[1021] BGBl I, 110.

[1022] Vgl. Portz, SKZ 2000, S. 50, 57; Keckemeti, NVWZ 1999, S. 1068, 1069ff; vgl. Willenbruch, sorgungsunternehmen im Sinne des Energiewirtschaftsgesetzes keine Anwendung. Damit ist der Einkauf von Strom zum Zwecke der Weiterleitung an Dritte nicht ausschreibungspflichtig.[1022]

3. Ergebnis

Da Energieversorgungsunternehmen sowohl bei der Nachfrage nach Bau- und Dienstleistungen als auch beim Energieeinkauf im Wettbewerb tätig werden, sind sie insgesamt von der Ausschreibungspflicht nach § 98 Nr. 4 2. Alt. GWB befreit. Deutsche Elektrizitätsversorgungsunternehmen verfügen derzeit jedoch über ausschließliche bzw. besondere Rechte, so dass diese Unternehmen nach § 98 Nr. 4, 1. Alt. GWB zur öffentlichen Ausschreibung verpflichtet sind.

II. Ausschreibungspflicht kommunaler Unternehmen nach dem Haushaltsrecht

Zu prüfen bleibt, ob sich unterhalb der EG-Schwellenwerte aus dem Haushaltsrecht in Verbindung mit den Verdingungsordnungen eine Ausschreibungspflicht kommunaler Contractoren ergibt. Die jeweiligen Gemeindehausaltsverordnungen in Verbindung mit den Verdingungsordnungen erfassen nach dem Wortlaut nur die Kommunen als klassische öffentliche Auftraggeber. Zudem unterliegen kommunale Anstalten des öffentlichen Rechts, die zwar wirtschaftlich, nicht aber rechtlich verselbständigt sind, als Teil der kommunalen Körperschaft auch unterhalb der EG-Schwellenwerte grundsätzlich den Bestimmungen der Gemeindehaushaltsverordnungen.[1023]

---

in: Byok/Jaeger, § 127 Rdnr. 959. Ebenso befreit sind nach dem Wortlaut der Vorschrift Aufträge zur Beschaffung von Brennstoffen zum Zwecke der Energieerzeugung. In der Literatur wird derzeit diskutiert, ob als Brennstoff auch die Beschaffung von Erdgas von der Anwendung der Vergabevorschriften befreit ist. Vgl. contra Prieß, DB 1998, S. 405, 405ff.; pro Börner, DB 1998, S. 610, 610ff. Da das neue Energiewirtschaftsgesetz zwischen Strom und Erdgas nicht unterscheidet, ist davon auszugehen, dass auch der Einkauf von Erdgas durch die genannten Auftraggeber im Bereich der Energieversorgung nicht ausschreibungspflichtig ist.

1023 Dazu Tomerius, NVwZ 2000, S. 727, 729f. Teilweise ist die Bindung an die Gemeindehaushaltsverordnungen und die jeweiligen Verdingungsordnungen ausdrücklich in den Eigenbetriebsgesetzen und – verordnungen der Länder vorgesehen, vereinzelt sind Eigenbetriebe jedoch auch ausgenommen. Die Bindung von Eigenbetrieben an die GemHVO besteht z.B. in Niedersachsen (§ 10 EigBetrVO), Sachsen-Anhalt (§ 2 I EigBG), Sachsen (§ 3 EigBG), Rheinland-Pfalz (§ 29 EigVO), Saarland (§ 25 EigVO), Baden-Württemberg (§ 3 EiGBG); eine Freistellung der Eigenbetriebe besteht dagegen in Nordrhein-Westfalen (per Erlass des Innenministeriums) und in Hessen (die Verordnungsermächtigung in § 15 III EigBG zur Bindung der Eigenbetriebe wurd bislang nicht genutzt).

1024 So Pauly/Figgen/Hünnekens, Gemischtwrtschaftliche Entsorgungsunternehmen, S. 181; Vonderheid, Die Beschaffungswirtschaft kommunaler Versorgungs- und Verkehrsunternehmen, S.47.

In der Literatur wird teilweise die Auffassung vertreten, dass auch gemischt-wirtschaftliche Unternehmen den Haushaltsvorschriften und damit dem Vergaberecht unterlägen.[1024] Dies ergebe sich daraus, dass sich die öffentliche Hand zur Erfüllung öffentlicher Aufgaben der Form des Privatrechts bediene. Diese „Flucht in das Privatrecht" dürfe nun aber nicht dazu führen, dass sich die kommunalen Körperschaften dem Geltungsbereich der einschlägigen Haushaltsgrundsätze entziehe.[1025] Soweit für die kommunale Körperschaft eine rechtliche Verpflichtung zur Anwendung der Vergabebestimmungen existiere, bestehe eine solche Pflicht demnach auch für das gemischtwirtschaftliche Unternehmen, namentlich für die von der kommunalen Körperschaft beherrschte privatrechtlich organisierte Gesellschaft.[1026] Im Ergebnis werden damit die kommunalen Gesellschaften unterhalb der EU-relevanter Auftragswerte an die VOB/VOL gebunden.

Gegen diese Meinung spricht jedoch, dass sich die Regelungen der Gemeindehaushaltsverordnungen vom Wortlaut her nur an die kommunalen Körperschaften wenden. Die im Hauhaltsrecht bestimmten Auftraggeber sind der Staat mit seinen Gebietskörperschaften und sonstigen Körperschaften und Einrichtungen des öffentlichen Rechts.[1027] Juristische Personen des Privatrechts müssen die Vergaberegeln nur dann anwenden, wenn ihnen die Anwendungspflicht durch besonderen Akt im Einzelfall auferlegt ist.[1028] Dem Haushaltsrecht liegt mithin ein institutioneller Auftraggeberbegriff zugrunde.[1029] Dies legt den Schluss nahe, dass kommunale Gesellschaften unterhalb der EG-Schwellenwerte grundsätzlich nicht an die Regelungen der Verdingungsordnungen gebunden sind.[1030] Gegen die Auffassung in der Literatur spricht zudem, dass kommunale Unternehmen aufgrund der Ausrichtung am Markt ohnehin gezwungen sind, wirtschaftlich am Markt einzukaufen. Da somit der Schutzzweck des Vergaberechts nicht betroffen ist, besteht auch nicht die Gefahr der Umgehung vergaberechtlicher Vorschriften. Entgegen der Auffassung in der Literatur handelt es sich folglich bei juristische Personen des Privatrechts nicht um öffentliche Auftraggeber im Sinne des Haushaltsrechts.[1031] Für öffentliche Unternehmen, die in

---

1025 Vgl. Bell/Rehak, LKV 2001, S. 185, 189 ff.

1026 So Pauly/Figgen/Hünnekens, Gemischtwirtschaftliche Entsorgungsunternehmen, S. 181; vgl. auch Land Brandenburg, Runderlaß II Nr. 3/1996 vom 01.04. 1996, Az.: II/4-90-50-00.

1027 Vgl. Jasper/Marx,VgR, S. XVIII.

1028 Vgl. Jasper, Marx,VgR, S. XVIII.

1029 Vgl. Möschel, WuW 1997, S. 120, 121.

1030 Tomerius, NVwZ 2000, S. 727, 728; siehe hierzu Möschel, WuW 1997, S. 120, 124; Dietlein, Jahrbuch des Umwelt- und Technikrechts 2001, S. 359, 362f.; vgl. auch Ebisch/Gottschalk, Preise und Preisprüfungen bei öffentlichen Aufträgen, § 2 Rdnr. 7.

1031 Baur/Matthey, S. 34; Nur in seltenen Fällen gelten juristische Personen des Privatrechts als öffentliche Auftraggeber, vgl. § 57 a HGrG; Seidel, ZfBR 1995, S. 227, 277 ff; dazu Bornheim/-Hellmerich, BB 1995, 577ff; Hailbronner, EWS 1995, 285, 285ff.

1032 Zu den hier nicht einschlägigen Ausnahmen der satzungsrechtlichen Verpflichtung zur Beachtung der Verdingungsordnungen vgl. Müller, in Daub/Eberstein, § 1 Rdnr. 36.

der Rechtsform der GmbH oder AG geführt werden, finden die jeweiligen Vorschriften der VOB/A und VOL/A keine Anwendung.[1032] Folglich sind auch nach dem Haushaltsrecht Verträge kommunaler Contractoren nicht ausschreibungspflichtig.[1033]

III. Gesamtergebnis zur Ausschreibungspflicht der Contractoren

Die Einbeziehung von Unternehmen des Privatrechts in das Recht der öffentlichen Aufträge hat im deutschen Recht einen Paradigmenwechsel verursacht, der auch als Systembruch bezeichnet wurde.[1034] Der Grund für die Einbeziehung dieser Unternehmen bestand darin, dass ihnen eine Sonderstellung am Markt zugebilligt wurde.[1035] Da diese Unternehmen aufgrund der hoheitlich veranlassten marktbezogenen Sonderstellung nicht den üblichen Marktmechanismen ausgesetzt waren, bestand die Gefahr, dass Beschaffungsvorgänge sich nicht nur an dem wirtschaftlichsten Angebot orientieren, sondern sachfremde Kriterien Anwendung finden.[1036]

In jüngster Zeit sind Monopolstrukturen aufgrund einer sich verändernden Wettbewerbsstruktur weggefallen. So wurden Ausschließlichkeitsrechte zugunsten kommunaler Unternehmen in der Elektrizitätswirtschaft vollständig aufgegeben. Auf diesem Markt kann weder die öffentliche Finanzierung noch die Anteilseignerschaft der öffentlichen Hand eine Sonderstellung der Unternehmen begründen. Die Ausrichtung der Unternehmen am Markt führt dazu, dass nunmehr der Wettbewerb die Kontrolle übernimmt und das Verhalten reguliert.[1037] In diesem Falle fehlt es an der Notwendigkeit, den Vergabebinnenmarkt erst noch zu schaffen. Dies stellt der vorhandene Wettbewerb sicher, dem der Auftraggeber ausgesetzt ist.[1038] Dadurch erübrigt sich die Kontrolle des Unternehmens durch die staatlichen Reglementarien des Vergaberechts.[1039] Vergaberegeln sind unter dieser Perspektive ein Fremdkörper.[1040] Da die Unternehmen den vollen Marktgesetzen ausgesetzt sind und keine Privilegien am

---

1033 So auch Baur/Matthey, S. 34.

1034 So Rittner, EuR – Beiheft 1 – 1996, S. 7, 10; vgl. Schwarze, in: Die Vergabe öffentlicher Aufträge im Lichte des europäischen Wirtschaftsrechts, S. 13, 21.

1035 Vgl. Müller-Wrede, in: Ingenstau/Korbion, § 98 Rdnr. 45.

1036 Vgl. auch Dreher, DB 1998, S. 2579, 2586ff.

1037 Dreher, in: Immenga/Mestmäcker, GWB, § 98 Rdnr. 38; vgl. auch Cox, in: Öffentliche Unternehmen und ökonomische Theorie, S. 74ff; Pommerehne, in: Deregulierung und Privatisierung, S. 27ff; vgl auch Osterloh, VVDStRL 54 (1995), S. 205, 210.

1038 So auch Dreher, in: Immenga/Mestmäcker, GWB, § 98 Rdnr. 38.

1039 In diesem Sinne auch Thode, ZIP 2000, S. 5, 10.

1040 Vgl. Hailbronner, EWS 1995, S. 285, 290; Brenner, Staatsphilosophie und Rechtspolitik, S. 1431, 1447.

1041 So auch Opitz, ZvgR 2000, S. 97, 105f; vgl. Drügemöller, Vergaberecht, S. 181.

1042 Hailbronner, EWS 1995, S. 285, 290. Dazu noch ausführlich im 5. Kapitel. Mit der Aussetzung

Markt genießen, müssen sie sich grundsätzlich wie jeder andere Marktteilnehmer behandeln lassen.[1041] Eine Einbeziehung dieser Unternehmen in das Vergaberecht stünde im Widerspruch zum Gleichbehandlungsgebot nach Art. 86 Abs. 1 EG.[1042]

Der Entwicklung auf dem Energiemarkt sowie dem gewandelten Rollenverständnis der Unternehmen auf diesem Markt tragen die Vergabevorschriften der §§ 98 Nr. 2 und Nr. 4 GWB teilweise dadurch Rechnung, dass sie nicht zur Anwendung kommen, wenn das betroffene Unternehmen im Wettbewerb tätig wird. Mit der Neufassung des Auftraggeberbegriffs ist daher ein grundsätzlicher Konzeptionswechsel im Sinne einer substantiellen Erweiterung des vergaberechtlichen Anwendungsbereichs nicht verbunden.[1043] Soweit Contractoren Leistungen anbieten, tun sie dies im scharfen Wettbewerb.[1044] Folglich sind sie sowohl von der Ausschreibungspflicht nach § 98 Nr. 2 und § 98 Nr. 4, 2. Alt. GWB als auch nach dem Haushaltsrecht befreit. Allerdings besteht für Energieversorgungsunternehmen, die sich im Bereich des Contractings betätigen, weiterhin die Pflicht zur Ausschreibung nach § 98 Nr. 4, 1. Alt. GWB.

---

in den Wettbewerb korrespondiert auch eine Überwindung gemeindewirtschaftlicher Restriktionen für die erwerbswirtschaftlicher Betätigung der öffentlichen Hand, siehe Becker, ZNER 2000, S. 259, 259ff.

1043 In diesem Sinne schon Hailbronner, EWS 1995, S. 285, 285ff.

1044 Hier treten private und öffentliche Energieversorgungsunternehmen in Konkurrenz. Vgl. von Braunmühl, ET 1994, S. 354, 358 f.

1045 Dieses Ziel ist verbindliches Rechtsprinzip mit zwingender Geltung, vgl. Schubert, Der Gemeinsame Markt als Rechtsbegriff, S. 260, vgl. dazu Emmerich, in: Dauses, Rdnr. 189; allgemein

Kapitel 5 Verstoß der vergaberechtlichen Regulierung der staatlichen Nachfrage nach Contracting-Leistungen gegen den Grundsatz des unverfälschten Wettbewerbs, Art. 3 Abs. 1 g EG

Es soll nun untersucht werden, ob die Verpflichtung der Kommunen, das Contracting öffentlich auszuschreiben, gegen das europäische Prinzip des unverfälschten Wettbewerbs (Art. 3 Abs. 1 g EG) verstößt.

A. Der Grundsatz des unverfälschten Wettbewerbs

Nach Art. 3 Abs. 1 g EG ist es Aufgabe der Gemeinschaft, ein System zu errichten, „das den Wettbewerb innerhalb des Gemeinsamen Marktes vor Verfälschungen schützt".[1045] Dieses System des unverfälschten Wettbewerbs wird primärrechtlich durch die Wettbewerbsregelungen des EG-Vertrages, insbesondere die Art. 81, 82 und 86 EG, umgesetzt.[1046] Ergänzt wird das Prinzip des unverfälschten Wettbewerbs durch Art. 4 Abs. 1 EG, wonach die Gemeinschaft verpflichtet ist, eine zu verfolgen, die auf dem Grundsatz einer offenen Marktwirtschaft mit freiem Wettbewerb beruht.[1047] Diese Regelungen sollen dazu beitragen, einen funktionierenden Gemeinsamen Markt zu errichten.[1048] Sie fixieren die normativen Rahmenbedingungen des einheitlichen Wirtschaftsraumes und sind folglich wirtschaftliche Ordnungsprinzipien für die Schaffung einheitlicher Rahmenbedingungen innerhalb der EG.[1049] Das allgemeine Verbot von Wettbewerbsverfälschungen dient vornehmlich dazu, von Mitgliedstaaten und Gemeinschaftsorganen bezweckte oder bewirkte Wettbewerbs-

---

dazu Oppermann, Europarecht, Rdnr. 1030. Das Bundesverfassungsgericht hat dagegen in seiner grundlegenden Entscheidung vom 1.3. 1979 entschieden, das das Grundgesetz „keine unmittelbare Festlegung und Gewährleistung einer Wirtschaftsordnung enthält" BVerfG 1.31979, BVerfGE 50, 290, 337 f – Mitbestimmung.

1046 EuGH, Slg 1973, 215, 244 Rdnr. 23, 246, Rdnr. 25 – Europemballage und Continental Can; vgl. Emmerich, Kartellrecht, S. 499 ff; Fikentscher, Wirtschaftsrecht, Bd. 1, S. 565 ff; Ehricke, Staatliche Eingriffe in den Wettbewerb, S. 189, Immenga, JA 1993, S. 257, 258.

1047 Ehlermann, WuW 1992, S. 5, 7; Schubert, Der Gemeinsame Markt als Rechtsbegriff, S. 218.

1048 Vgl. Kerber, Wettbewerbskonzeption der EG, S. 188; Everling, WuW 1990, S. 995, 1000; vgl. auch Schubert, Der Gemeinsame Markt als Rechtsbegriff, S. 217.

1049 Ehlermann, WuW 1992, S. 5, 7; Schubert, Der Gemeinsame Markt als Rechtsbegriff, S. 218.

1050 Schubert, Der Gemeinsame Markt als Rechtsbegriff, S. 264; vgl. auch Bleckmann, in: Festschrift für Lukes, S. 271, 279 f.

verfälschungen zu verhindern.[1050] Nach dem Vorrang des EG-Primärrechts ist die Gemeinschaft bei dem Erlass von Richtlinien an das Verbot von Wettbewerbsverfälschungen gebunden.[1051]

B. Schutz vor Regulierung der Wirtschaftstätigkeit im Wettbewerb

Nach den Wertungen des Art. 82 EG verbessern Kooperationen zwischen Wirtschaftsteilnehmern unterhalb der Marktmacht die Wettbewerbsbedingungen und erhöhen die volkswirtschaftliche Wohlfahrt.[1052] Im Wettbewerb erfolgt die optimale Allokation der Ressourcen daher durch das freie Spiel von Angebot und Nachfrage.[1053] Zwar wird durch die Vergabe eines Auftrages an einem Mitbewerber den übrigen Bewerbern eine Wettbewerbschance genommen.[1054] Soweit der Wirtschaftsteilnehmer unterhalb der Schwelle der Marktmacht agiert, wird der Markt dadurch grundsätzlich nicht beeinträchtigt, da die Anbieter ausreichend Ausweichmöglichkeiten auf andere Marktteilnehmer haben.[1055] Der Nachfragewettbewerb begrenzt mithin den Handlungsspielraum des einzelnen Nachfragers und dient der Erhaltung leistungsfähiger Unternehmen auf der Lieferantenseite (sog. leistungserhaltender Nachfragewettbewerb).[1056] Der Wettbewerb sorgt daher für eine objektive und grundsätzlich diskriminierungsfreie Angebotswertung[1057] und übernimmt die Funktion des Kontroll- und Steuerungsmechanimusses.[1058] Die Nachfrage von Wirtschaftsteilnehmern am Markt unterhalb der Schwelle der Marktmacht wirkt mithin wettbewerbsfördernd.[1059] Die im Wettbewerb zustande gekommenen Preise sind automatisch Ab-

---

1051 Vgl. EuGH, Slg. 1971, 411, 426, Rdnr. 66/67 – Fruit Company; EuGH, Slg. 1985, 531, 549 Rdnr. 15 – Altöle; vgl. Monopolkommission, Achtes Hauptgutachten 1988/89, S. 409, Rdnr. 1171; Bach, Wettbewerbsrechtliche Schranken, S. 241ff; Ehricke, WuW 1993, S. 817, 821ff.; Mestmäcker, in Festschrift für Börner, S. 277, 283ff; Schwintowski, RabelsZ 58, S. 232, 244f.

1052 Vgl. Schwintowski, in: Festschrift für Sandrock, S. 901, 906.

1053 Vertiefend Pütz, Grundlagen der theoretischen Wirtschaftspolitik, S. 27.

1054 Burgi, NZBau 2001, S.64, 66.

1055 Opitz, WuW 2003, S. 37, 40. Etwas anderes gilt allenfalls dann, wenn einer der Unternehmen eine so marktmächtige Position hat, dass die Gefahr besteht, dass Dritte gänzlich aus dem Markt gedrängt bzw. Märkte geschlossen werden, vgl. Tettinger, DVBl. 1999, S. 679, 684; Hösch, DÖV 2000, S. 393, 398f; vgl. Hovenkamp, Post-Chicago Antitrust: A Review and Critique, 2001 Colum. Bus. L. Rev., S. 257, 259; Coase, The Firm, the Market, and the Law, passim.

1056 Bunte, BB 2001, S. 2121, 2124; Köhler, Wettbewerbsbeschränkungen durch Nachfrager, S. 45, 156; Zimmer, in: Immenga/Mestmäcker, GWB, § 1 Rdnr. 350.

1057 Vgl. EuGH, Slg. 1988, 4635, Tz. 37 = NVwZ 1990, 353; dazu Brenner, Staatsphilosophie und Rechtspolitik, S. 1431, 1445; Hailbronner, EWS 1995, S. 290.

1058 Vgl. Schmidt, Wettbewerbspolitik und Kartellrecht, S. 75.

1059 Schwintowski, in: Festschrift für Sandrock, S. 901, 906; vgl. auch Schmidtchen, ORDO 39, (1988), S. 111, 115; Schubert, Der Gemeinsame Markt als Rechtsbegriff, S. 273.

1060 Schwintowski, ZNER 1998, S. 9, 11; vertiefend Schwintowski, BB 1996, 1673, 1673ff.; vgl.

bild eines sich selbst steuernden, die Preisgerechtigkeit implizierenden Marktgeschehens und stellen sowohl in Bezug auf die Bedarfsdeckung eines Nachfragers als auch aus gesamtwirtschaftlicher Sicht die bei weitem günstigste Form der Preisbildung dar.[1060]

Der Wettbewerb lässt sich nur dann verwirklichen, wenn die Marktteilnehmer in ihrem Wirtschaften frei sind.[1061] Der Wettbewerb kann seine Koordinations-, Entdeckungs- und Versorgungsfunktion mithin nur erfüllen, wenn die freie Teilnahme des einzelnen am Wettbewerb gesichert ist.[1062] Nach den Wertungen des EG-Wettbewerbsrechts garantiert der auf Freiheit basierende Wettbewerb die besten ökonomischen Ergebnisse.[1063] Das in den europäischen Wettbewerbsregeln zum Ausdruck kommende Wettbewerbsprinzip beruht mithin auf den fundamentalen Prinzipien der Gleichheit und der Freiheit der Rechtspersonen.[1064]

Da regulierende Eingriffe in den Wettbewerb die Balance der Marktkräfte außer Kraft setzen und Verzerrungen herbeiführen könnten, fordert das EG-Wettbewerbsrecht vom Gemeinschaftsgesetzgeber besondere Vorsicht bei der Regulierung des Wettbewerbs.[1065] Sämtliche Maßnahmen der EG sind mithin darauf auszurichten, die Voraussetzungen für ein freiheitliches, wettbewerbsorientiertes Wirtschaftssystem zu schaffen.[1066] Nach Auffassung des Europäischen Gerichtshofs begründet Art. 82 EG daher nicht nur Pflichten, sondern auch Rechte der Normadressaten, die die Europäische Kommission bei Eingriffen in den Wettbewerb zu beachten hat.[1067] Demnach darf die Kommission den Marktteilnehmern keine Rechte nehmen, die der EG-Vertrag ihnen in Art. 82 EG zuweist.[1068] Diese Rechte umfassen die freie Teilnahme am

---

auch BGH NJW-RR 1992, 183, 184; BVerwG, RdE 1994, 230; Büdenbender, Energierecht, 2000, Rdnr. 73; Riechmann, Aktuelle Probleme der Strompreisaufsicht, S. 21, 29; vgl. Ebisch/Gottschalk, Preise und Preisprüfungen bei öffentlichen Aufträgen, § 1 Rdnr. 31.

[1061] Smith, Der Wohlstand der Nationen, passim., dazu Schwintowski, RabelsZ 1994, S. 232, 237, Hoppmann, Wirtschaftsordnung und Wettbewerb, S. 139, 147 ff, Schubert, Der Gemeinsame Markt als Rechtsbegriff, S. 229.

[1062] Dazu Schwintowski, RabelsZ 1994, S. 232, 261; Smith, Der Wohlstand der Nationen, passim., Hoppmann, Wirtschaftsordnung und Wettbewerb, S. 139, 147 ff , Schubert, Der Gemeinsame Markt als Rechtsbegriff, S. 229.

[1063] Vgl. Schwintowski, ZNER 1998, S. 9, 12; Deher, WuW 1998, S. 656, 658.

[1064] Dreher, WuW 1998, S. 656, 658.

[1065] Vgl. auch schon Coase, The Firm, the Market, and the Law, passim; Posner, Economic Analysis of Law, S. 324f.

[1066] EuGHE 1970, S. 1125; vgl. auch EuGHE 1966, S. 322, 344.

[1067] EuGH, Slg 1974, 51, 62 – BRT/SABAM I. Eindeutig wird der subjektiv-rechtliche Charakter des Art. 3 lit g EG in der Altöl-Entscheidung EuGH Slg 1980, 3393, 3418f bestätigt, vgl. umfassend Schubert, Der Gemeinsame Markt als Rechtsbegriff, S. 265.

[1068] EuGH, Slg. 1974, 51 – BRT/ SABAM I.

[1069] Mithin regelt Art. 82 EG auch hoheitliche Beschränkungen, die die öffentliche Wirtschaftstätigkeit einschränkt, vgl. Birk, Das Prinzip des unverfälschten Wettbewerbs, S. 167.

Wettbewerb.[1069] Folglich hat die Europäische Kommission grundsätzlich auf die Selbstregulierungskräfte des Marktes zu vertrauen und Beeinflussungen auszuschalten, wenn die Wirtschaftstätigkeit im Wettbewerb erfolgt.

C. Kommunen als Wettbewerber

Voraussetzung für die Einbeziehung der Kommunen in den Schutz der Wettbewerbsvorschriften ist, dass die Kommunen als Wettbewerber am Markt teilnehmen.[1070] Indem die Europäische Kommission die Anwendung der Vergabevorschriften damit begründet, dass die öffentliche Hand bei der Beschaffung von Leistungen aufgrund ihrer Natur gezwungen sein könne, aus anderen als wirtschaftlichen Erwägungen zu handeln und zwar auch dann, wenn es sich um einen Markt handle, der unmittelbar dem Wettbewerb ausgesetzt sei, schließt die Kommission insoweit die Teilnahme der Kommunen am Wettbewerb aus.[1071] Auch von Teilen der Literatur wird die Teilnahme der öffentlichen Hand am Wettbewerb und damit die Leistungsbeschaffung zu Marktbedingungen grundsätzlich bezweifelt.[1072]

I. Teilnahme am Wettbewerb trotz Verfolgung öffentlicher Zwecke

Von Teilen der Literatur wird insbesondere angeführt, dass die öffentliche Hand öffentliche Interessen zu verfolgen habe und damit schon nicht wie ein Privater, der allein auf die Gewinnerzielung aus ist, am Wettbewerb teilnehmen könne.[1073] Da der Staat seine Macht zum Zwecke des Gemeinwohls einzusetzen und dem Gemeinwohl stets Vorrang gegenüber Privatinteressen beizumessen habe, könne er nicht der Privatwirtschaft als gleichgestellt angesehen werden, da diese nach eigener Zweckbestimmung auch zum Eigennutz tätig werden könne.[1074] Daher würden die Kommunen auch dann nicht mit der Privatwirtschaft in ein Wettbewerbsverhältnis treten, wenn sie sich auf einem wettbewerblich strukturierten Markt betätigen.[1075]

1070 Allgemein zur Teilnahme der Kommunen am Wettbewerb vgl. Baumbach/Hefermehl, Wettbewerbsrecht, Allg., Rdnr. 1.

1071 Matthey, S. 261. Vgl. dazu schon die Ausführungen am Schluss des 3. Kapitels.

1072 Vgl. dazu Pietzcker, in: Ipsen, Öffentliches Auftragswesen im Umbruch, S. 43, 49.

1073 Schachtschneider, Staatsunternehmen, S. 335; vgl. auch Krüger, Von der reinen Marktwirtschaft zur gemischten Wirtschaftsverfassung, S. 27; vgl. dazu Prieß, DB 1998, S. 405, 407.

1074 Schachtschneider, Staatsunternehmen, S. 335; vgl. auch Krüger, Von der reinen Marktwirtschaft zur gemischten Wirtschaftsverfassung, S. 27.

1075 Schachtschneider, Staatsunternehmen S. 358f.

1076 Vgl. Pietzcker, ZHR (1998), S. 427, 447; Stickler, in: Reidt/Stickler/Glahs, § 98 Rdnr. 32.

1077 In diesem Sinne wohl Schachtschneider, Staatsunternehmen, S. 311; Krüger, Von der reinen

Zutreffend an diese Argumentation ist, dass das Handeln des Staates anders als das privater Unternehmen vorrangig auf die Verfolgung öffentlicher Zwecke und die Verwirklichung von Gemeinwohl ausgerichtet ist.[1076] Wenngleich auch der Besonderheit öffentlicher Interessenverfolgung bei der Bewertung der Tätigkeit der öffentlichen Hand Bedeutung einzuräumen ist, so folgt daraus jedoch nicht, dass ein Wettbewerbsverhältnis zwischen öffentlicher Hand und Privatwirtschaft nicht bestehen kann. Andernfalls müsste das Gewinnstreben als Hauptzweck notwendige Voraussetzung für die Annahme eines Wettbewerbsverhältnisses sein.[1077] Ein Wettbewerbsverhältnis zwischen den Marktteilnehmern liegt nach der allgemein anerkannten Definition jedoch bereits dann vor, wenn sie sich auf dem gleichen Markt um denselben Abnehmerkreis bemühen, d.h., wenn sie Waren anbieten oder Leistungen nachfragen, die aus Sicht des Nachfragers bzw. des Anbieters substituierbar sind.[1078] Das Wesen des Wettbewerbs ist im allgemeinen Sinne als „das Streben nach einem Ziel, das nicht alle erreichen können" zu verstehen.[1079] Danach ist zwar eine übereinstimmende Zielsetzung der Konkurrenten Voraussetzung für das Vorliegen eines Wettbewerbsverhältnisses. Bezüglich der gemeinsamen Zielsetzung muss jedoch nicht notwendigerweise auf das Gewinnstreben abgestellt werden.[1080] Das Schutzziel des Wettbewerbsrechts besteht in der Aufrechterhaltung einer als einheitlich zu verstehenden Wettbewerbsordnung und nicht darin, privates Gewinnstreben zu zügeln.[1081] Das Wettbewerbsrecht richtet sich mithin nicht gegen übermäßiges Gewinnstreben als solches, sondern nur dagegen, dass einzelne Marktteilnehmer zum Zwecke des Erfolges wettbewerbsgefährdende Mittel anwenden.[1082] Folglich ist es für das Vorliegen eines Wettbewerbsverhältnisses zwischen öffentlicher Hand und privaten Unternehmen unerheblich, wie die mit der Teilnahme am Markt verfolgten Zwecke im Einzelnen definiert werden. Ob dahinter divergierende Motive stehen, bei Privaten etwa Gewinninteressen und bei der öffentlichen Hand die Gemeinwohlverwirklichung, ist für das Vorliegen von Rivalität und die Annahme eines Wettbewerbsver-

---

Marktwirtschaft zur gemischten Wirtschaftsverfassung, S. 27; zu den wettbewerbs- und gemeindeordnungsrechtlichen Fragen, vgl. OLG Düsseldorf, ZfK 2001, Heft 6, S. 2; zu den wettbewerbsrechtlichen Beschränkungen insbesondere aus dem kommunalrechtlichen Örtlichkeitsprinzip vgl Schlacke, JA 2002, S. 48, 48ff.

1078 Vgl. BGHZ 19, 392, 394 – Anzeigenblatt; BGH GRUR 72, 553 – Kaffe statt Blumen; Schwintowski, Wettbewerbsrecht, S. 197; Baumbach/Hefermehl, Wettbewerbsrecht, Einl., Rdnr. 216ff, 220 ff; v.Gamm, Wettbewerbsrecht, Kap. 17, Rdnr. 36, S. 230.

1079 Baumbach/Hefermehl, Wettbewerbsrecht, Allg., Rdnr. 1.

1080 In diesem Sinne wohl auch Krüger, Von der reinen Marktwirtschaft zur gemischten Wirtschaftsverfassung, S. 27.

1081 H.M., vgl. Möschel, Recht der Wettbewersbeschränkungen, S. 5; Baumbach/Hefermehl, Allg., Rdnr. 86; Schwintowski, Wettbewerbsrecht, S. 2.

1082 Baumbach/Hefermehl, Wettbewerbsrecht, Einl. UWG, Rdnr. 233.

1083 So auch BGH 3, S. 270, 276; 14, 164, 171 – Constanze I u. II; BGH 19, S. 392, 393; BGH GRUR 53, S. 293 LS 2 – Fleischbezug; BGH 60, S. 384, 386 – Mampe Halb und Halb; I; BGH 63, hältnisses mithin unerheblich.[1083] Die für die Annahme eines Wettbewerbsverhältnisses notwendige Rivalität der Marktteilnehmer liegt damit bereits in dem Bemühen um die Anbieter bzw. Nachfrager.[1084]

II. Wettbewerbsverhältnis trotz rechtlicher und ökonomischer Ungleichheit

Teilweise wird das Vorliegen eines Wettbewerbsverhältnisses zwischen öffentlicher Hand und privater Wirtschaft auch mit der Begründung abgelehnt, dass zwischen den beiden Akteuren rechtliche und ökonomische Ungleichheit bestehe.[1085] Der Staat sei im Gegensatz zu den privaten Unternehmen aufgrund der ihm zustehenden Steuer- und Abgabenhoheit konkursunfähig.[1086] Mithin bestehe ein grundlegender Strukturunterschied zwischen öffentlicher Hand und privaten Unternehmen in der Finanzausstattung, der die öffentliche Haushaltswirtschaft wesentlich von der privaten Erwerbswirtschaft unterscheide.[1087] Bei der Verfolgung öffentlicher Interessen könne der Staat daher im Unterschied zu den privatwirtschaftlichen Unternehmen aus staatlichen Quellen stammende Finanzmittel beliebig einsetzen. Aufgrund dieser Besonderheit der öffentlichen Haushaltswirtschaft komme dem Staat eine wesentliche für den Wettbewerb gerade untypische dauerhafte Übermacht zu.[1088] Mithin bestehe sowohl rechtliche als auch ökonomische Ungleichheit zwischen öffentlicher Hand und den privaten Unternehmen, wodurch ein Wettbewerbsverhältnis zwischen ihnen ausgeschlossen sei.[1089]

Auch diese Meinung stößt auf Bedenken. Selbst wenn man annimmt, dass Staaten konkursunfähig seien[1090], so gilt zu berücksichtigen, dass der Staat – wie im 4. Kapitel dieser Arbeit herausgearbeitet – nicht beliebig über seine Mittel verfügen kann. Viel-

---

S. 45, 47 – Betonzusatzmittel; 68, 95, 97 – Büchereinachlaß; Baumbach/Hefermehl, Wettbewerbsrecht, Einl, Rdnr. 234.

1084 Bartling, in: Festschrift für Schmidt, S. 17; vgl. Baumbach/Hefermehl, Wettbewerbsrecht, Einl. UWG, Rdnr. 233.

1085 Vgl. Schachtschneider, Staatsunternehmen, S. 153.

1086 Zu diesem Argument vgl. bereits die Ausführungen im 4. Kapitel.

1087 Gröpl, Haushaltsrecht und Reformen, S. 253.

1088 Vgl. Burgi, EuR 1997, S. 261, 284.

1089 Zu diesen Argumenten Gutsch, Die Rechtsstellung der Postbank im nationalen und europäischen Bankenwettbewerb, S. 153.

1090 Die Konkursunfähigkeit von Staaten mit Verweis auf die Entschuldungsrunden von Weltbank und Internationalen Währungsfond bezweifelnd Schwintowski, NVwZ 2001, S. 607, 609; vgl. auch Paulus, Deutsche Stiftung für Internationale Entwicklung; ders., Staatliche Schuldenregulierung, BMZ-Spezial Nr. 38, 2002; FAZ vom 4. Februar 2002, „Der Pleitegeier sitzt schon auf den Rathäusern“.

1091 Allgemein Art. 86 i.V.m. Art. 81, 82, 87 EG; dazu im Überblick Basedow/Dolfen, in: Dauses Band II, L Rdnr. 31 ff; Steiner, in: Schmidt, Öffentliches Wirtschaftsrecht, Besonderer Teil 2, § 10 mehr sind ihm aufgrund des Europarechts Beschränkungen auferlegt, die eine Verschwendung von öffentlichen Geldern gerade verhindert. Das Europarecht, namentlich die Beihilfevorschriften des EG-Vertrages sowie die Transparenzrichtlinie zwingen den Staat bei seiner Finanzierung zu wettbewerbskonformen Verhalten.[1091] Zudem ist die öffentliche Hand – wie der BGH betont hat – haushaltsrechtlich verpflichtet, bei der Verwaltung ihres Vermögens die Grundsätze der Wirtschaftlichkeit zu beachten.[1092] Daher kommt die öffentliche Hand hinsichtlich der Beauftragung von Unternehmen schon von der Sache her nicht daran vorbei, die Regeln einer marktorientierten Wettbewerbswirtschaft zu berücksichtigen und insoweit auch unternehmerisch zu handeln.[1093] Das Argument der Ungleichheit zwischen öffentlicher Hand und privaten Unternehmen verkennt daher, dass der Staat sich durchaus wie ein Privater verhalten kann und auch muss, wenngleich er dadurch nicht zum Privaten wird. Es kommt jedoch nicht darauf an, welche Rechtsträger am Markt in Konkurrenz zueinander stehen.[1094] Die rechtliche und wirtschaftliche Risikoungleichheit schließt ein Wettbewerbsverhältnis zwischen öffentlicher und privater Wirtschaftstätigkeit mithin nicht aus. Für das Vorliegen eines Wettbewerbsverhältnisses ist nicht die rechtliche oder wirtschaftliche Gleichheit der Teilnehmer, sondern vielmehr ihre Gleichgeordnetheit als Anbieter bzw. Nachfrager auf dem Markt entscheidend.[1095]

Rdnr. 14ff; Zuwendungen der öffentlichen Hand, die über das übliche Maß hinausgehen, sind als Beihilfen zu qualifizieren, vgl. Fehling, Die Verwaltung 2001, S.25, 25. Vgl. die europäische Transparenzrichtlinie 2000/52/EG v. 26.7. 2000 (ABl.EG Nr. L 194 S. 75); dazu auch Schwintowski, NVwZ 2001, S. 609, 612.

[1092] Vgl. die ausdrückliche Verpflichtung nach § 6 Abs. 1 HGrG und § 7 Abs. 1 BHO bei der Aufstellung und Ausführung des Haushaltsplans die Grundsätze der Wirtschaftlichkeit und Sparsamkeit zu beachten, dazu Grupp, Die Verwaltung Beiheft 3, 2000, S. 9; durch Art. 114 Abs. 2 Satz 1 GG ist die Wirtschaftlichkeit der Haushalts- und Wirtschaftsführung als verfassungsmäßiges Leitbild für die Verwaltung herausgestellt, vgl. Grupp, DÖV 1983, S. 661, 661ff; Schuppert, VVDStRL 42 (1984), S. 216, 259.

[1093] BGHZ 69, 334, 339; Emmerich, Die AG 1976, 22, 227; ders., Das Wirtschaftsrecht der öffentlichen Unternehmen, S. 60ff, 212; vgl. Schwintowski, NJW 1990, S. 1009, 1013. In diesem Zusammenhang soll auch auf die unter dem Begriff des „New Public Management" zur Zeit verstärkt stattfindende Modernisierung der öffentlichen Verwaltung hingewiesen werden, die entscheidend dadurch gekennzeichnet ist, dass sie Markt und Marktstrukturen als Rahmen und Maßstab hat, Deimer, Kommunale Aufgaben versus EU-Wettbewerbsrecht, S. 6; vgl. FAZ vom 28. 11.2003 „Der Staat kann viel Geld sparen", S. 14.

[1094] Vgl. insoweit auch Gutsch, Die Rechtsstellung der Postbank im nationalen und europäischen Bankenwettbewerb, S.156; vgl. dazu Grill, in: Lenz, Art. 81 Rdnr. 1; Bunte, in: Langen/Bunte, Art. 85 Rdnr. 21; Schröter, in: von der Groeben, Art. 85 Rdnr. 52 u. 54.

[1095] Vgl. insoweit auch Gutsch, Die Rechtsstellung der Postbank im nationalen und europäischen Bankenwettbewerb, S.156; vgl. dazu Grill, in: Lenz, Art. 81 Rdnr. 1; Bunte, in: Langen/Bunte, Art. 85 Rdnr. 21; Schröter, in: von der Groeben, Art. 85 Rdnr. 52 u. 54.

[1096] Seit EuGH, Slg. 1991, I-1979, 2016 – Höfner u. Elser; EuGH, Slg. 1993, I-637, 664 ff. – Pecout u. Pistre; EuGH, Slg. 1995, I-4013, 4028 – Fédération francaise des sociétés d'assurance u.a..

III. Teilnahme des Staates am Wettbewerb nach deutschem und europäischem Wettbewerbsrecht

Nach der mittlerweile gefestigten Rechtsprechung des EuGH umfasst der als funktional zu charakterisierende Begriff des Unternehmens im Sinne der Wettbewerbsvorschriften jede eine wirtschaftliche Tätigkeit ausübende Einheit, unabhängig von der Rechtsform und der Art der Finanzierung.[1096] Es muss sich dabei um eine einheitliche Organisation personeller, materieller und immaterieller Faktoren handeln, mit der auf Dauer ein bestimmter wirtschaftlicher Zweck angestrebt wird. Die Absicht einer Gewinnerzielung ist hierbei nicht erforderlich.[1097] Nach Ansicht des Europäischen Gerichtshofs wird daher auch der Staat als Unternehmen tätig, welches am Wettbewerb teilnimmt und auf das die Wettbewerbsvorschriften des EG-Vertrages Anwendung findet, wenn er durch Angebot und Nachfrage nach wirtschaftlichen Gütern gegen Entgelt am Wirtschaftsverkehr teilnimmt und nicht nur hoheitlich tätig wird.[1098] So wurde seitens des EuGH beispielsweise die Arbeitsvermittlung durch einen staatlichen Träger der Arbeitsverwaltung, die Bundesanstalt für Arbeit, als Unternehmen qualifiziert, da die Arbeitsvermittlung eine wirtschaftliche Tätigkeit darstellt, die im Wettbewerb erfolgt.[1099] Das Kriterium des unternehmerischen Handelns im Wettbewerb ist auch bei der Beschaffungstätigkeit des Staates zu bejahen, da der Staat in der Regel am Markt wirtschaftliche Güter gegen Entgelt nachfragt und insoweit rein fiskalisch wie eine Privatperson auftritt.[1100] Soweit der Staat mithin Leistungen am Markt nachfragt, ist er ein den privaten Unternehmen grundsätzlich gleichgestellter Teilnehmer am Wettbewerb. Die Gleichstellung öffentlicher und privater Wirtschaftstätigkeit im Wettbewerb folgt schließlich auch aus Art. 86 Abs. 1 EG sowie Art 16 EG.[1101] Nach Art. 86 Abs. 1 EG wird die Gemeinschaft verpflichtet, in Bezug auf öffentliche Unternehmen keine dem EG-Vertrag und insbesondere des-

---

Vgl. auch Jung, in: Calliess/Ruffert, Art. 86 Rdnr. 11.

1097 EuGH, Slg. 1980, 3125, 3250, Rdnr. 88 – van Landewyck/Kommission; Mestmäcker, RabelsZ 52 (1988), S. 526, 536, Grill, in: Lenz, Vorbem. Art. 81 – 86 Rdnr. 32 u. Art. 86 Rdnr. 4; Weiß, in: Calliess/Ruffert, Art. 81 Rdnr. 31 u. 65; Schröter, in: von der Groeben, Vorbem. zu den Art. 85 bis 89 Rdnr. 15 sowie Art. 85 Abs. 1 Rdnr. 70.

1098 Vgl. EuGH, Slg. 1977, 2115, 2145, Rdnr. 28 f – INNO/ATAB; EuGH, Slg. 1986, 1425, 1471, Rdnr. 71 – Cullet/Leclerc; ausführlich dazu Bach, Wettbewerbliche Schranken, S. 150 ff; Mestmäcker, Festschrift für Börner, S. 277 ff, vgl. auch Emmerich, in: Immenga/Mestmäcker, Art. 85 Abs. 1, Rdnr. 27; Koch, in: Grabitz/Hilf, Art. 85 Rdnr. 8; Grill, in: Lenz, Vorbem. Art. 81-86 Rdnr. 34; Mestmäcker/Bremer, BB 1995, Beilage 19, 17; Schwintowski, ZEuP 1994, S. 294, 297.

1099 EuGH, Slg. 1991, I-1979 – Höfner u. Elser; ferner Eichenhofer, NJW 1991, S. 2857, 2859; Marhold, Festschrift für Frotz, S. 645, 650; vgl. auch Schwintowski, ZEuP 1994, S.294, 297.

1100 Gleiss/Hirsch, Art. 85 Rdnr. 38; Emmerich, in: Immenga/Mestmäcker, Art. 85 Abs. 1 Rdnr. 28.

1101 Vgl. Nagel, ZögU 2000, S. 428, 434; Becker, ZNER 2000, S. 259, 261, Jung, in: Callies/Ruffert, Art. 86 Rdnr. 2 u.3; Grill, in: Lenz, Art. 86 Rdnr. 2 u. 3.

1102 Burgi, EuR 1997, S. 261, 261ff.; Schwintowski, ZEuP 1994, S. 294, 299; Schubert, Der Gemeinsame Markt als Rechtsbegriff, S. 219.

sen Artikel 12 und 81ff EG widersprechende Maßnahmen zu treffen oder beizubehalten.[1102] Insbesondere der Schutzklausel des Art. 16 EG zugunsten der Dienste von allgemeinem wirtschaftlichen Interesse ist nunmehr ausdrücklich zu entnehmen, dass der europarechtlich allgemein anerkannte Gleichbehandlungsgrundsatz auch auf das Verhältnis zwischen öffentlicher und privater Wirtschaft anzuwenden ist.[1103]

Auch nach deutschem Wettbewerbsrecht wird der Staat hinsichtlich seiner Nachfragetätigkeit am Markt als Unternehmen angesehen und damit privaten Unternehmen im Wettbewerb gleichgestellt.[1104] So wird in der wettbewerbsrechtlichen Rechtsprechung und Literatur angenommen, dass die Kommunen als öffentliche Unternehmen i.S.d. § 130 I GWB n.F. den Vorgaben des Gesetzes gegen Wettbewerbsbeschränkungen unterliegen, wenn sie den rein hoheitlichen Bereich verlassen und wettbewerbsrelevante Maßnahmen treffen, da sie dann in Wettbewerbsbeziehungen zu privaten Unternehmen treten.[1105] So zwingt gerade erst die unbeschränkte Anwendung der wettbewerbsrechtlichen Vorschriften den Staat, seine Kompetenzen bei Vorliegen von Wettbewerb in Übereinstimmung mit den Vorschriften des Wettbewerbsrechts auszuüben.[1106] Einigkeit besteht daher auch in der Wettbewerbstheorie, dass ein funktionsfähiger Wettbewerb ein marktwirtschaftliches System, sowie wettbewerbsfähige und wettbewerbswillige, nicht aber notwendig private, Marktteilnehmer voraussetzt.[1107]

Da das Recht die öffentliche Hand den Privatpersonen insoweit gleich stellt, als diese am Markt Leistungen einkauft[1108], gilt auch für die öffentliche Hand bei der Nachfrage von Leistungen am Markt grundsätzlich allein der Maßstab des Wettbewerbsrechts.[1109] Unter dem Gesichtspunkt des Wettbewerbsrechts ist jede Belebung des

---

[1103] Vgl. Tettinger, in: Eichhorn, S. 25, 26; vgl. Wilms, Das Europäische Gemeinschaftsrecht und die öffentlichen Unternehmen, passim.

[1104] Rittner, Wettbewerbsrecht, S. 155; Rittner, Festschrift für Benisch, 1989, S. 99; ders. Rechtsgrundlagen und Rechtsgrundsätze des öffentlichen Auftragswesens, S.10; vgl. auch Schwarz, BB 1973, S. 1283, 1283ff.; Mestmäcker, RabelsZ 52 (1988), S. 526, 536 ff.; vgl. Beschluss vom KG Berlin, Kart. 7/96, WuW 1997, S. 439, 447.

[1105] Tomerius, NVwZ 2000, S. 733.

[1106] Gleske, Wettbewerb öffentlicher und privater Kreditinstitute, S. 284.

[1107] Vgl. Stigler, in: Wettbewerbstheorie, S. 30 ff.

[1108] Das sieht auch Wallerath, Öffentliche Bedarfsdeckung und Verfassungsrecht, S. 36, wenn er „Verwalten" und „Wirtschaften" unterscheidet und seine Untersuchungen von vornherein auf die Bedarfsdeckung „zur Erhaltung der allgemeinen Funktionsfähigkeit des Verwaltungsträgers wie auch zur Erfüllung bestimmter öffentlich-rechtlicher Primäraufgaben" beschränkt.

[1109] Jung, in: Callies/Ruffert, Art. 86 Rdnr. 2 u.3; Grill, in: Lenz, Art. 86 Rdnr. 2 u. 3.

[1110] BGH Urteil vom 25. April 2002 – I ZR 250/00 – Wirtschaftstätigkeit kommunaler Unternehmen und unlauterer Wettbewerb.

Wettbewerbs, wie sie auch vom Marktzutritt der öffentlichen Hand ausgeht, erwünscht.[1110] Der Staat muss daher im Wettbewerb frei agieren können, um Verträge gleich welchen Inhalts mit wem auch immer abzuschließen.[1111]

IV. Zwischenergebnis

Das Prinzip des unverfälschten Wettbewerbs in Art. 3 Abs. 1 g EG gilt für den Wettbewerb nicht nur zwischen Privaten, sondern auch zwischen Privaten und öffentlichen Unternehmen.[1112] Das europäische Auftragsvergaberecht wird damit zum Teil des Wettbewerbsrechts und hat sich den Prinzipien des freien Wettbewerbs anzupassen.[1113] Auch im Beschaffungswesen auf dem Contracting-Markt muss daher ein unverfälschter Wettbewerb gewahrt und Wettbewerbsverzerrungen vermieden werden.[1114]

D. Rechtfertigung der Regulierung staatlicher Nachfragetätigkeit auf funktionsunfähigen Märkten

Der wettbewerbsorientierten Ausrichtung des Gemeinschaftsrechts entsprechend dürfen Eingriffe in den Auswahlprozess ausnahmsweise dann vorgenommen werden, wenn sonst die optimale Ressourcenallokation nicht möglich ist.[1115] Die Gründe für die Sonderregelung des Staates sind daher dort zu suchen, wo die Grundwertungen der allgemeinen Regeln nicht mehr ohne weiteres gegeben sind.[1116] So stößt die marktwirtschaftliche Preisbildung dort auf Grenzen, wo der Markt funktionsunfähig ist, weil Wettbewerb nicht vorhanden oder nicht voll wirksam ist.[1117] Insoweit könnte

---

[1111] Brenner, Staatsphilosophie und Rechtspolitik, S. 1431, 1437.

[1112] Nagel, ZögU 2000, S. 428, 436.

[1113] Vgl. Neßler, DÖV 2000, S. 145, 148; zur Auslegung der Richtlinien am Inhalt des EG-Vertrages vgl. EuGHE 1983, S. 4063, 4075; EuGHE 1989, S. 3283, 3350 – Orkem; EuGHE 1991 I, S. 1647, 1672 – Rauh; EuGHE 1994 I S. 4471, 4523 – Beune; nach st. Rechtspr. des EuGH sind Richtlinien so auszulegen, dass ihr Inhalt mit den Zielen und Regelungen des EG-Vertrages in Einklang steht; grundlegend zum Vorrang des Europarechts vor nationalem Recht EuGHE 1964, S. 1269, 1269f – Costa/ENEL; vgl. auch Oppermann, Europarecht, S. 228ff.

[1114] Vgl. allgemein Matthey, S. 44.

[1115] Gyselen, CMLR 1998, S. 33, 57.

[1116] Rittner, Festschrift für Benisch, S. 99, 104; vgl. Schwintowski, RabelsZ 1994, S. 232, 235.

[1117] Vgl. Ebisch/Gottschalk, Preise und Preisprüfungen bei öffentlichen Aufträgen, § 4 Rdnr. 8; Schwintowski, RabelsZ 1994, S. 232, 234.

[1118] Vgl. Ebisch/Gottschalk, Preise und Preisprüfungen bei öffentlichen Aufträgen, § 4 Rdnr. 5; so verlieren auch die Marktpreise nach § 4 VO PR Nr. 30/53 ihre Vorrangstellung, falls sie durch den es erforderlich sein, den Beschaffungsmarkt erstmalig durch Ausschreibung zu schaffen bzw. den Wettbewerb auf dem funktionsunfähigen Markt durch Regulierung der Vergabe sicherzustellen. [1118]

Ein funktionsunfähiger Markt, der die Anwendung des Vergaberechts rechtfertigen könnte, kann dann vorliegen, wenn die Vergabestelle über Übermacht am Markt verfügt.[1119] Kann ein Teilnehmer seine Freiheit dank seiner Machtposition dazu benutzen, die Freiheit anderer zu beschränken, so können zum Schutze der Freiheit der anderen Regeln erforderlich sein, die die Freiheit des Machtinhabers beschneiden.[1120] So gilt nach europäischem Wettbewerbsrecht auch, dass derjenige, der die Kraft und die Macht hat, längerfristige Wettbewerbsbeschränkungen auf Märkten durchzusetzen, die Selbstregulierungskräfte von Marktordnungen gefährdet und deswegen in seiner Wirtschaftstätigkeit beschränkt werden darf.[1121]

I. Marktmacht i.S.d. Art. 82 EG als Anknüpfungspunkt für das Vergaberecht

Der Markt könnte dann funktionsunfähig sein und damit die Regulierung der Nachfragetätigkeit im Wege des Vergabeverfahrens erforderlich machen, wenn die nachfragende Kommune über eine marktbeherrschende Stellung im Sinne des Art. 82 EG verfügt.[1122] Eine solche marktbeherrschende Stellung ist nach stetiger Rechtsprechung des EuGH die wirtschaftliche Machtstellung eines Unternehmens, die dieses in die Lage versetzt, die Aufrechterhaltung eines wirksamen Wettbewerbs auf dem Markt zu verhindern, indem sie ihm die Möglichkeit verschafft, sich seinen Wettbewerbern gegenüber in einem nennenswerten Umfang unabhängig zu verhalten.[1123]

---

in § 5 Abs. 1 Nr. 2 näher bezeichneten Mangel an funktionsfähigem Wettbewerb mehr als unerheblich beeinflusst werden.

1119 Schwintowski, ZvglRWiss 99, 1993, S. 40, 40.

1120 Vgl. Böhm, Wirtschaftsordnung und Staatsverfassung, S. 53, 62 ff; vgl. auch Fikentscher, Wirtschaftsrecht, Bd. 2, S. 41 ff.

1121 Kurz: „Wer Macht hat, darf nicht frei sein.", vgl. Mestmäcker, RabelsZ 60 (1996), S. 58, 66. In diesem Sinne auch Berlin, Two Concepts of Liberty, S. 118, 170; Schwintowski, RabelsZ 1994, S. 232, 234.

1122 Adressaten dieser Vorschrift sind Unternehmen, die eine wirtschaftliche Tätigkeit ausüben, unabhängig von ihrer Rechtsform und der Art ihrer Finanzierung EuGH, Slg. 1991, I-1979, 2016, Rdnr. 21 – Höfner und Elser; vgl. Waldner, Bieterschutz im Vergaberecht, S. 100; vgl. Entscheidung des Bundeskartellamtes v. 3.11. 1997, WuW 1998, 207 sowie des KG Berlin, Kart 24/97 zur Tariftreueerklärung.

1123 St. Rechtsprechung des EuGH, siehe z.B. EuGH, Slg. 1978, S. 207 ff Rdnr. 63-66 – United Brands; EuGH, Slg. 1979, 520, vgl. die Kommissions Entscheidung vom 2. 10. 1991, Abl. Nr. L 334/32 = Die AG 1992, 98 – Aerospatiale-Alencia/de Havilland; Emmerich, Kartellrecht, S. 487.

1124 Vgl. EuGH, Slg. 1976, 461, 520 Rdnr. 38 – Hoffmann-La Roche.

1125 Schwintowski, ZNER 1998, S. 9, 10ff; missbräuchlich im Sinne des Art. 82 EG sind u.a. Behin-

Unternehmen mit marktbeherrschender Stellung sind demnach solche Unternehmen, die in ihrem Versorgungsgebiet keinem wesentlichen Wettbewerb ausgesetzt sind und deswegen grundsätzlich unabhängig von Konkurrenten und der Marktgegenseite eigene Strategien verfolgen können.[1124] Unternehmen, die über eine marktbeherrschende Stellung verfügen, sind daher auch in der Lage zumindest für eine gewisse Zeit, die preisbestimmende Funktionen des Wettbewerbs außer Kraft zu setzen.[1125] Eine solche Nachfragemacht wird insbesondere dann angenommen, wenn zahlreiche kleine und mittlere Lieferanten von ihren großen Abnehmern abhängig sind und auf diese als Absatzkanäle unter keinen Umständen verzichten können, da sie nicht über ausreichende und zumutbare Ausweichmöglichkeiten verfügen.[1126] Es besteht heute weitgehende Übereinstimmung darin, dass die Marktbeherrschung auch an der Nachfragemacht der öffentlichen Hand gemessen werden kann[1127] Erst die Durchführung eines europaweiten Vergabeverfahrens unter Berücksichtigung aller potentieller – auch europäischer – Bieter könnte in diesem Fall den Schutz der Warenverkehrs- und Dienstleistungsfreiheit gewährleisten sowie dem Nachfrager die Ermittlung des wirtschaftlichsten Angebotes ermöglichen.[1128]

Allerdings knüpft Art. 82 EG an einen Zustand an, bei dem wirtschaftliche Macht nur temporär entsteht und daher auch wieder untergehen kann.[1129] So verhindert die Marktmacht eines Unternehmens im Sinne des Art. 82 EG nicht grundsätzlich den wettbewerblichen Einfluss auf dem Markt. Die Marktmacht kann vielmehr durch Konkurrenz wieder abgebaut werden.[1130] Gerade die Leistungsfähigkeit kleinerer Unternehmen kann die Marktmacht brechen[1131] Da auch im Falle der Marktmacht eines Unternehmens Wettbewerb weiterhin zum Zuge kommt, genügt nach Art. 82 EG zur Sicherstellung der Funktionsfähigkeit des Marktes im Einzelfall eine nachträgliche ex-post Missbrauchsaufsicht, die nur dann eingreift, wenn das marktmächtige Unternehmen seine Marktmacht missbräuchlich ausnutzt.[1132] Diese Kontrolle soll im Einzelfall dafür sorgen, dass das marktmächtige Unternehmen den ihm zugewiese-

---

derungspraktiken gegenüber Konkurrenten und Preisstrategien, die die jeweilige Marktgegenseite ausbeuten, vgl. dazu Grill, in: Lenz, Art. 86 EG, Rdnr. 24; Kerber, Evolutorischer Wettbewerb, S. 195 f.; Schwintowski, ZvglRWiss 99, 1993, S. 40, 49.

1126 Emmerich, Kartellrecht, S. 220.

1127 Vgl. nur EuGH, Slg. 1987, 2599, 2622 – AAMS; EuGH, Slg. 1974, 313ff – BRT/SABAM; EuGH, Slg. 1985, 1105ff – CICCE; Koch, in: Grabitz/Hilf, Art. 86 EGV Rdnr. 28; Schwintowski, ZvglRWiss 99, 1993, S. 40, 40.

1128 Vgl. Müller-Wrede, in: Ingenstau/Korbion, VOB, § 3 Rdnr. 6.

1129 Vgl. Arndt, in: Cox/Jens/Markert, S. 49, 51; Tetzlaff, WuW 1988, S. 3, 98.

1130 Vertiefend Schmidt/Rittaler, Die Chicago School of Antitrust Analysis, passim.

1131 Vertiefend Schmidt/Rittaler, Die Chicago School of Antitrust Analysis, passim.

1132 EuGH, Slg. 1979, 461, 541 Rdnr. 91 – Hoffmann – La Roche; vgl. dazu Grill, in: Lenz, Art. 86 EG, Rdnr. 24; Kerber, Evolutorischer Wettbewerb, S. 195 f.

1133 Schwintowski, ZNER 1998, S. 9, 11.

1134 Vgl. auch Rittner, Festschrift für Benisch, S. 99, 106.

nen Preisgestaltungsspielraum nicht überzieht.[1133] Folglich muss in diesem Fall der Markt weder geschaffen noch muss die Funktionsfähigkeit des Marktes durch zusätzliche Regulierung dauerhaft sichergestellt werden. Allein die Marktmacht des Staates i.S.d. Art. 82 EG rechtfertigt mithin nicht die vergaberechtlichen Sonderregeln.[1134]

Zu bedenken ist allerdings, dass Unternehmen, die eine marktbeherrschende Stellung haben, diese missbräuchlich ausnutzen können. Man könnte nun der Auffassung sein, dass die vom geltenden Kartellrecht vorgesehene ex-post Kontrolle in Fällen der öffentlichen Vergabe von Contractingleistungen zu spät kommt, weil die Kontrolle nur gelegentlich und eher zufällig eingreift und mithin nur einen Teil der Fälle erfassen kann, die aller Wahrscheinlichkeit nach durch Wettbewerbsverzerrungen geprägt sind. Mithin gibt es einige Gründe, warum man öffentliches Vergaberecht auch in jenen Fällen anwenden sollte, in denen öffentliche Unternehmen über eine marktbeherrschende Stellung verfügen. Dann müssten aber auch private Unternehmen, die über eine marktbeherrschende Stellung verfügen, den Regeln des öffentlichen Auftragsrechts unterwerfen werden. Dies giebtet schon das gemeinschaftsrechtliche Gleichbehandlungsgebot. Es gibt umgekehrt keinen sachlich gerechtfertigten Grund, ein marktstarkes öffentliches Unternehmen dem Vergaberecht zu unterwerfen, ein vergleichbares privates Unternehmen hingegen nicht.[1135]

II. Das öffentlich-rechtliche Monopol als Anknüpfungspunkt für das Vergaberecht

Das Vergaberecht unterwirft in Form einer ex-ante Kontrolle jede Nachfragetätigkeit des Staates den Vergaberegeln. Das Vergaberecht könnte an Phänomene anknüpfen, bei denen die Beseitigung der Funktionsstörung im Wettbewerb auf der Missbrauchsebene, wie im allgemeinen deutschen und europäischen Kartellrecht üblich, nicht ausreicht, um die fehlende Dynamik auf den Märkten wieder herzustellen oder überhaupt entstehen zu lassen.[1136] Einen solchen Koordinationsmangel weist der Marktprozess dann auf, wenn eine Marktseite über permanente Übermacht verfügt, die auch nicht durch Konkurrenz angegriffen werden kann. In diesem Fall kommt der Marktmechanismus gänzlich zum Erliegen, so dass die wirtschaftliche Leistung allein im Wege des Ausschreibungsverfahrens ermittelt werden könnte. Damit kann das Vergaberecht aber sinnvollerweise nur an Phänomene anknüpfen, die es auf im Wettbewerb gewachsenen Märkten typischerweise nicht gibt.

[1135] Schwintowski, Konkurrenz der öffentlichen Hand, S. 9.

[1136] Schwintowski, ZNER 1998, S. 9, 11ff.

[1137] Vgl. Kerber, Evolutorischer Wettbewerb, S. 68 f.

[1138] Vgl. Kerber, Evolutorischer Wettbewerb, S. 68 f.

Die Vertreter der Chicago School haben herausgearbeitet, dass eine dauerhafte Marktmacht, die den Wettbewerb zu anderen Marktteilnehmern gänzlich ausschaltet, durch staatliche Privilegierungen entstehen kann.[1137] Eine solche staatliche Privilegierung stellt das öffentlich-rechtliche Monopol dar.[1138] Das Monopol unterscheidet sich von der bloßen im Wettbewerb erlangten Marktmacht dadurch, dass es nicht auf externem und internem Wachstum beruht und damit nicht durch Marktprozesse wieder beseitigt werden kann.[1139] Die politische Entscheidung, die ein solche Monopol entstehen lässt, kann darin bestehen, eine gesetzliche Privilegierung zu schaffen, die dazu führt, dass die öffentliche Hand als alleiniger Nachfrager auf dem Markt auftritt. Die Monopolstellung kann aber auch durch die politische Entscheidung begründet werden, solche Leistungen nachzufragen, die der Markt nur zu Preisen produzieren würde, die von den Nachfragern nicht aufgebracht werden könnten (sog. nichtwirtschaftliche Leistungen).[1140] In den Fällen des öffentlich-rechtlichen Monopols kommt dem Staat eine dauerhafte Ausschließlichkeitsstellung zu.[1141] Das staatlich abgesicherte Monopol unterliegt daher weder den Kräften des Wettbewerbs auf den Waren- oder Dienstleistungsmärkten noch den Steuerungsmöglichkeiten auf den Kapitalmärkten.[1142] Wettbewerbliche Strategien um unterschiedliche Produkte gibt es im öffentlich-rechtlichen Monopol nicht, weil die Konkurrenz ausgeschaltet ist.[1143] Die Verwirklichung der Marktfreiheiten können sich im Nachfragemonopol daher nicht schon aufgrund einer Konkurrenzsituation einstellen.[1144] Um einen funktionsfähigen Wettbewerb im Falle eines Nachfragemonopols sicherzustellen, könnte daher die vergaberechtliche Regelung als Ergänzung zum allgemeinen Wettbewerbsrecht erforderlich sein. Im Folgenden sollen die Eigenschaften und Funktionsweisen öffentlich-rechtlicher Monopole untersucht werden, um feststellen zu können, ob die Nachfragetätigkeit der öffentlichen Hand im Monopol die Anwendung der Vergabevorschriften rechtfertigt.

1139 Zur Annahme der Chicago-School, dass Monopole, die durch externes und internes Wachstum entstanden sind, durch diese Marktprozesse auch wieder beseitigt werden können Schmidt/Rittaler, Die Chicago School of Antitrust Analysis, passim.; dazu Schwintowski, NVwZ 2001, S. 609, 610; vgl. zu den ähnlich gelagerten Argumentation bei den Standortvorteilen der öffentlichen Hand beim KfZ-Schilderverkauf, Immenga, NJW 1995, S. 1921, 1924.

1140 Vgl. Fikentscher, Die umweltsoziale Marktwirtschaft, S. 26 ff. So nennt schon der Anhang 1 zur Baukoordinierungsrichtlinie Einrichtungen des öffentlichen Rechts in den Bereichen Gesundheitswesen (z.B. Krankenkassen), Kultur (z.B. öffentliche Bühnen, Orchester, Museen, Bibliotheken, Archive).

1141 Schwintowski, NVwZ 2001, S. 609, 610, ders., RabelsZ 1994, S. 232, 268.

1142 Schwintowski, NVwZ 2001, S. 609, 609.

1143 Schwintowski, ZvglRWiss 99, 1993, S. 40, 65.

1144 Vgl. Hailbronner, EWS 1995, S. 285, 286.

1145 Schwintowski, Recht und Gerechtigkeit, S. 158.

1146 Noch, WuW 1998, S. 1059, 1060; Blankart, WuW 2002, S. 340; vgl. Schwintowski, RabelsZ

1. Öffentlich-rechtliche Nachfragemonopole in Deutschland

Zu den öffentlich-rechtlichen Nachfragemonopolen in Deutschland zählen beispielsweise die originären Staatsaufgaben, wie die Landesverteidigung.[1145] Kauft die Bundeswehr Gewehre und Raketen sowie Ausrüstung mit speziellen Artikeln für die Wahrnehmung hoheitlicher Aufgaben, wie z.B. Uniformen, so tritt sie als alleiniger Nachfrager auf.[1146] Die bereits zitierte G.e.e.B.- Entscheidung des OLG Düsseldorf[1147] ließe sich mithin dadurch erklären, dass die gemischtwirtschaftliche Gesellschaft bei der Beschaffung von Bundeswehrbekleidung eine exclusive Staatsaufgabe wahrnimmt und deswegen an das Vergaberecht gebunden ist. Das Bekleidungsmanagment bleibe nach Auffassung des Gerichts ein Hauptbestandteil der in Art. 87 b Abs. 1 Satz 2 GG normierten staatlichen und damit im Allgemeininteresse liegenden Aufgabe. Gemäß Art. 87 b GG ist die Bundeswehrverwaltung in bundeseigener Verwaltung zu führen; sie hat u.a. die Aufgabe der unmittelbaren Deckung des Sachbedarfs der Streitkräfte. Zudem ist es der Bundeswehrverwaltung nach Art. 87 b Abs. 1 Satz 1 GG die Sicherstellung der Funktionsfähigkeit und Einsatzbereitschaft der Streitkräfte vorbehalten. Der Verfassungsauftrag des Bundes Streitkräfte aufzustellen und auszustatten begründet mithin ein Staatsmonopol.[1148] Die Bekleidungsgesellschaft ist daher auch nicht dem Wettbewerb ausgesetzt, da sie nicht mit anderen Unternehmen um die Beschaffung von Bundewehrbekleidung konkurrieren muss. In dem öffentlich-rechtlichen Monopol könnte mithin die Legitimation einer ex-ante Regulierung bei der Vergabe von Aufträgen durch das Unternehmen liegen. Allein wenn die von der Bundeswehr geplante Versorgungsgesellschaft für Bekleidung Nachfragerin auf einem funktionsfähigen Angebotsmarkt für Kleidung und Dienstleistungen im Bereich Militär wäre und sie darüber hinaus dem allgemeinen Marktzwang, d.h. dem Insolvenzrecht in vollem Maße ausgesetzt wäre, dann bestünde kein Grund, sie dem Vergaberecht zu unterwerfen.[1149]

1994, S. 232, 268.

[1147] Az: Verg. 67/02.

[1148] Aus dem exclusive Verfassungsauftrag des Bundes folgt das verfassungsunmittelbare Verbot, dass Private eigene Streitkräfte aufstellen. Auch nach der Auffassung des Bundesverfassungsgerichts ist Art. 87 a Abs. 1 GG mehr als eine bloße Kompetenznorm der Staatsorganisation, sondern ihr komme auch grundrechtsbeschränkende Wirkung zu. BverfGE 28, 243, 261; 32, 40, 46; 69, 1, 21. Organisatorisch besteht dagegen ein weiter Beurteilungsspielraum, in welchen Rechtsformen bestimmte Sachaufgaben erfüllt werden sollen, vgl. BverfGE 63, 1, 34, wonach die zuständigen Bundesorgane bei der Ausgestaltung ihrer Organisation einen weiten Ermessensspielraum haben.

[1149] Vgl. Schwintowski, Konkurrenz der öffentlichen hand, S. 11.

[1150] Vgl. Ebisch/Gottschalk, Preise und Preisprüfungen bei öffentlichen Aufträgen, § 4 Rdnr. 48.

[1151] Vgl. Pfeffer, WuW 1986, S. 853, 853; vgl. Ebisch/Gottschalk, Preise und Preisrüfungen bei

Da aufgrund von Rechtsvorschriften auch bestimmte Schusswaffen nur an Polizei, Bundesgrenzschutz und Bundeswehr absetzbar sind, liegt auch hier im wesentlichen eine Nachfrage der öffentlichen Hand im öffentlich-rechtlichen Monopol vor.[1150] Zu den Nachfragemonopolen zählen des Weiteren Branchen, die den Spezialbedarf des Staates betreffen, wie sicherheitstechnische Anlagen und Grenzsicherungsanlagen. Der Staat hat aufgrund des Bundesbankgesetzes eine Monopolstellung im Bereich des Notenbankwesens bei der Beschaffung von Geld und der Beauftragung des Münzendrucks.[1151] Eine Monopolstellung besteht auch, bis auf wenige Ausnahmen abgesehen, bei den klassischen öffentlichen Aufgaben, wie der Schul- und Universitätsausbildung sowie dem Justizsystem, soweit in diesen Bereichen Leistungen nachgefragt werden, die typischerweise dem Staat vorbehalten sind.[1152] Ein Monopol der öffentlichen Hand kann auch in weiten Bereichen des Straßen- und sonstigen Verkehrswegebaus angenommen werden, insbesondere im Bereich der technisch sehr aufwendigen Großprojekte, wie etwa Unterwassertunnel oder große Brückenbauten.[1153] Auch tritt die Gemeinde bei der Neuvergabe eines auslaufenden Konzessionsvertrages zur allgemeinen Energieversorgung als Monopolist auf.[1154] Zu den öffentlich-rechtlichen Monopolen zählen des Weiteren der Bau und Betrieb von Autobahn-Raststätten sowie der Bau und Betrieb von Atom-Endlagern.[1155] Trotz der Bemühungen vor allem des Europäischen Rates und der Europäischen Kommission öffentlich-rechtliche Monopole zunehmend zu überwinden, sind auch im Bereich der Abfallbeseitigung und – verwertung sowie der öffentlich-rechtlichen Wasserbetriebe weiterhin Monopole bestehen geblieben.[1156] Auch nach der Novellierung des Abfallgesetzes durch das Kreislaufwirtschafts- und Abfallgesetz besitzen die Kommunen weiterhin das Entsorgungsmonopol für Abfälle aus privaten Haushalten.[1157] Schließlich

---

öffentlichen Aufträgen, § 4 Rdnr. 45; kritisch zu diesem Monopol Seifert, Privilegierung und Regulierung im Bankwesen, S. 19, 34 ff; umfassend dazu Schwintowski, Recht und Gerechtigkeit, S. 157; vgl. auch Schwintowski/Schäfer, Bankrecht, S. 121 ff.

1152 Möschel, ORDO 32 (1981), S. 85, 100.

1153 Vgl. auch die Überlegungen zum Fall des Abschlusses von Konzessionsverträgen im Sinne des § 13 Abs. 1 EnWG Ortlieb, in: Energiewirtschaft im Aufbruch, S. 379, 380.

1154 Ortlieb, in: Energiewirtschaft im Aufbruch, S. 379, 380.

1155 Seifert/Metschkoll, DB 1991, S. 2449, 2449 ff.

1156 Schwintowski, NVwZ 2001, S. 609, 609f.

1157 Vgl Bell/Rehak, LKV 2001, S. 185, 190 zu der auch nach dem neuen Kreislaufwirtschafts- und Abfallgesetz bestehenden Entsorgungspflicht der öffentlich-rechtlichen Entsorgungsträger für Abfälle aus privaten Haushalten gemäß § 15 KrW-/AbfG; vgl. auch Tomerius, NVwZ 2000, S.727, 733; zu dem Entsorgungsmonpol nach dem alten Abfallrecht Bree, Die Privatisierung der Abfallentsorgung nach dem Kreislaufwirtschafts- und Abfallgesetz, passim.; vgl. auch Pauly/Figgen/Hünnekens, Gemischtwirtschaftliche Entsorgungsunternehmen, passim., vgl. Beckmann, Organisationsformen in der öffentlichen Abfallwirtschaft, S. 38, 41f.

1158 Drügemöller, Vergaberecht, S. 2.

1159 Cox, in: Cox/Jens/Markert, S. 89.

kommt dem Staat die Rolle eines alleinigen Nachfragers in vielen Bereichen zu, in denen es um kulturelle, soziale oder karitative Zwecke geht, etwa bei der Finanzierung von Opernhäusern, dem Wohnungswesen, Krankenhäusern oder Schwimmbädern.

2. Informationsdefizite der öffentlichen Haushaltswirtschaft im Monopol

In all diesen Fällen handelt es sich um einen Markt eigener Art, auf dem allein der öffentliche Auftraggeber und der private Auftragnehmer zum Austausch der Leistungen zusammentreffen und die übrigen Anbieter nicht auf private Nachfrager ausweichen können.[1158] Das typische Kennzeichen der Beschaffung auf diesen Märkten ist, dass nach Abschluss des Vertrages mit dem Auftragnehmer die Beziehung zwischen den beiden Vertragsparteien innerhalb der Vertragsdauer einem bilateralen Monopol gleicht.[1159] Es handelt sich mithin um einen Bereich mit marktuntypischen Mechanismen. Dabei wird die öffentliche Hand auf diesen Märkten oft vor Aufgaben gestellt, die der Privatinitiative nicht überlassen bleiben kann, weil sich keine konkurrierenden Auftraggeber für diese Aufträge finden.[1160] Die öffentliche Hand fragt in diesem Falle Güter für einen tatsächlichen oder vermuteten Bedarf nach, für den Märkte nicht existieren oder – bei sog. meritorischen Gütern – kraft politischer Entscheidung nicht bestehen dürfen und daher ausgeschaltet werden.[1161] Da auf diesen Märkten niemand freiwillig seine Präferenzen offen legt oder legen kann, hat auch der Staat keinen Anhaltspunkt dafür, welches Angebot an Gütern, den Präferenzen der Bevölkerung am besten entspricht.[1162] Marktpreise als Bemessungsgrundlage für den Wert der nachgefragten Güter und damit für die Verteilung der Haushaltsmittel sind hier nicht vorhanden.[1163] Im öffentlich-rechtlichen Monopol fehlt es mithin an Kriterien, anhand derer sich die Nutzen der Leistungen messen lassen.[1164] Im Monopol zeichnet sich die öffentliche Haushaltswirtschaft mithin durch Marktferne aus. Bei der Nachfrage im Monopol ist daher bei den staatlichen Vergabestellen ein beachtliches Informationsdefizit anzutreffen.[1165] Dieses Defizit führt dazu, dass Monopole

---

[1160] Ebisch/Gottschalk, Preise und Preisprüfungen bei öffentlichen Aufträgen, Einleitung, Rdnr. 7.

[1161] Gröpl, Haushaltsrecht und Reformen, S. 253; zur Theorie der öffentlichen Güter siehe nur Budäus/Finger, Die Verwaltung 1999, S. 313, 334f.

[1162] Gruber/Kleber, Grundlagen der Volkswirtschaftslehre, 133; zu dieser preispolitischen Problematik vgl. auch Ebisch/Gottschalk, Preise und Preisprüfungen bei öffentlichen Aufträgen, Einleitung, Rdnr. 6.

[1163] So auch Harms/Naumann, DÖV 1992, S. 822, 823; Oettle, Die Verwaltung 1999, S. 291, 310f.

[1164] Schwintowski, ZNER 1998, S. 9, 12; Mestmäcker, in: Immenga/Mestmäcker, GWB, Einl. Rdnr. 30.

[1165] Graf/Rall, Systemvergleiche vergabe- und kartellrechtlicher Rahmenbedingungen für öffentliche Bauaufträge, S. 21, 22; vgl. auch Pietzcker, Der Staatsauftrag, S. 251; vgl. Röpfer, Festschrift für Benisch, S. 115, 116.

[1166] Vertiefend Reetz, Monopolpreisbildung, in: Handwörterbuch der Wirtschaftswissenschaft, S. 189, 202; Schwintowski, NVwZ 2001, S. 609, 610.

Leistungen unteroptimal stabilisieren. Leistungen, die im Monopol eingekauft werden, sind daher zu teuer (sog. Monopolpreise).[1166] Dadurch verringern Monopole die Konsumentenrente, verschlechtern die Versorgung mit Waren und Dienstleistungen und bewirken gesamtwirtschaftlich Wohlstandsverluste.[1167] In wirtschaftlicher Hinsicht erleidet der Staat daher, wenn er als Monopolist auftritt, Nachteile, da sich die Kosten öffentlicher Aufträge erhöhen.[1168]

3. Kontrolldefizite im Monopol

Die Monopole verweigern sich prinzipiell den optimierenden Kräften des Wettbewerbs, so dass der Markt als Steuerungsinstrument und Maßstab unternehmerischer Entscheidungen nicht zum Zuge kommt.[1169] Folglich kann in einem Monopol der Wettbewerb seine Steuerungsfunktion im Interesse der Waren- und Dienstleistungsfreiheit nicht zur Entfaltung bringen.[1170] Da die innerökonomischen Kontrollmechanismen auf diesen Märkten nicht funktionieren, ist die Nachfrage eines Monopolisten mit erheblichen Kontrolldefiziten verbunden.[1171]

4. Sachfremde Einflüsse beim Einkauf im Monopol

Diese Defizite bilden die Voraussetzung für eine weitere kompensationsbedürftige Schwäche des einkaufenden Staates, nämlich sachfremde Einflüsse bei dem Einkauf von Leistungen.[1172] Bei der Auftragvergabe im öffentlich-rechtlichen Monopol bleibt mithin Raum für andere Kriterien, als der Wirtschaftlichkeit der Leistung, bei denen der Unterstützung der regionalen und nationalen Wirtschaft eine herausragende Stellung zukommt.[1173] Da private Nachfragekonkurrenz im öffentlich-rechtlichen Monopol nicht entstehen kann und damit die Anbieter keine Ausweichmöglichkeiten haben, folgt daraus die Gefahr, dass einzelne Unternehmen oder Unternehmensgruppen im Wettbewerb benachteiligt oder ganze Märkte geschlossen werden.[1174] Eine

---

1167 Schwintowski, in: Festschrift für Sandrock, S. 901, 906.

1168 Vgl. die Entwurfsbegründung, BT-Drucks, 14/7796, S. 2 sowie S. 6 f.; vgl. auch Kämmerer/-Thüsing, ZIP 2002, S. 596, 600.

1169 Schwintowski, Recht und Gerechtigkeit, S. 157; Schwintowski, NVwZ 2001, S. 609, 610.

1170 Schwintowski, NVwZ 2001, S. 609, 610.

1171 Röpfer, Festschrift für Benisch, S. 115, 132.

1172 Röpfer, Festschrift für Benisch, S. 115, 132.

1173 Dazu Knipper, WuW 1999, S. 677, 677ff.; Martin-Ehlers, WuW 1999, S. 685, 685ff.

1174 Vgl. Mestmäcker, in: Immenga/Mestmäcker, GWB, Einl. Rdnr. 37; Bunte, BB 2001, S. 2121, 2121.

1175 Boesen, Vergaberecht, § 97 Rdnr. 101, 122; Marx, in: Jestaedt/Kemper/Marx/Prieß, S.10.

1176 Rittner, Festschrift für Benisch, S. 99, 100.

Instrumentalisierung des Vergabewesens für politische Zwecke könnte mithin zu einer Zersplitterung der öffentlichen Vergabemärkte führen und dem Binnenmarkt erheblichen Schaden zufügen.[1175]

5. Rechtfertigung vergaberechtlicher Regulierung bei der Beschaffung im öffentlich-rechtlichen und im natürlichen Monopol

Das Nachfragemonopol der öffentlichen Hand ließe sich aufgrund der beschriebenen Defizite nur schwerlich mit Hilfe der kartellrechtlichen Missbrauchsaufsicht in wirksamer Weise kontrollieren.[1176] Im Gegensatz zu dem auf Märkten typischerweise spontan entstehenden Wettbewerb im Markt, versagt der Markt im öffentlich-rechtlichen Monopol. Insoweit ist es erforderlich, den Beschaffungsmarkt erstmalig zu schaffen bzw. den Wettbewerb auf dem funktionsunfähigen Markt durch Regulierung der Vergabe sicherzustellen.[1177] Bei der Nachfrage im öffentlich-rechtlichen Monopol sind daher über die allgemeine Missbrauchsaufsicht hinausgehende staatliche Eingriffe in den Wettbewerbsprozess erforderlich, um Diskriminierungen zu vermeiden und die Wirtschaftlichkeit der Beschaffungen sicherzustellen.[1178] Bei der Nachfrage der öffentlichen Hand im öffentlich-rechtlichen Monopol müssen mithin die Anbieter, die nahezu ausschließlich für den staatlichen Bedarf produzieren, eine faire Chance erhalten, mit der öffentlichen Hand in Vertragsbeziehung zu treten, um so Kostenvorteile in den Auswahlprozess einbringen zu können.[1179] So hat der EuGH in der Entscheidung Teleaustria[1180], in der es um die Vergabe von Dienstleistungskonzessionen ging, entschieden, dass die Vergabe auf diesem besonderen monopolistischen Markt nach den EG-rechtlichen Prinzipien des Diskriminierungsverbots, der Transparenzpflicht und des Gebots der Wettbewerbsoffenheit zu erfolgen hat.[1181] Da-

---

[1177] Vgl. Ebisch/Gottschalk, Preise und Preisprüfungen bei öffentlichen Aufträgen, § 4 Rdnr.5; so verlieren auch die Marktpreise nach § 4 VO PR Nr. 30/53 ihre Vorrangstellung, falls sie durch den in § 5 Abs. 1 Nr. 2 näher bezeichneten Mangel an funktionsfähigem Wettbewerb mehr als unerheblich beeinflusst werden.

[1178] Vgl. Rahn, Der Staat als Auftraggeber für private Unternehmen, S, 61, 61; zu den vier Rechtfertigungsebenen staatlicher Eingriffe siehe Schwintowski, RabelsZ 1994, S. 232, 253; vgl. auch Bartling/Luzins, Grundzüge der Volkswirtschaftslehre, S. 45; vgl. auch VÜA Bund, Beschluss vom 16.12. 1998, 2 VÜ 32/98, WuW/E – Verg 192ff.

[1179] BGHZ 101, S. 72, 82 – Krankentransporte; BGH WuW/E S. 2683, 2687 Zuckerrüben; vgl. dazu auch EuGH, NZBau 2001, 148; EuGH, Slg. 1998, I-6864 ff Rdnr. 59ff – Gemeinde Arnheim; Emmerich, Kartellrecht, S. 236; Emmerich, Schriftenreihe der Deutschen Gesellschaft für Baurecht, S. 27, 40ff; Cox, in: Cox/Jens/Markert, S.83; Gröning, NZBau 2001, S. 123, 123.

[1180] EuGH, EuZW 2001, 90 – Teleaustria; vgl. zur Diskussion Koenig, EuZW 2003, S. 289, 289.

[1181] Vgl. dazu auch aus jüngster Zeit EuGH, NZBau 2000, 91 Rdnr. 31 – Unitron Scandinavia; vgl. Gröning, ZIP 2001, S. 497, 503; Gröning, NZBau 2001, S. 123, 123.

[1182] EuGH NZBau 2001, 148, 151 Rdnr. 62.

[1183] Vgl. Blankart, WuW 2002, S. 340, 345. Zu alternativen Modellen siehe auch Blankart, Öffentraus leitet der Gerichtshof die Verpflichtung der Auftraggeber ab, zu Gunsten potentieller Bieter einen angemessenen Grad von Öffentlichkeit sicherzustellen, der den Dienstleistungsmarkt dem Wettbewerb öffnet und die Nachprüfung ermöglicht, ob Vergabeverfahren unparteiisch durchgeführt wurde.[1182] Im öffentlich-rechtlichen Monopol ist der Wettbewerb mithin transparent und neutral zwischen öffentlichen und privaten sowie heimischen und mitgliedstaatlichen Unternehmen zu organisieren.[1183]

Um Diskriminierungen einzelner Anbieter im öffentlich-rechtlichen Nachfragemonopol zu vermeiden, müssen daher alle Interessenten in ein Auswahlverfahren einbezogen werden[1184], was zweckmäßigerweise im Wege einer öffentlichen Ausschreibung zu geschehen hätte.[1185] Das förmliche Verfahren sowie die Publizitäts- und Teilnahmevorschriften des Vergaberechts können die Bieter auf diesen Märkten vor Willkürentscheidungen der öffentlichen Auftraggeber schützen.[1186] Eine Beschaffung im formalisierten Vergabeverfahren kann damit die überlegene Markt- und Verhandlungsposition der Auftraggeber begrenzen.[1187] Durch eine europaweite Ausschreibung kann sichergestellt werden, dass auch ausländische Anbieter Kostenvorteile in den Wettbewerb einbringen.[1188] Die öffentliche Ausschreibung bewirkt auf diesen Märkten, dass sich ein bestehender Markt erheblich erweitert oder das ein ganz neuer Markt entsteht.[1189] Das Vergaberecht kann hier eine europaweite Marktermitt-

---

liche Finanzen in der Demokratie, insbesondere 4. und 26. Kapitel. Wo der Markt keine hinreichende Daseinsvorsorge bietet, lässt sich als besonders marktnahe Alternative das sogenannte Versorgermodell prüfen. Bei diesen Verfahren wird die zu erbringende Aufgabe in einem Bieterverfahren einem einzigen Versorger übertragen. Dies liegt nahe, wenn wegen zunehmender Skalenträger nur ein einziger Produzent in Frage kommt.

1184 Vgl. KG, Kart W 6990/96, NJWE-WettbR 1997, 113; Immenga, NJW 1995, S. 1921, 1926.

1185 So Gröning, ZIP 2001, S. 497, 500.

1186 Waldner, Bieterschutz im Vergaberecht, S.131.

1187 Mestmäcker, in: Immenga/Mestmäcker, GWB, Einl. Rdnr. 33; Bunte, BB 2001, S. 2121, 2125. So bestehen die Ziele der staatlichen Beschaffungsregeln gemäß § 97 Abs. 2 bis 5 GWB auch in der Begrenzung der potentiellen riesigen Nachfragemacht des Staates, sowie der Absicherung der gerechten Teilhabe der Bieter, vgl. Marx, in: Die Vergabe öffentlicher Aufträge im Lichte des europäischen Wirtschaftsrechts, S. 77.

1188 VÜA Bund, 2 VÜ 32/98, WuW 1998, 324.

1189 Burgi, NZBau 2001, S. 64, 65 nennt in diesem Zusammenhang beispielhaft den Verteidigungssektor.

1190 Noch, WuW 1998, S. 1059, 1060; Faber, DVBl 2001, S. 248, 256; vgl. Cox, Daseinsvorsorge und öffentliche Dienstleistungen in der Europäischen Union, S. 73f; Marx/Prieß, in: Jestaedt/Kemlungsfunktion erfüllen[1190] und damit Informationsdefizite des Monopols überbrücken.[1191] Das Vergabeverfahren kann mithin als Substitut für den fehlenden Wettbewerb im Monopol dienen.[1192]

Da im Monopol die marktwirtschaftliche Preisbildung ausscheidet, ist es erforderlich, den Preisstandard durch kostenorientierte Höchstpreisgrenzen und Mindestpreisregelungen aufrechtzuerhalten, mit deren Hilfe der Preis gegebenenfalls korrigiert werden kann.[1193] Solche Höchst- und Mindestpreisvorschriften werden durch die vergaberechtlichen Preiscapvorschriften festgesetzt.[1194] Das Vergaberecht bringt hier das Einkaufspotential der öffentlichen Hand so zur Geltung, dass die zum Wettbewerb aufgeforderten Anbieter bereit oder gezwungen sind, einen niedrigeren Preis für ihre Leistungen zu akzeptieren, als in ihrem normalen Geschäftsverkehr.[1195] Indem das Vergaberecht für die Wirtschaftlichkeit von Leistungen auf „Als-ob-Preise" abstellt, erlaubt es die Organisation von Wettbewerb.[1196]

Mit der wettbewerblichen Vergabe der Gesamtleistung tritt der Wettbewerb um den Markt an die Stelle des unbefriedigenden Wettbewerbs im Markt.[1197] Die Zwänge des Vergaberechts ermöglichen bzw. ersetzen damit den sonst nicht vorhandenen Wettbewerb.[1198] Folglich kann im öffentlich-rechtlichen Monopol eine öffentliche Aus-

---

per/Marx/Prieß, S. 13.

1191 So z.B. über § 9, 10 Nr. 1 Abs. 2 VOB/A; vgl. Waldner, Bieterschutz im Vergaberecht, S.132.

1192 Vgl. Prieß, Handbuch des europäischen Vergaberechts, S. 100; Dreher, WuW 1999, S. 244, 246; vgl. auch EuGH, EuZW 1999, 16ff. Rdnr. 51 bis 53 – Gemeinde Arnheim.

1193 Vgl. Schwintowski, ZNER 1998, S. 9, 10; Ebisch/Gottschalk, Preise und Preisprüfungen bei öffentlichen Aufträgen, § 1 Rdnr. 31. Das Preisrecht sieht Preise für vergleichbare Leistungen nur dann vor, wenn die Marktverhältnisse nicht ausgewogen sind, beispielsweise wenn ein Nachfragemonopol der öffentlichen Hand besteht. In diesem Falle sind die vorgeschriebenen Preise der Verordnung Höchst- und Mindestpreise, vgl. Rittner, Festschrift für Benisch, S. 99, 111; vgl. auch Rittner, Rechtsgrundlagen, Rdnr. 137 ff.

1194 Vgl. Schwintowski, ZNER 1998, S. 9, 10ff.

1195 Vgl. Mestmäcker, in: Immenga/Mestmäcker, GWB, Einl, Rdnr. 35.

1196 Schwintowski, ZNER 1998, S. S. 9, 10ff; Mestmäcker, in: Immenga/Mestmäcker, GWB, Einl. Rdnr. 30.

1197 Die Unterscheidung geht zurück auf Demsetz, Journal of Law and Economics, 1968, S. 55, 65; vgl. auch Mestmäcker, in: Immenga/Mestmäcker, GWB, Einl. Rdnr. 30; vgl. Cox, in: Cox/Jens/-Markert, S. 82; Crain/Ekelund/Demsetz, Journal of Law and Economics 1976, S. 149, 162; Bolle/-Hoven, Wettbewerb um das exklusive Angebotsrecht, in: Finanzarchiv, Bd. 47, 1989, S. 460, 460ff.

1198 Dreher, WuW 1999, S. 244, 246f.

1199 Vgl. OVG Schleswig, ZUR 1999, S. 160, 163f.; Kafka/Frenz, GewArch 2000, S. 129, 134.

1200 Knieps, Wettbewerbsökonomie, 11ff.

schreibung nach dem Vergaberecht die Wirtschaftlichkeit der Auftragsvergabe gewährleisten.[1199] Die Nachfragetätigkeit im öffentlich-rechtlichen Monopol rechtfertigt mithin die Anwendung des Vergaberechts.

Da ökonomisch als Voraussetzung für staatliche Regulierung mithin auf Formen des Marktversagens abgestellt wird,[1200] setzt sich zunehmend die Auffassung durch, dass staatliche Regulierung auch im Bereich monopolistischer Bottlenecks, wie zum Beispiel Energienetzen, erforderlich ist, um auf diese Weise den Zugang zu den betroffenden Netzen zu angemessenen Preisen zu sichern und den Wettbewerb auf den vorbzw. nachgelagerten Märkten funktionsfähig zu erhalten.[1201] Der Bottleneck-Bereich ist typischerweise durch Bündelungsvorteile in Kombination mit irreversiblen Kosten gekennzeichnet.[1202] Solche Kosten entstehen beim Aufbau eines Energienetzes.[1203] Hier ist der Wiederverkaufswert bei zu großer Anzahl von Anbietern sehr gering, weil das Netz nicht in einen anderen Markt transferiert werden kann.[1204] Irreversible Kosten sind für das eingesessene Monopol nicht mehr entscheidungsrelevant, wohl aber für potentielle Wettbewerber, da diese vor der Entscheidung stehen, ob sie diese unwiederbringlichen Kosten in einem Markt einsetzen sollen oder nicht. Das eingesessene Unternehmen hat somit niedrigere entscheidungsrelevante Kosten als die potentiellen Wettbewerber. Hieraus ergibt sich ein Spielraum für strategisches Verhalten, so dass ineffiziente Produktion oder Überschussgewinne nicht mehr zwangsläufig Marktzutritt zur Folge haben.[1205] In diesen Fällen kann die Einrichtung mit angemessenen Mitteln nicht dubliziert werden, um den aktiven Anbieter zu disziplinieren.[1206] Stabile netzspezifische Marktmacht ist mithin in monopolistischen Bottlenecks zu erwarten. Die dargestellten Kontrolldefizite im öffentlich-rechtlichen Monopol treffen mithin gleichermaßen die bottlenecks. Hier handelt es sich um ein strukturelles und dauerhaftes Marktversagen, bei der der Wettbewerb als Ordnungsfaktor versagt. Auch nach einer umfassenden Marktöffnung bleibt die Regulierung dieser Teilbereiche eine wichtige Aufgabe.[1207] Mithin ist eine vorgeschaltete ex-ante Regulierung

---

1201 Vgl. Schwintowski, WuW 2001, 1042; umfasend zur essential fascilities doctrine Schwintowski, WuW 1999, 842; Knieps, Wettbewerbsökonomie, 23 ff, 33 ff.

1202 Zur Theorie der natürlichen Monopole siehe Knieps, Wettbewerbsökonomie, S. 21 ff.

1203 Weiterführend dazu vgl. Knieps, Zwischen Regulierung und Wettbewerb, S. 13 ff. sowie Knieps, Wettbewerbsökonomie, S. 21 ff.

1204 Weiterführend dazu vgl. Knieps, Zwischen Regulierung und Wettbewerb, S. 13 ff. sowie Knieps, Wettbewerbsökonomie, S. 21 ff.

1205 Umfassend dazu Knieps, Zwischen Regulierung und Wettbewerb, S. 13 ff. sowie Knieps, Wettbewerbsökonomie, S. 21 ff.

1206 Knieps, Zwischen Regulierung und Wettbewerb, S. 20 ff. Knieps, Wettbewerbsökonomie, S. 21 ff.

1207 So schon Knieps, Zwischen Regulierung und Wettbewerb, S. 13 ff. sowie Knieps, Wettbewerbsökonomie, S. 21 ff.

1208 Vgl. Schwintowski, Konkurrenz der öffentlichen Hand, S. 8.

1209 Vgl. Schwintowski, Konkurrenz der öffentlichen Hand, S. 8.

erforderlich. Eine über die ex-post Kontrolle des Art. 82 EG, § 19 GWB hinausgehende ex-ante Kontrolle kennt die europäische Wettbewerbsordnung dann, wenn es um die Regulierung wesentlicher Einrichtungen, inbesondere also von Netzen, geht.[1208] In diesen Fällen wird vor allem der Netzzugang einer ex-ante Regulierung duch eine Regulierungsbehörde unterworfen.[1209] Nach der herrschenden Regulierungstheorie sind die Regulierungsinsrumente jedoch strikt auf diejenigen Teilbereiche von Netzsektoren zu beschränken, in denen Monopole lokalisiert werden können.[1210]

Auf der Transportebene besteht für das einzelne Netz ein Monopol.[1211] Mittlerweile handeln Energieversorgungsunternehmen in Deutschland jedoch unter Wettbewerbsbedingungen, denn abgesehen von den Netzmonopolen findet Erzeugung und Handel von Energie unter Wettbewerbsbedingungen statt.[1212] Bei den Energieversorgungsunternehmen handelt es sich daher um Unternehmen, die zum weit überwiegenden Teil ihrer Tätigkeit unter Bedingungen funktionsfähigen Wettbewerbs arbeiten, die aber darüber hinaus in einigen wenigen Fällen auch einen Daseinsvorsorgeauftrag erfüllen.[1213] Diese Unternehmen müssen sich dem Wettbewerb anpassen und mit Gewinn wirtschaften. Gelingt ihnen dies nicht, so droht Insolvenz.[1214] Die EVUs müssten folglich dem Anwendungsbereich des Vergaberechts entzogen sein.[1215]

E. Verstoß der Pflicht zur öffentlichen Ausschreibung im Wettbewerb gegen Art. 3 Abs. 1 g EG

In dem das Vergaberecht die Nachfragetätigkeit der Kommunen auch dann regelt, wenn diese im Wettbewerb erfolgt, könnte die Regelung den Wettbewerb verfälschen und damit gegen Art. 3 Abs. 1 g EG verstoßen. Wie die Ausführungen zu Art. 82 EG gezeigt haben, soll im Wettbewerb die optimale Allokation der Ressourcen durch das freie Spiel von Angebot und Nachfrage erfolgen.[1216] Im Anschluss an von Hayek wird Wettbewerb daher auch als Entdeckungsverfahren verstanden, dessen marktprozessuale Ergebnisse, wie etwa Preise, Produkte und Qualität einer Leistung, sich mangels ausreichendem Wissen nicht exakt vorhersagen lassen.[1217] Preise bilden sich auf diesen

[1210] Knieps, Zwischen Regulierung und Wettbewerb, S. 22.

[1211] Matthey, S. 271

[1212] Matthey, S. 270 ff.; Schwintowski, Konkurrenz der öffentlichen Hand, S. 5.

[1213] Schwintowski, Konkurrenz der öffentlichen Hand, S. 5.

[1214] Schwintowski, Konkurrenz der öffentlichen Hand, S. 6.

[1215] In diesm Sinne Schwintowski, Konkurrenz der öffentlichen Hand, S. 5.

[1216] Vertiefend Pütz, Grundlagen der theoretischen Wirtschaftspolitik, S.27.

[1217] Vgl. von Hayek, Der Wettbewerb als Entdeckungsverfahren, S. 249 ff.; trotz zahlreicher Versuche, das Phänomen „Wettbewerb" zu definieren, konnte man sich bisher in der wirtschaftswissenschaftlichen und juristischen Literatur nicht auf eine allgemeingültige Definition einigen; allgemein zur Wettbewerbskonzeption Schmidt, Wettbewerbspolitik, S. 1 ff; Cox/Hübener, in: Cox/Jens/Markert, S. 1 ff; Herdzina, Wettbewerbspolitik, S. 1 ff, 35 ff; Fikentscher, Wirtschaftsrecht,

Märkten gewöhnlich im Wege von Vereinbarungen, z.B. in Form von Kauf-, Arbeits-, Miet-, Werkverträgen usw., d.h. privatautonom zwischen Anbietern und Nachfragern.[1218] Im Wettbewerb gilt daher auch der Vorrang des Marktpreises.[1219] Zudem stellt die Möglichkeit der Vertragsparteien, in Verhandlungen zu treten, ein wesentliches Element des wettbewerblichen Entdeckungsverfahrens dar, da sich in der Regel erst durch Verhandlungen ermitteln lässt, welches die beste Leistung bzw. der wirtschaftliche Preis ist.[1220] Wettbewerb ist mithin ein offener, dynamischer Prozess, der weder durch Höchst- oder Mindestpreisvorschriften noch durch ein Verhandlungsverbot beeinträchtigt werden darf. Im Wettbewerb darf ein Verfahren mithin weder dazu verwendet werden, um den Wettbewerb zu regeln oder zu ordnen, noch um sog. ruinösen Wettbewerb zu verhindern, da andernfalls die natürliche Ressourcenallokation ausgeschaltet wäre.[1221]

Das Vergaberecht schreibt den Kommunen bei der Nachfrage im Wettbewerb dennoch ein förmliches Verfahren vor. In diesem Verfahren sind alle Interessenten nach denselben Kriterien zu beurteilen. Jeder benachteiligte Bewerber kann sich gerichtlich zur Wehr setzen und gegebenenfalls im Wege des einstweiligen Rechtsschutzes das gesamte Verfahren stoppen.[1222] Hinzu kommen besondere Publizitäts- und Fristvorschriften, die es im freien Wettbewerb typischerweise nicht gibt.[1223] Diese Anforderungen führen dazu, dass die Vergabe von Leistungen teilweise bis zu zwei Jahre dauert, bis das Verfahren mit dem Zuschlag abgeschlossen werden kann.[1224] Mithin entstehen durch das Vergabeverfahren erhebliche Zeitverzögerung und Mehrkosten, die im Wettbewerb gerade vermieden werden sollen.[1225] Damit ist das vergaberechtliche Verfahren lediglich das „zweitbeste" Verfahren, da es die Kommunen, im Ge-

---

Bd. 2, S. 186 ff; Kerber, Evolutorischer Wettbewerb, S. 173 ff.

1218 Vertiefend Pütz, Grundlagen der theoretischen Wirtschaftspolitik, 27; Schwintowski, RabelsZ 1994, S. 232, 237.

1219 Vgl. § 1 Abs. 1 VO PR Nr. 30/53, § 4 VO PR Nr. 30/53. Die VO Preisrecht Nr. 30/53 verweist im Sinne einer sogenannten „Preistreppe" primär auf den Marktpreis, sekundär auf die Preise für vergleichbare Leistungen und lässt Selbstkostenpreise nur ausnahmsweise zu, wobei zu deren Ermittlung wiederum Marktdaten dienen. Ebisch/Gottschalk, Preise und Preisprüfungen bei öffentlichen Aufträgen, Einleitung, Rdnr. 7.

1220 Cox in: Cox/Jens/Markert, S. 85; von Hayek, Wettbewerb als Entdeckungsverfahren, S. 249ff; Schmidt, Wettbewerbspolitik, S. 1 ff; Herdzina, Wettbewerbspolitik, S. 1 ff, 35 ff; Fikentscher, Wirtschaftsrecht, Bd. 2, S. 186 ff; Kerber, Evolutorischer Wettbewerb, S. 173 ff.

1221 Vgl. Müller, in: Daub-Eberstein, Kommentar zur VOL/A, § 2 Rdnr. 9.

1222 Vgl. zum vergaberechtlichen Rechtsschutz im 2. Kapitel.

1223 Vgl. die Ausführungen zum Vergabeverfahren im 3. Kapitel.

1224 Schülecke, EWeRK Forum.

1225 Vgl. dazu Prieß, Handbuch des europäischen Vergaberechts, S. 115; vgl. auch Keckemeti, NVwZ 1999, S. 1068, 1072.

1226 So zutreffend Pietzcker, ZHR 162 (1998), S. 429, 432.

1227 Mit Blick auf die sehr formalisierten Verfahrensarten und die Ausgestaltung des Vergabevergensatz zu den im Wettbewerb typischerweise stattfindenden Verfahren, einem strengen Regiment unterwirft, das in seiner Starrheit kein Privatunternehmen freiwillig akzeptieren würde.[1226]

Da durch das öffentliche Auftragsrecht Leistungen nur noch unter eingeschränkten Umständen – nämlich in den stark formalisierten Bahnen des Vergaberechts – auf den nationalen Märkten der Mitgliedstaaten angeboten bzw. nachgefragt werden können, kann der Nachfrager seinen Anbieter auf einem europaweiten Markt nicht mehr frei bestimmen.[1227] Der grenzüberschreitende Waren- und Dienstleistungsverkehr wird mithin durch das Vergaberecht eingeschränkt.[1228] So können die Vergabevorschriften dazu führen, dass beispielsweise ein französischer Bieter seine Leistungen einer deutschen Kommune nicht anbieten kann, weil er vom Verfahren ausgeschlossen wurde.[1229] Da durch das öffentliche Auftragsrecht grenzüberschreitende Leistungen nicht mehr oder nur noch unter eingeschränkten Umständen angeboten werden können, tangiert das in den Mitgliedstaaten praktizierte Vergaberecht die vom EG-Vertrag garantierten Grundfreiheiten, insbesondere die Dienstleistungsfreiheit (Art. 49 ff EG) und Warenverkehrsfreiheit (Art. 28 EG).[1230] Mit der vergaberechtlichen Sonderanforderung für Vertragspartner der öffentlichen Hand entsteht mithin die Tendenz zur Marktzersplittung.[1231] Die vergaberechtlichen Prinzipien der Transparenz und der Gleichbehandlung widersprechen damit den Erfordernissen des wirksamen Wettbewerbs auf freien Märkten. Des Weiteren führt die durch die öffentliche Ausschreibung organisierte Markttransparenz zum Ausschluss des im Wettbewerb geschützten Geheimwettbewerbs.[1232] Schließlich begünstigt das vergaberechtliche Gebot der Gleichbehandlung kollektive Marktordnungen.[1233] Die Beschränkung der Absatzchancen auf dem europäischen Markt durch das Vergaberecht verzerrt mithin

---

fahrens, insbesondere im Blick auf den Anwendungsvorrang der öffentlichen Ausschreibung.

1228 Vgl. dazu Benedict, Sekundärzwecke im Vergabeverfahren, S. 212ff.; Prieß, Das öffentliche Auftragswesen in der europäischen Union, S.5ff; der EuGH hat in EuGH Slg. 1974, 1299ff frühzeitig entschieden, dass die Dienstleistungsfreiheit über das Diskriminierungsverbot hinaus auch allen sonstigen Beschränkungen entgegensteht, die in anderer Weise geeignet sind, die Tätigkeiten der Leistungserbringer bzw. Leistungsempfänger zu unterbinden bzw. zu behinden. Dies können gerade Vorschriften sein, die gleichermaßen für Inländer und Angehörige anderer Mitgliedstaaten gelten.

1229 Ein solcher Ausschluss läge gemäß der Cassis-Rechtsprechung des EuGH, Slg. 1979, 649 nicht im zwingenden Allgemeininteresse eines Mitgliedstaates. Auch die Rechtfertigungsgründe nach Art. 30 EG liegen demnach nicht vor.

1230 Vgl. auch Schwintowski, EWeRK Info v. 11.09.2000, S. 14, 15; Schwintowski, in Grundmann, S. 457, 478.

1231 So Marx, in: Die Vergabe öffentlicher Aufträge im Lichte des europäischen Wirtschaftsrechts, S. 81.

1232 Vgl. Mestmäcker, in: Immenga/Mestmäcker, GWB, Einl, Rdnr. 35.

1233 Vgl. Mestmäcker, in: Immenga/Mestmäcker, GWB, Einl, Rdnr. 35.

1234 Dazu EVA, Einspar-Contracting, S. 11.

1235 Ebisch/Gottschalk, Preise und Preisprüfungen bei öffentlichen Aufträgen, § 1 Rdnr. 63.

die Wettbewerbsverhältnisse auf diesem Markt.[1234] Die ursprüngliche Zweckbestimmung der Vergabevorschriften, nämlich Wettbewerb im Binnenmarkt zu fördern, wird so ins Gegenteil verkehrt.

Durch die vergaberechtlichen Preisvorschriften sowie das grundsätzlich bestehende Verhandlungsverbot wird die öffentliche Hand zudem daran gehindert, alle Möglichkeiten zu nutzen, die ihr im Wettbewerb angebotenen Preise zu unterschreiten.[1235] Dem öffentlichen Auftraggeber durch das Preis-Verhandlungsverbot zu verbieten, z.B. Ermäßigungen der allgemein am Markt geforderten Preise durchzusetzen, schaltet die wirtschaftliche Dynamik und damit ein ganz wesentliches marktwirtschaftliches Element aus.[1236] Nur ein Wettbewerb, der gerade die Wettbewerbsfreiheit der Wirtschaftsteilnehmer sicherstellt, ermöglicht erst die Ermittlung des wirtschaftlichsten Preises am Markt.[1237] Angesichts auch der Kosten eines förmlichen Vergabeverfahrens ist es wirtschaftlicher, wenn die Nachfrage außerhalb des förmlichen Vergabeverfahrens erfolgt, soweit die Kommunen ihre Leistungen im Wettbewerb einkaufen können. Die Kommunen werden jedoch durch das Vergaberecht daran gehindert, Leistungen im freien Wettbewerb einzukaufen. Das statische System des Vergaberechts führt mithin dazu, dass die öffentliche Hand zu teuer einkaufen muss.[1238]

Mithin greift das Vergaberecht in den Marktprozess dadurch ein, dass es ein am Markt untypisches, speziell geregeltes Vergabeverfahren vorschreibt.[1239] Wenn auf diesem Markt der Wettbewerb funktioniert und die öffentliche Hand durch ihr Nachfrageverhalten den Wettbewerb sogar fördert[1240], so führt die Auferlegung eines Verfahrens, welches die Beschaffung von Leistungen einschränkt, zu Wettbewerbsverzerrungen.[1241] Diese Wettbewerbsverzerrungen lassen sich gemeinschaftsrechtlich auch nicht unter dem Aspekt der Verwirklichung der Grundfreiheiten rechtfertigen, da erst der unverzerrte Wettbewerb für eine objektive und grundsätzlich diskriminie-

---

1236 Ebisch/Gottschalk, Preise und Preisprüfungen bei öffentlichen Aufträgen, § 1 Rdnr. 58.

1237 Smith, Der Wohlstand der Nationen, passim., dazu Schwintowski, RabelsZ 1994, S. 232, 237, Hoppmann, Wirtschaftsordnung und Wettbewerb, S. 139, 147 ff, Schubert, Der Geminsame Markt als Rechtsbegriff, S. 229.

1238 Zum Flexibilitätsprinzip im Wettbewerb vgl. Schwintowski, Recht und Gerechtigkeit, S.157f.

1239 Bunte, BB 2001, S. 2121, 2126; Marx, in: Jestaedt/Kemperer/Marx/Prieß, S. 10.

1240 Unter dem Gesichtspunkt des Wettbewerbsrechts ist jede Belebung des Wettbewerbs, wie sie auch vom Marktzutritt der öffentlichen Hand ausgeht, erwünscht, vgl. BGH Urteil vom 25. April 2002 – I ZR 250/00 – Wirtschaftstätigkeit kommunaler Unternehmen und unlauterer Wettbewerb; vgl Schwintowski, EWeRK-Info v. 11. 09. 2000, S. 14, 15. Dem Staat kann sogar eine Vorbildwirkung im Wettbewerb zukommen, vgl. Fehling, Die Verwaltung 2001, S.25, 47.

1241 Vgl. Schwintowski, EWeRK-Info v. 11. 09. 2000, S. 15, 16; vgl. auch Seidel, Festschrift für Heiermann, S. 293, 302; Boesen, Vergaberecht, § 98 Rdnr. 96; vgl. auch Grill, in: Lenz, Art. 81 Rdnr. 9 u. 10, vgl. Bunte, in: Langen/Bunte, Art. 85 Rdnr. 35 u. 36.

1242 Vgl. EuGH, Slg. 1988, 4635, Rdnr. 37; dazu Brenner, Staatsphilosophie und Rechtspolitik, S. 1431, 1445; Hailbronner, EWS 1995, S. 290; Nagel, ZögU 2000, S. 428, 429. Seidel, Festschrift rungsfreie sowie wirtschaftliche Angebotswertung sorgt.[1242] Folglich werden durch die Pflicht zur öffentlichen Ausschreibung im Wettbewerb die im EG-Recht vorgegebenen Grenzen zur Gewährleistung eines funktionierenden freien Wettbewerbs um öffentliche Aufträge überschritten. Indem die vergaberechtliche Regelung die Nachfragetätigkeit der Marktteilnehmer im Wettbewerb einschränkt, verletzen sie folglich den in Art. 4 Abs. 1 EG normierten Grundsatz des freien Wettbewerbs im Binnenmarkt.[1243] Eine Einschränkung des Nachfrageverhaltens im Wettbewerb durch das formelle Vergaberecht verstößt zudem gegen Art. 5 Abs. 3 EG, wonach Maßnahmen nicht über das für die Erreichung der Ziele dieses Vertrages erforderliche Maß hinausgehen dürfen.[1244] Soweit die Vergaberegeln mithin auch dann Anwendung finden, wenn sich die öffentliche Hand bei der Beschaffung der Leistungen auf wettbewerblich strukturierten Märkten betätigt, verstoßen die Regeln gegen das Prinzip des unverfälschten Wettbewerbs (Art. 3 Abs. 1 g EG).

F. EG-rechtskonforme Auslegung der europäischen Vergaberichtlinien

Nach dem Vorrang des EG-Vertrages sind die Richtlinien EG-rechtskonform so auszulegen, dass ihr Inhalt mit den Zielen und Regelungen des EG-Vertrages in Einklang stehen, andernfalls wären sie unwirksam.[1245] Aus dem europäischen Grundsatz des effet utile folgt zudem, dass europäische Richtlinien so interpretiert werden müssen, dass sie die Verwirklichung des EG-Vertrages optimal fördern.[1246] Danach sind die Marktteilnehmer von Vorschriften zu befreien, die deren Wirtschaftstätigkeit in unzulässiger Weise nach Art. 3 Abs. 1 g EG einschränken. Im Lichte des EG-Rechts sind diese Grundsätze konsequenterweise auf alle Beschaffungsmärkte ohne Zugangsbeschränkung und mit funktionierendem Wettbewerb zu übertragen.[1247] Um Wider-

---

für Heiermann, S. 227, 232. Dies könnte lediglich dann anders sein, wenn die öffentliche Hand bei der Nachfrage eine Sonderstellung am Markt einnimmt, beispielsweise in der Form eines öffentlich-rechtlichen Monopols. Hier werden die Preismechanismus zur Ermittlung des wirtschaftlichen Preises ausgeschaltet, so dass es eines korrigierenden Mechanismussees bedarf.

[1243] Vgl. dazu auch EuGH, Slg. 1977, 901, 911 – Officier van Justitie/van den Hazel; Mestmäcker, RabelsZ 52 1988, S. 526, 547.

[1244] Vgl. Schwintowski, RabelsZ 2000, S. 38, 56ff.

[1245] Vgl. EuGHE 1983, S. 4063, 4075; EuGHE 1989, S. 3283, 3350 – Orkem; EuGHE 1991 I S. 1647, 1672 – Rauh; EuGHE 1994 I S. 4471, 4523 – Beune; EuGH Urteil vom 22. 11. 1984 Rs 240/83 „ADBHU" Slg. 1985, 531; vgl. dazu Birk, Das Prinzip des unverfälschten Wettbewerbs, S. 49; Möschel, Hoheitliche Maßnahmen, S. 102; Oppermann, Europarecht, S. 196f.

[1246] Grundlegend zum Gedanken des effet utile Streinz, Festschrift für Everling, S. 1491ff.; ausführlich dazu auch Oppermann, Europarecht, S. 202f.

[1247] Dabei erscheint nicht ausgeschlossen, dass wegen spezifischer und sehr dynamischer Entwicklung auf solchen Märkten der Wettbewerb seine Funktionsfähigkeit temporär wieder verliert und erneut eine Regulierung erforderlich wird. Vgl. allgemein dazu Schwintowski/Klaue, EWeRK-Schriftenreihe Band 2, 2001, S. 88.

sprüche mit den Vorschriften des EG-Vertrages zu vermeiden, ist es daher erforderlich, die Einrichtungen der öffentlichen Hand bei Bau-, Dienst- oder Lieferleistungen gleichwertig in den Ausnahmetatbestand des Art. 8 SKR, der eine Freistellung von den Vergabevorschriften bei der Nachfrage im Wettbewerb vorsieht[1248], aufzunehmen, wenn die Beschaffungen der Kommunen auf wettbewerblich strukturierten Märkten stattfindet.[1249] Danach sind Kommunen vom Vergaberecht befreit, wenn sie Dienstleistungen, Bauleistungen oder Lieferleistungen im Wettbewerb beschaffen.[1250] Eine entgegenstehende – formal aus der Richtlinie entwickelte – Auslegung der Vergabevorschriften, wie die der Europäischen Kommission, stellt sich in Widerspruch zum Grundsatz des freien Wettbewerbs in einer freien Marktwirtschaft und wird durch das Primärrecht verdrängt.[1251] Kommunen können grundsätzlich nur dann zur Anwendung des Vergaberechts verpflichtet werden, wenn sie eine öffentlich-rechtliche Sonderstellung in der Form eines öffentlich-rechtlichen Nachfragemonopols auf dem jeweiligen Markt einnehmen.[1252]

G. EG-rechtskonforme Auslegung des deutschen Vergaberechts

I. Verfälschung des Wettbewerbs durch das deutsche Vergaberecht

Bisher fanden die deutschen Vergabevorschriften auf die Kommunen auch dann Anwendung, wenn diese Leistungen im Wettbewerb beschaffen.[1253] Will eine Kommune danach für ihre eigenen Gebäude beispielsweise Strom oder Contracting-Leistungen einkaufen, soll eine Ausnahme von der Ausschreibungspflicht, wie für kommunale Energieversorgungsunternehmen in § 9 Abs. 2 VgV geregelt[1254], für die Kommunen nicht in Betracht kommen. Öffentliche Auftraggeber nach § 98 Nr. 1 GWB, die nicht im Sektorenbereich tätig sind, müssen daher weiterhin nach § 4 VgV Abschnitt 2 der

---

[1248] Vgl. dazu die Ausführungen im 3. Kapitel.

[1249] In diesem Sinne wohl auch Dreher, in: Immenga/Mestmäcker, GWB § 98 Rdnr. 85; vgl. auch EuGH, Slg. 1998, I-6821 – Gemeinde Arnheim; vgl. EuGH, Slg. 1996 I, S. 1631, 1667 Rdnr. 35 – British Telecommunications unter Hinweis auf den 13. Erwägungsgrund der SKR; vgl. Drügemöller, Vergaberecht, S. 67.

[1250] Vgl. dazu Dreher, in: Immenga/Mestmäcker, GWB, vor §§ 97 ff Rdnr. 52; vgl. auch Rittner, Festschrift für Benisch, S. 99, 111.

[1251] Oppermann, Europarecht, S. 228ff; umfassend zur Auslegung des EG-Rechts vgl. Pernice, in: Grabitz/Hilf, Art. 164 Rdnr. 23ff.; Bleckmann, Europarecht, S. 201ff.

[1252] Allein eine Sonderstellung aufgrund eines öffentlich-rechtlichen Monopols rechtfertigt die Anwendung des Vergaberechts; vgl. Dreher, DB 1998, S. 2579, 2582f; Heiermann, ZVgR 1999, S. 178, 181.

[1253] Vgl. die Ausführungen im 3. Kapitel.

[1254] Vgl. die Ausführungen im 4. Kapitel.

[1255] Vgl. Neßler, DÖV 2000, S. 145, 148; zur Auslegung der Richtlinien am Inhalt des EG-Vertrages vgl. EuGHE 1983, S. 4063, 4075; EuGHE 1989, S. 3283, 3350 – Orkem; EuGHE 1991 I,

VOL/A anzuwenden und ihre Leistungen öffentlich ausschreiben. Des Weiteren sind sie gemäß § 15 Nr.1 Abs. 1 VOL/A dazu verpflichtet, im förmlichen Vergabeverfahren Leistungen zu festen Preisen zu vergeben. Wie anhand der europäischen Richtlinien gezeigt, handelt es sich bei diesen Vorschriften um solche Maßnahmen, die den Wettbewerb verzerren sowie das Erreichen des Binnenmarktes (Art. 5 Abs. 3 EG) in Frage stellen und damit gegen den Grundsatz des unverfälschten Wettbewerbs (Art. 3 Abs. 1 g EG) verstoßen.

II. EG-rechtskonforme Auslegung des „kartellrechtlichen" und des „haushaltsrechtlichen" Vergaberechts

Nach dem Vorrang des Gemeinschaftsrechts muss nationales Recht mit dem EG-Vertrag im Einklang stehen.[1255] Nach der Rechtsprechung des EuGH sind die Mitgliedstaaten aus dem europarechtlichen effet-utile Grundsatz sowie aus dem Grundsatz der Gemeinschaftstreue gemäß Art. 10 Abs. 2 EG zudem dazu verpflichtet, ihr nationales Recht so einzurichten, dass es die Regelungen des EG-Vertrages optimal fördert.[1256] Nach Art. 5 Abs. 3 EG haben sich die Mitgliedstaaten auch verpflichtet, alle Maßnahmen zu unterlassen, welche die Verwirklichung der Ziele dieses Vertrages gefährden könnten.[1257] In Durchbrechung der ursprünglichen Zweckrichtung hat der Europäische Gerichtshof zur Erhaltung der praktischen Wirksamkeit („effet utile") der Wettbewerbsregeln den Anwendungsbereich der Art. 81, 82 EG auf hoheitliches, mitgliedstaatlichen Handelns erweitert.[1258] Die Mitgliedstaaten sind mithin in gleicher Weise an die Art.3 Abs. 1 g EG, Artt. 82, 86 EG, gebunden, wie die Kommission.[1259] In jüngster Zeit hat der EuGH in mehreren Entscheidungen zum effet-utile Grundsatz die Vereinbarkeit staatlicher Preisregulierungen mit dem System des

---

S. 1647, 1672 – Rauh; EuGHE 1994 I S. 4471, 4523 – Beune; nach st. Rechtsprechung des EuGH sind Vorschriften so auszulegen, dass ihr Inhalt mit den Zielen und Regelungen des EG-Vertrages in Einklang steht; grundlegend zum Vorrang des Europarechts vor nationalem Recht EuGHE 1964, S. 1269, 1269f – Costa/ENEL; vgl. auch Oppermann, Europarecht, S. 228ff.

[1256] EuGH, Slg 1969, S. 1, 13 Rdnr. 4 – Walt Wilhelm; EuGH, Slg. 1977, 2115 – INNO/ATAB; umfassend dazu Due, Der Grundsatz der Gemeinschaftsreue in der EG, passim.; Birk, Das Prinzip des unverfälschten Wettbewerbs, S. 44f; vgl. Schwintowski, RabelsZ 1994, S. 232, 243.

[1257] Zudem werden die Mitgliedstaaten nach Art. 86 Abs. 1 EG verpflichtet, in Bezug auf die öffentlichen Unternehmen keine diesem Vertrag und insbesondere dessen Artikel 12 und 81ff widersprechende Maßnahmen zu treffen oder beizubehalten, dazu Burgi, EuR 1997, S. 261, 261ff.

[1258] Vgl. Birk, Das Prinzip des unverfälschten Wettbewerbs, S. 24.

[1259] Burgi, EuR 1997, S. 261, 281. Die Art. 81 ff. EG sind in jedem europäischen Mitgliedstaat seit dem 1.1.1958 unmittelbar geltendes Recht, das heißt, sie werden bei grenzüberschreitenden Wettbewerbshandlungen von allen Gerichten der EG wie nationales Recht angewandt, vgl. Schwintowski, ZvglRWiss 99, 1993, S. 40, 44.

[1260] Zuletzt EuGH, Slg. 2002, I-1561, 1572 Rdnr. 35 – Manuele Ardine; EuGH, Slg 1998, I-3886, 3899 Rdnr. 54 – Zollrat; Wagner, WuW 2003, S. 454, 456.

unverfälschten Wettbewerbs überprüft.[1260] Die Mitgliedstaaten dürfen daher keine Maßnahmen in Form von Gesetzen oder Verordnungen treffen, welche die praktische Wirksamkeit der Wettbewerbsregeln beeinträchtigen.[1261] Die EG-Wettbewerbsregeln verdrängen nationales Recht, wenn die Anwendung des nationalen Rechts zu Rechtsfolgen führen würde, die mit der einheitlichen Anwendung des Gemeinschaftsrechts unvereinbar wären.[1262]

Das nationale Vergaberecht ist folglich so auszulegen, dass es mit den Anforderungen und Vorgaben des höherrangigen Gemeinschaftsrechts, insbesondere dem Prinzip des unverfälschten Wettbewerbs, im Einklang steht und dem europäischen Wettbewerbsgedanken weitgehend Geltung verschafft.[1263] Das Gebot des unverfälschten Wettbewerbs nach Art. 3 Abs. 1 g EG muss danach insbesondere bei der Auslegung des persönlichen Anwendungsbereiches des Vergaberechts nach § 98 Nr. 1 GWB beachtet werden.[1264] Die Vorgaben des Gemeinschaftsrechts sind des Weiteren auch dann zu beachten, wenn sich der Wettbewerb zur Vergabe eines öffentlichen Auftrags auf inländische Bewerber beschränkt.[1265] Mithin ist auch das haushaltsrechtliche Vergaberecht im Lichte des Prinzips des unverfälschten Wettbewerbs EG-rechtskonform auszugestalten.[1266] Nach Art. 82 EG darf die öffentliche Hand bei der Nachfrage am Markt unterhalb der Schwelle der Marktmacht frei agieren und damit Verträge gleich welchen Inhalts mit wem auch immer abschließen.[1267] Eine Verletzung des Art. 3 Abs. 1 g EG und des Art. 4 Abs. 1 EG durch das deutsche Vergaberecht kann dadurch ausgeschlossen werden, dass die Kommunen dann von dem Vergaberecht befreit sind, wenn sie die Leistungen im Wettbewerb beschaffen.

1261 EuGH, Slg. 1977, 2115 – INNO/ATAB; EuGH, Slg. 1989, 803 – Ahmed Saeed Flugreisen u.a./Zentrale zur Bekämpfung unlauteren Wettbewerbs; Mestmäcker, Festschrift für Börner, S.277, 280; ders., RabelsZ 52, S. 526, 550; vgl. auch Zuleeg, in: von der Groeben, Art. 1, Rdnr. 35; vertiefend Möschel, FIW Schriftenreihe, 148, S. 89, 92 ff.

1262 Grundlegend zum Vorrang des Europarechts gegenüber dem nationalen Recht EuGHE 1964, S. 1269, 1269f. – Costa/ENEL; ausführlich zum Verhältnis von Europarecht und nationalem Recht Oppermann, Europarecht, S. 228ff.

1263 Vgl. nur EuGH, Slg. 1988, 4635, 4662, Rdnr. 40f – Beentjes; EuGH, Slg. 1989, 1839, 1870, Rdnr. 28f.

1264 Zur EG-rechtskonformen Auslegung der §§ 99ff. GWB vgl. auch Jaeger, NZBau 2001, S. 6, 8.

1265 Fischer, in: Lenz, Art. 49 – 55 Rdnr. 1.

1266 Hailbronner, EWS 1995, S. 285, 287.

1267 Brenner, Staatsphilosophie und Rechtspolitik, S. 1431, 1437.

1268 Vgl. BGH ZIP 2000, S. 426.

1269 Vgl. zur wettbewerbskonformen Interpretation des § 97 Abs. 4 Karenfort/v Koppenfels/Siebert,

III. Eingliederung der EG-rechtskonformen Anwendung des Vergaberechts in das System des GWB sowie des Haushaltsrechts

Eine solche wettbewerbskonforme Auslegung des Vergaberechts könnte sich nahtlos in das System des GWB sowie des Haushaltsrechts einfügen. So kommt in den §§ 19, 20 GWB zum Ausdruck, dass bei einseitigem wettbewerbsrelevanten Verhalten nach deutschem Kartellrecht in den Wettbewerbsprozess nur dann eingegriffen werden darf, wenn das betroffene Unternehmen die Schwelle der Marktbeherrschung überschritten hat.[1268] Unterhalb dieser Schwelle wird das Verhalten der Auftraggeber nach den Wertungen der §§ 19, 20 GWB durch einen funktionierenden Wettbewerb gesteuert, so dass ein freier Wettbewerb von außen nicht gewährleistet werden muss.[1269] Nach dieser Zielsetzung können nur solche Gesichtspunkte berücksichtigt werden, die auf die Freiheit des Wettbewerbs gerichtet sind.[1270] Die Befreiung von den Vergabevorschriften im Wettbewerb steht mithin im Einklang mit dem Wettbewerbsprinzip des deutschen Kartellrechts.[1271] Damit fügt sich das Vergaberecht in der hier vertretenen Auslegung nahtlos in das GWB ein.[1272] Da nach dem Hausaltsrecht schon heute die Regeln einer marktorientierten Wettbewerbswirtschaft zu berücksichtigen sind, fügt sich die EG-rechtskonforme Auslegung des Vergaberechts auch in das haushaltsrechtliche System ein.[1273]

IV. Folgen für die Anwendung des deutschen Vergaberechts

Die deutschen Vergabevorschriften könnten jedoch dann weiterhin zur Anwendung gelangen, wenn die öffentliche Hand die Leistungen im Monopol nachfragt. Im öffentlich-rechtlichen Monopol fehlt es an einem funktionsfähigen Wettbewerb.[1274] Eine solche Situation ist beispielsweise auf dem Markt für Straßenbauleistungen anzutreffen.[1275] Hier ist der Markt erst noch zu schaffen bzw. Wettbewerb um den Markt

---

BB 1999, S. 1825, 1826ff; Knipper, WuW 1999, S. 677, 677; Bunte BB 2001, S. 2121, 2126f.

1270 Vgl. Karenfort/v.Koppefels/Siebert, BB 1999, S. 1825, 1829; a.A. wohl Däubler, ZIP, S. 681, 684 ff.

1271 Bereits durch die Aufnahme des Vergaberechts in das GWB wird die gewandelte Zielrechtung deutlich. Schutzziel ist die Freiheit des Wettbewerb. Die einheitliche Zielsetzung folgt zudem auch aus § 97 Abs. 1 GWB. Vgl. auch BKartA WuW 1998, S. 207, 213f.

1272 Allgemein zum Verhältnis GWB und §§ 97 ff siehe Dreher, in: Immenga/Mestmäcker, GWB, vor §§ 97 Rdnr.85.

1273 Vgl. zur Berücksichtigung des Wettbewerbs im Rahmen der haushaltsrechtlichen Vorschriften die Ausführungen im 3. Kapitel.

1274 Vgl. die Ausführungen zum Nachfragemonopol in diesem Kapitel.

1275 So vertrat das BKartA die Auffassung, dass die Nachfrage von Straßenbauleistungen einen eigenständigen sachlichen Markt bilde, BkartA, WuW 1998, S.207ff; vgl. auch die Bestätigung des Urteils durch das KG, WuW 1998 – Tariftreue. Vgl. auch den Fall, in dem die Stadt die Aufgabe der Stadtreinigung vergibt, Vergabekammer bei der Bezirksregierung Düsseldorf, VK 12/2000 – L, sicherzustellen.[1276] Kauft die Kommune im Monopol ein, besteht mithin die Gefahr, dass Märkte durch bevorzugte Beauftragung kommunaler Unternehmen geschlossen werden („Hoflieferantentum").[1277] Um die Schaffung eines europäischen Marktes sicherzustellen, sind im öffentlich-rechtlichen Monopol solche Kriterien bei der Vergabe unzulässig, die ausländische Anbieter diskriminieren und damit davon abhalten, etwaige Kostenvorteile in den Wettbewerb einzubringen.[1278] Bei der Nachfrage im öffentlich-rechtlichen Monopol ist danach beispielsweise die Anforderung an die Bieter unzulässig, sich zur Einhaltung der örtlich geltenden Tariflöhne zu verpflichten, da diese Anforderung von ausländischen Anbietern in der Regel nicht erfüllt werden können und der deutsche Markt damit für diese Anbieter geschlossen wäre.[1279] Unzulässig wäre demnach auch die Anforderung an den Bieter, nur tariftreue Subunternehmer zu beauftragen, da eine solche Bindung von Subunternehmern gegen das allgemeine Diskriminierungsverbot sowie die Dienstleistungsfreiheit verstoßen würde.[1280] Im Einklang mit der Entscheidung des BGH zur Tariftreueerklärung[1281] hat die

---

NZBau 2001, S. 46, 46; dazu Dietlein, Jahrbuch des Umwelt- und Technikrechts 2001, S. 359, 362f.

[1276] Vgl. dazu VÜA, WuW/E VergAB 89 – Ausbildungskonzept; VK Bezirksregierung Münster, VK 1/99, S. 19 – Restabfallbehandlungsanlage; VÜA Bund, WuW/E VergAB 89 – Ausbildungskonzept; so schon Dreher, DB 1998, S. 2579, 2582f; Heiermann, ZVgR 1999, S. 173, 181; Höfler, ZVgR 1999, S. 57, 57. Hier muss der Markt durch Regelungen geschaffen werden, die die Beauftragung und Inanspuchnahme privater Dritter ermöglichen. Vgl. auch zur Abfallentsorgung § 16 KrW-/AbfG; dazu Bender/Sparwasser/Engel, Umweltrecht, Kap. 12, Rdnr. 195ff.

[1277] Vgl. Monopolkommission, Zwölftes Hauptgutachten 1996/97, S. 281, 283f.; Karenfort/v.Koppenfels/Seibert, BB 1999, S. 1825, 1825; Broß, Festschrift für Brandner, S. 343, 343.

[1278] Vgl. BGH, ZIP 2000, 426; KG WuW 1998, 1023; BKartA WuW 1998, 207 – Tariftreuerklärung; zu den gemeinschaftsrechtlichen Fragen einer solchen Tariftreueerklärung vgl. aus jüngster Zeit EuGH ZIP 1999, S. 2168; Däubler, ZIP 2000, S. 681, 685, VÜA Bund, 2 VÜ 32/98, WuW/E – Verg 192f; Knipper, WuW 1999, S. 677, 683.

[1279] Vgl. Knipper, WuW 1999, S. 677, 683.

[1280] Neßler, DÖV 2000, S. 145, 149ff. Da die Eignung von Subunternehmern, ebenso wie die Eignung des Bieters, Gegenstand der Ausschreibung auf „erster Stufe" ist, greifen auch hier die Grundsätze zu den vergabefremden Kriterien. Das neue deutsche Vergaberecht gestattet vergabefremde Kriterien nur dann, wenn sie spezialgesetzlich vorgesehen sind (§ 97 Abs. 4 GWB). Landesrecht darf auch insoweit nicht gegen Bundesrecht verstoßen (Art. 31 GG). Einen solchen Verstoß moniert für die Forderung einer Tariftreueerklärung in Berlin der Vorlagebeschluss des BGH, DVBl 2000, S. 1056ff; dazu kritisch Böhm/Danker, NVwZ 2000, S. 767, 767f; vgl. Fehling, Die Verwaltung 2001, S.25, 41.

[1281]BGH ZIP 2000, 426; KG, WuW 1998, 1023; BKartA, WuW 1998, 207 – Tariftreue; vgl. auch Knipper, WuW 1999, S. 681, 682; Martin-Ehlers, WuW 1999, S. 685, 693. Vgl. das Rundschreiben der Berliner Senatsverwaltung für Bauen, Wohnen und Verkehr v. 16.5.1995, VI Nr. 10/1995. In der Entscheidung zur Berliner Tariftreueerklärung ging es um eine Verpflichtung der Senatsverwaltung des Landes Berlin, Straßenbauaufträge – also solche Aufträge, in denen die öffentliche Hand typischerweise ein Monopol inne hat – nur an solche Unternehmen zu vergeben, die zuvor die öffentliche Hand bei der Nachfrage im Monopol ihre Aufträge daher diskriminierungsfrei zu vergeben sowie die in Frage kommenden Lieferanten zuvor über den Bedarfsfall zu informieren und ihnen die zur Abgabe eines Angebots erforderlichen Informationen rechtzeitig zur Verfügung zu stellen.[1282] Um Diskriminierungen auszuschließen sowie den Zuschlag auf das wirtschaftlichste Angebot sicherzustellen, müssen grundsätzlich alle Bieter in ein transparentes Auswahlverfahren einbezogen werden, was zweckmäßigerweise im Wege einer öffentlichen Ausschreibung zu geschehen hat.[1283] Die wirtschaftlichen Besonderheiten im öffentlich-rechtlichen Monopol rechtfertigen daher die Anwendung des Vergaberechts bei der Beauftragung selbst mehrheitlich in öffentlicher Hand befindlichen Stadtwerke.[1284]

Das förmliche Ausschreibungsverfahren erfährt seine Rechtfertigung zudem dadurch, dass der Staat bei der Nachfrage im Monopol nicht in der Lage wäre, Güter oder Dienstleistungen wirtschaftlich zutreffend zu beurteilen und zu bewerten, insbesondere weil ihm eine zulängliche Marktübersicht fehlt.[1285] In diesem Fall ist der Staat darauf angewiesen, sich in einem förmlichen Verfahren einen Überblick über den Markt zu verschaffen, verschiedene Angebote einzuholen und das für ihn wirtschaftlich günstigste Angebot auszuwählen.[1286] Da die Preisbildung am Markt ausgeschaltet ist, wenn die öffentliche Hand die Leistungen im Monopol nachfragt, bedarf es in diesem Fall zum Zwecke der Preisstabilität auf diesen Märkten der vergaberechtlichen Höchst- und Mindestpreisvorschriften.[1287]

Folglich hat der Staat über- und unterhalb der EU-Schwellenwerte bei der Nachfrage im öffentlich-rechtlichen Monopol die Leistungen im Wege des förmlichen Vergabeverfahrens auszuschreiben.[1288] Das subjektive Recht der Unternehmen auf Einhal-

---

schriftliche Zusicherung abgegeben haben, sich nur solcher Arbeitskräfte bedienen zu wollen, die nach den Berliner Tariflöhnen entlohnt werden.

[1282] Vgl. auch OLG Düsseldorf, WuW/E OLG 1565, 1566 – Schulbuchbeschaffung; OLG WuW/E 2274, 2281 – Fernmeldetürme; vgl. Markert, in: Immenga/Mestmäcker, GWB, 2. Aufl. 1992, § 26 Rdnr. 281; vgl. Prieß, DB 1998, S. 612, 613; Däubler, ZIP 2000, S. 681, 683.

[1283] So auch Gröning, ZIP 2001, S. 497, 500.

[1284] In diesem Fall handelt es sich nach der Rechtsprechung des EuGH und des BGH nur dann um ein sogenanntes „Inhouse-Geschäft", das sich der Bewertung durch das Vergaberecht entzieht, wenn die Kommune über das Stadtwerk eine Kontrolle ausübt, wie über eine eigene Dienststelle.

[1285] Brenner, Staatsphilosophie und Rechtspolitik, S. 1431, 1435.

[1286] Vgl. Brenner, Staatsphilosophie und Rechtspolitik, S. 1431, 1435.

[1287] Vgl. Schwintowski, ZNER 1998, S. 9, 10.

[1288] Zur Zulässigkeit der freihändigen Vergabe, vgl. § 3 Nr. 4 c) VOB/A; vgl. dazu schon die Ausführungen im 3. Kapitel. So auch Hessisches Ministerium für Umwelt, Contracting-Leitfaden für öffentliche Liegenschaften, S. 60 f.; zu den Anforderungen einer sachgerechten, nicht diskriminierenden Auswahl nach Art. 3 GG vgl. Kulartz, in: Daub/Eberstein, § 25 Rdnr. 60ff, 66; zu den verfassungsrechtlichen Anforderungen insbesondere aus Art. 9 Abs. 3 GG vgl. auch Marx, in: Die Vergabe öffentlicher Aufträge im Lichte des europäischen Wirtschaftsrechts, S. 86; sowie BGH, tung der Vergaberegeln, dessen Verletzung vor den nationalen Gerichten geltend gemacht werden kann, richtet sich konsequenterweise gegen den anders nicht zu durchbrechenden Beschaffungsprotektionismus.[1289] Die Rechtschutzmöglichkeit vor der Vergabekammer nach § 104 i.V.m. § 107 GWB ist daher bei Überschreiten der europäischen Schwellenwerte dann eröffnet, wenn der Staat im öffentlich-rechtlichen Monopol nachfragt.

Allerdings sind auch bei der Nachfrage im öffentlich-rechtlichen Monopol die Besonderheiten der nachgefragten Leistungen zu berücksichtigen. Eine öffentliche Ausschreibung darf nicht dazu führen, dass der Bieterwettbewerb um den Markt gänzlich zum Erliegen kommt. Dies wäre dann der Fall, wenn das Erfordernis der vollständigen Leistungsbeschreibung sowie das Verhandlungsverbot im förmlichen Verfahren die Bieter davon abhält, der öffentlichen Hand ein konkretes Angebot zu unterbreiten. In diesem Falle würde der Schutzzweck des Vergaberechts, Wettbewerb herzustellen, vereitelt, so dass die Beschaffung ausnahmsweise, anstatt im öffentlichen Verfahren, im Wege des vergaberechtlichen Verhandlungsverfahren zuzulassen ist. Die Eigenart des Vertrages würde es dann mit sich bringen, dass die vergaberechtlichen Ausnahmebestimmungen zur Anwendung des Verhandlungsverfahrens erfüllt sind.[1290] Zudem kann der Staat auch bei der Nachfrage im öffentlich-rechtlichen Monopol Kriterien wie den Umweltschutz bei der Vergabeentscheidung berücksichtigen, sofern diese Kriterien der Ermittlung der wirtschaftlichen Leistung dienen.[1291]

H. Ergebnis

Nach dem Grundsatz des unverfälschten Wettbewerbs (Art. 3 Abs. 1 g EG) sind Kommunen dann von den Vergabevorschriften befreit, wenn sie die Contracting-Leistungen im Wettbewerb beschaffen. Allein eine solche Auslegung des Vergaberechts ermöglicht es, den Markt vor wettbewerbsverzerrenden Maßnahmen zu schützen, die den Binnenmarkt beeinträchtigen.[1292] Dieses Ergebnis setzt sich nach dem

BGH ZIP 2000, 426 – Berliner Tariftreuerklärung.

1289 Vgl. Mestmäcker, in: Immenga/Mestmäcker, GWB, Einl. Rdnr. 39.

1290 Ab Überschreitung des Schwellenwertes (§ 1 a Nr. 1 I VOB/A Abschnitt 2) ist gemäß § 3 a Nr. 4 c) VOB/A Abschnitt 2 das Verhandlungsverfahren maßgebend. Vgl. dazu auch die Ausführungen im 3. Kapitel. Vgl. dazu Hessisches Ministerium für Umwelt, Contracting-Leitfaden für öffentliche Liegenschaften., S. 60 f. Dabei ist jedoch zu beachten, dass das vergaberechtliche Verhandlungsverfahren, im Gegensatz zu den im Wettbewerb spontan entsehenden Verhandlungen, an Frist- und Formerfordernisse gebunden ist.

1291 Vgl. Noch, WuW 1998, S. 1059, 1060.

1292 Vgl. zu einer wettbewerbskonformen Interpretation des § 97 Abs. 4 Karenfort/v Koppenfels/-Siebert, BB 1999, S.1825, 1825; Knipper, WuW 1999, S. 677, 677.

Vorrang des Gemeinschaftsrechts gegenüber dem entgegenstehenden – formal aus den Vergaberichtlinien, den §§ 97 ff GWB bzw. dem haushaltsrechtlichen Vergaberecht entwickelten – Ergebnis durch.[1293]

[1293] EuGH, Slg 1969, S. 1, 13 Rdnr. 4 – Walt Wilhelm; dies erfolgt durch EG-rechtskonforme Auslegung der nationalen Vergabevorschriften, vgl. Fischer, in: Lenz, Art. 49 – 55 Rdnr. 2; Elbel, DÖV 1999, S. 235, 240; Pietzcker, ZVgR 1999, S. 24, 25.

Kapitel 6 Neubewertung der Pflicht zur Ausschreibung des Contractings

Die im ersten Teil dieser Arbeit formal aus den Vergaberichtlinien sowie dem deutschen Vergaberecht entwickelte Ausschreibungspflicht der Kommunen im förmlichen Vergabeverfahren bei der Beschaffung von Contracting-Leistungen soll nunmehr im Lichte des Grundsatzes des unverfälschten Wettbewerbs (Art. 3 Abs. 1 g EG) sowie des freien Wettbewerbs in einer offenen Marktwirtschaft (Art. 4 Abs. 1 EG) neu bewertet werden.

A. Beschaffung des Contractings im Wettbewerb

Nach der europarechtskonformen Auslegung des Vergaberechts wären die Kommunen dann von der Pflicht zur Ausschreibung der Contracting-Leistung befreit, wenn sie die Leistung im Wettbewerb beschaffen. Im Folgenden sollen daher die tatsächlichen Verhältnisse auf den Contracting-Märkten untersucht werden.[1294] Nach den für das Vergaberecht maßgeblichen Marktabgrenzungsmechanismen des deutschen und europäischen Wettbewerbsrechts bedarf es zur Feststellung des Wettbewerbs auf dem relevanten Markt einer sachlichen und örtlichen Marktabgrenzung.[1295] Dabei sind Marktanteile und Finanzkraft Indikatoren, um feststellen zu können, ob der Wettbewerb durch die Übermacht eines Unternehmens eingeschränkt ist.[1296]

Nach einer Auffassung der Literatur liegt die Vermutung für eine marktbeherrschende Stellung der öffentlichen Hand nahe, da diese aufgrund der ihr zur Verfügung stehenden Ressourcen und des Rückhalts des staatlichen Machtapparats oftmals frei von Zwängen über die Vergabe von öffentlichen Aufträgen entscheiden kann.[1297] Zu be-

[1294] Vgl. zur Untersuchung von Marktverhältnissen EuGH, Slg. 1996, I-1663ff. Rdnr. 19ff – British Telecommunications; vgl. auch die Mitteilung der Kommission vom 3.6.1999 Abl.EG. Nr. C 156 S. 3f; Prieß, DB 1998, S. 405, 409; VÜA Bund vom 8.9. 1994, WuW/E VergAB 15, – Telefonhauben und Säulen; dazu Dreher, in: Immenga/Mestmäcker, GWB, § 98 Rdnr. 100.

[1294] Vgl. zur Untersuchung von Marktverhältnissen EuGH, Slg. 1996, I-1663ff. Rdnr. 19ff – British Telecommunications; vgl. auch die Mitteilung der Kommission vom 3.6.1999 Abl.EG. Nr. C 156 S. 3f; Prieß, DB 1998, S. 405, 409; VÜA Bund vom 8.9. 1994, WuW/E VergAB 15, – Telefonhauben und Säulen; dazu Dreher, in: Immenga/Mestmäcker, GWB, § 98 Rdnr. 100.

[1295] Vgl. Opitz, WuW 2003, S. 37, 38; Ebisch/Gottschalk, Preise und Preisprüfungen bei öffentlichen Aufträgen, § 4 Rdnr. 40; Waldner, Bieterschutz im Vergaberecht, S. 104; Däubler, ZIP 2000, S. 681, 684. Hierzu auch Kommission, Bekanntmachung über die Definition des Gemein-amen Marktes, ABl.EG 1997 C 372/5; vgl. Grill, in: Lenz, Art. 81 Rdnr. 14, 17 u. 20; Bunte, in: Langen/-Bunte, Art. 85 Rdnr. 95.

[1296] Emmerich, Das Wirtschaftsrecht der öffentlichen Unternehmen, S. 319 ff; Mestmäk-ker/Bremer, BB 1995 Beilage 19, S. 17, 19.

[1297] Vgl. Emmerich, Das Wirtschaftsrecht der öffentlichen Unternehmen, S. 319 ff; Mestmäk-ker/-

rücksichtigen ist jedoch, dass sich aus der föderalen Struktur in Deutschland und der damit verbundenen dezentralen Verantwortung für die einzelnen Haushalte eine weit verzweigte Verantwortlichkeit für die Anwendung des Rechts der öffentlichen Auftragsvergabe und letztendlich eine Verteilung und Zersplitterung der Nachfrage der öffentlichen Hand auf nicht weniger als ca. 35.000 öffentliche Auftraggeber ergibt.[1298] Die überragende Finanzkraft einer einzelnen Kommune kann, insbesondere angesichts der finanziellen Krise, in der sich die Kommunen momentan befinden, wohl kaum angenommen werden.[1299]

Da der relevante Nachfragemarkt aus der Sicht der Anbieter bestimmt wird, ist bei der Marktabgrenzung vielmehr entscheidend, ob die Anbieter auf andere Nachfrager ausweichen können, die mit der des betreffenden Nachfragers marktfunktionell sowie nach ihren technischen Eigenschaften vergleichbar und für die Deckung des Nachfragebedarfs in gleicher Weise geeignet sind (Bedarfsmarktkonzept).[1300] So entsteht eine Wettbewerbsbeziehung zwischen Nachfragern aus der Substituierbarkeit der Güternachfrage für die Anbieter.[1301] Zur Bestimmung eines Wettbewerbsverhältnisses ist daher im Einzelfall zu prüfen, ob neben dem öffentlichen Auftraggeber auch noch andere Nachfrager auf dem jeweiligen Produktmarkt existieren.[1302] Denn je größer die Anzahl weiterer Nachfrager ist, desto weniger sind die Anbieter von Waren und Dienstleistungen auf den öffentlichen Auftraggeber als Vertragspartner angewiesen.[1303] Besteht eine große Anzahl von weiteren Nachfragern auf dem konkreten Produktmarkt und funktioniert damit der Wettbewerb um das konkrete

---

Bremer, BB 1995 Beilage 19, S. 17, 19.

1298 Vgl. Jasper/Marx, VgR, S. XVII; zu dem Prinzip der dezentralen Beschaffung, nach der jede einzelne Vergabestelle die Aufträge unter Vermeidung zentraler Beschaffung eignverantwortlich vergibt vgl. Bunte, BB 2001, S. 2121, 2124.

1299 Süddeutsche Zeitung vom 03. 01.2003, Schlimmste Krise der Kommunen – Städte- und Gemeindebund: Einnahmen im freien Fall, Nr. 2, Seite 19; zur Finanzschwäche der Kommunen vgl. auch FAZ vom 2. Juli 2002, Für den Gasversorger VNG gibt es zahlreiche Interessenten.

1300 Vgl. OLG Düsseldorf, DÖV 1981, 537; OLG Frankfurt, BauR 1990, 91 zur Nachfragemacht nach § 26 Abs. 2 GWB (a.F.).

1301 So die Kommission, Bekanntmachung über die Definition des Gemeinsamen Marktes, ABl.EG 1997 C 372/5 Rdnr. 7; EuGH in ständiger Rechtsprechung: EuGH, Slg. 1991, I-3359 – Akzo; sowie die h.M., vgl. nur Schröter, in: von der Groeben, Art. 85 Rdnr. 103, und Emmerich, in: Dauses Band I, Rdnr. 190; Opitz, WuW 2003, S. 37, 38.

1302 Ein Wettbewerbsverhältnis liegt nach ganz herrschender Meinung dann vor, wenn sich die Unternehmen auf dem gleichen Markt um denselben Abnehmerkreis bemühen und sie Waren anbieten, die aus Sicht des Nachfragers substituierbar sind, vgl. BGHZ 19, 392, 394 – Anzeige-blatt; BGH, GRUR 72, 553 – Kaffee statt Blumen; Schwintowski, Wettbewerbsrecht, S. 197; Baumbach/Hefermehl, Einl. UWG, Rdnr. 216 ff, 220 ff; v.Gamm, Wettbewerbsrecht, Kap. 17, Rdnr. 36, S. 230.

1303 Matthey, S. 46.

Produkt, so verringert sich auch die vermeintliche Marktmacht des Staates.[1304] Im Folgenden sollen daher die tatsächlichen Verhältnisse auf den Contracting-Märkten untersucht werden.[1305]

Ein Blick auf die Contracting-Märkte zeigt, dass Energieeinspar- und Anlagencontracting-Leistungen nicht nur von der öffentlichen Hand, sondern auch im großen Umfang von der Privatwirtschaft in Anspruch genommen werden. Nutzer von Contracting-Leistungen sind Unternehmen aus unterschiedlichsten Branchen.[1306] Energiecontracting wird beispielsweise vielfach an Industriekunden sowie größere Gewerbekunden verkauft.[1307] Contractingnutzer sind neben der öffentlichen Hand auch Wohnungsbaugesellschaften sowie private Bauherren.[1308] Zu den Nachfragern nach Contracting-Leistungen zählen des Weiteren private Einrichtungen, wie Banken, Versicherungen, Hotels, Krankenhäuser, Heime, Handelshäuser, Messehallen, Privatschulen, das Industriegewerbe, insbesondere das Nahrungs- und Genussmittelgewerbe, das Tabakgewerbe, die Papierindustrie, die Chemische Industrie wie beispielsweise BASF, der Maschinenbau, wie beispielsweise Opel und BMW.[1309] Bei all diesen Nachfragern sind in den letzten Jahren größere Contracting-Projekte realisiert worden.[1310] Eine bessere Wirtschaftlichkeit des ausgelagerten Betriebs ist in diesen Fällen möglich, da ein Industriebetrieb in der Regel nicht den gleichen Informationsstand besitzt, den das Contracting-Unternehmen als Optimierungs-Spezialist aufweisen kann.[1311] Für die Betriebsführung dieser Unternehmen stellt deshalb das Contracting eine Entscheidungsalternative zum Eigenbetrieb der energietechnischen Anlage dar.[1312]

Contractoren sind ohne weiteres in der Lage, die jeweils individuellen Nachfragebedürfnisse ohne Umstellungsprobleme zu decken.[1313] Der Contractor kann kurzfristig einen neuen Auftrag annehmen und zwar unabhängig davon, ob es sich bei

---

1304 Vgl. Allgemein zur Untersuchung der Marktverhältnisse EuGH, Slg. 1996, I.1663ff. Rdnr. 19ff – British Telecommunications; vgl. auch die Mitteilung der Kommission vom 3.6.1999 Abl. EG. Nr. C 156 S. 3f; vgl. auch Prieß, DB 1998, S. 405, 409; vgl. VÜA Bund, WuW/E Ver-gAB 15 – Telefonhauben und Säulen; dazu vgl. Dreher, in: Immenga/Mestmäcker, GWB, § 98 Rdnr. 100; Matthey, S. 46.

1305 Dazu Technomar, S. 1ff.

1306 Von Braunmühl, ET 1994, S. 354, 357; VDEW, Energieeinspar-Dienstleistungen im Wettbewerb, S. 8. Dazu zählen Gewerbe- und Industriekunden, z.B. die Phoenix AG, und Unternehmen aus der Elektroindustrie sowie Pharmaunternehmen.

1307 VDEW, Energieeinspar-Dienstleistungen im Wettbewerb, S. 2.

1308 Von Braunmühl, ET 1994, S. 354, 355.

1309 Technomar, S. 94 f.

1310 Technomar, S. 66.

1311 Von Braunmühl, ET 1994, S. 354, 357.

1312 Von Braunmühl, ET 1994, S. 354, 357.

1313 Opitz, WuW 2003, S. 37, 42.

dem Nachfrager um ein privates Unternehmen oder die öffentliche Hand handelt.[1314] Da die Angebotsumstellung zwischen öffentlichen und privaten Nachfragern keine Anpassung bei den vorhandenen Sachlagen und immateriellen Aktiva erfordert sowie keine zusätzlichen Investitionen, strategischen Entscheidungen oder zeitlichen Verzögerungen mit sich bringt (sogenannte Angebotsumstellungsflexibilität), kann die Austauschbarkeit von privaten und öffentlichen Nachfragern angenommen werden.[1315] Da die Contracting-Leistungen sich mithin nicht allein auf die Energiebewirtschaftung öffentlicher Gebäude beschränkt, handelt es sich bei der Energiebewirtschaftung öffentlicher und privater Einrichtungen um denselben sachlich relevanten Markt.

Zudem ist die Vergabe von Contracting-Aufträgen von ihrer Eigenart her weder an kommunale noch an mitgliedstaatlich beschränkte Märkte gebunden. Die Anbieter von Contracting-Leistungen können den Standort wechseln und ihre Leistungen deutschlandweit anbieten. Bekanntestes Beispiel für ein über die kommunalen Grenzen hinausgehendes Contracting-Projekt stellt das sogenannte „Berliner Pool-Modell" dar, bei dem das Hamburger Unternehmen HEW Contract in Berlin die Energiebewirtschaftung einer Vielzahl öffentlicher Einrichtungen übernommen hat.[1316] Eine solche Leistung kann aber grundsätzlich auch von einem Unternehmen eines anderen Mitgliedstaates der EG realisiert werden.[1317]

Zwar sind die Kommunen ein wichtiger Nachfrager von Contracting-Leistungen, jedoch sind aufgrund der Vielzahl anderer privater Nachfrager auf diesem Markt nicht dominierend.[1318] Nach Marktumfragen macht die Nachfrage der öffentlichen Hand nach Contracting-Leistungen lediglich zwischen 6 % und 14 % des deutschen Gesamtmarktes aus.[1319] Die Marktanalyse zeigt, dass die einzelne Kommune zu einer Vielzahl privater Nachfrager sowohl in ihrem kommunalen Gebiet als auch darüber hinaus, in Nachfragekonkurrenz tritt.[1320] Die einzelne Gebietskörperschaft ist mithin bei der Nachfrage nach diesen Leistungen einem wesentlichen Wettbewerb mit Haushalten und Gewerbe ausgesetzt.[1321] Daher sind Contracting-Anbieter nicht auf die Nachfrage der öffentlichen Hand angewiesen. Die Nachfrage der öffentlichen Hand

---

1314 Technomar, S. 66.

1315 Bekanntmachung der Kommission zur Definition des relevanten Marktes im Wettbewerbsrecht der Gemeinschaft v. 9.12.1997, Abl. Nr. C-372/5, Rdnr. 23.

1316 Zu besonders komplexen Verfahren vgl. den Objektpool des Berliner-Modells, dazu Contracting Handbuch 2001, S. 78; vgl. auch EVA, Einspar-Contracting, S.13.

1317 Vgl. zur Bestimmung des europäischen Marktes Emmerich, in: Dauses Band I, Rdnr. 191.

1318 Technomar, S. 135.

1319 Die Nachfrage der Büro und Verwaltungsgebäude macht 14 % sowie von Schulen und Universitäten 6 % des Gesamtmarktes aus. Vgl. VDEW, Energieeinspar-Dienstleistungen im Wett-bewerb, S. 4.

1320 Vgl. Technomar, S. 66f.

1321 Vgl. auch Contracting Handbuch 2001, S. 40.

kann durch die Nachfrage privater Unternehmen und Industriekunden ersetzt oder verdrängt werden. Dabei gehört Contracting zu den Instrumenten, die Maßnahmen der Energieeinsparung auf der Nutzerseite ansprechen, das heißt millionenfach angewendet werden müssten.[1322] Die deutschen und europäischen Contracting-Märkte haben daher ein erhebliches Markt- und Wettbewerbspotential, so dass zu erwarten ist, dass die Anteile der Kommunen an diesen Märkten weiter abnehmen werden.[1323]

Wie die Marktanalyse gezeigt hat, beschaffen Kommunen in aller Regel Contracting-Leistungen im Wettbewerb. Nach der wettbewerbs-teleologischen Auslegung des Vergaberechts sind Kommunen daher von der Ausschreibungspflicht befreit, es sei denn sie verfügen ausnahmsweise über eine Monopolstellung.

B. Bewertung der Befreiung von der Ausschreibungspflicht

Bei der Beschaffung der Contracting-Leistung am Markt kommt es den Kommunen insbesondere darauf an, den Auftrag an das Unternehmen zu vergeben, das die optimale wirtschaftliche Ausführung verspricht, um so Energiekosten einsparen zu können.[1324] Abschließend soll daher die Befreiung der Kommunen von der Ausschreibungspflicht unter dem Gesichtspunkt bewertet werden, ob dieses neue System den Kommunen die Beschaffung wirtschaftlicher Contracting-Leistungen ermöglicht. Der Contracting-Markt zeichnet sich dadurch aus, dass die Leistungen seit der Entwicklung dieses Modells gleichermaßen von der öffentlichen Hand und Privaten nachgefragt wurde.[1325] Das Contracting stellt mithin ein Wirtschaftsgut dar, dessen Preis sich nach den Gesetzen des Marktes bestimmen lässt. Auf diesem Markt sorgt der nach Angebot und Nachfrageverhältnissen frei zustande kommende Preis für eine Allokation der Produktionsfaktoren und der Finanzmittel.[1326] Die sich im Wettbewerb bildende Preise sind automatisch Abbild eines sich selbst steuernden, Preis-

---

[1322] Contracting hat ein Marktpotential, das EU weit auf bis zu ca Euro 140 Mrd je Jahr kalkuliert wird; von Braunmühl, ET 1994, S. 354, 360.

[1323] Auch der potentielle Wettbewerb ist bei der Bestimmung der Marktanteile heranzuziehen; vgl. nur Bunte, in: Langen/Bunte, Art. 85 Generelle Prinzipien Rdnr. 46.

[1324] Der öffentlichen Hand ist es in der Regel wichtiger, den Auftrag an das Unternehmen zu vergeben, dass die optimale wirtschaftliche Ausführung verspricht, als an eines, das sekundäre, etwa soziale, Vorzüge aufzuweisen hat. Darauf hat auch die Europäische Kommission in ihrer Mittei-lung zu regionalen und sozialen Aspekten im öffentlichen Auftragswesen hingewiesen, Abl. C 311 S. 7 v. 12.12.1989, S. 14; dazu auch Götz, EuR 1999, S. 621, 634.

[1325] Vgl. Technomar, S. 135.

[1326] Vgl. Harms,VM 1995, S. 230, 231.

gerechtigkeit implizierenden Marktgeschehens.[1327] Bei den Gütern ist mithin ein Preisfindungsmechanismus vorhanden, der zugunsten der wirtschaftlichen Verwendung von Budgetmitteln wirkt.[1328]

Da erst im Wege der Verhandlungen der Wettbewerb als Entdeckungsverfahren zum Zuge kommt und damit Verhandlungen ein wesentliches Element des Wettbewerbs darstellen[1329], können die Kommunen bei der Beschaffung des Contractings mit den Contractoren in Verhandlungen treten, ohne dass es auf besondere Publizitäts- oder Fristanforderungen ankäme. Auf der Grundlage der EG-rechtskonformen Auslegung des Vergaberechts wird den Kommunen mithin ein Mechanismus zur Verfügung gestellt, um bei der Beschaffung von Contracting-Leistungen in Verhandlungen mit den Contractoren die für die jeweilige Liegenschaft angemessene Leistung zu ermitteln. Dadurch werden die bei der öffentlichen Ausschreibung entstehenden zusätzlichen Kosten vermieden.[1330] Den Kommunen steht mithin ein kostengünstiges und schnelles Verfahren zur Verfügung, mit denen sich die Hindernisse bei der Vergabe von Contracting-Leistungen überwinden lassen.[1331] Die Befreiung von den Vergabevorschriften trägt folglich dazu bei, dass eine Vielzahl von Anbietern in der Lage sind, Angebote abzugeben, so dass ein maximaler Kreis von Bietern ihre Kostenvorteile in den Wettbewerb einbringen können.

Die auf dem freien Markt gebildeten Preise stellen damit sowohl in Bezug auf die Bedarfsdeckung der Nachfrager als auch aus gesamtwirtschaftlicher Sicht die bei weitem günstigste Form der Preisbildung dar.[1332] Auf diesem Markt lässt sich die Wirtschaftlichkeit der Leistungen mithin im freien Wettbewerb ermitteln.[1333] Folglich ermöglicht die Befreiung von den Vergabevorschriften den Kommunen die Beschaffung wirtschaftlicher Contracting-Leistungen.

Die wirtschaftliche Beschaffung ist selbst dann gewährleistet, wenn sich die Kommune bei der Nachfrage von öffentlichen Interessen leiten lässt. Dies ergibt sich daraus, dass der Markt ein Koordinationsmechanismus ist, dessen wohlfahrtsschaffende Hervorbringung nicht von der moralischen Qualität des Handelns der Akteure abhängt.[1334] Schließlich können die Contractoren, die bei der Vergabe nicht berücksichtigt worden sind, auf andere Kommunen oder private Nachfrager ausweichen.[1335]

1327 Schwintowski, ZNER 1998, S. 9, 11.

1328 Bartling, Festschrift für Schmidt, S. 17.

1329 Vgl. Cox, in: Cox/Jens/Markert, S. 85; vgl. von Hayek, Wettbewerb als Entdeckungsverfah-ren, S. 249ff.

1330 Prieß, Handbuch des europäischen Vergaberechts, S. 115.

1331 Vgl. dazu die Ausführungen im 3. Kapitel.

1332 Vgl. Ebisch/Gottschalk, Preise und Preisprüfungen bei öffentlichen Aufträgen, § 1 Rdnr. 31.

1333 Vgl. Schwintowski, ZNER 1998, S. 9, 11.

1334 Vgl. von Hayek, Individualismus und wirtschaftliche Ordnung, S. 9ff.

1335 Der Wettbewerb sorgt mithin für eine objektive und grundsätzlich diskriminierungsfreie An-

Sollte die öffentliche Hand daher einem ortsansässigen Stadtwerk den Zuschlag erteilen, weil dieses das beste Preis-Leistungsverhältnis unter Berücksichtigung öffentlicher Interessen der Kommune anbietet, so wird dadurch der Wettbewerb nicht beeinträchtigt, sondern gefördert. Auch die regional-, arbeitsmarkt- und sozialpolitisch motivierte Auftragsvergabe gewährleistet mithin eine wirtschaftliche Beschaffung am Markt.[1336] Da auch Umweltschutzkriterien zur Wirtschaftlichkeit der Leistung beitragen, können Kommunen solche Contractoren bei der Bewertung der Angebote bevorzugen, die sich dadurch auszeichnen, dass sie das Contracting mittels moderner umwelttechnischer Anlagen wie der Brennstoffzelle umsetzen wollen.

---

gebotswertung. Vgl. EuGH, Slg. 1988, 4635 Rdnr. 37; Brenner, Staatsphilosophie und Rechtspolitik, S. 1431, 1445; Hailbronner, EWS 1995, S. 285, 290.

[1336] Vgl. auch Röpfer, Festschrift für Benisch, S. 115, 132.

Gesamtergebnisse der Arbeit

Wie die Untersuchung gezeigt hat, sind zahlreiche der bisher in Deutschland aufgetretenen praktischen Zweifelsfragen bei der Bestimmung der öffentlichen Auftraggeber im Lichte des Grundsatzes des unverfälschten Wettbewerbs, Art. 3 Abs. 1 g EG, neu zu bewerten. Nach dem EG-Recht ist für die Frage der Anwendbarkeit des Vergaberechts nicht ausschlaggebend, ob es sich bei der nachfragenden Institution um eine solche des öffentlichen Rechts oder des Privatrechts handelt. Entscheidend ist vielmehr, ob die jeweilige Institution im Wettbewerb agiert. Dies lässt sich erst durch eine Marktanalyse feststellen. Der Vorwurf, dass sich eine solche Marktanalyse zur Feststellung des wettbewerblichen Einflusses als aufwendig und unsicher gestaltet, greift – wie die Untersuchung gezeigt hat – nicht. Sollte das Vergaberecht – wie von der Europäischen Kommission gefordert – bei der Nachfrage der Kommunen im Wettbewerb Anwendung finden, wären damit nachhaltige Wettbewerbsverzerrungen verbunden, die im Widerspruch zu den EG-Wettbewerbsvorschriften stehen. Nach dem Vorrang des EG-Primärrechts sind die Vergabevorschriften mithin europarechtskonform dahingehend auszulegen, dass Kommunen dann von der Ausschreibungspflicht befreit sind, wenn sie ihre Leistung auf wettbewerblich strukturierten Märkten nachfragen. Allein eine solche Auslegung entspricht dem Schutzzweck des Vergaberechts und wird dem Beitrag gerecht, den die Institutionen bei der Nachfrage am Markt zur Belebung des Wettbewerbs leisten.

Die Anwendung des Vergaberechts ist – wie die Untersuchung gezeigt hat – nur dann sachgerecht, wenn die Vergabestelle über eine Sonderstellung am Markt in Form eines öffentlich-rechtlichen Monopols verfügt, da dann ein funktionsfähiger Markt durch die öffentliche Ausschreibung sichergestellt werden muss. Hier kann das Instrumentarium des Vergaberechts dazu beitragen, der öffentlichen Hand einen Überblick über die Anbieter zu verschaffen, um den „wirtschaftlichen“ Preis der nachgefragten Leistung zu ermitteln sowie Diskriminierungen der Bieter zu verhindern.

Wie die Marktanalyse gezeigt hat, konkurrieren Kommunen schon heute bei der Beschaffung von Contracting-Leistungen mit einer Vielzahl privater Unternehmen und agieren daher im scharfen Wettbewerb. Von übermäßiger Konzentration oder Monopolstellung kann angesichts des geringen Marktanteils der Kommunen und der steigenden Zahl privater Nachfrager in Deutschland keine Rede sein. Ein Contracting-Markt muss folglich für die zu vergebende Leistung nicht mehr geschaffen werden. In diesem Fall ist der freie Wettbewerb Garant für die Ermittlung der besten Ergebnisse. Nach einer europarechtskonformen Auslegung des Vergaberechts sind Kommunen daher bei der Beschaffung von Contracting-Leistungen von der Ausschreibungspflicht im förmlichen Verfahren befreit. Dadurch wird sichergestellt, dass der öffentlichen Hand ein hinreichender Gestaltungsspielraum bei der Organisation von Energiecontracting-Partnerschaften zukommt sowie kostspielige Verzögerungen bei der Auftragsvergabe vermieden werden. Die auf diesen Markt herrschenden Preisbildungsmechanismen ermöglichen es der öffentlichen Hand erstmalig, wirtschaftlich am Markt einzukaufen. Der Wettbewerb stellt der öffentlichen Hand mithin ein System zur Verfügung, um Maßnahmen im Interesse des Klimaschutzes zu ergreifen sowie Kosten in der öffentlichen Verwaltung einzusparen. Die Befreiung vom Vergaberecht ermöglicht dem Contractor erstmalig im Wege von Verhandlungen die angemessene Leistung zu bestimmen sowie die mit dem Projekt verbundenen Risiken zu bewältigen. Der Wettbewerb auf den Contracting-Märkten wird durch die Befreiung vom Vergaberecht mithin gefördert. Die Rückbildung des Vergaberechts auf Wettbewerbsmärkten wirkt daher insgesamt wohlfahrtssteigernd.

Wie die Erörterung zu § 98 Nr. 2 und Nr. 4 GWB gezeigt hat, sind die heute bestehenden Vorschriften des Vergaberechts bei der Anwendung auf kommunale Unternehmen bereits von Zurückhaltung und dem Gedanken der grundsätzlichen Wahrung der Geschlossenheit des Wettbewerbssystems geprägt. Die von der herrschenden Lehre und Rechtsprechung vertretene wettbewerbs-teleologische Auslegung des geltenden Vergaberechtsregimes, wonach diese Unternehmen bei der Nachfrage im Wettbewerb von der öffentlichen Ausschreibung befreit sind, ermöglicht eine Gleichbehandlung von öffentlichen und privaten Energiedienstleistern und verhindert damit Verzerrungen im Wettbewerb. Der Gesetzgeber hat zudem den gemeinschaftsrechtlichen Klippen mit zusätzlichen Ausnahmebestimmungen bei der Nachfragetätigkeit kommunaler Unternehmen hinreichend Rechnung getragen. Danach gilt schon heute, dass sich eine Regulierung der Nachfragetätigkeit kommunaler Unternehmen nur mit einer hoheitlich veranlassten Sonderstellung am Markt begründen lässt. Da die kommunalen Contractoren ihre Leistungen im Wettbewerb anbieten und ihnen keine Sonderstellung am Markt zukommt, sind sie nach dem modernen funktionalen Auftraggeberbegriff bei der Beauftragung von Subunternehmern von den Vergabevorschriften befreit. Dieses Ergebnis fügt sich nahtlos ein in das europäische System eines freien Wettbewerbs.

Im Zuge der Liberalisierungsbestrebungen in den Versorgungssektoren wird die Bedeutung privatwirtschaftlicher Nachfragemacht kontinuierlich zunehmen, mit der Folge, dass in den vollständig dem Wettbewerb geöffneten Wirtschaftszweigen die Notwendigkeit der Anwendung der Vergaberegeln entfällt, oder zumindest in absehbarer Zeit entfallen wird. Je mehr diese speziellen Märkte den Daten und der Dynamik der unternehmerischen Wirtschaft geöffnet werden, um so leichter wird sich das öffentliche Auftragswesen in die marktwirtschaftliche Ordnung einfügen und um so weniger wird die Praxis „Als-Ob-Lösungen“ benötigen, die im Wettbewerb selbst als Notbehelf nicht taugen. Damit zeichnet sich eine Entwicklung ab, der für die Anwendung der Vergaberegeln allgemeine Bedeutung zukommt. In Zukunft werden sich zwingende Vergaberegeln bei wirksamen Wettbewerb nicht mehr rechtfertigen lassen.

Thesen

- Die Anwendung des Vergaberechts ist dann gerechtfertigt, wenn der Nachfrager Leistungen im öffentlich-rechtlichen Monopol oder im natürlichen Monopol beschafft, da in beiden Fällen die Marktmechanismen zur Bestimmung der wirtschaftlichen Leistung ausgeschaltet sind und die Kontrolldefizite im Monopol die Nachfrageregulierung durch das Vergaberecht rechtfertigen. Das Vergaberecht kann im Nachfragemonopol die Gleichbehandlung der Bieter durch ein transparentes Verfahren sowie die Ermittlung der wirtschaftlichen Leistung gewährleisten. Zwar ist die vergaberechtliche ex-ante Regulierung bei wesentlichen Einrichtungen, wie den Energienetzen, grundsätzlich gerechtfertigt, da hier der Wettbewerb um die jeweils zu erbringende Leistung versagt, so dass nun staatlich nachreguliert werden muss. Schon heute werden Energieversorgungsunternehmen beim Handel und der Erzeugung von Energie unter Wettbewerbsbedingungen tätig, so dass sie dem Anwendungsbereich des Vergaberechts entzogen sind.

- Fragt die öffentliche Hand Leistungen im Wettbewerb nach, findet sie ein Mechanismus vor, der die Ermittlung der wirtschaftlichen Leistung ermöglicht, ohne dass es dafür eines besonderen förmlichen Verfahren bedürfte. Da die Leistungsbeschaffung der Kommunen im Wettbewerb eine objektive und diskriminierungsfreie Angebotswertung bei der Auftragsvergabe gewährleistet, spielt es grundsätzlich keine Rolle, welche Zwecke die öffentliche Hand mit der Leistungsbeschaffung am Markt verfolgt.

- Gewinnorientierte öffentliche Contractoren weisen im Vergleich zu gewinnorientiert arbeitenden privaten Contractoren keine Besonderheiten auf. Die Herkunft des Eigenkapitals kann eine Sonderrolle dieser Unternehmen am Markt nicht begründen. Soweit diese Unternehmen sich am Contracting-Markt betätigen, bieten sie ihre Leistungen im Wettbewerb zu privaten Contractoren an und sind daher von der Anwendung des Vergaberechts befreit. Aufgrund der Liberalisierung der Energiemärkte haben auch die Energieversorgungsunternehmen ihre Sonderstellung am Markt verloren, so dass auch diese Unternehmen von der Anwendung der Vergabevorschriften befreit sind. Abgesehen von den Netzmonopolen findet findet Erzeugung und Handel von Energie heute unter Wettbewerbsbedingungen statt. Die EVUs sind daher heute außerhalb der Netzmonopole schon im Wettbewerb tätig.

- Nach der bisher herrschenden formellen Auslegung und Anwendung des deutschen und europäischen Vergaberechts sind Kommunen verpflichtet, Contracting-Leistungen im Wege eines förmlichen Verfahrens öffentlich auszuschreiben. Das Vergaberecht gestattet zwar die einheitliche Vergabe des Contractings. Da das Vergaberecht jedoch die wirtschaftliche Dynamik auf den Contracting-Markt ausschaltet und den Bieterwettbewerb beschränkt, wird die öffentliche Hand gezwungen, Contracting-Leistungen zu teuer am Markt einzukaufen. Dem Vergaberecht kommt damit eine privatisierungshemmende Wirkung zu, die mit erheblichen Wohlfahrtsverlusten verbunden ist.

- Indem das Vergaberecht die Nachfragetätigkeit der Kommunen sowie privater Energieversorgungsunternehmen auch dann einem kostspieligen und zeitintensiven Verfahren unterwirft, wenn sie diese Leistungen im Wettbewerb beschaffen, wird der Wettbewerb verzerrt. Das Vergaberecht verstößt insoweit gegen den Grundsatz des unverfälschten Wettbewerbs, Art. 3 Abs. 1 g EG.

- Der Anwendungsvorrang des EG-Primärrechts gebietet eine EG-rechtskonforme Auslegung des europäischen und deutschen Vergaberechts. Danach ist die öffentliche Hand bei der Beschaffung im Wettbewerb von der öffentlichen Ausschreibung befreit.

- Da Kommunen schon heute Contracting im scharfen Wettbewerb mit privaten Nachfragern beschaffen, sind sie bei der Beschaffung dieser Leistung von den Vergabevorschriften befreit. Die Kommunen können daher mit Contractoren in Verhandlungen treten, um die angemessene Leistung zu ermitteln sowie über die Preise zu verhandeln.

Literaturverzeichnis

Achterberg, Norbert/Püttner, Günter Besonderes Verwaltungsrecht, Bd. 2, Kommunal-, Haushalts-, Abgaben-, Ordnungs-, Sozialrecht, Heidelberg 1992 (zit. Bearbeiter, in: Achterberg/Püttner)

Arrowsmith, Sue Enviromental Issues in International Procurement, in: Public Procurement Law Review (PPLR) 1997, S. 198

Arrowsmith, Sue Public Privae Partnerships and the European Comunity Rules: EU policies in conflict? CMLR 2000, S. 709

Arrowsmith, Sue The Law of Public and Utilities Procurement, London 1996

Aufderheide, Detlev (Hrsg.) Deregulierung und Privatisierung, Stuttgart u.a.1990

Ax, Thomas/Ohler, Frank Peter Zur Zulässigkeit von Produkt- und herstellerbezogenen Ausschreibungstexten, ZVgR 1999, S. 39

Bach, Albrecht Wettbewerbsrechtliche Schranken für staatliche Maßnahmen nach europäischem Gemeinschaftsrecht, Tübingen 1992

Bach, Albrecht Wettbewerbsrechtliche Schranken, Tübingen 1992

Baron, Michael Das neue Kartellgesetz, Einführung in die 6. GWB Novelle und das Vergaberecht, Köln 1999

Bartling, Hartwig Von der Wettbewerbstheorie zur Theorie der Wettbewerbspolitik, in: Kruse, Jörn/Stockmann, Kurt/Vollmer, Lothar (Hrsg.), Festschrift für Ingo Schmidt zum 65. Geburtstag 1997, S. 17, Baden-Baden 1997

Bartling, Hartwig/Luzius, Franz Grundzüge der Volkswirtschaftslehre 10. Auflage, München 1993

Bartosch, Andreas Vergabefremde Kriterien und Art. 87 I EG: Sitzt das öffentliche Beschaffungswesen in Europa auf einem behilferechtlichen Pulverfaß ?, EuZW 2001, S. 229

Bauer, Joachim/Schink, Alexander (Hrsg.) Organisationsformen in der öffentlichen Abfallwirtschaft, Berlin 1993

Bauer, Kilian Das Bieterverfahren im EG-Beihilfenrecht bei der übertragenden Sanierung rechtswidrig begünstigter Unternehmen, EuZW 2001, S. 748

Baumbach, Adolf/Herfermehl, Wolfgang Wettbewerbsrecht, 21. Aufl, München 1999

Baur, Jürgen (Hrsg.) Aktuelle Probleme des Energierechts, Köln 1995

Baur, Jürgen/Matthey, Philip Rechtliche Anforderungen an die Vergabe von Energiespar-Contracting-Aufrägen, Baden-Baden 1998

Bechthold, Rainer Kommentar zum GWB, 2. Aufl., München 1999 (3. Aufl. 2002)

Becker, Peter Ist das Gemeinschaftsrecht revisionsbedürftig ?, ZNER 2000, S. 259

Becker, Ulrich Die Betriebsaufnahmegenehmigung nach § 3 EnWG im Gefüge des neuen Energiewirtschaftsrechts, RdE 2000, S. 7

Behrens, Fritz (Hrsg.) Den Staat neu lenken. Reformperspektiven für die Landesverwaltungen, Berlin 1995

Bell, Albrecht/Rehak, Heinrich Vergaberecht und kommunale Privatisierung, LKV 2001, S. 185

Bemmann, Ulrich; Kniebase, Volker (Hrsg) Contracting Handbuch 2001, 2. Aufl., Köln 2001

Bemmann, Ulrich; Müller, Axel (Hrsg) Contracting Handbuch, Essen 2000

Bender, Bernd/Sparwasser, Reinhard/Engel, Rüdiger Umweltrecht, 3. Aufl. Heidelberg 1995
Benedict, Christoph Sekundärzwecke im Vergabeverfahren, Berlin 2000
Benz, Artue Kooperative Verwaltung. Funktionen, Voraussetzungen und Folgen, Baden-Baden 1994
Berlin, Isaiah Two Concepts of Liberty (1958), in: Miller, David (Hrsg.), Oxford University Press 1991
Berrar, Carsten Die zustimmungspflichtigen Geschäfte nach § 111 Abs. 4 AktG im Lichte der Corporate Governance-Diskussion, DB, 2001, S. 2181
Berrisch, Georg M./Nehl, Hanns Peter Novellierung der Vergabeverordnung, DB 2001, S.184
Birk, Axel Das Prinzip des unverfälschten Wettbewerbs und seine Bedeutung im europäischen Gemeinschaftsrechts, Baden-Baden 2000
Blankart, Charles B. Modell der Daseinsvorsorge aus EG-rechtlicher Sicht und ökonomischer Sicht, WuW 2002, S. 340
Blankart, Charles B. Öffentliche Finanzen in der Demokratie, 5. Auflage, München 2003
Bleckmann, Albert Europarecht, Das Recht der Ueropäischen Union und der Europäischen Gemeinschaften, 6. Aufl., Köln 1997
Boesen, Arnold Erläuternde Einführung in Bundesanzeiger EG-Vergaberecht, Konsolidierte Fassung der EG-Richtlinien, 1998
Boesen, Arnold Vergaberecht, Kommentar zum 4. Teil des GWB, Köln, 2000
Böhm, Franz Wirtschaftsordnung und Staatsverfassung, Tübingen 1950
Böhm, Monika/Danker, Claudia Politische Zielvorgaben alsVergabekriterien, NVwZ 2000, S. 767
Bolle, Friedel/Hoven, Ingolf Wettbewerb um das exklusive Angebotsrecht, Franchise Bidding als alternatives Regulierungsinstrument, in: Finanzarchiv, Bd. 47, H. 3. Jhrg. 1989, S.460
Bonkamp, Josef Die Bedeutung des gemeinschaftsrechtlichen Beihilfeverbots für die Beteiligung der öffentlichen Hand an einer Kapitalgesellschaft, Berlin 2001
Börner, Achim R. Eine Ausschreibungspflicht kommunaler Versorgungsunternehmen für den Bezug von Erdgas, DB 1998, S. 610
Bornheim, Helmerich/Stockmann, Werner Die neuen Vergabevorschriften – Sind auch private Auftraggeber zur europaweiten Vergabe von Bauaufträgen verpflichtet ?, BB 1995, S. 577
Boysen, Harald Johannes Kommunales Out-sourcing – Rechtsprobleme der privatrechtlich verselbständigten Erfüllung kommunaler Aufgaben, VR 1996, S. 74
Braun, Joachim Nachprüfung der Vergabe öffentlicher Aufträge, BB 1999, S. 1069
Bree, Axel Die Privatisierung der Abfallentsorgung nach dem Kreislaufwirtschafts- und Abfallgesetz, Berlin 1998
Brenner, Michael Die Einwirkungen der EG-Vergaberichtlinien auf die Struktur der Auftragsvergabe in Deutschland, in: Ziemske/Langheid/Wilms (Hrsg.), Staatsphilosophie und Rechtspolitik, Festschrift für Martin Kriele, München 1997, S. 1431
Britz, Gabriele Öffentliche Unternehmen, NVwZ 2001, S. 380
Bronckers, Marco C.E.J. The position of privitized utilities under WTO and EC

Procurement Rules, in: 23 Legal Issues of European Integration, 1996, S. 145
Broß, Siegfried Vergabe öffentlicher Aufträge als Wettbewerbsproblem, in: Joachim Kummer (Hrsg.), Anfechtungsbefugnis und Mindestanteilsbesitz, Festschrift für Hans Erich Brandner, Köln 1996, S. 343
Broß, Siegfried Das Vergabewesen der öffentlichen Hand im Spannungsfeld des europäischen Rechts – Eine Zwischenbilanz, VerwArch. 1997, S. 521
Brüning, Christoph Der Verwaltungsmittler – eine neue Figur bei der Privatisierung kommunaler Aufgaben, NWVBl. 1997, S. 286
Budäus, Dietrich/Eichhorn, Peter (Hrsg.) Public Private Partnership, Neue Formen öffentlicher Aufgabenerfüllung, Schriftenreihe der Gesellschaft für öffentliche Wirtschaft, Heft 41, Baden Baden 1997
Budäus, Dietrich/Finger, Stefanie Stand und Perspektiven der Verwaltungsreform, Die Verwaltung 1999, S. 313
Budäus, Dietrich/Gruening, Gernod Public Private Partnership. Konzeption und Probleme eines Instruments zur Verwaltungsreform aus Sicht der Public Choice-Theorie – Public Management – Diskussionsbeiträge – Nr. 26, Hamburg 1996
Budäus, Dietrich/Grüning, Gernod/Steenbock, Andreas Public Private Partnership I – State of the Art, Public Management – Diskussionsbeiträge Nr. 32, Hamburg 1996
Büdenbender, Ulrich Energierecht, Band 1 und 2, Berlin u.a. 1999
Büdenbender, Ulrich Schwerpunkte der Energierechtsreform 1998, Köln 1999
Bundesregierung (Hrsg) Nationales Klimaschutzprogramm, Beschluß der Bundesregierung vom 18.10.2000, S.253, www.bmu.de/fset1024.htm/
Bunte, Herman-Josef Der Grundsatz der dezentralen Beschaffung der öffentlichen Hand, BB 2001, S. 2121
Burgi, Martin Die öffentlichen Unternehmen im Gefüge des primären Gemeinschaftsrechts, EuR 1997, S. 261
Burgi, Martin Funktionale Privatisierung und Verwaltungshilfe, Tübingen 1999
Burgi, Martin Kommunales Privatisierungsfolgenrecht: Vergabe, Regulierung und Finanzierung, NVwZ 2001, S. 601
Burgi, Martin Vergabefremde Zwecke und Verfassungsrecht, NZBau 2001, S. 64
Byok, Jan Das neue Vergaberecht, NJW 1998, S. 2774
Byok, Jan Die Entwicklung des Vergaberechts seit 1999, NJW 2001, S. 2296
Byok, Jan/Jaeger, Wolfgang (Hrsg.) Kommentar zum Vergaberecht. Erläuterungen zu den vergaberechtlichen Vorschriften des GWB, 1. Auflage Heidelberg 2000 (zit. Bearbeiter, in: Byok/Jaeger)
Callies, Christian/Ruffert, Mathias (Hrsg.) Kommentar des Vertrages über die Europäische Union und des Vertrages zur Gründung der Europäischen Gemeinschaft, Neuwied 1999
Cecchini, Paolo Europa 92. Der Vorteil des Binnenmarktes, Baden- Baden 1988
Coase, Ronald The Firm, the Market, and the Law, University of Chicago Press, 1990
Cox, Helmut Daseinsvorsorge und öffentliche Dienstleistungen in der Europäischen Union, Baden-Baden 2000
Cox, Helmut/Jens, Uwe/Markert, Kurt (Hrsg.) Handbuch des Wettbewerbs, München 1981 (zit. Bearbeiter, in: Cox/Jens/Markert)

Crain, Wiliam Mark/Ekelund, Robert B./Demsetz, Harold u.a. On Competition and Regulation, in: Journal of Law and Economics 1976, Vol. 19, S. 149

Cronauge, Ulrich Welche rechtliche Rahmen braucht die kommunale Wirtschaft von Morgen ?, Der Gemeindehaushalt, 1998, S. 131

Cronauge, Ulrich Kommunale Unternehmen, Eigenbetriebe, Kapitalgesellschaften, Zweckverbände, Finanzwesen der Gemeinden, Bd. 3, 2. Aufl., Berlin 1995

Daub, Walter/Eberstein, Herrmann Kommentar zur VOL/A, 5. Aufl., München Daub/Eberstein)

Däubler, Wolfgang Tariftreue statt Sozialkostenwettbewerb, ZIP 2000, S. 681

Dauses, Manfred (Hrsg.) Handbuch des EU-Wirtschaftsrecht, Band I und II, München 1999 (zit. Bearbeiter, in Dauses)

Dauses, Manfred (Hrsg.) Handbuch des EU-Wirtschaftsrecht, Band IV, München, Stand Januar 1999 (zit. Dauses Band IV)

Deimer, Joseph Kommunale Aufgaben versus EU-Wettbewerbsrecht. Die Kommunale Daseinsvorsorge in Europa, in: Europabüros der Bayerischen, Baden-Württembergischen, Sächsischen Kommunen (Hrsg), Diskussionsveranstaltung am 26.9. 2000 in Brüssel

Demsetz, Harold Why Regulate Utilities?, Journal of Law and Economics 1968, Vol. 11, S. 55

Diehl, *Heinz (Hrsg.)* Festschrift für Wolfgang Heiermann, Wiesbaden und Berlin 1995 (zit. Bearbeiter)

Dietlein, Johannes Kommunale Abfallentsorgung auf dem Prüfstand, verfassungsrechtliche und einfachgesetzliche Determination einer abfallwirtschaftlichen Betätigung der öffentlichen Hand, in: Hendler/Marburger/Reinhardt/Schröder (Hrsg.), Jahrbuch des Umwelt- und Technikrechts 2001, Schriftenreihe des Instituts für Umwelt- und Technikrecht der Universität Trier, Band 58, Berlin 2001, S. 359

Dreher, Meinrad Bestehender Wettbewerb und Auftraggeberbegriff des Kartellvergaberechts, WuW 1999, S. 244

Dreher, Meinrad Das GWB als Magna Charta des Wettbewerbs oder als Einfallstor politischer Interessen, WuW 1997, S. 949

Dreher, Meinrad Das vergabefremde Zuschlagskriterium der Beschäftigungsförderung vor dem EuGH, Beschaffung Spezial in: Behörden-Spiegel Juni 2000, S. B II

Dreher, Meinrad Der Anwendungsbereich des Kartellvergaberechts, DB 1998, S. 2579

Dreher, Meinrad Die Kontrolle der Anwendung des Vergaberechts in Europa, EuZW 1998, S. 197

Dreher, Meinrad Vergaberecht, VgR 6/97, S. 40

Dreher, Meinrad Der Rang des Wettbewerbs im europäischen Gemeinschaftsrecht, WuW 1998, S. 656

Dreher, Meinrad Die Privatisierung bei Beschaffung und Betrieb der Bundeswehr, NZBau 2001, S. 360

Drügemöller, Albert Vergaberecht und Rechtsschutz. Der inter- und supranationale Rahmen und seine Ausgestaltung in Deutschland, Berlin u.a. 1999

Due, Ole Der Grundsatz der Gemeinschaftsreue in der EG, 1992

Ebisch, Hellmuth/Gottschalk, Joachim u.a. Preise und Preisprüfungen bei öffentlichen Aufträgen einschließlich Bauaufträge, Kommentar, 7. Auflage, München 2001.
Ehlermann, Claus Der Beitrag der Wettbewerbspolitik zum Europäischen Binnenmarkt, WuW 1992, S. 5
Ehlers, Dirk Rechtsstaatliche und prozessuale Probleme des Verwaltungsprivatrechts, DVBl 1983, S. 422
Ehlers, Dirk Verwaltung in Privatrechtsform, Berlin 1984
Ehlers, Dirks Das neue Kommunalwirtschaftsrecht in Nordrhein-Westfalen, NWVBl. 2000, S.1
Ehricke, Ulrich Die Kontrolle von Eingriffen der EG-Kommission in den Wettbewerb durch das Gemeinschaftsrecht, WuW 1993, S. 817
Ehricke, Ulrich Staatliche Eingriffe in den Wettbewerb – Kontrolle durch Gemeinschaftsrecht, Baden-Baden 1994
Eichhorn, Peter Perspektiven öffentlicher Unternehmen in der Wirtschafts- und Rechtsordnung der Europäischen Union, 1995 (zit. Bearbeiter, in: Eichhorn)
Eichhorn, Peter Public Private Partnership: Praxis, Probleme, Perspektiven, in: Sozialpolitik und öffentliche Wirtschaft, in memoriam Theo Thiemeyer, Lothar Neumann, Frank Schulz-Nieswandt (Hrsg.), Berlin 1995, S. 173
Elbel, Thomas Das Recht der öffentlichen Aufträge auf dem Prüfstand des europäischen Rechts, DÖV 1999, S. 235
Emmerich, Volker Ausschluss von Unternehmen von der Teilnahme am Wettbewerb aus strafrechtlicher, verwaltungsrechtlicher sowie zivilrechtlicher Sicht, in: Schriftenreihe der Deutschen Gesellschaft für Baurecht Bd. 24, S. 199
Emmerich, Volker Das Wirtschaftsrecht der öffentlichen Unternehmen, Bad Homburg u.a., 1969
Emmerich, Volker Die öffentliche Unternehmung im deutschen Konzern- und Wettbewerbsrecht, Die AG 1976, S. 225
Emmerich, Volker Recht des unlauteren Wettbewerbs, 6. Auflage, München 2002
Emmerich, Volker Konzernrecht, 7. Auflage, München 2001
Emmerich, Volker Kartellrecht, 9. Aufl. München 2001
Energie & Management (Hrsg.) Contracting bleibt ein Wachstumsmarkt, 1. April 2000
Energie & Management (Hrsg.) Der Markt für Energie-Contracting Potenziale in Industrie, Gewerbe und Wohnungswirtschaft Deutschland, Österreich und Schweiz, Abschlussbericht, Januar 2000, Arbeitsgemeinschaft, Energie & Management, Technomar (zit. Technomar)
Energie & Management (Hrsg.) Der Markt für Energie-Contracting. Potenziale in Industrie, Gewerbe und Wohnungswirtschaft, 2000
Energie & Management (Hsg.) Dienstleistung Energie: Contracting, Outsourcing, Partnering, München 1995
Energieagentur NRW (Hrsg.) „Contracting erfolgreich umsetzen mit RAVEL, NRW", Teilnehmerunterlagen des REN-Impulsprogramms RAVEL NRW der Energieagentur NRW, Energieagentur NRW, Wuppertal 1998, S. 8
Energieagentur Sachsen-Anhalt (Hrsg.) Contracting-Leitfaden für landeseigene Liegenschaften, Sachsen-Anhalt 1997 (zit. Sächsischer Leitfaden, Contracting)

Energieverwertungs-agentur E.V.A (Hrsg) Einspar-Contracting in der Praxis. Ein Leitfaden, Wien 1998

Engellandt, Frank Die Einflussnahmemöglichkeiten der Kommune auf ihre Kapitalgesellschaften über das Anteilseignerorgan, Heidelberg 1995

Ennuschat, Jörg Die neue Mitteilung der EU-Kommission zu den Leistungen der Daseinsvorsorge in Europa, RdE 2001, S. 46

Epiney, Astrid Umgekehrte Diskriminierung. Zulässigkeit und Grenzen der discrimination á rebours nach europäischem Gemeinschaftsrecht und nationalem Verfassungsrecht, Köln 1995

Erhardt, Manfred Öffentliches Auftragswesen, in: Moritz Röttinger/Claudia Weyringer (Hrsg.), Handbuch der europäischen Integration, 2. Aufl., Wien u.a. 1996

Erichsen, Hans Uwe (Hrsg.) Kommunale Verwaltung im Wandel, Köln u.a., 1999

Erichsen, Hans-Uwe Allgemeines Verwaltungsrecht, 11. Aufl., Berlin/New York 1998

Europäische Kommision (Hrsg.) Mitteilung der Europäischen Kommission zu „Leistungen der Daseinsvorsorge in Europa" KOM (2000) 580 endg.

Europäische Kommission (Hrsg.) Grünbuch vom 27.11. 1996, Das öffentliche Auftragswesen in der Europäischen Union: Überlegungen für die Zukunft, KOM (96) 583 endg.

Europäische Kommission (Hrsg.) Zweiter Bericht über den Stand der Liberalisierung der Energiemärkte, KOM (1999) 198 endg.

Europäische Kommission (Hrsg.) Aktionsplan zur Verbesserung der Energieeffizienz in der Europäischen Gemeinschaft, KOM (2000) 247 endg. vom 26.4.2000

Europäische Kommission (Hrsg.) Das öffentliche Auftragswesen in der Europäischen Union, Mitteilung vom 11.3. 1998, KOM (98) 143

Europäische Kommission (Hrsg.) Mitteilung der Kommission gem. Art. 8 der Richtlinie 93/38/EWG, Abl. 1999 Nr. C 156/3

Europäische Kommission (Hrsg.) Mitteilung der Kommission vom 15.5.2001, Nachhaltige Entwicklung in Europa für eine bessere Welt: Strategie der Europäischen Union für die nachhaltige Entwicklung, KOM (2001) 264 endg.

Europäische Kommission (Hrsg.) Mitteilung der Kommission vom 4.7. 2001 über das auf das öffentliche Auftragswesen anwendbare Gemeinschaftsrecht und die Möglichkeit zur Berücksichtigung von Umweltbelangen bei der Vergabe öffentlicher Aufträge KOM (2001) 274 endg.

Europäische Kommission (Hrsg.) Vademecum der Kommission über öffentliches Auftragswesen in der Gemeinschaft, Abl.EG 1987 Nr. C 358, S.1

Europäische Kommission (Hrsg.) Vorschlag für eine Richtlinie des Europäischen Parlaments und des Rates zur Koordinierung der Verfahren zur Vergabe öffentlicher Lieferaufträge, KOM (2000) 275 endg.

Europäische Kommission (Hrsg.) Vorschlag für eine Richtlinie des Europäischen Parlaments und des Rates zur Koordinierung der Auftragsvergabe durch Auftraggeber im Bereich der Wasser-, Energie- und Verkehrsversorgung, KOM (2000) 276 endg.

Europäische Kommission (Hrsg.) Weißbuch der Europäischen Kommission „Vollendung des Binnenmarktes", KOM (85) 310, vom 14. 6. 1985

Europäische Kommission (Hrsg.) Arbeitspapier über die Organisation des Elektrizitätsbinnenmarktes, SEK (95) 464 endg.

Europäische Kommission (Hrsg.) Arbeitspapier über kleine und sehr kleine Elektrizitätssysteme im Elektrizitätsbinnenmarkt, SEK (95) 685 endg.

Europäische Kommission (Hrsg.) Bericht vom 2.5.1988, Der Binnenmarkt für Energie, KOM (88) 238 endg.

Europäische Kommission (Hrsg.) Vorschlag für eine Richtlinie des Rates betreffend die Auftragsvergabe durch Auftraggeber im Bereich der Wasser-, Energie- und Verkehrsversorgung vom 11.10.1988, KOM (88) 377 endg.

Europäische Kommission (Hrsg.) Mitteilung der Kommission zu Auslegungsfragen im Bereich Konzessionen im Gemeinschaftsrecht vom 12.4. 2000, abgedruckt in NVwZ, Beilage III 7/2000, S. 10

Europäische Kommission (Hrsg.) Mitteilung zu regionalen und sozialen Aspekten im öffentlichen Auftragswesen, Abl. Nr. C 311 vom 12.12. 1989, S. 7

Everling, Ulrich Zur Wettbewerbskonzeption in der neueren Rechtsprechung des Gerichtshofs der Europäischen Gemeinschaften, WuW 1990, S. 995

Ewers, Hans-Jürgen Wettbewerbliche Defizite bei der Privatisierung von Monopolbetrieben, FIW Bd. 165, 1995, S.113

Faber, Angela Drittschutz bei der Vergabe öffentlicher Aufträge, DÖV 1995, S. 403

Faber, Angela Öffentliche Aufträge an kommunalbeherrschte Unternehmen – In-House-Geschäfte oder Vergabe im Wettbewerb, DVBl 2001, S. 248

Fehling, Michael Zur Reform der Daseinsvorsorge am Beispiel des öffentlichen Personennahverkehrs, Die Verwaltung, 2001, S. 25

Fikentscher, Ulrich Die umweltsoziale Marktwirtschaft als Rechtsproblem, Heidelberg 1991

Fikentscher, Wolfgang Wettbewerbsrecht und Gewerblicher Rechtsschutz, München 1958

Fikentscher, Wolfgang Wirtschaftsrecht, Bd. 1, München 1983

Fikentscher, Wolfgang Wirtschaftsrecht, Bd. 2, München 1983

Flume, Werner, Allgemeiner Teil des Bürgerlichen Rechts Band I, Teilband 2, Die juristische Person, Berlin 1983

Franke, Horst/Höfler, Heiko Auftragsvergabe nach VOL/A und VOF, Köln 1999

Franke, Horst/Höfler, Heiko Die Vergabe von Versicherungsdienstleistungen durch private Sektorenauftraggeber, BB 1998, S. 433

Frankfurter Allgemeine Zeitung „Der Pleitegeier sitzt schon auf den Rathäusern. Das Defizit der kommunalen Haushalte wächst", vom 4. Februar 2002, S. 4

Frankfurter Allgemeine Zeitung „Der Staat kann viel Geld sparen – Lernen, was eine Finanzkennzahl ist /Messe Moderner Staat" vom 28. November 2003, S. 14

Frankfurter Allgemeine Zeitung „Für den Gasversorger VNG gibt es zahlreiche Interessenten" vom 2. Juli 2002. S. 4

Frankfurter Allgemeine Zeitung „Finanzjongleure wider Willen", vom 22.02.2002, S. 3

Frenz, Walter Auftragsvergabe nach Umweltschutzkriterien, WuW 2002, S. 352

Gallwas, Hans-Ulrich Das Recht der Vergabe öffentlicher Aufträge – ein Überblick, GewArch 2000, S. 401

Geiger, Rudolf EG-Vertrag, 3. Auflage, München 2000

Gerhardt, Ernst Der Staat als Wettbewerber und Auftraggeber privater Unternehmen, in: FIW-Schriftenreihe Forschungsinstitut für Wirtschaftsverfassung und Wettbewerb e.V. Köln (Hrsg.), Heft 108, Köln 1984, S. 55

Gersdorf, Hubertus Öffentliche Unternehmen im Spannungsfeld zwischen Demokratie und Wirtschaftlichkeitsprinzip, Eine Studie zur verfassungsrechtlichen Legitimation der wirtschaftlichen Betätigung der öffentlichen Hand, Berlin 2000

Glassen, Helmut/Hahn, Helmut/Kersten, Christian u.a. (Hrsg.) Frankfurter Kommentar zum Kartellrecht, 3 . Auflage, Köln 1993, neueste Auflage 2001, Stand: März 2003

Gleiss, Alfred/Hirsch, Lutz u.a. Kommentar zum EG-Kartellrecht, Band I und II, 4. Aufl., Heidelberg 1993

Gleske, Christoph Wettbewerb öffentlicher und privater Kreditinstitute in Deutschland, Baden-Baden 1996

Gnittke, Katja/Siederer, Wolfgang Ausschreibepflichten im Zusammenhang mit gemischtwirtschaftlichen Entsorgungsunternehmen, ZVgR 2000, S. 236

Gottschalk, Wolf Praktische Erfahrungen und Probleme im Public Private Partnership (PPP) in der Versorgungswirtschaft, RdE 1996, S. 125

Götz, Walter Die Zulässigkeit beschaffungsfremder Vergabekriterien nach Europarecht, EuR 1999, S. 621

Götz, Walter Öffentliche Beschaffungsmärkte und Europarecht, Frankfurt 1999

Grabitz, Eberhard/Hilf, Meinhard (Hrsg.) Kommentar zur europäischen Union (Loseblattwerk), München, Stand 1998 (zit. Bearbeiter, in: Grabitz/Hilf)

Graf Kerssenbrock, Trutz Ist der Verkauf von Geschäftsanteilen oder Aktienmehrheiten kommunaler Stromversorger einem Vergabeverfahren gemäß §§ 97 GWB zu unterziehen?, WuW 2001, S. 122

Graf, Hans-Werner/Rall, Lothar Systemvergleiche vergabe- und kartellrechtlicher Rahmenbedingungen für öffentliche Bauaufträge in ausgewählten EG- und EFTA-Ländern, Gutachten im Auftrag des Bundesministers für Wirtschaft, Institut für Angewandte Wirtschaftsforschung, Tübingen 1988

Grawe, Joachim/Schulz, Eckart Least-Cost Planning aus der Sicht der deutschen Elektrizitätswirtschaft, Zeitschrift für Energiewirtschaft, 1989, S. 202

Griem, Niels Rechtliche Vorgaben und Anforderungen im Vergabeverfahren. Umweltverträglichere Bauprodukte bei öffentlichen Bauvorhaben, Der Städtetag 1999, S. 87

Griem, Niels Umweltfreundliche Beschaffung im Bauwesen, Möglichkeiten und Grenzen aus rechtlicher Sicht, NVwZ 1999, S. 1171

Gröning, Jochem Public Private Partnerships bei Dienstleistungskonzessionen, NZBau 2001, S. 123

Gröning, Jochem Public Private Partnerships unter den Zwängen des Vergabe-, Gemeindewirtschafts- und Wettbewerbsrechts, ZIP 2001, 497

Gröning, Jochem Rechtsschutzqualität und Verfahrensbeschleunigung im Entwurf für ein Vergaberechtsänderungsgesetz, ZIP 1998, S. 370

Gröpl, Christoph Haushaltsrecht und Reform, Tübingen 2001

Gruber, Utta/Kerber, Michaela Grundlagen der Volkswirtschaftslehre 3. Auflage, München 1992, 4. Auflage, München 2000

Grundlach, Georg Die Haftung der Gemeinden für ihre Eigengesellschaften, LKV 2000, S. 58

Grundmann, Stefan Systembildung und Systemlücken in Kerngebieten des Europäischen Privatrechts, Tübingen 2000 (zit. Bearbeiter)

Gruneberg, Ralf Möglichkeiten und Grenzen einer Privatisierung der Abwasserbeseitigung, der Gemeindehaushalt 1999, S. 179
Grupp, Klaus Die Grundsätze der Wirtschaftlichkeit und Sparsamkeit im Haushaltsrecht, JZ 1982, 231
Grupp, Klaus Steuerung des Verwaltungshandelns durch Wirtschaftlichkeitskontrolle, DÖV 1983, S. 661ff
Grupp, Klaus Wirtschaftlichkeit im „schlanken Staat", Die Verwaltung Beiheft 3, Fortschritte der Finanzkontrolle in Theorie und Praxis. Zum Gedenken an Ernst Heuer, 2000, S. 9
Gutsch, Hans Martin Die Rechtsstellung der Postbank im nationalen und europäischen Bankenwettbewerb: eine verfassungs- und wettbewerbsrechtliche Analyse, Baden-Baden 1994
Habersack, Mathias Public Private Partnership: Gemeinschaftsunternehmen zwischen Privaten und der öffentlichen Hand, ZGR 1996, S. 544
Hailbronner, Kay Der Begriff des öffentlichen Auftraggebers nach den EG-Richtlinien zur Vergabe öffentlicher Aufträge, EWS 1995, S. 285
Harms, Jens Haushaltswirtschaftliche Reformen, VM 1995, S. 230
Harms, Wolfgang/Naumann, Johann Globalhaushalte, DÖV 1992, S. 822
Hausmann, Friedrich Energiewirtschaft im Lichte des Vergaberechts, Berlin 7. Juni 2001
Hausmann, Friedrich/Prieß, Hans-Joachim Die rechtlichen Grenzen erwerbswirtschaftlicher Tätigkeit der öffentlichen Hand im Bereich der Bauverwaltung und Bauplanung, Freshfields Gutachten
Heiermann, Wolfgang Die Auftraggebereigenschaft der DB Netz AG im Sinne des § 98 GWB, ZVgR 1999, S. 173
Heiermann, Wolfgang/Müller, Manfred/Franke, Horst Kommentar zur VOB/A – SKR, Gütersloh 1994 (zit. Bearbeiter, in: Heiermann/Müller/Franke)
Heiermann, Wolfgang/Riedl, Richard/Rusam, Martin Handkommentar zur VOB, 8. Aufl., Wiesbaden 1997 (zit. Bearbeiter, in: Heiermann/Riedl/Rusam)
Heintzen, Markus Zur Tätigkeit kommunaler (Energieversorgungs-) Unternehmen außerhalb der kommunalen Gebietsgrenzen, NVwZ 2000, S. 743
Held, Friedrich Wilhelm Die Zukunft der Kommunalwirtschaft im Wettbewerb mit der privaten Wirschaft, NWVBl. 2000, S. 201
Hendler, Reinhardt/Marburger, Peter/Schröder, Meinhardt/Reinhardt, Michael Umweltschutz, Wirtschaft und kommunale Selbstverwaltung , 16. Trierer Kolloquium zum Umwelt- und Technikrecht vom 10. September 2000
Henneke, Hans-Günter Modernisierung der bundesstaatlichen Ordnung – wann, wenn nicht jetzt, Der Landkreis 2000, S. 3
Herbert Hovenkamp, Post-Chicago Antitrust: A Review and Critique, in: Columbia Business Law Review, 2001
Herdzina, Klaus (Hrsg.) Wettbewerbstheorie, Köln 1975 (zit. Bearbeiter, in: Wettbewerbstheorie)
Hermes, Georg Gleichheit durch Verfahren bei der staatlichen Auftragsvergabe, JZ 1997, S. 909
Hessisches Ministerium für Umwelt, Energie, Jugend, Familie und Gesundheit (Hrsg.) Contracting-Leitfaden für öffentliche Liegenschaften, Frankfurt/Main 1998

Heuer, Ernst Kommentar zum Haushaltsrecht (Loseblattwerk), Stand Juni 1999
Hill, Hermann/Hof, Hagen (Hrsg.) Wirkungsforschung zum Recht II. Verwaltung als Adressat und Akteur, Baden-Baden 2000
Hoffman-Becking, Michael Münchner Handbuch des Gesellschaftsrechts, Aktiengesellschaften, Band 4, 2. Aufl. 1999 (zit. Bearbeiter)
Hoffmann-Riem, Eberhardt/Schmidt-Aßmann, Wolfgang (Hrsg.) Öffentliches Recht und Privatrecht als wechselseitige Anforderungen, 1. Auflage, Baden-Baden 1996
Höfler, Heiko Neue Vergabeverordnung in Kraft getreten, NJW 2001, S. 950
Höfler, Heiko EuGH, Gemeinde Arnheim, öffentliche Dienstleistungsaufträge – Begriff des öffentlichen Auftraggebers – Einrichtungen des öffentlichen Rechts, ZVgR 1999, S. 57
Höfler, Heiko/Bert, Birgit Die neue Vergabeverordnung, NJW 2000, S. 3310
Hofmann, Uwe Die Veräußerung von Stadtwerken und Alternativen dazu, Workshop Forum vom 4. Februar 2002
Hoppmann, Erich Wirtschaftsordnung und Wettbewerb, Baden-Baden 1988
Hopt, Klaus J. Gesellschaftsrecht, 4. Aufl. München 1996
Horn, Hans Rudolf PPP und Vergaberecht, LKV 1996, S. 81
Hösch, Ulrich Der öffentliche Zweck als Voraussetzung kommunaler Wirtschaftstätigkeit, GewArch 2000, S. 1
Hösch, Ulrich Die Nachprüfung von Vergabeentscheidungen der öffentlichen Hand, BayVBl. 1997, S. 193
Hösch, Ulrich Öffentlicher Zweck und wirtschaftliche Betätitgung von Kommunen, DÖV 2000, S. 393
Hucke, Jochen/Feick, Jürgen Umweltschutz in der öffentlichen Vergabepolitik, Forschungsbericht des Instituts für Stadtforschung Berlin, Texte 3/81 des Umweltbundesamtes, Berlin 1981
Hüffer, Uwe Aktiengesetz, 5. Auflage, München 2002
Immenga, Ulrich Binnenmarkt durch europäisches Gemeinschaftsrecht, JA 1993, S. 257
Immenga, Ulrich Wettbewerbsrechtliche Grenzen von Standortvorteilen der öffentlichen Hand, NJW 1995, S. 1921
Immenga, Ulrich/Mestmäcker, Ernst-Joachim GWB Kommentar zum Kartellgesetz, 3. Auflage, München 2001 (zit. Bearbeiter, in: Immenga/Mestmäcker, GWB)
Immenga, Ulrich/Mestmäcker, Ernst-Joachim EG-Wettbewerbsrecht Band 2, Stand Januar 2001, München (zit. Bearbeiter, in: Immenga/Mestmäcker, EG-Wettbewerbsrecht)
Ingenstau, Heinz/Korbion, Hermann VOB/A, 15. Auflage, Düsseldorf 2003 (zit. Bearbeiter, in: Ingenstau/Korbion)
Ipsen, Jörn Grundfragen der kommunalen Verwaltungsreform, DVBl 1998, S. 801
Ipsen, Jörn (Hrsg.) Öffentliches Auftragswesen im Umbruch, 7. Bad Ilburger Gespräche, Osnabrück 1997
Ipsen, Jörn (Hrsg.) Privatisierung öffentlicher Aufgaben – Private Finanzierung kommunaler Investitionen, Tagungsband Osnabrücker Rechtswissenschaftliche Abhandlungen, Bd. 44, Köln u.a. 1994
Ipsen, Jörn (Hrsg.) Privatisierung öffentlicher Aufgaben, Köln u.a. 1994

Isensee, Josef/Kirchhof, Paul (Hrsg.) Handbuch des Staatsrechts, Band VI, Heidelberg 1989 (zit. Bearbeiter, in: HbdStR)

Jaeger, Wolfgang Vergaberecht und Public Private Partnership, NZBau 2001, S. 6

Jasper, Ute „EuGH lässt Ausnahmen zu", Behördenspiegel 4/2000, Seite B III

Jasper, Ute Das Vergaberechtsänderungsgestz, DB 1998, S. 2151

Jasper, Ute Neue Hürden für Privatisierungen, Behörden-Spiegel, Beschaffung spezial, September 2000, S. B V.

Jasper, Ute Vergaberechtliche Probleme beim Outsourcing und Insourcing kommunaler Aufgaben, Forum Vergabe e.V. (Hrsg.), vom 8. März 2001, Privatisierung im Verhandlungsverfahren

Jasper, Ute Vergabeverfahren für Energiebezug, Behörden-Spiegel, Beschaffung spezial April 1999, S. B III

Jasper, Ute/Marx, Fridhelm Einführung, in: Beck'sche Gesetzessammlung Vergaberecht, München 2003

Jestaedt, Thomas/Kemper, Klaus/Marx, Fridhelm/Prieß, Hans-Joachim (Hrsg.) Das Recht der Auftragsvergabe, Auftraggeber, ausschreibungspflichtige Aufträge, Vergabeverfahren, Sektoren, Rechtsschutz, Neuwied 1999 (zit.Bearbeiter, in: Jestaedt/Kemper/Marx/Prieß)

Joskow, Paul L./Marron, Donald B. What does a megawatt really cost? Hrsg.: MIT, Reihe: MIT Working Paper, Bd./Nr. MIT-CEPR 91-016WP, Cambridge, Mass. 1991

Kafka, Axel/Frenz, Walter Vergaberechtliche Grenzen bei der Einbeziehung Privater in die Abfallentsorgung, GewArch 2000, S. 129

Kämmerer, Axel/Thüsing, Gregor Tariftreue im Vergaberecht, ZIP 2002, S. 596

Kämper, Norbert/Hesshaus, Mathias Privatisierung und Vergaberecht : Die Organisationshoheit der Städte ist zu beachten, Der Städtetag 5/2000, S.36

Karenfort, Jörg/v. Koppenfels, Ulrich/Siebert, Stefan Tariftreueregelungen bei der Vergabe öffentlicher Aufträge – vereinbar mit dem deutschem Kartellrecht und Europarecht?, BB 1999, S. 1825

Keckemeti, Petra Auswirkungen der Neuregelung des Energiewirtschaftsrechtsgesetzes auf die Pflicht zur europaweiten Vergabe von Energielieferverträgen, NVwZ 1999, S. 1068

Kerber, Wolfgang Die Europäische Fusionskontrollpraxis und die Wettbewerbskonzeption der EG, Bayreuth 1994

Kerber, Wolfgang Evolutorischer Wettbewerb. Zu den theoretischen und institutionellen Grundlagen der Wettbewerbsordnung, Freiburg 1994

Kermel, Cornelia, Steuerungsmöglichkeiten der öffentlichen Hand bei Beteiligung an Aktiengesellschaften der Energieversorgung, Berlin 1993

Kessler, Jürgen Die kommunale GmbH – Gesellschaftsrechtliche Grenzen politischer Instrumentalisierung, GmbHR 2000, S. 71

Klemm, Andreas Editorial, Contracting und Recht 2004, S. 5

Kloepfer, Michael Umweltrecht, 2. Aufl., München 1998, 3. Aufl. München 2004

Klowait, Jürgen Die Beteiligung Privater an der Abfallentsorgung, Baden-Baden 1995

Knieps, Günter/Brunekreeft, Gert Zwischen Regulierung und Wettbewerb, 2. Aufl., Heidelberg 2003

Knieps, Günter Wettbewerbsökonomie, Heidelberg 2001

Knipper, Michael Tariftreuerklärungen im öffentlichen Auftragswesen, WuW 1999, S. 677
Koenig, Christian Die öffentlich-rechtliche Verteilungslenkung, Berlin 1994
Koenig, Christian Mehr transparenten Wettbewerb bei der Vergabe von öffentlichen Dienstleistungskonzessionen!, EuZW 2003, S. 289
Koenig, Christian Ordnungspolitische Probleme der Privatisierung, in: Deutsches Anwaltsinistitut (DAI) (Hrsg.), Brennpunkte des Verwaltungsrechts, 2000. Referate der 6. Jahresarbeitstagung für Verwaltungsrecht in Berlin, Bochum 2000, S. 183
Köhler, Helmut Wettbewerbsbeschränkungen durch Nachfrager, München 1977
Koppensteiner, Hans-Georg Zur Grundrechtsfähigkeit gemischtwirtschaftlicher Unternehmen, NJW 1990, S. 3105
Korinek, Karl Das Vergaberecht im Dienst der Sicherung des Wettbewerbs und einer effizienten Auftragsvergabe, ecolex 1999, S. 523
Kostko, Helmut Energie-Contracting und Controlling, Aspekte des kommunalen Haushaltsrechts, in: Energiesparcontracting und Controlling, Bildungswerk für Kommunalpolitik Sachen e.V., BKS, Dokumentation Nr. 18, Contracting Leitfaden für öffentliche Liegenschaften, S. 26
Kouwenhoven, Vincent/Kruzewicz, Michael Lokale Kooperationen in NRW – Public Private Partnership auf kommunaler Ebene, Institut für Landes- und Stadtentwicklung des Landes Nordrhein-Westfalen, Duisburg 1993
Kraft, Ernst Thomas Das Verwaltungsgesellschaftsrecht, Frankfurt a.M. 1982
Krämer, Martin Teilnahme von Verwaltungseinrichtungen an Ausschreibungen, VergR 4/97, S. 31
Krebs, Andrea Rechtliche Grundlagen und Grenzen kommunaler Elektrizitätsversorgung, Köln 1996
Krüger, Herbert Von der reinen Marktwirtschaft zur gemischten Wirtschaftsverfassung, AöR Bd. 92, 1967
Kuhlmann, Jens/Ahnis, Erik Konzernrecht, 7. Auflage, München 2001
Kühne, Gunter Rechtsfragen der Kooperation in der Energiewirtschaft, RdE 1998, S. 41
Kühne, Gunter Das Stromeinspeisungsgesetz, JZ 1990, S. 335
Kulartz, Hans-Peter Vergaberecht, VgR, 2/98, S. 25 ff
Lamb, Jochen/Kahlenberg, Harald Kommunalrechtliche Restriktionen beim Stromhandel, ET 2000, S. 70
Langen, Eugen/Bunte, Hermann-Josef Kommentar zum deutschen und europäischen Kartellrecht, 2. Band, 9. Auflage, Neuwied 2001 (zit. Bearbeiter, in: Langen/Bunte 2.Band)
Langen, Eugen/Bunte, Hermann-Josef (Hrsg.) Kommentar zum deutschen und europäischen Kartellrecht, 1. Band, 9. Aufl., Neuwied 2001 (zit. Bearbeiter, in: Langen/-Bunte 1. Band)
Lenz, Carl-Otto EG-Vertrag Kommentar, 2. Aufl., Köln 1999 (zit. Bearbeiter, in: Lenz)
Leonhardt, Willy/Klopfleisch, Reinhard/Jochum, Gerhard (Hrsg.) Kommunales Energiehandbuch, Karlsruhe 1989
Lienemeyer, Max Öffentliche Aufraggeber im Vergaberecht, EWS 2000, S. 448
Litpher, Markus/Berger, Matthias Ausschreibungspflicht von Kommunen bei der Deckung des Energiebedarfs ?, Kurzgutachterliche Stellungnahme für den Verband kommunaler Unternehmen e.V. (VKU), Juli 2000, S. 2

Löwer, Wolfgang Energieversorgung zwischen Staat, Gemeinde und Wirtschaft, Köln 1989
Lutter, Marcus/Hommelhoff, Peter GmbHG, 15. Auflage, Köln 2004
Marhold, Franz Europäisches Wettbewerbsrecht für öffentliche Unternehmen, in: Hügel, Hanns/Dillenz, Walter u.a. (Hrsg.), Aktuelle Probleme des Unternehmensrechts, Festschrift für Gerhard Frotz zum 65. Geburtstag, Wien 1993, S. 645
Martin-Ehlers, André Die Unzulässigkeit vergabefremder Kriterien, WuW 1999, S. 685
Matthey, Philip Das Recht der Auftragsvergabe in den Sektoren, Baden-Baden, 1. Auflage 2001
Maurer, Hartmut Allgemeines Verwaltungsrecht, 12. Aufl., München 19999
Mehlitz, Jenny Der Verkauf von Geschäftsanteilen durch öffentliche Auftraggeber unterliegt nicht dem Vergaberecht !, WuW 2001, S. 569
Merten, Detlef/Schmitt, Reiner/Stettner, Ruppert (Hrsg.) Der Verwaltungsstaat im Wandel, Festschrift für Franz Knöpfle zum 70. Geburtstag, 1996, in AöR 124 (1999), S. 335
Mertens, Hans-Joachim Festschrift für Alfred Kellermann, ZGR Sonderheft 10, 1991
Mestmäcker, Ernst Joachim Zur Anwendbarkeit der Wettbewerbsregeln auf die Mitgliedstaaten und die Europäischen Gemeinschaften, in: Baur, Jürgen F. (Hrsg.), Europarecht-Energierecht-Wirtschaftsrecht, Festschrift für Bodo Börner, Köln u.a. 1992, S. 277
Mestmäcker, Ernst-Joachim Das Privatrecht vor den Herausforderungen der wirtschaftlichen Macht, RabelsZ 60 (1996), S. 58
Mestmäcker, Ernst-Joachim Staat und Unternehmen im europäischen Gemeinschaftsrecht, RabelsZ 52 (1988), S. 526
Mestmäcker, Ernst-Joachim/Bremer, Eckhard Die koordinierte Sperre im deutschen und europäischen Recht der öffentlichen Aufträge, BB 1995, Beilage 19, S. 17
Möller, Beatrice Die rechtliche Stellung und Funktion des Aufsichtsrats in öffentlichen Unternehmen der Kommunen, Berlin 1999
Monopolkommission (Hrsg.) Marktöffnung umfassend verwirklichen, Zwölftes Hauptgutachten, 1996/97
Monopolkommission (Hrsg.) Wettberwerbspolitik oder Industriepolitik, Neuntes Hauptgutachten, 1990/1991
Moraing, Markus Kommunales Wirtschaftsrecht vor dem Hintergrund der Liberalisierung der Märkte, WiVerw 1998/4, S. 233
Möschel, Wernhard Hoheitliche Maßnahmen und die Wettbewerbs-vorschriften des Gemeinschaftsrechts, in: Weiterentwicklung der Europäischen Gemeinschaften und der Marktwirtschaft, Referate des XXV. FIW-Symposium, Köln/Berlin/-Bonn/München 1992, S. 89
Möschel, Wernhard Notwendigkeit und Potentiale der Aufgabenprivatisierung, in: Kruse u.a.(Hrsg.), Festschrift für Ingo Schmidt zum 65. Geburtstag, Baden Baden 1997, S. 351
Möschel, Wernhard Privatisierung als ordnungspolitische Aufgabe, in Festschrift für Joachim Gernhuber, Tübingen 1993, S. 905ff.
Möschel, Wernhard Privatisierung und öffentliches Vergaberecht, WuW 1997, S. 120

Möschel, Wernhard Privatisierung, Deregulierung und Wettbewerbsordnung, JZ 1988, S. 885
Möschel, Wernhard Recht der Wettbewersbeschränkungen, Köln u.a. 1983
Möschel, Wernhard Zur wettbewerbstheoretischen Begründbarkeit von Ausnahmebereichen, ORDO 32 (1981) 85, 100
Motzke, Gerd/Pietzcker, Jost/Prieß, Hans-Joachim (Hrsg.) VOB-Kommentar Teil A, München 2001
Müller, Hans Martin Langfristige Vertragsverhältnisse der Kommunen mit kommunalen Tochtergesellschaften am Beispiel von Strombezugsverträgen, NZBau 2001, S. 416
Müller, Nikolaus Rechtsformwahl bei der Erfüllung öffentlicher Aufgaben, Köln u.a. 1993
Müller-Serten, Annette Gemeindewirtschafts- und Vergaberecht, NZBau 2000, 120
Müller-Wrede, Malte (Hrsg.) VOF Kommentar zur Auftragsvergabe und zum Rechtsschutzverfahren,, 2. Aufl., Düsseldorf 2003
Nagel, Bernhard Die öffentlichen Unternehmen im Wettbewerb – Kommunalrecht und europäisches Gemeinschaftsrecht, ZögU 2000, S. 428
Nagel, Bernhard Gemeindeordnung als Hürde?, Baden-Baden 1999
Nesselmüller, Günter Rechtliche Einwirkungsmöglichkeiten der Gemeinde auf ihre Eigengesellschaften, Berlin 1977
Neßler, Volker Das neue Auftragsvergaberecht – ein Beispiel für die Europäisierung des deutschen Rechts, EWS 1999, S. 89
Neßler, Volker Europäisches Richtlinienrecht wandelt deutsches Verwaltungsrecht, Berlin 1994
Neßler, Volker Politische Auftragsvergabe durch den Staat ? – Zur europarechtlichen Zulässigkeit politischer Kriterien bei der öffentlichen Auftragsvergabe, DÖV 2000, S. 145
Niebuhr, Frank/Kulartz, Hans Peter/Kus, Alexander/Portz, Norbert Kommentar zum Vergaberecht, 2. Auflage, München 2004
Niebuhr, Frank/Eschenbruch, Klaus Das neue Vergaberecht 1998, in: Kapellmann/Vuygen (Hrsg.), Jahrbuch Baurecht 1998, S. 195
Nisipeanu, Peter (Hrsg.) Privatisierung der Abwasserbeseitigung, Berlin 1997
Noch, Rainer Ausschreibungspflicht privater Unternehmen, DÖV 1998, S. 623
Noch, Rainer Die Abgrenzung öffentlicher Bauaufträge von den Liefer- und Dienstleistungsaufträgen, BauR 1998, S. 941
Noch, Rainer Vergaberecht und subjektiver Rechtsschutz. Eine Darstellung nach europäischem und deutschem Recht, Baden-Baden 1998
Noch, Rainer Wettbewerbsrechtliche Aspekte öffentlicher Auftragsvergaben in der Rechtsfindung der Vergabeüberwachungsausschüsse und Gerichte, WuW 1998, S. 1059
Oettle, Karl Elemente der Ökonomisierung des Verwaltungshandelns, Die Verwaltung 1999, S. 291
Opitz, Marc Der Wirtschaftlichkeitsbegriff des Kartellvergaberechts, NZBau 2001, S. 12
Opitz, Marc Kontraktive Privatisierung und Kartellvergaberecht, ZVgR 2000, S. 97
Opitz, Marc Marktabgrenzung und Vergabeverfahren, WuW 2003, S. 37
Oppermann, Thomas Europarecht, 2. Auflage, München 1999

Ortlieb, Birgit EWeRK Workshop Vergaberecht v. 15.12. 2000, Vortrag abgedruckt in EWeRK-Info v. 20.12. 2000, S. 3
Ortlieb, Birgit Inhouse-Geschäft als Ausnahme zur Ausschreibungspflicht – zugleich eine Besprechung der Entscheidung des Bundesgerichtshofs vom 12. Juni 2001, ZNER 2002, S. 29
Ortlieb, Birgit Inhouse-Geschäfte als Ausnahme zur Ausschreibungspflicht im Spannungsfeld zunehmender Privatisierung, WuW 2003, S. 146
Ortlieb, Birgit Vergaberechtliche Beurteilung von Konzessionsverträgen, in Becker/-Held/Riedl (Hrsg.), Energiewirtschaft im Aufbruch, Festschrift für Wolf Büttner, Köln 2001, S. 379
Osterloh, Lerke Privatisierung von Verwaltungsaufgaben, VVDStRL 54 (1995), 205
Palandt, Otto Bürgerliches Gesetzbuch, 63. Auflage, München 2004 (zit. Bearbeiter)
Paulus, Christoph G. A Legal Order for Insolvency of States, Deutsche Stiftung für Internationale Entwicklung, www.dse.de/ef/sdrm/paulus.htm
Paulus, Christoph G. Staatliche Schuldenregulierung: Verfahren und mögliche Inhalte, BMZ-Spezial Nr. 38, 2002
Pauly, Markus/Figgen, Markus/Hünneke, Georg Gemischtwirtschaftliche Entsorgungsunternehmen, Berlin 1997
Peine, Franz Josef Grenzen der Privatisierung – verwaltungsrechtliche Aspekte, DÖV 1997, S. 353
Pfarr, Hans Der Staat als Wettbewerber und Auftraggeber privater Unternehmen, Forschungsinstitut für Wirtschaftsverfassung und Wettbewerb e.V. Köln (Hrsg.) Heft 108, Köln 1984
Pfeffer, Joachim Berücksichtigung des internationalen Wettbewerbs bei der räumlichen Abgrenzung des relevanten Marktes, WuW 1986, 853
Pfeiffer, Gerd (Hrsg.) Anfechtungsbefugnis und Mindestanteilsbesitz, Festschrift für Hans Erich Brandner, Köln 1996
Piduch, Erwin Bundeshauhaltsrecht (Loseblattwerk), 2. Aufl., Stuttgart, Stand 2001
Pietzcker, Jost Änderungen des Rechtsschutzes bei der Auftragsvergabe, in: Festschrift für Konrad Redeker, München 1993, S. 501
Pietzcker, Jost Der persönliche und sachliche Anwendungsbereich des neuen Vergaberechts, ZVgR 1999, S. 24
Pietzcker, Jost Der Staatsauftrag als Instrument des Verwaltungshandelns : Recht und Praxis der Beschaffungsverträge in den Vereinigten Staaten von Amerika und der Bundesrepublik Deutschland, Tübingen 1978
Pietzcker, Jost Die neue Gestalt des Vergaberechts, ZHR 162 (1998), S. 427
Pippke, Nicole Öffentliche und private Entsorgung, Bielefeld 1999
Platzer, Martin Das Konzessionsmodell – eine Option für die Abfallwirtschaftsverbände, http://abfallwirtschaft.stmk.gv.at/Archiv/pdf/platzer1.pdf
Portz, Norbert Die Vergabe öffentlicher Aufträge, Der Gemeindehaushalt 1996, S. 296
Portz, Norbert/Runkel, Peter Baurecht für die kommunale Praxis, 3. Aufl. Berlin 1998
Posner, Richard Economic Analysis of Law 3rd ed., Boston 1986
Poullain, Ludwig Die Landesbanken als Wettbewerbskorrektiv in der Kreditwirtschaft; Festschrift für Eberhard Günther zum 65. Geburtstag, Baden-Baden 1976, S. 493

Prieß, Hans-Joachim Ausschreibungspflichten kommunaler Versorgungsunternehmen, DB 1998, S. 405
Prieß, Hans-Joachim Das öffentliche Auftragswesen in den Jahren 1992 – 1994, EuZW 1994, S. 487
Prieß, Hans-Joachim Das öffentliche Auftragswesen in den Jahren 1994 und 1995, EuZW 1996, S. 357
Prieß, Hans-Joachim Das öffentliche Auftragswesen in den Jahren 1997 und 1998, EuZW 1999, S. 196
Prieß, Hans-Joachim Das öffentliche Auftragswesen in der Europäischen Union, Gesamtdarstellung der EU/EWR-Vergaberegeln mit Textausgabe, Köln u.a 1994
Prieß, Hans-Joachim Das Vergaberecht in den Jahren 1999 und 2000, EuZW 2001, S. 365
Prieß, Hans-Joachim Handbuch des europäischen Vergaberechts, 2. Aufl., Köln 2001
Prieß, Hans-Joachim Sind kommunale Wohnungsunternehmen Auftraggeber i.S.d. Vergaberechts ?, BauR 1999, S. 1354
Prieß, Hans-Joachim Sonderregeln für die Transportsektoren, andersgeartete Tätigkeiten, Telekommunikation, Rahmenübereinkünfte, EuVR 2/1995, S.108
Püttner, Günter Die Einwirkungspflicht – Zur Problematik öffentlicher Einrichtungen in Privatrechtsform, DVBl. 1975, S. 353
Püttner, Günter Die öffentlichen Unternehmen, 2. Aufl. 1985
Püttner, Günter Große und kleine Anbieter im liberalisierten europäischen Energiemarkt, EWeRK-Schriftenreihe, Band 3, S. 109
Püttner, Günter Die Vertretung der Gemeinden in wirtschaftlichen Unternehmen, DVBl. 1986, S. 748
Pütz, Theodor Grundlagen der theoretischen Wirtschaftspolitik, 4. Auflage, Stuttgart/New York 1979
Quack, Klaus Die Entsendung von Gemeindevertretern in die Organe von Kapitalgesellschaften, DVBl 1965, S. 345
Rahn, Theo (Hrsg.) Der Staat als Auftraggeber für private Unternehmen, Band 108, FIW-Schriftenreihe, 1984 (zit. Bearbeiter)
Raiser, Thomas Weisungen an Aufisichtsratmitglieder?, ZGR 1978, S. 391
Rathert, Peter/Hegner, Hans-Dieter (Bearb.) Energieeinsparverordnung-EnEV, Textausgabe mit erläuternder Einführung, Bundesanzeiger Verlag, 2003
Rebmann, Kurt/Säcker, Franz Jürgen (Hrsg.) Münchener Kommentar zum Bürgerlichen Gesetzbuch, 4. Auflage, München 2000 (zit. Bearbeiter, in MüKo)
Reetz, Norbert Handwörterbuch der Wirtschaftswissenschaft, Band IV, Köln 1988
Rehkugler, Heinz Neue Vorschläge zur Finanzierung der öffentlichen Infrastruktur in den neuen Bundesländern – ein Versuch ihrer Bewertung; in: Eichhorn, (Hrsg.), Finanzierung und Organisation der Infrastruktur in den neuen Bundesländern, Berlin 1993, S. 133
Rehm, Hannes Modelle zur Finanzierung kommunaler Investitionen durch Private, in: Ipsen (Hrsg.), Privatisierung öffentlicher Aufgaben, Köln u.a. 1994
Rehn, Erich/Cronauge, Ulrich Gemeindeordnung für das Land Nordrhein-Westfalen, 2. Aufl., Loseblatt, Siegburg, Stand: Mai 2000
Rodig, Philipp Ausschreibungspflicht für Energiekonzessionsverträge, ET 1999, S. 774

Reidt, Olaf/Stickler, Thomas/Glahs, Heike Kommentar Vergaberecht, 2. Auflage, Köln 2003 (zit. Bearbeiter, in: Reidt/Stickler/Glahs)

Reinermann, Heinrich Die Krise als Chance: Wege innovativer Verwaltung, Speyer Forschungsberichte 139, Speyer 1994, S. 26

Reinholz, Fabian Maßnahmen gegen Abmahnungen selbst ernannter Wettbewerbshüter, RdE 1999, 64ff

Riechmann, Volkhard Aktuelle Probleme der Strompreisaufsicht, in: Baur, Jürgen (Hrsg.), Aktuelle Probleme des Energierechts. Entwicklung und Perspektiven in Deutschland und der Europäischen Union, Veröffentlichungen des Instituts für Energierecht an der Universität zu Köln, Bd. 75, 1995, S. 21

Rittner, Franz Wirtschaftsrecht, 2. Aufl, Heidelberg. 1987

Rittner, Fritz Das deutsche öffentliche Auftragswesen im Spannungsfeld zwischen Gemeinschaftsrecht und nationalem Recht, EuR 1996 – Beiheft 1, S.1

Rittner, Fritz Die „sozialen Belange" im Sinne der EG-Kommission und das inländische Vergaberecht, EuZW 1999, S.677

Rittner, Fritz Die wirtschaftliche Ordnung der EG und das Privatrecht, JZ 1990, S. 838

Rittner, Fritz Das deutsche öffentliche Auftragswesen im europäischen Kontext, NVwZ 1995, S. 313

Rittner, Fritz Öffentliches Auftragswesen und marktwirtschaftliche Ordnung, in: Andreae, Clemens/Kirchhoff, Jochen/Pfeiffer, Gerd (Hrsg.), Wettbewerb als Herausforderung und Chance, Festschrift für Werner Benisch, Köln u.a.1989, S. 99

Rittner, Fritz Rechtsgrundlagen und Rechtsgrundsätze des öffentlichen Auftragswesens, Tangstedt 1988

Rittner, Fritz Wettbewerbs- und Kartellrecht, 6. Aufl., Heidelberg 1999

Roggencamp, Sibylle Public Private Partnership – Entstehung und Funktionsweise kooperativer Arrangements zwischen öffentlichem Sektor und Privatwirtschaft, Frankfurt am Main 1999

Röpfer, Burkhardt Kritisches zum Marktstruktur Verhaltens- und Ergebniskonzept, in: Andreae, Clemens/Kirchhoff, Jochen/Pfeiffer, Gerd (Hrsg.), Wettbewerb als Herausforderung und Chance, Festschrift für Werner Benisch, Köln u.a.1989, S. 115

Roth, Günther/Altmeppen, Holger GmbHG – Kommentar, 3. Auflage., München 1997

Rust, Ursula Die sozialen Kriterien im Vergaberecht – eine Duplik auf Rittner, EuZW 2000, S. 205

Säcker, Franz Jürgen Behördenvertreter im Aufsichtsrat, in: Festschrift für Kurt Rebmann, München 1989, S. 787

Säcker, Franz Jürgen Zur Verschwiegenheitspflicht für Aufsichtsratmitglieder, NJW 1986, S. 803

Schachtschneider, Karl Staatsunternehmen und Privatrecht. Kritik der Fiskustheorie, exemplifiziert an § 1 UWG, Nürnberg, 1986

Scheel, Werner/Lienen, Anette/Steup, Johannes Gemeindehaushaltsrecht Nordrhein-Westfalen, Köln 1997

Schenk, Karl-Ernst Die neue Institutionenökonomik – Ein Überblick über wichtige Elemente und Probleme der Weiterentwicklung, Zeitschrift für Wirtschaft und Sozialwissenschaften (ZWS) 112 (1992), S. 337

Schenk, Michael Das neue Vergaberecht – Auslegung und Anwendung am Maßstab des Gemeinschaftsrechts, Baden-Baden 2001
Schiffer, Hans-Wilhelm Energiemarkt Bundesrepublik Deutschland, 6. Aufl., Köln 1997
Schink, Alexander Öffentliche und private Entsorgung in: Kreislaufwirtschafts- und Abfallgesetz – was ändert sich ?, Berlin 1997
Schlacke, Sabine Konkurrentenklage gegen die Wirtschaftstätigkeit von Gemeinden, JA 2002, S. 48
Schlacke, Sabine Konkurrentenklage gegen die Wirtschaftstätigkeit des Staates, JA 2002, S. 48
Schliesky, Utz Öffentliches Wettbewerbsrecht, 2. Aufl., Berlin 2002
Schmidt, Ingo Wettbewerbspolitik und Kartellrecht, 7. Auflage, Stuttgart 2001
Schmidt, Ingo/Rittaller, Jan Die Chicago School of Antitrust Analysis, Baden-Baden 1986
Schmidt, Karsten Abhängigkeit, faktischer Konzern, Nichtaktienkonzern und Divisionalisierung im Bericht der Unternehmensrechtskommission, ZGR 1981, S. 455
Schmidt, Karsten Gesellschaftsrecht, 4. Auflage, Köln 2002
Schmidt, Reiner Öffentliches Wirtschaftsrecht, Besonderer Teil 2, Berlin 1996
Schmidt-Aßmann, Eberhard/Ulmer, Peter Die Berichterstattung von Aufsichtsratsmitgliedern einer Gebietskörperschaft nach § 394 AktG, BB 1988, Sonderbeilage 13 zu Heft 27/1988 S.13
Schmidt-Aßmann, Eberhard(Hrsg.) Besonderes Verwaltungsrecht, 11. Aufl., Berlin u.a. 1999
Schmidtchen, Dieter Fehlurteile über das Konzept der Wettbewerbsfreiheit, ORDO 39, (1988), S. 111
Schmitt, Dieter/Ellwanger, Niels Least-Cost Planning – ein Konzept für die deutsche Elektrizitätswirtschaft, ET 1993, S. 308
Schneevogel, Kai-U./Horn, Lutz Das Vergaberechtsänderungsgesetz, NVwZ 1998, S. 1242
Schoch, Friedrich Public Private Partnership, in: Erichsen (Hrsg.), Kommunale Verwaltung im Wandel, 1999, S. 101
Schoch, Friedrich Der Beitrag des kommunalen Wirtschaftsrechts zur Privatisierung öffentlicher Aufgaben, DÖV 1993, S. 377
Schoch, Friedrich Privatisierung von Verwaltungsaufgaben, DVBl 1994, S. 962
Scholz, Ruppert Regelungssystem und Grenzen verwaltungsrechtlicher Monopole, in: Rauscher/Mansel (Hrsg.), Festschrift für Werner Lorenz zum 80. Geburtstag, München 2001
Schön, Wolfgang Der Einfluss öffentlich-rechtlicher Zielsetzungen auf das Statut privatrechtlicher Eigengesellschaften der öffentlichen Hand – Gesellschaftsrechtliche Analyse –, ZGR 1996, S. 429
Schorsch, Christoph Neue Geschäftsfelder – Themen und Erfahrungen von Stadtwerken, ET 2002, S. 6
Schricker, Gerhardt Das Recht des unlauteren Wettbewerbs in den Mitgliedstaaten der Europäischen Gemeinschaft, München 1965, 1. Halbband München 1967
Schröder, Meinhard Kommunalverfassungsrecht, in Achterberg/Püttner u.a. (Hrsg.), Besonderes Verwaltungsrecht Band II, 2. Auflage Heidelberg 2000 (1. Auflage 1992)

Schubert, Jörg Privatisierungen und öffentliches Vergaberecht, WuW 2001, S. 254
Schubert, Thure Der Gemeinsame Markt als Rechtsbegriff – Die allgemeine Wirtschaftsfreiheit des EG-Vertrages, München 1999
Schülecke, Jan Markt und Wettbewerb optimal nutzen – strukturierte Vergabeverfahren für Energiekunden, EWeRK-Forum Energierecht und Energiepolitik, Vortrag, Berlin, 4. Juli 2001
Schumacher, Kai Vergabefremde Umweltkriterien im Abfallrecht und Gemeinschaftsrecht, DVBl. 2000, S. 467
Schuppert, Gunnar Folke Die Erfüllung öffentlicher Aufgaben durch die öffentliche Hand, private Anbieter und Organisationen des Dritten Sektors, in: Jörn Ipsen (Hrsg.), Privatisierung öffentlicher Aufgaben, Köln u.a. 1994
Schuppert, Gunnar Folke Die öffentliche Verwaltung im Kooperationsspektrum staatlicher und privater Aufgabenerfüllung – Erscheinungsformen von Public Private Partnership als Herausforderung an Verwaltungsrecht und Verwaltungswissenschaft, in: Budäus/Eichhorn (Hrsg.), Public Private Partnership, Baden-Baden 1997
Schuppert, Gunnar Folke Die Steuerung des Verwaltungshandelns durch Hauhaltsrecht und Haushaltskontrolle, in: VVDStRL 42 (1984), S. 216
Schuppert, Gunnar Folke Grundzüge eines zu entwickelnden Verwaltungskooperationsrechts – Regelungsbedarf und Handlungsoptionen eines Rechtsrahmens für Public Private Partnership, Juni 2001, S.8
Schuppert, Gunnar Folke Probleme der Steuerung und Kontrolle öffentlicher Unternehmen, in: Theo Thiemeyer (Hrsg.), Instrumentalfunktion öffentlicher Unternehmen, Schriftenreihe der Gesellschaft für öffentliche Wirtschaft, Baden-Baden 1990
Schuppert, Gunnar Folke Rückzug des Staates, DÖV 1995, S.761
Schuppert, Gunnar Folke Verwaltungswissenschaften, Baden-Baden 2000
Schuppert, Gunnar Folke Vom produzierenden zum gewährleistenden Staat: Privatisierung als Veränderung staatlicher Handlungsformen, in: König/Benz (Hrsg.) Privatisierung und staatliche Regulierung, Baden-Baden 1997, S. 539
Schuppert, Gunnar Folke Zur Kontrollierbarkeit öffentlicher Unternehmen, Verwaltungswissenschaftliches Gutachten für die Bürgerschaft der Freien und Hansestadt Hamburg, Anl. Z. Dr. 9/4545, ZögU 1985, S. 310
Schuppert, Gunnar Folke Zur notwendigen Neubestimmung der Staatsaufsicht im verantwortungsteilenden Verwaltungsstaat, in: Schuppert (Hrsg.), Jenseits von Privatisierung und „schlanken Staat“, Berliner Staatswissenschaftliche Abhandlungen, Bd. 8, 1999 Baden-Baden, S. 299
Schuppert, Stefan Neue Steuerungselemente im Umweltvölkerrecht am Beispiel des Montrealer Protokolls und des Klimaschutzrahmenübereinkommens, Band 131, Berlin/Heidelberg 1998
Schwarz, Theo Die Anwendbarkeit des kartellrechtlichen Unternehmensbegriffs auf die Beschaffungstätigkeit der öffentlichen Hand, BB 1973, S. 1283
Schwarz, Theo Die wirtschaftliche Betätigung der öffentlichen Hand im Kartellrecht, Heidelberg 1996
Schwarze, Jürgen Die Vergabe öffentlicher Aufträge im Lichte des europäischen Wirtschaftsrechts, EuZW 2000, S.133

Schwarze, Jürgen (Hrsg.) Die Vergabe öffentlicher Aufträge im Lichte des europäischen Wirtschaftsrechts, Baden-Baden 2000 (zit. Bearbeiter)

Schwarze, Jürgen (Hrsg.) EU-Kommentar, Baden-Baden 2000

Schwintowski, Hans-Peter Corporate Governance und Beteiligungscontrolling im öffentlichen Unternehmen, NVwZ 2001, S. 609

Schwintowski, Hans-Peter Gesellschaftsrechtliche Bindungen für entsandte Aufsichtsratsmitglieder in öffentlichen Unternehmen, NJW 1995, S. 1316

Schwintowski, Hans-Peter Konzept, Funktion und Entwicklung des deutschen und europäischen Wettbewerbsrecht, ZvglRWiss 99, 1993, S. 40

Schwintowski, Hans-Peter Der Begriff des Unternehmens im europäischen Wettbewerbsrecht, ZEuP 1994, S. 294

Schwintowski, Hans-Peter Grundlinien eines zukünftigen europäischen Energierechts, ZNER 2000, S. 93

Schwintowski, Hans-Peter Kartellrechtliche Missbrauchsaufsicht über Energie- und Durchleitungsentgelte nach Wegfall der §§ 103, 103 a GWB, ZNER 1998, S.9

Schwintowski, Hans-Peter Konzept der Monopolpreiskontrolle am Beispiel eines Energieversorgungsunternehmens, BB 1996, S. 1673

Schwintowski, Hans-Peter Recht und Gerechtigkeit, Eine Einführung in die Grundfragen des Rechts, Berlin 1996

Schwintowski, Hans-Peter Rechtsprechung, in: EWeRK-Info, 11. September 2000, S. 15

Schwintowski, Hans-Peter Staatlich veranlasste Wettbewerbsbeschränkungen auf europäischen und internationalen Märkten, RabelsZ 1994, S. 232

Schwintowski, Hans-Peter Stromeinspeisung nach Europäischem Recht, ZNER 2000, S. 247

Schwintowski, Hans-Peter Verschwiegenheitspflicht für politisch legitimierte Mitglieder des Aufsichtsrats, NJW 1990, S. 1009

Schwintowski, Hans-Peter Wettbewerbsrecht, (GWB,UWG) 3. Aufl., München 1999

Schwintowski, Hans-Peter Der Zugang zu wesentlichen Einrichtungen – Einige kritische Bemerkungen zu § 19 Abs. 4 Nr. 4 GWB unter Berücksichtigung der amerikanischen und europäischen Kartellrechtspraxis, WuW 1999, S. 842

Schwintowski, Hans-Peter Freier Warenverkehr im europäischen Binnenmarkt, RabelsZ 64 (2000), S. 38

Schwintowski, Hans-Peter/Klaue, Siegfried Rechtsgutachten zur Marktabgrenzung und zur Feststellung einer marktbeherrschenden Stellung im Telekommunikationssektor, Schriftenreihe des EWeRK, Bd. 2, Berlin 2001

Schwintowski, Hans-Peter/Schäfer, Frank Bankrecht, Köln, 2. Auflage, 2003

Schwintwoski, Hans-Peter Vertikale Beschränkungen im europäischen Wettbewerbsrecht – eine juristisch-ökonomische Kritik des neuen Konzepts der Kommission, Festschrift für Otto Sandrock, Heidelberg 2000 S. 901

Schwintowski, Hans-Peter Konkurrenz der Öffentlichen Hand für privatwirtschaftliche Unternehmen aus der Perspektive des Vergaberechts (Veröffentlichung vorgesehen in Festschrift für Raiser)

Schwintowski, Hans-Peter Gemeinwohl, öffntliche Daseinsvorsorge und Funktionen öffentlicher Unternehmen im europäischen Binnenmarkt, ZögU 2003, S.283

Seidel, Ingelore Zur Wandlung des Begriffsinhalte „öffentlicher Auftraggeber“ im EG-Vergaberecht vom institutionellen zum funktionellen Begriff sowie zu aktuellen Anwendungsfragen des erweiterten Begriffs, ZfBR 1995, S. 227
Seifert, Ekkehard Privilegierung und Regulierung im Bankwesen. Ein Beitrag zur ordnungspolitischen Problematik branchenorientierter Strukturpolitik, Baden-Baden 1984
Seifert, Klaus/Metschkoll, Michael Privatisierung öffentlicher Aufgaben – Betriebs- und kommunalwirtschaftliche Aspekte, in DB 1991, S. 2449
Sieveking, Jürgen Deutschland europatreu: Die Grundzüge des Bundesvergabrechtsänderungsgesetzes als Teil der Neufassung des Gesetzes gegen Wettbewerbsbeschränkungen, VerwRdSch 1999, 337
Smith, Adam Der Wohlstand der Nationen (verfasst 1776), München Mai 2001 (Nachdruck)
Spannowsky, Willy Der Einfluss öffentlich-rechtlicher Zielsetzungen auf das Statut privatrechtlicher Eigengesellschaften in öffentlicher Hand – Öffentlich-rechtliche Vorgaben, insbesondere zur Ingerenzpflicht, ZGR 1996, S. 400
Spannowsky, Willy Die Verantwortung der öffentlichen Hand für die Erfüllung öffentlicher Aufgaben und die Reichweite ihrer Einwirkungspflicht auf Beteiligungsunternehmen, DVBl. 1992, S. 1072
Spannowsky, Willy Öffentliche Bindungen für gemischt-wirtschaftliche Unternehmen, ZHR 1996, S. 560
Stapenhorst, Hermann Vergaberecht, VgR 3/1997, S. B VII
Staudinger, Julius v./Habermeier, Stefan/Reuter, Dieter Kommentar zum Bürgerlichen Gesetzbuch, 13. Auflage, Berlin u.a, 2003 (zit. Bearbeiter, BGB)
Stelkens, Paul/Bonk, Heinz Joachim VwVfG, 6. Aufl., München 2001 (zit. Bearbeiter, in: Stelkens/Bonk)
Stern, Klaus Staatstrecht III/1, Allgemeine Lehren der Grundrechte, München 1988
Sterzel, Dieter Verfassungs-, europa- und kommunalrechtliche Rahmenbedingungen für eine Privatisierung kommunaler Aufgaben, in: Blanke, T./Trümmner, R. (Hrsg.) Handbuch Privatisierung, Baden-Baden 1998
Stimpel, Walter Die Rechtsprechung des Bundesgerichtshofes zur Innenaftung des herrschenden Unternehmens im GmbH-Konzern, AG 1986, S. 117
Stober, Rolf Kommunalrecht in der Bundesrepublik Deutschland, 3. Aufl., 1996
Stolz, Kathrin Das öffentliche Auftragswesen in der EG, Baden-Baden, 1991
Streinz, Rudolf Der „effet utile“ in der Rechtsprechung des Gerichtshofs der Europäischen Gemeinschaften, in : Ole Due/Marcus Lutter/Jürgen Schwarze (Hrsg.), Festschrift für Ulrich Everling, Baden-Baden 1995
Stürner, Rolf/Brandner, Hans E. u.a.(Hrsg.) Festschrift für Karlmann Geiß zum 65. Geburtstag, Köln 2000
Süddeutsche Zeitung „Schlimmste Krise der Kommunen – Städte- und Gemeindebund: Einnahmen im freien Fall“, vom 03.01 2003, S. 19
Tettinger, Peter J. Die rechtliche Ausgestaltung von Public Private Partnerships, DÖV 1996, S. 764
Tettinger, Peter J. Verfassungsrecht und Wirtschaftsordnung, DVBl. 1999, S. 679

Tetzlaff, Angelika . Sportunternehmen unter der Kartellupe, WuW 1988, S. 93
Theobald, Christian/Zenke, Ines Grundlagen der Strom- und Gasdurchleitung, München 2001
Thieme, Heinrich/Corell, Cathrin Deutsches Vergaberecht zwischen nationaler Tradition und europäischer Integration, DVBl 1998, S. 884
Thiemeyer, Theo (Hrsg.) Öffentliche Unternehmen und ökonomische Theorie, Schriftenreihe der Gesellschaft für öffentliche Wirtschaft und Gemeinwirtschaft, Heft 28, Baden-Baden 1987 (zit. Bearbeiter, in Öffentliche Unternehmen und ökonomische Theorie)
Thode, Reinhold Zum vergaberechtlichen Status von juristischen Personen des Privatrechts, ZIP 2000, S. 2
Tödtmann, Ulrich Kommunale Energieversorgungsunternehmen zischen Gemeinderecht und Wettbewerb, RdE 2002, S. 6
Tomerius, Stefan Kommunale Abfallwirtschaft und Vergaberecht, NVwZ 2000, S. 727
Tomerius, Stefan Zwischen Pflichtaufgaben und wirtschaftlicher Betätigung – kommunale Abfallentsorgung in der Kreislaufwirtschaft, DiFu-Beiträge zur Stadtforschung, Band 30, Berlin, 1999
Traube, Klaus Die Energieeinsparverordnung – ein klassischer Konfliktfall für das Spannungsfeld zwischen Politik und Stromwirtschaft, ZNER 2001, S. 43
Trepte, Peter-Arnim Public Procurement in the EC, London 1996
Trurnit, Christoph Beschaffung von Energie durch Kommunen, VBlBW, 2001, S. 93
Tyrell, Allan/Bedford, Becky (Hrsg.) Public Procurement in Europe: Enforcement and Remedies, London 1997
Ulrich, Hanns Dienstleistungskonzessionen und europäisches Vergaberecht, ZVgR 2000, S.85
Umweltbundesamt (Hrsg.) Energiespar-Contracting, Presse-Information Nr. 50/00
Verband für Wärmelieferung (Hrsg) Leitfaden für die Ausschreibung von Energielieferung (Contracting), 15.03. 2000, S.17
Vereinigung Deutscher Elektrizitätswerke (Hrsg.) Energieeinspar-Dienstleistungen im Wettbewerb, VDEW-Infotag 10 Febr. 1999
Vereinigung Deutscher Elektrizitätswerke (Hrsg.) Die öffentliche Elektrizitätsversorgung, Frankfurt 1995
Vieweg, Klaus/Haarmann, Wilhelm (Hrsg.) Beiträge zum Wirtschafts-, Europa- und Technikrecht, Festgabe für Rudolf Lukes zum 75. Geburtstag, Köln u.a. 2000
von Arnim, Hans Herbert Rechtsfragen der Privatisierung, Wiesbaden 1995
von Arnim, Hans Herbert Wirtschaftlichkeit als Rechtsprinzip, Berlin 1988
von Bademer, Stephan/Blanke, Bernhard/Nullmeier, Frank/Wewer, Göttrik Handbuch zur Verwaltungsreform, 2. Aufl., Opladen 2001 (1. Aufl., Leverkusen 1998)
von Braunmühl, Wilhelm Contracting – Idee, Umsetzung, Erfahrungen, ET 1994, S. 354
von Braunmühl, Wilhelm Handbuch Contracting, 2. Auflage, Essen 2000
von Danwitz, Thomas Ingerenzen in der mittelbaren Kommunalverwaltung, AöR 120 (1995), S. 595
von der Groeben, Hand/Thiesing, Jochen/Ehlermann, Claus-Dieter (Hrsg.) Kommentar zum EWG-Vertrag, Bd. 1 und 2, 5. Aufl. Baden-Baden 1997 (zit. Bearbeiter, in: von der Groeben)

von Gamm, Otto Friedrich Wettbewerbsrecht, 5. Aufl., Band I und II, Berlin 1987
von Hayek, Friedrich August Wettbewerb als Entdeckungsverfahren, in: Walter Eucken Institut Freiburg i. Br., Gesammelte Aufsätze von F.A. von Hayek (Wirtschaftswissenschaftliche und wirtschaftsrechtliche Untersuchungen, Bd. 5. Freiburger Studien), Tübingen 1969
von Hayek, Friedrich August Wahrer und falscher Individualismus, in: ders., Individualismus und wirtschaftliche Ordnung, Salzburg 1976, S. 9
von Mangoldt, Herrmann/Klein, Friedrich/Starck, Christian Bonner Grundgesetz Kommentar, 4. Auflage, Band.I, München 1999 (zit. Bearbeiter, GG)
Vonderheid, Ulrich Die Beschafungswirtschaft kommunaler Versorgungs- und Verkehrsunternehmen und EG-Binnenmarkt, Baden-Baden 1994
Waldner, Thomas Bieterschutz im Vergaberecht unter Berücksichtigung der europäischen Vorgaben, Baden-Baden 2000
Wallerath, Maximilian Öffentliche Bedarfsdeckung und Verfassungsrecht: Beschaffung und Leistungserstellung im Staat der Gegenwart, Baden-Baden 1988
Weidemann, Clemens Die materielle Privatisierung der Hausmüllentsorgung, § 16 Abs. 2 des Kreislaufwirtschafts- und Abfallgesetzes, DVBl 1998, S.661
Weissenberg, Paul Öffentliche Aufträge – Instrumente neutraler Beschaffung oder staatlicher Steuerung, DB 1984, S. 2285
Werber, Manfred Der Versicherungsmakler im Vergaberecht, VersR 2001, S. 1313
Wewer, Goetrik (Hrsg.) Handbuch zur Verwaltungsreform, Opladen 1998
Wicke, Lutz Umweltökonomie- eine praxisorientierte Einführung, 3. Aufl., München 1991 (4. Auflage München 1993)
Wieland, Joachim Die Konzessionsabgaben, Berlin 1991
Willenbruch, Klaus Vorbeugender und vorläufiger Rechtsschutz nach dem Vergaberechtsändeungsgesetz, §§97 – 129 GWB, NVwZ 1999, S. 1062
Wilms, Günter Das Europäische Gemeinschaftsrecht und die öffentlichen Unternehmen – Die Kompetenz der Kommission aus Art. 90 Abs. 3 EG-Vertrag und ihre Anwendung auf die Elektrizitätswirtschaft, Schriften zum Europäischen Recht, Bd. 28, Berlin 1996
Wolf, Dieter Der Staat als Unternehmer – Belebung oder Gefahr für den Wettbewerb, in: Rolf/Stober/Hanspeter Vogel (Hrsg.), Studien zum öffentlichen Wirtschaftsrecht: Wirtschaftliche Betätigung der öffentlichen Hand, Köln 1999
Wolf, Jens Kontrolle kommunaler Unternehmen, GewArch 1999, S. 177
Wolff, Birgitta Public-Private Partnerships, in: Jahrbuch für neue politische Ökonomie, 1996, S. 243
Wolff, Hans/Bachof Otto/Stober, Rolf Verwaltungsrecht, Band I und II, München 11. Aufl. 2000
Ziekow, Jan Vergabefremde Zwecke und Europarecht, NZBau 2001, S. 72
Ziekow, Jan (Hrsg.) Wirtschaft und Verwaltung vor den Herausforderungen der Zukunft, Berlin 2000
Zöllner, Wolfgang (Hrsg.) Kölner Kommentar zum Aktiengesetz, 2. Auflage, Berlin u.a. 2000

Gerald Scharpenack

Sekundärzwecke im Vergaberecht

Eine rechtsvergleichende Untersuchung anhand der *Affirmative Action Policy* der USA und der Verfolgung „vergabefremder" Ziele im Rahmen der Auftragsvergabe in der Bundesrepublik Deutschland

Frankfurt am Main, Berlin, Bern, Bruxelles, New York, Oxford, Wien, 2005. 392 S.
Europäische Hochschulschriften: Reihe 2, Rechtswissenschaft. Bd. 4120
ISBN 3-631-53584-8 · br. € 56.50*

Das amerikanische Modell der *Affirmative Action Policy* wird insbesondere in der deutschen Diskussion zur Frauenförderung immer wieder als Vorbild für die Verfolgung sogenannter „vergabefremder" Ziele bei der Vergabe öffentlicher Aufträge herangezogen, ohne auf die verfassungsrechtliche Diskussion in den USA hinzuweisen. Das verfassungsrechtliche Gleichheitsgebot ist jedoch nicht das einzige, das rechtliche Grenzen für die Verfolgung sogenannter „vergabefremder" Ziele errichten kann. In umfassender Weise zeigt der Autor völkerrechtliche, europarechtliche und nationale Grenzen auf, die sich bei der Verfolgung von Sekundärzwecken ergeben. Die Darstellung über das US-amerikanische Vergaberecht ermöglicht einen tiefergehenden Einblick über die Vergabe öffentlicher Aufträge in den USA, die ab einem bestimmten Auftragsvolumen mit der Förderung von Minderheiten und Frauen verbunden ist.

Aus dem Inhalt: Die Zulässigkeit der Berücksichtigung von Sekundärzwecken nach dem WTO-Beschaffungsübereinkommen · Die Zulässigkeit der Berücksichtigung von Sekundärzwecken nach dem Gemeinschaftsrecht · Die Verfolgung von Sekundärzwecken nach US-amerikanischem Vergaberecht · Die *Affirmative Action*-Rechtsprechung des US-Supreme Court · Die Zulässigkeit der Berücksichtigung von Sekundärzwecken nach deutschem Recht

FSC
www.fsc.org
MIX
Papier | Fördert
gute Waldnutzung
FSC® C083411

Kolibri 360 GmbH
Ferdinand-Jühlke-Straße 7
99095 Erfurt, Deutschland
produktsicherheit@kolibri360.de

Druck:
CPI Druckdienstleistungen GmbH
im Auftrag der
Kolibri 360 GmbH
Ferdinand-Jühlke-Str. 7
99095 Erfurt